2017年度
万名旅游英才计划项目优秀成果集

北京第二外国语学院中国旅游人才发展研究院◎编

北京·旅游教育出版社

责任编辑：郭珍宏

图书在版编目（CIP）数据

2017年度万名旅游英才计划项目优秀成果集 / 北京第二外国语学院中国旅游人才发展研究院编. -- 北京 ：旅游教育出版社，2019.7

ISBN 978-7-5637-3987-5

Ⅰ. ①2… Ⅱ. ①北… Ⅲ. ①旅游教育—高等教育—人才培养—研究 Ⅳ. ①F590

中国版本图书馆CIP数据核字(2019)第142095号

2017年度万名旅游英才计划项目优秀成果集

北京第二外国语学院中国旅游人才发展研究院　编

出版单位	旅游教育出版社
地　　址	北京市朝阳区定福庄南里1号
邮　　编	100024
发行电话	（010）65778403　65728372　65767462（传真）
本社网址	www.tepcb.com
E - mail	tepfx@163.com
排版单位	北京旅教文化传播有限公司
印刷单位	北京虎彩文化传播有限公司
经销单位	新华书店
开　　本	787毫米 × 1092毫米　1/16
印　　张	27
字　　数	402千字
版　　次	2019年7月第1版
印　　次	2019年7月第1次印刷
定　　价	78.00元

（图书如有装订差错请与发行部联系）

《2017年度万名旅游英才计划项目优秀成果集》

编 委 会

序

为贯彻落实《国家中长期人才发展规划纲要（2010–2020）》和《国务院关于促进旅游业改革发展的若干意见》，加强旅游专业人才培养、储备，为旅游业发展吸引、汇聚更多优秀人才，2015 年原国家旅游局决定开始组织实施“万名旅游英才计划”，面向重点院校和旅游企业组织开展示范性旅游人才项目，吸引、激励更多优秀人才立志旅游工作，攻读旅游专业，扎根旅游行业，奉献旅游事业。

项目以造就行业英才为目标，以产学研结合为导向，以任务驱动为主要方式，以项目资助为主要手段，分批遴选、培养 10000 余名旅游相关专业的教师、学生，以及旅游企业拔尖骨干管理人才和高级技术技能人才。经过两年的机制完善，2017 年面向旅游院校的“双师型”教师培养项目、实践服务型英才培养项目和研究型英才培养项目申请由 2015、2016 年的名额分配制改为公开申报，限额入选的机制。2017 年，项目执行办公室分别邀请数十位业内专家对项目开展了申报评审工作，以申报材料主题和内容体现的研究意义、研究内容、研究方法、研究保障、文本规范性等作为评审指标，评审专家对每一份材料进行打分、排序，最终评选出 100 个双师型”教师培养项目、198 个实践服务型英才培养项目、100 个研究型英才培养项目。

2018 年文化和旅游部成立后，一如既往地表现出政府对旅游人才培养的关注。为接力旅游人才培养政策，为文化和旅游的融合发展添砖加瓦，更好地发挥项目的示范作用，文化和旅游部人事司决定对在 2017 年“万名旅游英才计划”项目验收中获评优秀的项目成果优中选优汇编成册。经过专家严格评审和精心挑选，共有 20 个实践服务型英才培养项目、10 个“双师型”教师培养项目、10 个研究型英才培养项目成果收编本书。在文化和旅游部人事司的指导下，项目执行办公室组织专家又对入选项目进行多轮的指导修改，最终成为呈现给各位的首批成果集《2017年度万名旅游英才计划项目优秀成果集》。

感谢项目评审专家的倾情付出、耐心指导和专业点评。期待本成果集的出版，能为关注旅游人才成长的领导、同行提供可资借鉴的典范。期待今后入选文化和旅游部旅游人才培养项目的师生不负国家期望，认真研究、扎实实践，将更多旅游人才优秀成果奉献社会。

本书编委会

2019年5月

目　录

第一篇　实践服务型英才培养项目

第二篇　“双师型”教师培养项目

第三篇　研究型英才培养项目

第一篇
实践服务型英才培养项目

所在单位：云南大学
项目指导老师：陈伟
项目负责人：陈季菲
项目成员：周海香、彭瑶、夏悦、王艺萌、王義新
项目编号：WMYC201720181

云南芒景村乡村旅游社区参与能力提升与旅游扶贫入户帮扶活动

一、项目概述

（一）项目背景

2018年中央一号文件——《中共中央国务院关于乡村振兴战略的意见》对实施乡村振兴战略进行了全面部署，本次2017年度万名旅游英才计划实践服务型英才培养项目“云南芒景村乡村旅游社区参与能力提升与旅游扶贫入户帮扶活动”紧随国家乡村振兴战略，遵循发展乡村旅游、服务农村产业的理念，于2018年2月24日—3月3日期间，深入云南省普洱市澜沧拉祜族自治县惠民镇芒景村开展实施项目。

芒景村地处澜沧县著名的“景迈山千年万亩古茶园”核心地带，临近西双版纳，地理位置优越，自然资源和人文资源都十分丰富。下辖芒洪、芒景上寨、芒景下寨、翁基、翁哇、那耐6个自然村、6个村民小组，全村共有705户，2814人，布朗族占总人口的92%，是一个典型的布朗族村。芒景村的经济来源主要依靠茶叶采摘和生产加工，茶文化和布朗族文化为芒景村带来初步的旅游发展，出现了一些客栈和饭店。芒景村于2011年被评为中国最有魅力休闲乡村之一，2013年入选第二批传统村落名录，2014年11月被列为全国乡村旅游扶贫重点村。现在正在申报世界文化遗产以及景迈山4A级景区建设。

（二）项目意义

在本次万名旅游英才计划实践服务型英才培养项目的活动开展过程中，我们将社会实践与专业学习相结合、与服务社会相结合、与精准扶贫相结合，通过在芒景

村的调研与实践，了解芒景村的旅游发展状况，深入分析芒景村乡村旅游业发展存在的问题，提出优化发展建议，鼓励村民们加入乡村旅游这列脱贫致富的快车，增强当地村寨原住村民的社区参与能力，让当地老百姓能通过乡村旅游发展从经济、生态、文化中获得相应的收益，这既是少数民族村寨社会经济发展的需要，也是这些村寨社区居民适应乡村旅游发展的需要。同时为促进芒景村建设成当地旅游发展“绿三角”的旅游扶贫项目示范村、“普洱景迈山古茶林”申遗建设示范村寨贡献我们的一份力量。

（三）预期目标

（1）实地考察芒景村发展现状，进行深入调研芒景村乡村旅游发展的问题，充分了解当地居民参与旅游发展的意愿、积极性以及影响因素。

（2）鼓励、提升芒景村村民的参与积极性，开发利用芒景村丰富的旅游资源，兴办旅游经济实体，实现贫困地区居民和地方财政双脱贫致富。

（3）通过入户调查、培训等方式来提高居民旅游经营管理意识，并从经营管理知识、服务技能、宣传营销等方面为他们进行指导，从而提升居民在旅游活动中的参与度与主人翁意识。

（四）项目执行情况

2018年2月24日—3月3日，项目小组赴芒景村的6个村民小组（芒洪、芒景上寨、芒景下寨、翁基、翁哇、那耐）进行了为期8天的实践调研与帮扶活动，按照项目计划重点完成了以下活动。

1. 开展访谈活动5场

涉及澜沧县县委宣传部、普洱市旅发委芒景村扶贫专项工作人员、芒景村村支书、芒景村各小组负责人、布朗族文化领头人等多层级人员，访谈人员约20余人。

2. 入户开展乡村旅游帮扶活动

深入近100户村民开展问卷调查，与近150名村民交流，详细了解社区参与能力情况，开展乡村旅游社区参与能力情况调研与培训。

3. 召开乡村旅游宣传培训会

开展乡村旅游入户指导与旅游扶贫入户帮扶活动，召开乡村旅游宣传培训会，发放300份自主编制的乡村旅游知识宣传手册。

4. 宣传党的十九大精神

向近400名村民宣传党的十九大精神、乡村振兴战略以及如何参与乡村旅游。

5. 完成芒景村旅游发展状况调研

项目团队结合芒景村的旅游发展现状，深入分析芒景村乡村旅游目前发展存在的问题，提出优化发展建议。

二、项目内容

（一）项目前期准备

项目组在调研前期完成了与澜沧县宣传部、普洱市旅游局、惠民乡政府、芒景村村委会的联系沟通，协调安排整个项目实施时间与流程，充分了解芒景村的基本情况，收集掌握芒景村的基础资料与数据；项目成员完成了乡村旅游相关国家政策、期刊资料的收集与整理学习，将理论更好地落实到实践中；编制了针对芒景村的《乡村旅游宣传手册》；完成了村民调查问卷的设计，调研所需物料的筹备。

（二）项目中期调研与实践

表 1　云南省芒景村乡村旅游入户帮扶实践活动开展过程及内容

日期	实践活动内容	重点调研对象	负责人员	备注
2 月 5 日—2 月 23 日	1. 了解芒景村基本情况； 2. 查阅有关乡村旅游的资料，从理论和实践两方面了解乡村旅游； 3. 针对乡村旅游、住宿、餐饮、宣传推广准备培训内容，制作旅游宣传册；设计、打印问卷。	1. 国家政策； 2. 乡村旅游、社区参与旅游的论文、实例； 3. 芒景村相关纪录片。	全体	
2 月 24 日	昆明坐车到澜沧县，讨论，分发资料	熟悉资料、明确目标任务。	全体	记录
2 月 25 日	从澜沧坐车到芒景村，把此次实践的目的与意义和村委会沟通，得到他们的积极配合；了解芒景村发展历史、经济、人口及目前旅游发展现状以及旅游社区参与程度。	村委会人员（芒景村书记、村长等）。	全体	记录
2 月 26 日	1. 调查翁基寨的相关旅游资源； 2. 访谈调查，发放乡村旅游宣传册，且针对村民的一些问题对其做出培训、解答、引导。	1. 调查翁基寨的旅游资源； 2. 翁基寨参与旅游的村民。	三组同时进行	记录
2 月 27 日	1. 调查芒景上寨、下寨的资源； 2. 详细了解布朗族文化发展的历史、传统习俗、象征意义等； 3. 访谈调查，发放乡村旅游宣传册，且针对村民的一些问题对其做出培训、解答、引导。	1. 调查了解芒景上寨、下寨的旅游资源； 2. 布朗族文化领头人苏国文老师； 3. 芒景上寨、下寨村民。	三组同时进行	记录
2 月 28 日	1. 调查芒洪的旅游景点； 2. 访谈调查，发放乡村旅游宣传册，且针对村民的一些问题对其做出培训、解答、引导。	1. 调查了解芒洪的旅游资源； 2. 芒洪村民。	三组同时进行	记录

续表

日期	实践活动内容	重点调研对象	负责人员	备注
3月1日	1. 调查翁哇的旅游资源； 2. 访谈调查，发放乡村旅游宣传册，且针对村民的一些问题对其做出培训、解答、引导。	1. 调查了解翁哇的旅游资源； 2. 翁哇村民、翁基寨中未参与旅游的村民。	三组同时进行	记录
3月2日	1. 调查了解那耐基本情况，哈尼族的文化、歌舞、服饰特色； 2. 访谈调查、培训，向他们传达旅游发展的模式、宣传等方面的内容，发放旅游宣传册。	那耐村的村长及部分村民。	三组同时进行	记录
3月3日	1. 总结工作并与村委会及乡政府反馈，获取意见及建议； 2. 从芒景村返回昆明。		全体	记录
回访跟进安排： 与已经参与旅游活动和开展经营活动的村民保持联系；对具有发展潜质条件相对成熟的村民村户进行持续电话、微信远程指导。				

（三）后期总结阶段

对实地调研中获得的所有资料进行整理分析，完成访问与实地考察所得信息资料的整合，形成芒景村的基本概况与旅游发展现状，提出目前芒景村乡村旅游发展存在的问题及发展的思路建议；最终形成完整的社会实践调研报告。

（四）项目开展过程中出现的问题、困难及相关解决措施

（1）前期资料收集阶段时，由于网站信息年份无法实时更新，资料信息与实际情况存在一定出入，例如村户人数、村寨之间的距离等。

针对这些问题，小组实时修改和完善相关材料，并据此调整相关项目开展计划。尤其是对于问卷样本选取的调整，原计划走访每家每户，但实际数量较多，且各村寨之间有一定距离，在时间、语言沟通等因素的限制下，调整为每个村寨选取一定比例数量走访抽样。

（2）项目原计划未全面考虑调研过程中的现实状况，例如村民不熟汉字、语言交流障碍、时值春茶农忙时节等，这些因素一定程度上限制了问卷访谈样本的抽取。

针对部分村民不熟悉汉字，问卷填写方式由访谈代替自主阅读填写；针对语言沟通障碍，在分组时，由一位熟悉方言的成员主导访谈，另一名成员负责相关记录，相互配合，提高效率；而农忙无法避免，因此大量的访谈是利用日落后村民歇息时间来开展的。

（3）文化、习俗等差异的存在不可避免，因此在项目开展过程中，在尊重对方的文化的前提下，我们主动了解、学习与配合，避免矛盾的发生。

三、项目成果

在为期八天的调研实践活动中，我们联系十九大的各项重大部署，结合所学旅游管理专业的知识，深入芒景村村寨，对芒景村旅游发展概况、居民旅游参与情况、参与旅游发展能力现状等开展调研，对村民开展访谈、宣讲与培训，取得了调研报告、人才培养、培训宣传、社会影响等方面的成果。

（一）项目调研成果

1. 完成针对芒景村村民乡村旅游参与的问卷调查 86 份

运用问卷调查的方法，获得“芒景村参与经营者和未参与普通村民的个人基本情况；参与经营者的参与类型和经营概况；影响社区居民参与乡村旅游的能力指标和程度测量信息”相关数据。共发放 100 份问卷，实际回收问卷 92 份，剔除作答无效的 6 份，有效问卷最终为 86 份，回收率和有效率分别达到 92% 和 93.5%。

2. 完成项目调查报告书 1 份

报告书中依据调研数据、所搜集的资料，总结出芒景村乡村旅游发展的现状、乡村旅游社区参与存在的问题、社区参与能力提升的维度，对芒景村乡村旅游配套设施、旅游线路规划、旅游资源整合、旅游功能分区和旅游发展模式的创新给出合理化分析，整理出相应的建议和对策。

3. 完成旅游管理本科毕业论文 2 份

项目负责人陈季菲在本次项目实践活动开展的基础上，完成题目为《云南芒景村乡村旅游的社区参与能力提升研究》的毕业论文。

项目主要成员周海香在本次项目实践活动开展的基础上，完成题目为《少数民族村寨社区居民乡村旅游开发参与意愿及影响因素研究——以云南普洱景迈山芒景村为例》的毕业论文。

4. 芒景村影像资料 1 套

调研小组收集视频资料，拍摄大量芒景村自然、人文的照片，经剪辑并配以当地民族音乐人原创歌曲，制作了景迈山芒景村的旅游宣传片。

（二）项目培训成果

1. 编制芒景村乡村旅游知识宣传手册 1 份

项目组编制了针对芒景村的《乡村旅游宣传手册》，结合国家和地方政府的发展政策，从餐饮、住宿接待、产品售卖、营销宣传、保洁卫生等层面为芒景村旅游开发中村民如何有效参与、提升其参与能力而设计拟制了宣传手册。

2. 开展访谈活动5场

与澜沧县县委宣传部、普洱市旅发委芒景村扶贫专项工作人员、芒景村村支书、芒景村各小组负责人、布朗族文化领头人等多层级人员开展访谈交流，访谈人员20余人。

3. 深入100户村民开展乡村旅游帮扶活动

深入近100户村民开展问卷调查，与近150名村民访谈交流，开展乡村旅游社区参与能力情况调研与帮扶指导，为当地申报世界文化遗产及景迈山4A景区建设提供帮助和技能性的实践指导。

4. 召开乡村旅游宣传培训会

召开乡村旅游宣传培训会，发放300份自主编制的乡村旅游知识宣传手册，向近400名村民宣传党的十九大精神、乡村振兴战略以及如何参与乡村旅游。

（三）项目获奖成果

1. 优秀本科毕业论文

项目主要成员周海香在本次项目基础上完成的本科毕业论文《少数民族村寨社区居民乡村旅游开发参与意愿及影响因素研究——以云南普洱景迈山芒景村为例》，被评选为云南大学2018届优秀本科毕业论文。

2. 云南大学团委活动奖项

本项目活动参加云南大学团委组织的“学思十九大，知行新时代”寒假社会实践活动，获得优秀调研报告三等奖、最佳摄影奖、最佳实践短片奖。

3. 学院官方公众号优秀稿件

云南大学工商管理与旅游管理学院微信公众号“商旅启迪”优秀稿件获选——《爱上你，只是五天的事》。

（四）社会影响

1. 促进完善文旅产业的发展形态，丰富当地产业结构，优化乡村旅游产业的发展模式

芒景村地理位置优越，茶文化和布朗族文化浓郁，自然环境优美，可开发乡村旅游的自然资源和人文资源丰富。目前芒景村的生产经营仍是茶产业单一产业结构，当地旅游仅有初步发展。因此，在乡村振兴的大背景下，坚持“有效保护、合理开发、永续利用”原则，以农为本、以乡为魂，芒景村的特色文旅项目可以为乡村振兴注入新的动力，创新乡村旅游产品和业态。同时鼓励社区居民参与，让其切实投入旅游开发及管理的方方面面，让村民得到乡村旅游发展的获得感。

2. 助力旅游扶贫项目示范村建设及景迈山千年万亩古茶园申遗工作

芒景村位于云南西南边境的景迈山，是普洱“绿三角”旅游环线开发建设的重点景区，现景迈山古茶林正在进行世界文化遗产的申遗工作，其中芒景村正是申报遗产区的重点区域。本次活动助力芒景村发展乡村旅游，对当地旅游发展“绿三角”的旅游扶贫项目示范村建设、景迈千年万亩古茶园的申遗工作起到促进作用。

3. 提升当地居民的社区参与管理能力

芒景村所在的景迈山正在申请世界非物质文化遗产以及国家4A级景区工作，但长期以茶业为生的当地居民在旅游参与度、参与能力上存在一定不足，造成芒景村旅游产业的供需不平衡。本次项目活动的实施，有效鼓励和提升了芒景村村民的旅游参与积极性与参与能力。

四、特色与经验

（一）项目特色

1. 整合联动，深入乡村，广泛动员，村民认同项目实施效果

项目组在调研前与澜沧县宣传部、普洱市旅游局、惠民乡政府、芒景村村委会进行了积极联系沟通，取得了相关政府部门和村委会的大力支持，从而保证各个环节协调安排落实到位。整个项目实施时间与流程有条不紊，芒景村村民对“万名旅游英才计划”——“云南芒景村乡村旅游社区参与能力提升与旅游扶贫入户帮扶活动”非常认可，积极配合项目开展，有效推进了项目的实施开展。

2. 入户调研，走近村民，了解村民，有效提升村民参与能力

项目团队调研了解芒景村6个村寨旅游发展情况，深入与村民交谈，了解村民所需，总结芒景村村民所缺乏的社区参与能力，发挥我们的专业知识优势，聚焦到村民，解决其问题，帮助其提升社区参与能力。

3. 运用工具，分析数据，获得结论，提出村民参与旅游对策

运用SPSS整理分析问卷数据，更加理性、全面地分析芒景村社区参与能力的相关问题，提出更加适合的对策，这对芒景村旅游规划、管理及4A级景区的建设均有较大的借鉴意义。

4. 互联网+，实时更新，分享调研，扩大万名英才项目影响

调研过程中，我们持续地在朋友圈、QQ空间等社交平台更新调研动态；并撰写文章发表于微信公众平台，向更多人分享调研历程，宣传芒景村，体现了我们帮扶芒景村发展旅游业的初衷，也进一步扩大了万名旅游英才计划项目的影响。返回云南大学后，召开项目活动开展的经验分享会，促进广大师生同学关注项目，带动其他同学积极申请2018年度国家文化和旅游部的万名旅游英才计划项目。

（二）项目典型经验

1. 项目调研经验

（1）采用问卷调查法的研究形式

本次调研采用问卷调查法的形式，对芒景村六个村民小组进行随机抽样调查，深入约100户村民家庭，共发放问卷100份，回收92份，有效问卷共86份，收集了解社区居民的基础信息和参与能力的程度数据。问卷数据经过维度和要素的划分和量化分析后，对把握芒景村村民对参与乡村旅游发展的基本情况和参与意愿等有较大参考价值。

（2）采用访谈的质性研究方法

本次调研采用结构式访谈和非结构式访谈相结合的方法，以芒景村社区居民、旅游经营者、政府人员为访谈对象，对访谈者的个人动机、态度、价值观念、思想等无法直接观察的问题进行了解。

2. 项目实践经验

在项目开展过程中，注重以村民为本的思路。项目团队首先有效传达项目的目的，促使村民认同项目理念，积极配合项目开展；其次尊重该民族和地区的文化、风俗习惯，拜访布朗族文化带头人苏国文老师，了解布朗族的历史、传统，向村民学习歌曲，融入到当地环境中，获得共情体验；最后根据当地村民的生活方式合理安排调研时间、地点。

五、专家点评

团队成员把学校假期社会实践与项目实施结合起来，利用假期深入云南省普洱市澜沧拉祜族自治县惠民镇芒景村，进行旅游扶贫入户帮扶活动。在为期8天的实践中，团队成员了解芒景村的旅游发展状况，深入分析芒景村乡村旅游业发展存在的问题，提出优化发展建议。项目取得了众多的成绩，获得了很好的社会影响。其突出之处在于：其一，项目组织比较规范。从项目计划的制定，到项目实施的控制，最后到项目结束后的总结，都做得非常到位。其二，调查比较翔实。从调研的对象、调研的内容、调研的方法（问卷、访谈等）、调研的进度、数据的处理等各部分都做得比较好。

（点评人：许忠伟，北京第二外国语学院旅游科学学院副教授、会展系主任）

所在单位：许昌学院
项目指导教师：高洪涛
项目负责人：韩雪
项目成员：袁嘉辛、张诗婧、孙晓变、赵书赛、宋蕾蕾、彭婷婷、吕梦柯、叶潇、崔红蕾、连小月、徐晓梅
项目编号：MWYC20170120

河南鄢陵花都旅游度假区行业实践和文明旅游志愿服务

一、项目概述

（一）项目背景

旅游专业学生实践能力提升的要求。近年来，旅游服务行业对于人才的需求与日俱增，但真正符合这些旅游服务行业人才标准的毕业大学生却远远不够。因而，旅游专业在校大学生丰富实践经历、提高实践能力成为一件迫在眉睫之事。

鄢陵花都旅游度假区的良好优势。本项目计划开展活动的区域是河南鄢陵花都旅游度假区，规划面积120平方公里，核心区面积26平方公里，是河南省级旅游示范区，位于鄢陵县西北，是鄢陵70万亩花卉苗木的核心区，历史文化悠久、花木文化底蕴厚重。度假区主题资源是花卉苗木、温泉和养生文化，其规模、质量、独特性均在全国范围内具有显著的优势。度假区入驻园林企业200多家，企业创新发展经营花木思路，将花木与旅游紧密结合起来，积极打造花木精品园、特色园、专类园等特色旅游项目。

（二）项目意义

有助于学校和学院应用型本科建设。项目团队所在的许昌学院是河南省首批地方本科高校转型发展试点单位、示范性应用技术类型本科院校，并入选国家“十三五”产教融合发展工程应用型本科院校建设项目。学校一直秉承应用型专业建设的需要，项目的开展正好符合学校要求，较好实现培养高素质创新型应用人才

的目的。

有利于学生固长板、补短板。团队成员都来自许昌学院，具有专业课知识基础扎实、求知欲旺盛、学习能力强等“长板”；同时学生们也具有对旅游服务业的认识不足、行业实践能力薄弱、动手能力差等“短板”。通过项目实践的开展，可以很好地发挥学生的理论优势，弥补在实践层面的不足。

有助于服务地方旅游经济的发展。项目活动主要分三个板块，分别针对不同的方面进行了活动设计，扩大了同学们的活动范畴，明确了同学们进行学习实践的方向，有助于服务地方旅游经济的发展，为当地旅游业的发展提供智力支持。

（三）预期目标

预期目标有三个：一是服务地方旅游业的发展，增强校企合作；二是增强团队成员的实践能力；三是为教学和科学研究提供支撑。

（四）项目执行情况

立项以来，团队成员在节假日期间进行相关活动，团队立项初期的目标逐步得到了实现。首先，在行业实践和志愿服务方面。团队成员充分利用节假日期间先后前往鄢陵的花都温泉、花溪温泉、金雨玫瑰温泉酒店、唐韵园林、中原国家花木博览园、建业绿色基地等旅游景区进行行业实践。

其次，在乡村旅游扶贫方面。团队在许昌市、鄢陵县旅游局的支持下，在清明节、五一、暑假和花博会期间分组前往鄢陵县通过调查问卷、农民访谈等方式对鄢陵县的旅游产业对当地扶贫的影响情况进行了调查，并形成相关论文和报告，较好地把握了鄢陵旅游对乡村扶贫的促进作用情况。

最后，在文明旅游宣传方面。团队成员设计文明旅游宣传资料，在暑期和花博会召开期间在鄢陵鹤鸣湖和花博园进行了文明旅游的宣传活动。特别是在第18届中国中原花木交易博览会期间，团队配合许昌市游客中心在博览园进行了文明旅游的宣传活动，较好地完成了项目计划情况。

二、项目内容

（一）开展进度及内容概述

2017年12月和2018年1月，结合圣诞节和元旦假期，在鄢陵花都温泉和花溪温泉进行行业实践志愿服务，同学们进行游客引导、温泉知识讲解、提供服务讲解等相关行业服务。

2018年3—5月，鄢陵花都旅游度假区，各类花卉相继开放，在这一阶段的清明节、五一和周末，与许昌市旅游局和鄢陵县旅游共同开展行业产业实践和志愿服务、乡村旅游扶贫和文明旅游宣传服务。特别是3—4月时，团队与鄢陵县唐韵园林取得联系，在该景区进行相关行业实践，并进行了茶艺、舞蹈表演，帮助景区进行汉服租赁和樱花茶销售工作，借着唐韵园林的游客基础，可以使同学们更广泛地接触多种类型的游客，加强锻炼作为未来旅游业从业人员的基本素质。

2018年6—7月，6月团队成员整理资料，并准备期末考试，进行理论知识的补充。7月，利用暑期社会实践的机会，在鄢陵旅游产业集聚区内的鹤鸣湖、花都温泉、建业绿色基地、蜡梅园等景点开展乡村旅游扶贫的暑期社会调研，同学们自己管理分工整理并分析数据，最终形成相关的调研报告。

2018年9—10月，在度假区内将举办国家级节庆第十八届中国中原花木博览会，随后是为期一个月的“许昌生态文化游”。借助这两个活动，在博览会期间和十一期间及周末开展相应的活动。团队成员分组开展旅游咨询活动，与鄢陵游客服务中心的员工一起为游客进行各类问题的解答；部分语言能力较强的成员开展导览讲解服务，把鄢陵的花木文化、温泉文化、养生文化等传递给来许昌旅游的各位嘉宾和游客；配合鄢陵县旅游局和各部门开展应急救援工作，为旅游中出现意外状况的游客提供帮助；同时与旅游局合作进行市场秩序维护的工作；帮助旅游企业和环卫工人做好环境卫生整治的工作，开展文明旅游的教育活动等。

2018年10月，对前期的所有工作进行总结和整理，按照项目申请书的要求整理文件，提交至国家文化和旅游部。把有关的项目实施过程中的一些看法整理提交给许昌市旅游局和鄢陵县旅游局及相关的旅游企业，为许昌旅游业的发展贡献力量。

（二）具体内容

1. 行业产业实践和志愿服务

结合同学们的课余实践和鄢陵县各旅游度假区的实际情况，团队成员充分利用节假日先后前往鄢陵花都旅游度假区的唐韵园林、中原国家花木博览园、建业绿色基地等旅游景区进行实地的旅游咨询、景区市场秩序维护、景区顶岗志愿服务。

在指导老师的建议下，团队成员在正式的实践活动开始之前都会进行相关的知识学习，为将知识与实践的紧密结合做准备，并借鉴理论与实际相结合形成的相关行业产业知识。2017年12月项目计划一下达，在12月底和1月的元旦期间，团队就前往花都温泉度假区进行志愿服务，分别在温泉部、前厅部以及客房部等部门为景区提供志愿服务，让团队成员充分感受到了客流量高峰期景区服务人员工作气氛、学习到了实际的应客技巧和旅游服务的知识。在2018年3—4月樱花开放季节，许昌学院与鄢陵县旅游局、鄢陵唐韵园林有限公司共同举办第二届唐韵园林樱花节，高洪涛老师进行了全程策划，团队成员与唐韵园林展开了长达一个月的合作，不仅参与了唐韵园林樱花节开幕式的整个过程，还积极配合景区进行了园中旅游者汉服市场的调查工作，对唐韵园林樱花节的圆满举行做出了很多贡献，同时也获得了唐韵园林的充分认可。在暑假期间项目组成员前往鄢陵建业绿色基地进行了为期半个月的行业实践和志愿服务，在结合了之前的几次行业实践后团队成员在这次服务中体现出了更加扎实的服务知识功底，基地的特色旅游项目使大家增长了见识，了解了现代旅游市场的现状。

2. 乡村旅游扶贫

团队在许昌市旅游局和鄢陵县旅游局的支持下，利用暑期分组前往鄢陵县先后到鄢陵花木博览园、鹤鸣湖风景区、鄢陵绿色建业基地、鄢陵蜡梅园林、花溪温泉等地进行旅游扶贫调查问卷，通过调查问卷、农民访谈等方式对鄢陵旅游业对当地扶贫的影响进行了集中的调查。除此之外，我们还通过调查问卷的活动形式，了解到当地居民对乡村旅游扶贫的看法、满意程度以及需要进一步改进的地方等。在实践即将结束之时，团队成员分工合作将对调查结果进行了数据的整理和分析，形成一份调查报告，客观分析鄢陵县的旅游扶贫工作成果及限制因素等。这些数据和成果一方面作为学生社会实践的成果，一方面由指导老师传达给许昌市旅游局和鄢陵县旅游局，对鄢陵县的旅游扶贫工作提供一定的帮助，并为他们进行相关决策提供依据，以推动鄢陵县乡村旅游与旅游扶贫的贯彻落实和深入发展。

3. 文明旅游宣传教育

团队通过在鄢陵花博园、花都温泉、鄢陵游客集散中心等游客密集区域展开丰富生动、具有创新色彩的形式文明旅游宣传教育活动，并将文明旅游宣传教育活动与旅游咨询、市场秩序维护和环境卫生整治等活动有机结合起来，获得了许多游客的配合和支持。团队成员分组开展旅游咨询活动，与鄢陵游客服务中心的员工一起为游客进行各类问题的解答；部分语言能力较强的成员开展导览讲解服务，把鄢陵的花木文化、温泉文化、养生文化等传递给各位来到许昌旅游的嘉宾和游客；同时与旅游局合作进行市场秩序维护的工作；帮助旅游企业和环卫工人做好环境卫生整治的工作；开展文明旅游的教育活动，多形式、多内容的宣传文明旅游，提倡游客们进行文明旅游。

团队先后在鄢陵花木博览园、鹤鸣湖风景区进行文明旅游宣传，特别是在游人如织的第18届中国中原花木交易博览会期间，跟景区员工一起在博览园进行了文明旅游的宣传活动。通过近一年的文明旅游宣传，就有关文明旅游行为与安全宣传方面，团队与许昌市旅游局展开的合作取得了丰硕的成果。其现实意义在于不仅改善了鄢陵县旅游度假区内的某些不良行为，如：随手乱扔垃圾、随地吐痰等，形成良好的社会风尚，而且为景区内部的管理提供了相关信息，有利于为游客创造和谐美好的旅游环境，提升旅游品质，为鄢陵县形成更加健康、文明、和谐、美丽的旅游环境创造了有利条件。

三、项目成果

（一）提升成员的实践能力

1. 实践能力的基础理论得到扩充

自立项以来，团队成员在立足本专业理论知识的基础之上，结合鄢陵县旅游集聚区当地景区的现实情况，深入了解旅游行业发展的真实情况。通过实践活动的开展，同学们在理论知识指导下，学习了更多的知识，如调查中的问卷设计、统计与分析方法；问卷调查、行业实践、志愿服务中与人交往所需的交往、沟通、礼仪知识和技能；文明旅游知识、环境卫生知识等。

2. 实践能力得到较快的提升

同学们通过实践，也获得各种能力的提升，如很多时候指导教师联系过旅游企业后，基本上都是同学们自己与企业进行联系、沟通，组织开展相应的活动，在这过程中，同学们不仅锻炼了组织能力、应变能力、语言技能、沟通技能等，还能够从企业管理者身上学习到管理者所具有的各种特质和能力；通过每一次的活动的宣传和总结，提高了成员们的文字能力和新技术应用能力，也让他们掌握了新技术、新营销手段在旅游业的应用。

3. 较好地把握行业发展状况

通过实践，学生切实参加了企业的很多活动，能够对旅游企业的运作有一定的认识；了解到旅游行业实际的发展状况，旅游市场对旅游人才的需求状况。这些认知对于学生今后的学习和以后的就业有很大的帮助，能够对学生未来的学习方向、就业意向产生很大的影响，为学校人才培养质量的提高起到很大的促进作用。

（二）增强校企合作的广度和深度

本项目通过近一年以来的实践活动，开展了一系列志愿服务，如：志愿讲解服务、景区顶岗实习活动、旅游扶贫调研活动、鄢陵县旅游者消费需求的调研活动以及文明旅游宣传活动等社会服务。这些活动的开展与鄢陵旅游企业的大力支持密不可分。在活动开展的过程中，我们通过学校领导、许昌市和鄢陵县旅游局的领导，与鄢陵的旅游企业建立联系，通过这些活动的开展，能够加深学校与地方企业的了解，能够让学校知道企业需要什么样的人、我们怎么培养人，能够让企业了解我们的学生有哪些能力，能够为他们提供什么样的支撑，还能够共同探讨培养方案、教学方法，甚至可以把教学拉到企业来进行。这些都为校企合作提供了良好的途径，为校企深度融合提供了方向。期望以后还能够有类似的项目能够为学生的成长成才提供更多的实践机会。

（三）为学术研究提供支撑

在学术研究方面，团队前往鄢陵县先后到鄢陵花木博览园、鹤鸣湖风景区、鄢陵绿色建业基地等地进行旅游扶贫调查问卷，通过调查问卷、数据资料查阅、居民访谈等方式对鄢陵县的旅游产业对当地扶贫的影响进行了集中的调查。这些调研成果，一方面可以为旅游学院教师科学研究提供基础数据，学院中有几位教师的科研项目就是基于这样的调研而进行的。另一方面，也可以为成员的科研之路指明一个方向，有两名项目成员就是基于这一调研写出了两篇论文，准备作为后期成果进行发表。

四、特色与经验

（一）特色

1. 地方结合性

本项目最主要的特色就是与地方旅游发展紧密结合，鄢陵一年四季的各种不同的旅游活动，正好具备项目开展所需要条件，让我们能够在一年的不同时间段，都有活动进行展开，让学生进行各种方面的锻炼。

2. 全程参与性

本项目开展过程中，其中一个重要的活动就是全程参与了第二届唐韵园林樱花节，通过全程的参与，学生的收获更大。我们在许国林院长的指导、高洪涛老师的带领下，对唐韵园林就樱花节所开展的活动进行策划，设计了导游讲解、文明旅游服务、汉服表演、舞蹈表演、茶艺展示、茶叶销售、古装出租等活动，与园区古色古香的四合院、鄢陵特色小吃结合起来，较好实现了旅游各要素的集合。这些活动让我们在学校所学理论知识与行业实际需求相结合，在锻炼能力，提高综合素质，更好认知旅游业方面起到重要作用。旅游学院师生的表现也受到了鄢陵县旅游局、唐韵生态旅游有限公司领导的一致好评，对于政校企合作起到了很好的示范作用。

（二）经验

1. 善于沟通和合作是项目顺利完成的关键

沟通是人与人相互之间传递，交流各种信息、观念、思想、感情，以建立和巩固人际关系的综合。在项目进行期间，需要与游客、居民等进行沟通，需要与团队成员进行沟通和合作，在这过程中可能出现问题，会有不同意见，需要我们能够很好发挥沟通能力、协作能力。

2. 各方大力支持是项目顺利进行的保障

项目的顺利进行还需要各个方面的大力支持。在项目立项之后，旅游学院许国林院长非常肯定，在资金的落实、项目的开展过程中，提供了很多的便利；指导老师高洪涛老师也做了规划的指导，每次活动都是在老师的引导下进行的；当地旅游部门和旅游企业也给予了大力支持。在实践中，许昌市旅游局的李翠玲副局长，鄢陵县旅游局的李局长、董萌，许昌旅游协会副会长李冰都非常支持，积极作为学院和旅游企业之间沟通的桥梁。

（三）存在的问题与不足

1. 活动的开展有待深入

项目计划下达时，团队成员都是大二的学生，除了有一些理论知识外，在学校内参加的实践活动就有两次较短的专业见习，学生的各方面能力还都欠缺。因此在项目进行中，有些活动由于时间和资金的限制，加上学生能力的有限，到企业中仅能参与最基础、最简单的工作，深入的活动参与的较少。这样让学生系统地参与到企业运营过程的机会就不多，这是以后需要改进的地方。

2. 学生的主动性有待加强

在项目开展过程中，所有的团队成员非常积极地参加到活动当中，每次完成任务的态度也很好，但也有一些问题，比如说学生主动去规划的能力较为缺乏，基本上都是指导老师要求，他们才会被动地去做，不会主动去思考要开展什么活动、怎么进行，在活动完成后的成果整理方面，也没有深入的探索。因此这也是需要进一步发挥学生能力、进行积极改进的方面。

五、专家点评

本项目团队对鄢陵县的旅游扶贫状况进行了调查，并形成相关论文和报告，并呈递给许昌市旅游局和鄢陵县旅游局，为地方进行相关决策提供参考依据。在一些地方重大活动中，团队成员设计文明旅游宣传资料，开展卓有成效的文明旅游的宣传活动。整个项目取得了非常好的效果，达到了项目的预期。该项目的突出之处在于，其一，贴近地方旅游发展的需要。无论是为当地旅游主管部门建议献策，还是服务当地的节事活动，做旅游宣传，都是脚踏实地为当地旅游做实实在在的工作。其二，与有关单位的深度合作。如参加“第二届唐韵园林樱花节”并非简单的引导、礼仪服务，而是从策划开始，到运营服务的全程参与。再如与当地旅游部门的合作也非常紧密。同时这些深度的合作，也给同学们带来了巨大的收益。项目的不足之处在于：对调查结果的提炼不够。如果后续能带动、启发同学们开展深层次思考和研究，则会更出色。

（点评人：许忠伟，北京第二外国语学院旅游科学学院副教授、会展系主任）

所在单位：安徽师范大学

项目负责人：舒涵

项目指导教师：王朝辉、张伟

项目团队成员：

申报成员：舒涵、李双容、余慧敏、仇娜、伍方健、龚紫龙、陈卉、陈正美、陈盼盼、陈乐、胡清芳

实践成员：舒涵、李双容、余慧敏、仇娜、伍方健、龚紫龙、陈卉、陈正美、陈盼盼、陈乐、胡清芳、张宇哲、吴禹钒、叶治山、田雪婷、金晓函、王雨微、刘婉婉、梁炎霞、田雨晴、汪金红、梁宜人、张流舰、徐永妍、杜存燕、李路林、陶玉亭、李丹

项目编号：WMYC20172075

城市田园交响曲

——乡村旅游扶贫与绿色农产品推广项目

一、项目概述

（一）项目背景

近年来，随着旅游产业快速发展，旅游经济在国民经济中的地位与作用日益显现，旅游社会化大众化，以及需求多元化发展，催生旅游供应多样化的要求。另一方面，城市发展进程与发展节奏不断加快，给城市居民带来更大的生活、工作压力，而乡村优美的生态环境、独特的旅游资源、淳朴的民俗民风，城乡生活方式、生态环境的巨大反差，让乡村地区逐渐成为城市居民旅游的重要出行目的地。党的十九大提出“乡村振兴战略”，明确今后一段时期乡村发展途径选择。大力发展乡村旅游，坚持走绿色发展道路，是新形势下乡村振兴发展的重要路径，也为具有一定旅游资源的贫困边远乡村脱贫提供发展新思路。

城市与乡村在旅游消费领域存在两对矛盾，一是乡村地区拥有优美的乡村风光、良好的生态环境以及丰富的乡村旅游资源，但是乡村旅游资源无法顺利转化成

旅游产品，形成旅游领域的生产力；而城市居民潜在巨大的乡村旅游需求得不到满足；二是近年来频发的食品安全问题，使得城市居民绿色消费意识日益增强，但是城市居民的生态产品供应得不到有效保障；而农村地区特别是边远贫困地区，传统的生产生活方式下，绿色生态农产品的附加值不能有效显现。

项目针对城乡旅游领域存在的二元矛盾，采用“绿色生态农产品 + 乡村旅游 + 扶贫”方式，整合乡村旅游资源，推广乡村生态农产品，开发乡村体验游、农家乐、乡村民宿等延伸产品，逐步打造专属贫困山村的“乡旅品牌”。自媒体时代下，电子通信技术和互联网不断发展，推进“互联网 + 乡村旅游”融合发展，为乡村旅游开发与贫困地区旅游开发提供新思路。

（二）项目意义

本项目通过搭建乡村旅游扶贫在线服务公益平台，构筑城乡“绿色通道”，为城市市民开辟绿色生态旅游农产品销售窗口，为贫困边远乡村绿色农副产品打开销路，带动乡村旅游的开发与发展，促进乡村旅游精准扶贫。借助微博、微信等平台，对乡村绿色生态旅游农特产品进行销售，重点宣传这些地区良好的生态环境、生态的生产方式、保存完好的民俗民风、绝佳休养生息地，提升乡村旅游整体形象，推动乡村旅游纵深发展。

以“互联网 +”的乡村旅游扶贫发展模式，为边远地区扶贫提供借鉴；推进互联网和旅游融合的广度和深度，加快乡村旅游发展速度，拓宽旅游产品销售渠道，有利于实现乡村旅游产品的系统化、多元化；有利于贫困乡村开发，推进旅游扶贫深度发展；有利于传承乡村民俗文化，同时促进绿色和低碳旅游发展。项目成功推进能够吸引更多的大学生投身社会实践中，为更多的大学生创新创业提供成功借鉴。

（三）预期目标

项目实施计划贫困村帮扶、生态认领、田园众筹、田园农家、田园基金五大板块。通过整合乡村旅游资源及旅游农特产品（生态绿色农产品），充分挖掘地域特色，开发完整的乡村旅游产品产业链，使城市居民在享受田园之乐、“归园田居”的同时，实质参与到乡村旅游扶贫和体验全过程。

本项目预期目标：一是实现复合式旅游专业人才培养；二是传播绿色生态生活消费理念；三是助力乡村扶贫与振兴发展。

（四）项目执行情况

项目立项以来，已经按照工作计划依次推进，先后招募近 30 名大学生参与其中，推出“田园农礼 · 梨果满筐”的多个品种“砀山梨”生态产品。目前团队已搭建乡村旅游扶贫在线服务公益平台，拥有微信公众号“田园交响曲”、微店“城市田园交响曲”以及专属项目网站（测试中）。2018 年 7 月团队深入砀山梨原产地，开展乡村旅游宣传，乡村旅游扶贫调研，与结对贫困村户开展帮扶等公益活动。目前项目已经成功完成了试产试销的运营任务，至 2018 年 9 月“田园农礼 · 梨果满筐”销售总额为 27 286.33 元，具有良好的市场反响和社会支持。

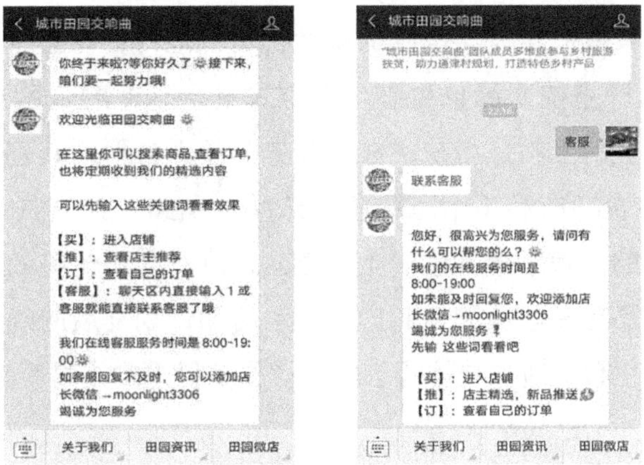

图 1　微信公众号

图 2　“城市田园交响曲”网站（测试）

二、项目内容

（一）项目设计

项目实施设计包括贫困村帮扶计划、生态认领、田园众筹、田园农家、田园基金五大步骤，循环递进，逐步实现城市田园交响曲项目预期发展目标。

1. 贫困村帮扶计划

项目初期选择具有一定旅游基础的旅游扶贫示范村，与县级扶贫办、产业协会等沟通联系，遴选严格按照绿色生态生产方式进行生产的贫困户作为项目合作伙伴。使用团队所搭建的乡村旅游扶贫在线服务公益平台帮助其宣传推广生态绿色农产品，在拓宽旅游农特产品（生态绿色农产品）销路、提升贫困户经济收入的同时，宣传绿色健康的消费理念和生活生产方式，以贫困村优美的山乡风光、优质旅游产品（旅游农产品和一般旅游体验产品）和后期计划开展的线下旅游活动等综合吸引城市消费者关注和实地参与体验，以乡村旅游促进贫困村脱贫致富。

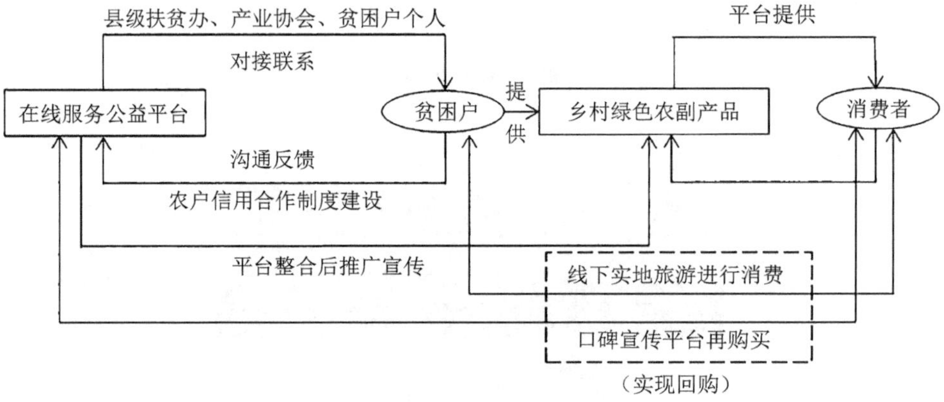

图3　贫困村帮扶计划发展示意图

2. 生态认领

选择生态环境优美的贫困旅游扶贫示范村，以O2O、B2C等方式为消费者提供“私家菜园”“果树认领”“小农场”等认养服务，以“旅游+现代农业”的方式发展乡村生态农业体验、乡村特色旅游。消费者可在当地生态绿色的种植园区内挑选感兴趣的农作物，认领认养一株果树、半亩菜园或茶园等，体验田园之乐。

3. 田园众筹

前期需整合旅游扶贫示范村特色乡村旅游资源和旅游农特产品，设计出符合市场需求的乡村旅游产品，通过一条龙高品质服务，以“特色农家乐+田园农俗体验＋民俗博物馆＋农家特色伴手礼（农家生态绿色农副产品）＋旅游文创品”等套餐组合的形式打包售卖，通过众筹积聚社会资本进行贫困边远地区乡村旅游的开发及扩大再生产。

4. 田园农家

提供乡村特色民宿、乡村旅游与休闲度假体验产品，唤醒城市居民乡村生活记忆。引进社会资本共同开发宣传乡村旅游产品，精选原生态旅游扶贫示范村，打造田园农家、“老家”项目，传达“乡愁”情感符号。涵盖乡村住宿、乡村餐饮、乡村农俗体验、乡村休闲度假等内容，推动乡村旅游纵深发展。

5. 田园基金

消费者每购买一定数量的商品，将从所获利润中按照固定百分比抽出对应金额作为帮扶贫困村户、贫困大学生改善生活、助学圆梦的资金。乡村旅游扶贫不能仅靠“输血”，更要“造血”。

项目分别根据砀山县、石台县、金寨县贫困村户的产品特色为其设计旅游农产品，并依据乡村特色和乡村旅游资源差异为其规划乡村旅游活动等。“城市田园交响曲”产品谱系图如图 4 所示。

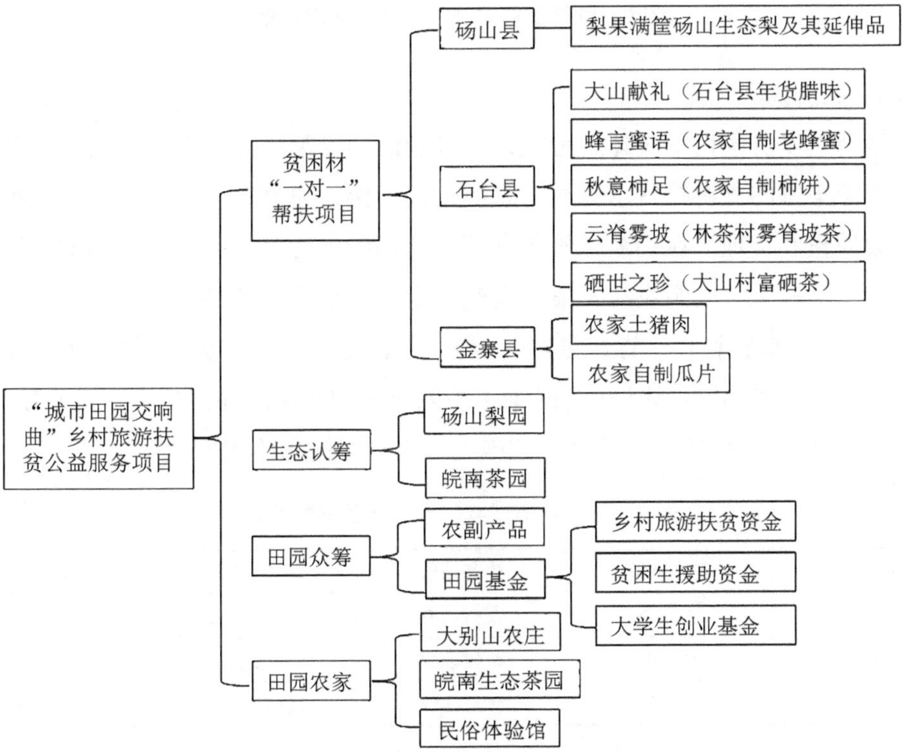

图 4　“城市田园交响曲”产品谱系图

项目共分产品营销和公益帮扶两大板块，由此平台开设营销专区和公益专区。为支撑保障乡村旅游扶贫公益板块有效运转，在一般营销专区中，我们针对城市高水平消费者，为其提供高品质的特色生态旅游农产品，从而达到平台基本盈利要求。同时，在公益专区内，为边远乡村特困户服务，为其原生态、无污染的绿色农副产品打开销路，提高其经济收入。同时，因公益扶贫专区而取得的销售额，将全部转入特困户账户中；营销板块获利部分，也用于帮扶贫困户基本发展、地区乡村旅游建设之中，保障乡村旅游扶贫顺利开展。

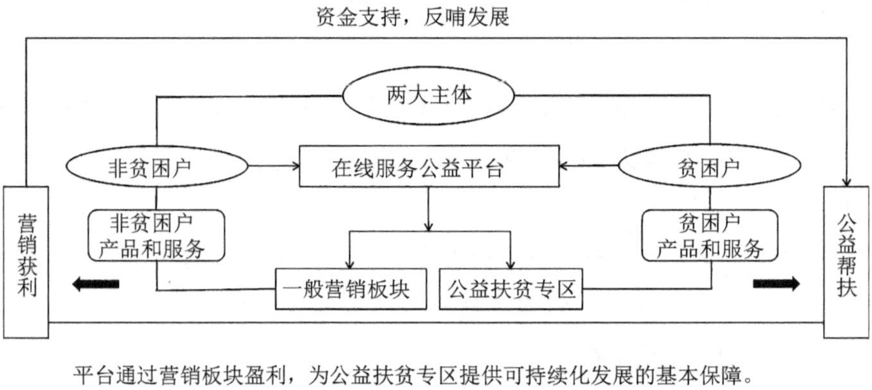

图5　营销板块与公益板块划分示意图

（二）实施情况

项目现期以贫困村帮扶计划为主，选取砀山县良梨村等具有一定旅游基础、乡村旅游资源丰富的旅游扶贫示范村。以砀山县为例，通过实地考察贫困户种植的砀山生态梨质量和当地潜在的乡村旅游资源，挖掘砀山特色，已面向市场推出砀山县核心品牌产品——“田园农礼·梨果满筐”生态绿色农副产品，其中包含“翠绿如玉”（砀山生态翠玉梨）、“青白皇冠”（砀山生态皇冠梨）、“元黄绿釉”（砀山生态圆黄梨）、“梨香酥软”（砀山生态酥梨）等四个系列产品。在池州市石台县新联村、六安市金寨县马石村等打造乡村特色生态农副产品正在组织中。

表1　旅游示范试点村乡村旅游发展规划

示范村	基本商品	生态认领	田园农家	田园目标
砀山县良梨村	生态梨	梨树认养	梨花观赏园	生态休闲游
石台县新联村	富硒茶	茶树领养	茶文化博览园	养生体验游
金寨县马石村	黑土猪肉	猪崽认养	特色农家小筑	休闲农业

与此同时，团队成员于2018年开展赴宿州砀山县“筑城乡绿色互助通道　助乡

村旅游精准扶贫”实践活动中，团队成员同当地村民、产业协会等提出采用“电子商务 + 乡村旅游”等方式，打造乡村休闲体验游。以优质的旅游农特产品（生态绿色农特产品）售卖为主，结合采摘、耕种等传统农业生产方式开发农俗体验游，吸引城市家庭，寓教于乐。致力于当地经济发展方式向绿色、生态、可持续发展转变，提升贫困户经济收入。

团队实践纪实如图 6 至图 9 所示。

图 6　赴砀山县开展乡村旅游扶贫

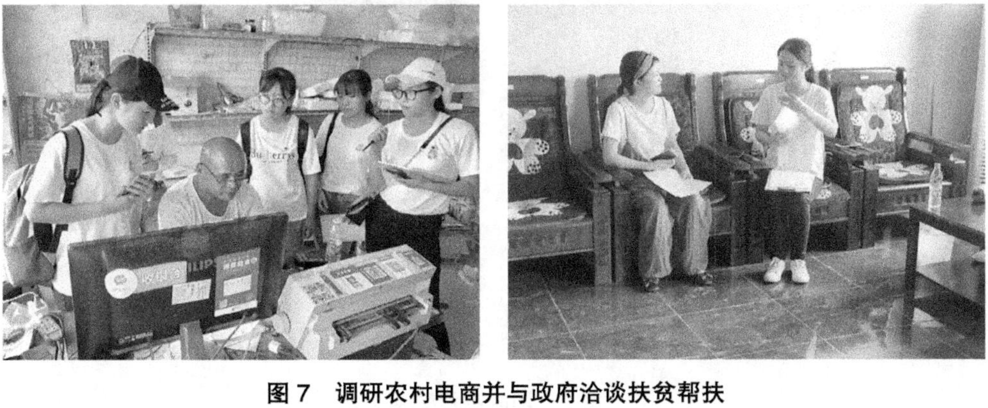

图 7　调研农村电商并与政府洽谈扶贫帮扶

图8 走访贫困户

图9 团队实践纪实

（三）运营情况

本项目现已基本形成了乡村旅游扶贫在线服务公益平台。“城市田园交响曲”作为以自媒体营销宣传为主的新兴媒体公众号，平台处于起步阶段，后续将加大自媒体营销力度提升发展空间。

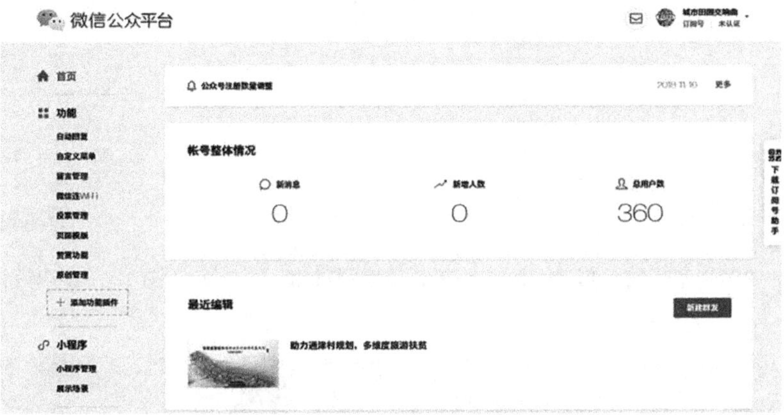

图 10　微信后台粉丝统计

图 11　平台推送软文情况

微店“田园交响曲”以“田园农礼 · 梨果满筐”（砀山生态梨）上线前，加强市场调研，对产品进行新的产品定位和寻找潜力消费人群，做好市场细分等工作。团队成员在做好线上宣传与营销的同时，考虑到产品特性（梨具有清热消火、润肺等特点），团队市场营销组走访“海底捞”等深受年轻消费者喜爱的商家、企业，深入了解市场细分及需求。

图 12　2017 年（左）与 2018 年（右）营销额对比

图 13　客户好评

图 14　积极开拓本地市场
（从上往下为：芜湖市“海底捞”“小猪小牛”“同庆楼”等旺店）

产品上线后，由于产品品质保障，赢得了市场的认可与社会支持，顾客好评不断，店铺回头率达 38.89%。销售统计数据上，试运行的 2017 年共计 127 笔订单量，营销总额为 8706.52 元；试产试销的 2018 年市场份额有明显的上升，共计 317 笔订单，营销总额为 18 579.81 元，同比增长 113%。目前线上的特色农副产品已经受到市场的认可，预计下一年的市场需求会更加旺盛，给农户带来的收益也将明显增加。

图 15　旅游企业指导

图 16　旅游企业助力项目推进

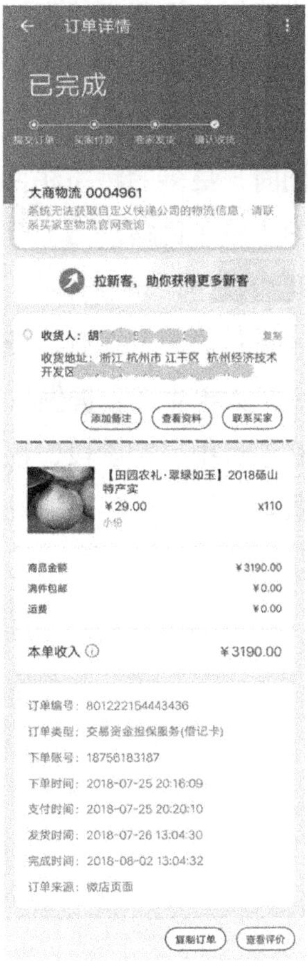

图 17　科技公司助力扶贫公益项目

（四）未来计划

通过初期资本积累与市场筹措，团队计划在项目中后期，按照生态认领、田园众筹、田园农家等发展路线和板块内容，依据乡村特色，为其量身定制乡村旅游发展方式。开发更适宜城市家庭出游的旅游产品，延长乡村旅游产品产业链，同时结合线下的旅游活动，将单一线上消费转化为线下旅游综合消费，提升城市消费者对乡村旅游的体验，让其真正享受“归园田居”之感。

三、项目成果

1. 宣传绿色理念，推进乡村扶贫

针对城乡旅游消费领域的二元矛盾，通过项目营销平台的搭建，通过向城市居民宣传绿色生态的消费理念和生活方式，向贫困乡村倡导绿色无污染的原生态生产方式和生态环境保护理念。将乡村绿色农产品通过互联网向城市居民进行销售，在城市搭建绿色消费宣传窗口与生态农产品销售平台，直接带动农产品销售，定点推进乡村扶贫帮扶。

项目在线宣传推广贫困乡村优秀的旅游资源，吸引消费者在购买生态绿色农产品的同时，更多的将关注目光凝聚到产地优美的生态环境、独特的民俗风情、宜居的乡间小筑（民宿产品）等，通过和当地旅游企事业单位合作，将线上单一产品消费转化为线下旅游新体验，提升乡村旅游口碑。项目生态众筹、田园农家板块中，完善了乡村旅游产业链，既能满足城市居民多样化消费需求，还有利于从业者资金回笼，扩大再生产，提供品质化服务。

在项目中后期阶段，将扩大“田园基金”板块内容，使其更有力、更全面地惠及至贫困户脱贫、贫困学子圆梦等公益事业，承担相应社会责任。

图 18　田园基金

2. 引入高校智力，助力乡村振兴

团队成员在实践过程中深入贫困村户，实地考察当地发展乡村旅游的可行性，通过开展旅游知识专题讲座、旅游电商操作培训等活动，并同当地扶贫办、产业协会联系，向贫困村户普及了乡村旅游扶贫的相关知识和技能，为农民工返乡就业、创业提供新途径。

本项目在乡村旅游资源开发和利用上具有良好经验，团队成员多次赴宣城市通津村、六安市舒城县转水湾村进行乡村旅游扶贫实地调研，并结合当地特色为其进行乡村旅游扶贫规划，对该地发展乡村旅游扶贫有一定的指导和参考意义。

图 19　团队多次参与乡村旅游扶贫规划

3. 虚拟公司运营，培养复合人才

项目立足乡村旅游扶贫基础上的大学生公益创业实践项目，采取虚拟企业模式，通过团队招募已吸纳一批具有创新意识、专业技能操作水平高、热心乡村旅游扶贫公益事业的伙伴，团队共有 2 名研究生，26 名本科生。

为保障项目滚动持续发展，采用虚拟公司运作方式，让团队每名同学实质性参与到项目的可研策划、遴选合作伙伴、产品开发、包装设计、营销宣传、质量监督、物流管控、财务管理、售后服务等过程，综合性切实了解企业运营管理各环节。通过项目实践，可深化感知、理解吸收《市场营销学》《会计学》《新媒体运营》《收益管理与定价策略》《客户关系管理》等专业课程知识，积累企业各部门运营经验。

项目在实践过程中，除申报指导教师王朝辉教授外，增加了张伟、洪娟两位指导教师参与指导，项目运营中也得到社会的认可与支持，芜湖海螺国际大酒店负责人付良华总经理与杭州葫芦娃网络科技公司负责人参与了项目运营过程指导，使团

队成员能够快速成长。

表2　项目团队组成及分工结构

角色	姓名	个人简介
校内导师	王朝辉	安徽师范大学教授，博士生导师，安徽省学术与技术带头人，国务院特殊津贴专家。现任学校科研处副处长、安徽旅游智库委员会执行副主任，浙江乡村旅游研究院副院长。主持国家自然科学基金3项、国家级省级旅游课题20余项，主持旅游规划60余项；发表系列论文50篇。获得国家旅游局优秀成果一等奖，全国高校优秀研究成果三等奖等部省级奖10项。具有丰富的企业实践经历，丰富的行业资源。
校内导师	张伟	安徽师范大学旅游专业骨干教师，芜湖方特总经理助理；持有会计资格证；主持参与十多项乡村旅游规划与方案设计。
校内导师	洪娟	安徽师范大学旅游专业骨干教师，主持参与省部级项目多项，在市场营销和企业团队管理方面见解很深。
校外导师	付良华	芜湖市海螺大酒店总经理，具有多年的旅游企业管理经验，擅长市场营销与活动组织推广。
首席运营官	舒涵	2016级酒店管理专业在读本科生；多次获校一、二等奖学金，雷忠平奖学金，三好学生标兵、优秀学生干部；安徽师范大学第三届大学生十佳创业团队暨“创业之星”；获“建行杯”安徽省第三届“互联网+”大学生创新创业大赛创意组铜奖；2018年安徽省“创青春”大学生创业大赛银奖；本科生创新创业项目国家级立项。安徽师范大学地理与旅游学院第十四届“地旅之星”十佳大学生；微信公众号管理经验充足，曾组织开展“田园农礼·梨果满筐”砀山生态梨宣传推广营销活动，经验丰富，具有良好的组织能力和协调能力，负责本项目整体运营事宜。
财务部总监	李双容	旅游管理专业研究生（已毕业）。本科就读于安徽师范大学旅游管理专业，连续四年获得校三好学生称号、校级二等奖学金并获得保送名额；研究生期间荣获校级“优秀硕士研究生新生奖学金”；入选安徽省“旅游英才研究型英才培养项目”并获得资金支持；对旅游市场做过系统调查研究，熟悉旅游企业运作，擅长旅游企业财务管理。
审计主管	仇娜	2015级会计学专业在读本科生；本科生创新创业项目校级立项；校优秀学生干部，获优秀学生二等奖学金；第十一届“魅力精英”优秀大学生，负责财务收纳审计事宜。
旅游规划顾问	余慧敏	旅游管理专业研究生在读；研究生期间获校“优秀硕士研究生新生奖学金”，校二等奖学金；入选2017年安徽省“旅游英才研究型英才培养项目”；具备扎实的旅游知识技能，为团队乡村旅游扶贫规划提供专业指导。
市场部总监	陈卉	2017级酒店管理专业在读本科生；工作细致认真，负责市场开发。
销售部经理	张宇哲	2017级酒店管理专业在读本科生；第三届“国元证券杯”安徽省大学生金融投资创新大赛省三等奖，对市场变化敏感，业务能力强。
市场协调员	吴禹钒	2017级旅游管理专业在读本科生；洞悉微商销售事宜，具有良好的营销策划创意。
市场协调员	陈乐	2017级酒店管理专业在读本科生；负责企业间沟通，开拓本地市场。

续表

角色	姓名	个人简介
策划专员	胡清芳	2017 级酒店管理专业在读本科生；善于活动策划与产品开发，负责开发策划工作。
产品研发经理	叶治山	2014 级旅游管理专业本科生（已毕业）。2016 年安徽省“创青春”大学生创业大赛银奖，思维敏捷，创新性强，负责产品开发。
产品研发主管	金晓函	2017 级酒店管理专业在读本科生；具备发展乡村旅游扶贫相关经验，为贫困村户设计适宜乡村旅游产品。
调研组长	王雨微	2017 级旅游管理专业在读本科生；国家励志奖学金，持有计算机二级证书、导游资格证，负责对接贫困村户，遴选优质合作伙伴。
调研专员	刘婉婉	2017 级酒店管理专业在读本科生；负责合作农户产品质量把控。
调研专员	梁炎霞	2017 级酒店管理专业在读本科生；负责合作农户产品质量把控。
公关部经理	陈正美	2017 级酒店管理专业在读本科生；负责本项目市场公关事宜。
宣传专员	田雨晴	2017 级（中英）新闻学专业在读本科生；负责市场广告投放、活动对接等相关事宜。
文案专员	汪金红	2016 级酒店管理专业在读本科生；具有很强的文案编写能力。
技术美工	龚紫龙	2015 级会计学专业在读本科生；曾获校三等奖学金，持有计算机二级证书，熟练掌握 ps、pr、ae 等软件，实践经验丰富，负责技术美工。
视觉传达设计专员	梁宜人	2015 级旅游管理专业在读本科生；对视觉传达设计效果把控好。
IT 部经理	伍方健	2016 级软件工程专业在读本科生；专业知识技能完备，实操能力强，具有网站网页设计、软件制作等多项能力，负责平台的搭建与维护统筹工作。
平台开发专员	张流舰	2015 级旅游管理专业在读本科生；安徽省旅游局“旅游英才创新设计型培养项目”的成员，计算机操作技术强。
售后服务部经理	徐永妍	2015 级旅游管理专业在读本科生；“巽震杯”第九届全国旅游院校服务技能大赛三等奖，服务技能水平高。
投诉专员	陈盼盼	2017 级酒店管理专业在读本科生；能良好解决客人投诉问题。
售后专员	杜存燕	2017 级酒店管理专业在读本科生；具有良好的服务意识。
在线客服 1	李丹	2017 级酒店管理专业在读本科生；熟悉产品体系。
在线客服 2	李路林	2017 级酒店管理专业在读本科生；熟悉产品体系。
值班客服 1	陶玉亭	2016 级酒店管理专业在读本科生；服务意识好。
值班客服 2	田雪婷	2016 级酒店管理专业在读本科生；服务意识好。

参与项目的团队成员先后获得第三届“互联网 +”大学生创新创业大赛安徽赛区创意组铜奖、2018 年安徽省“创青春 · 中国联通”大学生创业大赛公益创业组银

奖，本项目将吸收更多的具有专业素养知识的大学生投入到乡村旅游扶贫的具体实践活动中，在培养更多专业人才的同时，项目运营可惠及更多贫困地区，深入推进乡村旅游扶贫。

图 20　安徽省“互联网 +”大学生创新创业大赛创意组铜奖

图 21　2018“创青春”安徽省银奖

序号	学院	团队负责人	年级专业	团队成员	项目名称
1	美术学院	丁宁	15油画	李伟、彭靖悦、张亚、吕志鹏、范逸如、付新飞	芜湖梦凡艺术培训
2	美术学院	刘春亭	14绘画	殷慧敏、吴鑫远	曲幽文创
3	教科院	杨光	15教育技术学	冯泰娜、宋玉洁、白天、庄典、濮鹤楠	基于VR通用平台的定制化开发
4	体育学院	马强	16社体	吴星星、向静、夏玉玲	老炮儿馆
5	新传学院	诚晨	15空乘	刘成俊、朱一鸣	芜湖小推车生态农产品销售
6	新传学院	方旭	14摄影	金舟、何修睿、侯欣余、周思语	安徽久心文化传播有限公司
7	新传学院	高双方	15广告学	段雅、黄丛洁、朱越越、于陈军、王雨叶	沙哈拉校园果蔬沙拉创业团队
8	数计学院	李明	15计算机科学与技术	刘雅仙、费守梅、许伟民、陈虹	果宝宝水果在线销售平台
9	国旅学院	舒涵	16酒店管理	陈卉、陶玉亭、田雪婷、汪金红、陶文良、王大勇	“城市田园交响曲”-乡村旅游扶贫与绿色农产品推广项目
10	生科院	代玉龙	14应用生物科学	徐梦娜、何好、桂黎明、王坤、刘圆圆	芜湖新知教育

图 22　安徽师范大学第三届十佳创业团队

四、特色与经验

（一）经验特色

1. 选取典型产品试点，依次推进扶贫进程

项目分别从皖北平原地区（砀山县良梨村）、皖南山区（石台县新联村）、大别山区（金寨县马石村）重点选取具有一定资源和便利条件，易于开发成型产品的乡村旅游扶贫示范村作为合作试点，并先以砀山县良梨村的农家生态梨为基础产品进行试点，通过试产试销阶段性运营，不断打响品牌，做强平台，做多客户，做大市场，待一个产品运营成熟后，再拓展其他产品与地区，采取梯级推进，逐步向其他贫困村辐射推广，逐渐完善产业链，推进扶贫区域扩展。

2. 多产品体系化发展，加快乡村脱贫致富

项目现期重点通过生态农产品销售，开展“贫困村帮扶计划”，依据山乡特色，打造不同的贫困村旅游农产品（生态绿色农产品）系列，形成多产品体系；并在未来的项目规划中，逐项开设“生态认领”“田园众筹”“田园农家”等旅游产品板块，将乡村优秀文化、生态理念等融入至果树认养、农家乐、农俗体验游等项目中，使乡村旅游产品体系化、项目化，不断提升扶贫效应。

3. 注重宣传项目理念，吸引社会共同参与

本项目以“倡导绿色生态的生活方式，致力于食安中国的践行与守护”为理念，以“为都市生活打开绿色窗口，推动边远乡村的扶贫发展”为目标，通过整合乡村优秀旅游资源，宣传推广绿色生态的消费理念和生产方式，在为贫困村户生态绿色农产品拓展销路的同时，也为城市地区提供食安窗口，构筑城乡互动参与的绿色通道。通过多渠道营销推广，项目逐渐受到社会关注与认同，杭州葫芦娃网络技术有限公司、安徽芜湖海螺国际大酒店先后参与到该项目；除了成为项目客户单位外，企业负责人还成为项目兼职导师，在项目设计运营等核心环节给予了很多指导与帮助。通过项目理念的宣传推广，不断吸引越来越多的机构参与其中，提高了项目运营效率。

4. 整合高校智力资源，助力乡村振兴发展

项目依托单位安徽师范大学为安徽省省属重点高校，招生规模大，学科门类齐全，学生综合素质高，人力资源充足，为项目提供有效的人才保障。项目在运行过程中，先后多批次招募酒店管理、旅游管理、会计学、新闻学、软件工程等专业本科学生及研究生参与项目团队中。安徽师范大学旅游专业师资力量较为雄厚，共有二十多位在国内具有一定影响的专业教师，为项目运作提供有效的专业指导。同时学校拥有国家甲级旅游规划资质，先后承担了全省乡村旅游和部分重点旅游扶贫村发展规划，通过规划调研能够详细了解乡村第一手资料。本项目有效整合智力资源，为项目地乡村旅游产品设计与项目运营提供有效的技术指导，同时团队充分利用扶贫规划与扶贫指导，进一步助力乡村振兴发展。

（二）现存问题

项目致力于高品质绿色生态旅游农特产品宣传推广，目前"原生态""纯天然"等相关概念还未完全普及至每个消费者家庭，普通消费者出于对价格等因素的考虑，更倾向于低价产品。旅游农特产品具有一定的最佳使用期和保质期，项目必须依赖于发达的物流运输，同时产品运输过程中产品包装及质量等也难以有效保障。

同时项目在宣传和推广形式方面还较为单一，应多尝试多样化的表现形式吸引消费群体关注。乡村旅游扶贫在线服务公益平台现期粉丝群体有待规模扩展，微店平台作为本项目主要的营销平台，其基础用户群较阿里系、京东系同类 APP 要小，产品市场反馈也较为狭窄。

五、专家点评

大力发展乡村旅游，坚持走绿色发展道路，是新形势下乡村振兴发展的重要路径，也为具有一定旅游资源的贫困边远乡村脱贫提供发展新思路。本项目采用"绿色生态农产品 + 乡村旅游 + 扶贫"方式，并充分利用自媒体资源推进"互联网 + 乡村旅游"融合发展，具有较好的创新性，不仅对乡村旅游开发和旅游扶贫工作具有借鉴价值，而且对高校发挥社会服务职能、支持旅游产业发展的模式也能起到一定启迪作用。项目的特点突出，包括：其一，强调绿色生态，选择的产品试点均体现出产品绿色的特征，高度匹配于当前农村及农业生态可持续发展的政策导向及趋势；其二，体现出强烈的互联网思维，能够通过自媒体平台实现产品的宣传、推广和营销，对乡村旅游、特色农产品的宣传推广开展具有一定启发；其三，创业项目与实践项目相结合，本项目既是一项学生实践项目，同时还是一项创业实践活动，且具有较好的操作性，对于大学生创新创业教育开展及创新具有借鉴意义。整体来看，本项目设计周密、创新点多、实效性好，是一项优秀的实践项目。

（点评人：李朋波，北京第二外国语学院旅游科学学院副教授、健康产业管理系主任）

所在单位：成都信息工程大学银杏酒店管理学院
项目指导教师：张辉辉
项目负责人：高静
项目成员：高静、罗晓玉、任玲玲、罗庭、陈浩、褚祥州
项目编号：WMYC201720166

旅游聚集区文明旅游的宣传教育：以成都市为例

一、项目概述

（一）项目背景

为认真贯彻落实习近平总书记关于文明旅游的重要批示精神和中央文明旅游部际联席会议精神的要求，落实万名旅游英才计划项目人才培养的目标，进一步深化文明旅游活动，以实际行动促进精神文明建设，提升公众文明程度和整体素质，项目组依托成都信息工程大学银杏酒店管理学院的省级应用型示范专业旅游管理专业，结合四川省内旅游行政主管部门及其旅游企业单位的具体需求，以文明旅游精神为指导，以西部地区文化和旅游的中心城市成都市为基地，在旅游聚集区开展特色鲜明的文明旅游宣传教育活动。

（二）项目意义

本项目在国家统一部署文明旅游宣传的宏大背景任务下，通过在学校、景区、广场、大型活动现场等人群聚集区开展文明旅游宣传活动，使更多学生、公民及其家庭接受到文明旅游教育，并且参与其中、乐在其中。项目一方面可历练青年学生的实操能力，使其在项目管理、团队合作、外部联络及跨组织沟通、实践性研究等诸多方面得以体验和提升，有利于加速他们成长；另一方面还可提升旅游管理青年学生的行业自信，吸引和激励更多优秀学生立志旅游行业，扎根和奉献于文化和旅游事业。

（三）预期目标

预期实现三个主要目标，即旅游专业人才培养、文明旅游行为养成、产学研有机结合。其一，旅游专业人才培养是项目的缘起和核心目标，由指导教师对团队实施持续性和节点性辅导，并争取尽可能多的机会和平台，给予在校大学生充分施展

的舞台。其二，文明旅游行为养成是项目的实践目标，项目坚持以终为始的原则，对文明旅游宣传实施计划、过程控制和阶段总结，培养人们文明旅游的意识，养成文明旅游的行为习惯，以实际行动为成都市建设世界旅游城市的文明形象贡献一份力量，推动成都及四川旅游的可持续发展，进而为树立文明旅游大国形象贡献微薄力量。其三，产学研相结合是项目的衍生目标，既可以培养青年学生科研与实践相结合的兴趣，还可以通过系统性的专项总结，为国家后续万名旅游英才计划等类似项目提供参考和借鉴。

（四）项目执行情况

依据中央及四川省文明办的文明旅游和文明行动的精神及万名旅游英才计划项目人才培养的目标，结合成都实际情况，与四川省旅游发展委员会、广元市旅游发展委员会、明月峡景区等有关政府部门密切配合、通力协作，广泛开展了多样的文明旅游宣传教育和推广活动，充分利用微信公众平台、校园官方平台等新媒体手段与线下活动相结合，将文明旅游宣传、引导和监督贯彻整个活动。项目积极开展五大主题活动，达到了旅游专业人才培养、文明旅游行为养成和产学研有机结合的三个既定主要目标，并拟以学术论文的方式对项目做深入提炼和总结。

二、项目内容

项目围绕旅游专业人才培养、文明旅游行为养成和产学研有机结合三大目标，开展了文明旅游“杏”好有你、全国“文明旅游，为中国加分”百城联动四川启动仪式暨“5·19”中国旅游日主题活动、文明旅游锦里驿站、文明旅游相遇宽窄、文明旅游兴隆打CALL五大主题活动，圆满完成了项目计划。

（一）主题活动一：文明旅游，“杏”好有你

文明旅游宣传教育小组在成都信息工程大学银杏酒店管理学院开展了“文明旅游，‘杏’好有你”大型校内文明旅游宣传教育活动。学生在校期间自觉接受文明旅游的德育知识，在日常出行和外出旅游中注重文明行为习惯的养成，将文明礼貌内化为终身奉行的内在品质，以实际行动树立文明旅游典范。文明活动进校园，采用线上和线下相结合的形式同步宣传。具体活动安排如下。

1. 线上活动

创建微信公众号（文明旅游宣传教育），银杏校园广播、银杏之家、银杏校园网等渠道进行宣传。以此呼吁所有出游或即将出游的大学生“从我做起，从现在做起，展示文明风采，树立文明形象，争做文明旅游的实践者和传播者，共建文明社会。”

（1）建立微信公众号。通过新媒体在高校宣传，定期进行微文推文。微信公众号主要包括文明规范、文明行动、趣旅行论坛三个板块。

（2）联系银杏校园广播，进行线上宣传。校内线上宣传充分利用业余时间向大学生宣传文明旅游知识，也为校园主题活动做前期的宣传推广。

（3）利用银杏新媒体中心进行宣传。主要是通过在全校新媒体网站上发文宣传，提高文明旅游宣传影响力和知名度，达到提高在校大学生文明旅游的目的。

2. 线下活动

线下活动主要是进行校园街坊、入班宣传、办公室宣传、运动会植入、举办文明旅游校园主题活动等。

（1）校园街坊。主要是利用在校大学生的业余时间，进行随机采访，了解大学生对文明旅游的认识，以及大学生对文明旅游的态度。提高大学生对文明旅游的关注度。

（2）入班宣传。利用大学生晚自习时间，宣传文明旅游宣传教育公众号，倡导大家树立文明旅游意识，提议录制“愿意做文明旅游倡导者”的视频，提高大学生对文明旅游的参与度，达到文明旅游的“自宣”效果。

（3）办公室宣传。针对在校教职工人群，利用全校教职工闲暇时间，向他们提出建议做“文明旅游倡导者”，以此来增加文明旅游影响力和传播力。

（4）举办“文明旅游，‘杏’好有你”大型文明旅游主题活动。于2018年5月16日在成都信息工程大学银杏酒店管理学院开展了一次以“文明”小姐和“旅游”先生的一场完美的结合——以“婚礼”为形式的大型校内文明旅游宣传活动。院长亲临并致辞倡导文明旅游，为全校文明旅游宣传起到了巨大的推动作用。

（二）主题活动二：全国“文明旅游，为中国加分”百城联动四川启动仪式暨“5·19”中国旅游日主题活动

2018年5月19日，迎来了第8个中国旅游日，这是旅游发展的“宣传日”。在推进“一带一路”建设、努力拓展改革发展新空间的大背景下，四川省围绕“文明旅游，为中国加分；绿色出行，创美好生活”开展文明旅游暨中国旅游日主题活动。该活动在出蜀要道广元启动。具体活动安排如下。

1. 宣读文明旅游倡议书

由本项目组组长高静宣读倡议书，倡议文明旅游让我们自身做起，从现在做起，绿色出行，创美好生活，遵法守礼，文明旅游，为中国加分。

2. 文明礼仪操

由文明旅游宣传小组组织人员借用现代舞的形式，编排礼仪操，旨在通过举止行为来引导人们加入到文明旅游的具体行动中。新颖的表达方式获得了在场群众的一致好评。

3. 吟经诵典倡文明

鉴于此次活动举办地点为广元明月峡，为唐代诗仙李白《蜀道难》中所提及的地方，同时也为了更好摒弃不文明行为，倡导文明旅游，故而以《蜀道难》为韵律节奏，创作诗词《文明游》，“文明游，满怀期待！国力强盛日繁荣，旅游紧跟时代走。经济发达文明丢，然后全国人民皆蒙羞。旅游路漫漫，诗和远方皆相伴。不乏游客缺内涵，不顾形象毁景观。问君游览何时还？为创旅游新时代，文明出行动起来。河流百转融入海，文明点滴也精彩。”采用诗词朗诵的形式，将《文明游》的理念和思想推向游客。

（三）主题活动三：文明旅游，相遇宽窄

2018 年 12 月 2 日，文明旅游宣传在成都宽窄巷子开展了猜灯谜、文明旅游签名墙、“我为文明旅游打 CALL”等主题活动，积极推进文明旅游活动，引导游客参与其中，努力营造健康、文明的旅游环境，让“文明”与“美景”一路相伴。主要活动内容如下。

1. 文明旅游——猜灯谜

借用中华传统文化猜谜语的形式，围绕成年人、青少年群体，设定不同的主题谜语，通过猜谜语活动呼吁大家文明旅游、文明出行。

2. 我为文明旅游“打 CALL”

在人群密集区选择不同的人群，通过录制“我是 ×××，来自哪里，我在成都宽窄巷子旅游，我为文明旅游打 CALL”的视频，一方面可提高参与游客的文明旅游意识，另一方面也可吸引过往游客的注意力，提升游客文明旅游意识和成都旅游聚集区文明旅游形象。

3. 文明旅游签名墙活动

通过向过往游客宣传文明旅游知识，呼吁游客在文明旅游倡议签名墙上签名，参与到文明旅游行动中，养成文明旅游文明出行的好习惯。

（四）主题活动四：文明旅游，锦里驿站

2018 年 12 月 2 日，文明旅游宣传在成都锦里、武侯祠开展，采用互动体验式的活动形式，开展了集“文明旅游”赢豪礼、猜谜语、“我为文明旅游打 CALL”等丰富生动的文明旅游宣传教育主题活动，提升民众对文明旅游的意识；提倡文明旅游“我出行，我文明，我旅游，我快乐”。主要活动内容如下。

1. 猜谜语，集“文明旅游”赢豪礼

在锦里人员密集的通道处，将装有谜语的福袋系在绳子上面，由过往游客和行人，选择福袋猜谜语，猜中一个谜语送一个“文明旅游”中的一个字，集齐“文明旅游”四字，送出一份小礼物。

2. 我为文明旅游打“CALL”

锦里作为来成都游玩的打卡地，在这里号召来此游玩的游客用实际行动和语言喊出“我是 ×××，我为文明旅游打 CALL”，加入到文明旅游的实际行动中，从而使文明旅游意识深入人心，使大家文明旅游习惯逐步养成。

活动充分利用景区公共场所开展系列宣传活动，并积极推广“文明旅游”微信公众号，大力传播文明旅游理念和常识，引导广大市民和游客在旅游中做文明旅游的传播者、实践者，营造文明出游的社会氛围。

（五）主题活动五：文明旅游，兴隆打“CALL”

2018 年 12 月 9 日，成都天府新区兴隆湖畔成功举办了一场主题为“文明旅游，为中国加分”的千人公益徒步活动，暨第一届美丽公约天府新区全国文明旅游志愿者大会，成都近百所学校学生自愿参与其中。此次活动由游客与游客之间自发的大型公益组织——《美丽公约》发起并执行，万名旅游英才计划项目团队文明旅游宣传小组，在指导老师的带领下来到活动现场，主动为参与本次活动的人群宣传文明旅游知识，倡导公众树立文明旅游时代观念，邀请了参与此次活动用声音和行动付诸文明旅游行动中，努力践行文明旅游风尚。具体内容如下。

1. 文明旅游知识宣传

通过现场问答的形式，向活动参与者介绍《文明旅游公约》《文明旅游指南》等文明旅游知识，主要包含待人接物的文明礼仪、尊重公共秩序、遵守社会规则以及个人的自我保护等方面，使人们对文明旅游和文明行为有了进一步的认识。

2. 文明旅游大声说出来

本次活动参与者主要有中小学生、旅游企业、地方企业、家庭等，项目团队选择不同行业、不用学校和不同家庭，让大家用语言和实际行动说出文明旅游，“我（们）是 ×××，我（们）为文明旅游打 CALL”，一句简短的口号，喊出的是文明旅游，提升的是文明意识，深入的是人们心中。

此外，本项目团队在活动结束后，与现场工作人员一起清理现场，更以实际行动践行着文明旅游。文明旅游，我们在行动，文明旅游，从点滴做起。

三、项目成果

项目按计划完成了五大主题活动，达到了旅游专业人才培养、文明旅游行为养成和产学研有机结合的三个既定主要目标。项目具体成果为：

（一）以终为始为准则，文明旅游成效显

以最终目标为行动指南，以最终目标为评价标准，主要是从参与度、影响力等方面来考量活动效果，将活动分为优秀、良好、一般、较差。主要活动及其效果评价如下。

1. 五大主题活动

（1）全国“文明旅游，为中国加分”百城联动四川启动仪式暨“5·19”中国旅游日主题活动：参与度强，宣传效果明显，影响力大。优秀。

（2）文明旅游，“杏”好有你：参与度高，影响力大。良好。

（3）文明旅游，锦里驿站：活动涉及面广。良好。

（4）文明旅游，相遇宽窄：宽窄巷子作为来蓉必打卡地，选择在此进行文明旅游宣传教育，采用可参与和体验性强的形式，吸引了较多的游客群体，起到了积极宣传作用。良好。

（5）文明旅游，兴隆打“CALL”：受到了广大参与人群的积极响应。良好。

2. 线上活动单项评价

（1）文明旅游公众号：定期推文宣传。一般。

（2）各主题相关媒体报道：宣传效果广，影响力较广。良好。

总的来说，这样的宣传教育活动大大提高了游客们对于文明旅游的关注程度，让更多的人了解了文明旅游的重要性，规范自身行为，成为文明旅游的支持者和执行者。

（二）文明活动进校园，探索复合应用型人才新模式

通过文明旅游进校园，采取多样、丰富、体验等方式，引起大学生群体的兴趣，小组成员积极参与到活动中，做到主动宣传文明旅游，采用线上和线下宣传同步进行，规范大学生文明旅游的行为，培养大学生文明旅游意识。

文明旅游走进校园，有力地推动了旅游专业人才培养的理论学习与社会实践的有机结合，有效地提升了旅游专业人才的社会责任感和职业道德观念，成功地营造了“文明旅游、从我做起”的校园氛围。本次实践活动的成功实施，为旅游管理专业人才培养体系、实践活动、素质拓展、职业素养等方面建设提供了借鉴和参考。

（三）文明旅游勇探索，理论实践共发展

本项目团队组织的一系列活动，坚持以文明旅游精神为指导，以成都市聚集区宣教为典型，以终为始的方式将考量活动效果，是对文明旅游宣传教育实践的创新与探索。这些创新和探索体现在多个方面：其一，从宣传推广方式来讲，采用线下线上相结合的方式；其二，从推广区域选择来说，选择正在积极创建世界旅游城市的成都所属的高校、热门景点和旅游集散区为重点宣教区域；其三，从推广模式来说，采用高校、地方政策、企业等社会多方力量联合推动；其四，从推广内容和形式来说，活动主题化，突出地方特色，融入传统文化元素，结合现代时尚因子。

这些活动既是推动文明旅游实践的创新与探索，也为构建文明旅游长效机制提供了借鉴和思考。项目组已完成前期的资料收集，计划后续总结和发表论文《基于大学生实践活动项目化管理的应用型人才培养策略探讨》。

四、特色与经验

（一）整合多方力量，共宣文明旅游

整合学校、旅游企业、地方旅游行政管理部门、市民和游客朋友们的五方力量，共宣文明旅游。充分利用成都信息工程大学银杏酒店管理学院的力量，建立微信公众号、银杏校园广播、银杏校园网、校园街坊、入班宣传、入办公室宣传、举办文明旅游校园主题活动等渠道进行宣传。旅游企业方面，与成都宽窄巷子、锦里、武侯祠、明月峡等旅游企业主体合作宣传文明旅游。此外，还和四川省旅游发展委员会、广元市旅游发展委员会等行政主管部门合作开展大型主题宣传活动。同时，在所有的活动中，用“我为文明旅游打 CALL”等主动参与形式，充分调动公众力量参与其中、乐于其中，共宣文明旅游。

（二）活动主题化，一个主题活动承载综合任务

项目采用主题活动形式，使项目有执行、有抓手、有乐趣、有内容。同时，还将该项目分项目标融入主题活动中，使得一个主题活动承载项目综合任务。以五项主题活动之一的文明旅游“杏”好有你为例，综合运用“婚礼”特色现场活动、银杏校园广播、银杏校园网、校园街坊、入班宣传、入办公室宣传等手段，落实以文明旅游精神为指导、以成都聚集区宣教为典型的项目目标。活动参与度高，活动效果良好，在广大学生中产生了良好的影响力，并间接影响到学生家庭和社会。

（三）线上线下相结合，扩展宣传时空范围

项目采取线上线下相结合的形式，扩展了文明旅游宣传的时空范围。线下活动

包括了全国“文明旅游，为中国加分”百城联动四川启动仪式暨“5・19”中国旅游日主题活动、文明旅游“杏”好有你、文明旅游锦里驿站、文明旅游相遇宽窄、文明旅游兴隆打“CALL”五项主题活动。线上活动包括文明旅游公众号、各主题相关媒体报道、录制主题视频等。这种线上线下相结合的形式，丰富了文明旅游，也记录和传承了文明旅游。

（四）坚持创新创造，结合传统与时尚，提升文明旅游传播力

活动中尤其注重发动新时代大学生的力量，弘扬时代精神，坚持创新创造，结合传统文化，融入时尚优雅元素，提升文明旅游传播力。如以婚礼形式引发大学生关注并在朋友圈、微博等扩散，以现代舞为载体的文明礼仪操、组员褚祥州创作以《蜀道难》为韵律节奏的《文明游》诗朗诵，录制短视频“我为文明旅游打CALL”、主题微信公众号等形式，都是坚持创新创造、结合传统与时尚、提升文明旅游传播力的重要体现。

通过深入开展文明旅游宣传系列活动，已初见成效，下一步我们要进一步深化对文明旅游宣传工作的认识，树立长期抓、抓长期，平常抓、抓平常的思想，坚持不懈、深入持久地开展文明旅游宣传工作，总结经验，查找不足，为地方旅游业乃至整个社会积极营造健康、浓厚的文明旅游氛围。

五、专家点评

该项目围绕文明旅游宣传这一重要工作，并以旅游聚集区为宣传点，策划并开展了一系列能够吸引旅游者及其他相关群体关注的宣传活动，项目取得了丰富的成果。该项目的亮点包括：其一，切入点好，选择旅游聚集区为宣传点是本项目的创新之一，这样的选择保证了文明旅游的观念有更多、更有效的受众，较之于无针对性的宣传，本活动更能取得实效；其二，项目包含的主题宣传活动非常丰富且层次感强，全国“文明旅游，为中国加分”百城联动四川启动仪式暨“5・19”中国旅游日主题活动、“杏”好有你、相遇宽窄、锦里驿站、兴隆打“CALL”等五个主题活动均具有较好的创新性，集合在一起共同促进了宣传活动影响力的形成；其三，活动设计具有较为强烈的互联网思维特征，能够采用线上线下相结合的方式开展宣传活动，扩展了宣传时空范围并增强了活动的趣味性，对新生代旅游者及学生具有较大的吸引力。

（点评人：李朋波，北京第二外国语学院旅游科学学院副教授、健康产业管理系主任）

项目所在单位：北京第二外国语学院
项目指导教师：王金伟
项目负责人：孙爽
项目成员：康卉、李泽华、周素婷、孙祖一、李震、吴雪晴、王志伟、郝广源
项目编号：WMYC20172003

精准扶贫旅游视角下的乡村旅游品牌重塑

——以延庆柳沟村为例

一、项目概述

（一）项目背景

北京市延庆区井庄镇的柳沟村，位于居庸关城，八达岭长城脚下，是一座风光旖旎、返璞归真的村庄，拥有着百年豆腐工艺和迷人的乡村风光。2016 年 6 月北京市政府发布的《北京市“十三五”时期加强全国文化中心建设规划》中提出推动包括“长城文化带”在内的三条文化带建设，这无疑为坐落于长城脚下的柳沟村借助“长城文化带”推动自身旅游发展提供了极大可能。同时《规划》中同样提及“延庆区发展冰雪文化”这一内容，可以预测作为承办 2022 年北京冬奥会多项比赛的延庆将会成为未来赴京旅游的热门目的地。2019 年世界园艺博览会的召开，也为延庆休闲旅游的发展提供了契机，作为旅游六要素之首的“食”更是发挥着举足轻重的作用。在“曾是当年龙战地”的延庆柳沟村，淳朴的村民沿袭着古老的技艺，将火盆锅与古城资源相结合，创造出“凤凰城—火盆锅—农家三色豆腐宴”品牌，已有十余年的历程。但近年来吸引的游客数量增速逐渐放缓，产品吸引力日渐下降。在强大的信息化时代，如何能让“豆腐宴”家喻户晓，从而带动柳沟村旅游发展，重塑老字招牌，显得尤为重要。

（二）项目意义

通过对柳沟村的旅游产品进行品牌重塑和宣传推广，对目的地资源进行整合和优化分配，将柳沟村的特色豆腐文化、休闲文化及生态文化进行推广。促进柳沟村

的休闲观光业发展，提升柳沟村作为旅游目的地的吸引力，促进柳沟村经济生活和生活水平的提高。

在新业态和“互联网 +”的全新视角背景之下，对柳沟村的豆腐、休闲、生态文化进行品牌重塑，推动产品更新和建设，带动旅游相关产业的共同发展。

对柳沟村的宣传推广和品牌重塑的方法可以应用到相似文化产品乡村的宣传推广上，对其他地区的某些产业起到影响和示范作用，带动相似乡村的旅游产业发展，促进类似地区旅游业的发展，实现精准旅游扶贫。

（三）预期目标

对柳沟村旅游产品进行品牌重塑和推广。将现有的这些目的地资源进行整合，提取其中比较出名的资源进行优化与分配，将柳沟特色产品加以“豆腐”“休闲”“生态”等标签进行推广与规划；打造“探寻长城脚下的养生秘密”为主题的休闲户外旅游路线，与世界知名的八达岭长城紧密结合，将2019年世界园艺博览会、2022年奥林匹克冬季奥运会这些节事活动融入其中；借助节事活动对柳沟村更进一步宣传营销，提高柳沟村的知名度和影响力。

（四）项目执行情况

该项目主要内容为以“老伴豆腐，滋味柳沟”为主题对柳沟村进行宣传和推广、产品品牌重塑。在宣传推广方面，一是在微信公众号投放关于柳沟村的游记分享，设计旅游纪念品及对豆腐衍生品进行推广，在微信公众号里进行游记等相关推文介绍；二是为柳沟村制作宣传视频，此宣传片侧重于品牌视觉化宣传，融合了古村落、自然风光、豆腐宴及制作工艺等各大板块内容，并在各大视频网站上投放宣传。此外，还为柳沟村设计了专属折页、宣传册。在产品品牌重塑方面，为柳沟村设计了一系列别具特色的游玩路线供游客体验。

二、项目内容

（一）研究总论

1. 研究性质

本项目是一个营销主导型旅游目的地策划方案。重塑柳沟村特色美食“豆腐宴”为本次项目的中心，利用豆腐文化、长城文化、自然生态文化、历史文化来打造全国豆腐养生第一村，打造京郊首选自然休闲度假目的地。同时以豆腐为营销起点，推广豆腐宴品牌和其他相关的旅游特色商品，合理开发当地旅游吸引物，从而带动柳沟村休闲旅游业的整体发展。

2. 地理区位

柳沟村位于北京市延庆区井庄镇，古称凤凰城，距离北京市城区大约 70 千米。柳沟村四周地势平坦宽阔，距离居庸关长城约 40 千米路程。

3. 交通条件

柳沟村位于 110 国道的东北方向约 7 公里处，由 110 国道延伸的 006 县道直通柳沟村，沿途有公交车站。柳沟村中，道路呈网格式分布，道路设施完善且大部分为水泥路，各景点之间往来便利，为双向两车道。村中开辟有专用的露天停车场，车位充足，能够满足日常游客接待。前往柳沟村的交通方案众多，十分便利。

4. 研究目的

深化、优化柳沟村老招牌，从旅游新业态的全新旅游视角出发，在“互联网 +”的背景下，利用创新思维和强大的互联网，以“豆腐宴”为主体，进行产品更新和品牌建设，重塑品牌文化，同时带动整个柳沟村的旅游等相关产业的发展。

5. 研究依据

（1）柳沟村的产业模式是以乡村旅游为主导，2008 年荣登北京市乡村旅游专业村、“北京最美的乡村”之列，同时火盆锅豆腐宴也声名远扬，2012 年被评为“北京十大火锅宴”，并作为北京特色美食送到了北京市第十一次党代会的餐厅，得到了众位代表的肯定，每到节假日都会有众多在周边游玩的游客慕名而来。

（2）柳沟村拥有较为悠久的历史文化，明清时期作为居庸关一重要门户，担负着明皇陵的防务重任，现尚有城墙、城门等遗址，具有一定的观赏价值，目前柳沟古城还留有众多的古文化遗迹有待开发，柳沟古城的保护、修缮恢复已经列为新农村建设策划的一项重点内容，并纳入长期发展建设之中。

（3）柳沟有着历史悠久的特色饮食，作为延庆区火盆锅的发祥地，柳沟村结合古城资源开发的三色豆腐：美容养颜的黄豆豆腐、滋补养肾的黑豆豆腐、清热去火的绿豆豆腐，创造出“凤凰城——火盆锅——农家三色豆腐宴”。同时柳沟村 DIY 豆腐工坊于 2016 年开业，创新并丰富“豆腐”体验将成为项目策划的亮点之一。

（4）柳沟村旅游管理模式亟待提高，拥有很强的发展潜力和美好的发展前景，2003 年柳沟村依托村内资源，融入了旅游文化的新思路；2004 年成立了井庄镇民俗旅游协会，积极开发豆腐宴等一系列工作；2006 年在新农村政策的帮扶下，设法提高了接待水平，不断增加服务品种；将来，按照柳沟村的村庄规划，将进一步地增加休闲旅游产品、增进旅游水平发展、增强旅游管理模式。

6. 研究成果

重塑柳沟村核心品牌——豆腐宴，打造新生活理念下全新的豆腐品牌，即“老伴豆腐、滋味柳沟”，凸显豆腐宴的美味及养生功能，同时体现出豆腐所代表的中华民族“家的味道”的深刻内涵，强调豆腐文化及周边产品的休闲功能。以豆腐文化为主要载体，设计了相应的路径规划将旅游和体验串联起来进行整合。着重提取了“豆腐”“休闲”等专属的柳沟村的旅游符号。同时将柳沟村和距离其不到半小时的八达岭长城相结合起来，让“豆腐宴”成为来到长城游玩的游客一定要品尝的一种当地特色美食。除此之外我们还根据目标市场的不同设计出骑游、远足、探险等精品旅游路线，将八达岭长城和柳沟村更为紧密地结合在一起，同时借用2019世园会、2022冬奥会的影响力增加特色豆腐宴及柳沟村的知名度。

在宣传方面，我们对柳沟村的公众号和宣传册进行了更新和改进，使其更加突出以“豆腐宴”为主打的宣传方式，同时推出豆腐衍生品的宣传和推广；另一方面，对柳沟村进行网络平台推广；线下设立体验互动式宣传，让游客亲身体验“豆子—豆腐—豆腐宴—豆腐文创”的制作全过程，在增加旅游乐趣的同时，对豆腐宴有更深层次的了解，达到相应的宣传效果。

（二）基础分析

1. 旅游政策分析

新常态下，国家对旅游业发展提出了新要求：以推动全域旅游发展为主线，将旅游业培育打赢脱贫攻坚战的重要生力军，为实现中华民族伟大复兴的中国梦做出重要贡献。

《中华人民共和国“十三五”旅游业发展规划》强调重点实施乡村旅游扶贫工程及旅游创业就业计划，鼓励当地居民从事旅游业增加收入。《关于促进全域旅游发展的指导意见》提出要“大力推进旅游扶贫和旅游富民工程。”此外，《意见》中也强调了对旅游目的地实施系统营销，塑造品牌形象的重要意义。

2. 旅游资源分析

柳沟村自然资源较为丰富，是井庄镇乡村旅游、万亩果品基地的核心。柳沟古城有400多年历史，现尚有城墙，城门等遗址，具有一定的观赏价值。柳沟人民创造出“凤凰城—火盆锅—农家三色豆腐宴”，物美价廉、寓意吉祥，吸引了大量游客，极具民俗特色。

3. 市场分析

柳沟村应重塑养生豆腐品牌形象，拓展单一旅游度假项目，大力吸引京津城市游客。以家庭型旅游者为主要目标人群，突出豆腐宴的康体和休闲旅游功能。此外，创新开发“豆腐工坊”等体验式旅游项目，吸引亲子游市场人群。

4. SOWT 分析

优势	劣势
1. 柳沟村地理位置优越，距八达岭长城景区仅 20 公里，位于长城文化带的辐射区域，交通便利； 2. 独有的农家三色豆腐宴健康养生，在亚健康横行的时代中，更夺人眼球； 3. 京津冀城市带巨大的人口基数和发达的经济水平提供了强有力的客源保证。	1. 柳沟村旅游基础设施建设不完善，缺乏统一开发建设； 2. 旅游产品内涵挖掘不够，游客体验性弱，持久吸引力不足，致使游客逗留时间较短； 3. 旅游管理体系不完善，系统规划欠缺，互联网背景下营销较弱。
机会	**威胁**
1. 作为承办 2022 年北京冬奥会多项比赛的延庆将会成为未来赴京旅游的热门目的地； 2. 柳沟可借冬奥之势，大力发展乡村旅游业，积极对外宣传，打出属于自己的特色名片。	1. 柳沟旅游项目较为单一，产品同质化严重； 2. 观光旅游和休闲农业旅游的发展未得到重视； 3. 其他村镇对柳沟村存在竞争威胁。

（三）发展定位及目标

1. 总体思路

规划将从点线面三方面发展，以“老伴豆腐、滋味柳沟”核心品牌为点，衍生出趣味豆腐休闲旅游路线，从而构建丰富的产品观，塑造以康养旅游为依托的整体品牌理念，最终打造新生活理念下全新的豆腐品牌，即“老伴豆腐、滋味柳沟”。进而实现柳沟村旅游全面发展，成为自然休闲乡村度假目的地。

2. 发展定位

目标定位：打造全国豆腐养生第一村、打造京郊首选自然休闲度假目的地；

形象定位：老伴豆腐，滋味柳沟；

自然生态、历史文化、长城文明、豆腐文化，以构建康养旅游目的地，自然休闲度假地新格局为全局视角；以长城历史文化、豆腐品牌、康养旅游资源为核心吸引物着力形成集康养、旅游、度假、文化等为一体的休闲旅游目的地。

3. 发展目标

本次规划将分为四个阶段，每一阶段将实现不同的阶段目标。

（1）阶段一：实现景区资源整合

调查并提取柳沟村现有可用资源，进行资源优化分配，在现有资源中着重提取“豆腐”“休闲”等文化符号，通过旅游资源整合，将文化融入旅游产品，激发旅游者的旅游动机。

（2）阶段二：重塑豆腐品牌

将豆腐与康养相结合，把豆腐宴的定位从原先的“味美”转变为“养生”“休闲”品牌形象；深挖豆腐宴中“宴”之内涵，深化中华民族传统理念，将游客围桌品尝美食的形式细化为“家”和“团圆”的深刻内涵，宣传陪伴与家的温情，以“食”凝聚家庭，使品牌形象栩栩如生，激发游客共鸣。

（3）阶段三：实现产品组合

这一阶段旨在打造“探寻长城脚下的养生秘密”休闲型户外旅游路线和系列豆腐康养旅游产品，推出不同类型的主题活动。

（4）阶段四：构建丰富产品观

建立形式丰富多样的旅游产品，构建系列旅游 + 形式。充分利用互联网 + 的时代背景，通过线上和线下营销结合，对品牌进行全方位、深层次的推广。

（四）精品路线规划

1. 旅游线路现状分析

柳沟村旅游产品现有缺陷：产品形式单一，游客游行目的仅限于美食品尝；产品缺乏深刻文化内涵，缺乏娱乐性强、趣味性大、参与度广、更易被年轻游客所接受的项目。单一的休闲观光目的和略微单薄的文化体验称为限制柳沟村的发展的关键因素。

2. 主题路线

（1）亲子主题游——以家庭合作、豆腐工艺为主题

面向家庭度假游市场，以柳沟村为主要体验景点，打造家庭合作的豆腐手工工艺项目，在制作豆腐的过程中增加家庭成员之间的羁绊，同时科普柳沟村豆腐文化。

（2）休闲体验游——以舒缓身心为主题

面向高压生活人群目标市场，以柳沟村以及周边著名的风景度假区如龙庆峡风景度假区为主，体验优美的自然风光和闲适的田园山水。

（3）古迹探险游——以长城文化为主题

面向青少年市场，以柳沟村和长城文化带产品组合为主，探寻人类文明活动起源和文化。

（4）夕阳老伴游——以特色民俗文化为主题

面向老年市场，以体验特色柳沟民俗文化，品尝养生豆腐宴为主，在热气腾腾的豆腐宴中回归怡然自得的田园生活。

3. 精品旅游线路规划

（1）精品线路一——豆腐文化体验之旅

主要线路（体验地：柳沟村）：柳沟陈列室（了解豆腐文化来源）——柳沟DIY 豆腐工坊（参与豆腐制作过程）——观摩豆腐宴制作流程——品尝豆腐宴

（2）精品线路二——长城文化体验之旅

主要线路：柳沟古城墙探寻——八达岭长城——梦幻长城球幕影院——中国长城博物馆——詹天佑纪念馆——柳沟村豆腐宴

（3）精品线路三——田园骑游之旅

主要骑游线路（妫河生态走廊骑游线路）：湖北东路——日上农副产品批发市场——妫河生态走廊（滨河北路）——树香园——曹官营百亩菊园——塞外天鹅湖——西小庄科——飞机场——永宁古城——滨河南路——柳沟火盆锅——滨河南路——阜高营咨询站——莲花池——湖南东路——东湖公园

（4）精品线路四——冰雪文化之旅（特定时节）

主要线路：参与柳沟冰雪嘉年华活动（体验冰雪运动和冰雪文化）——城隍庙祈福——长城铁花——八达岭滑雪场——世葡园冰雪嘉年华——龙庆峡冰灯艺术节

（5）精品线路五——康养旅游之旅

主要线路：柳沟村艾草堂（体验中药种植、采摘、观光全过程）——八达岭温泉度假村——野鸭湖国家湿地公园——八达岭国家森林公园

（五）营销体系规划

1. 旅游品牌形象构建

根据柳沟村资源环境的核心优势、地理位置、周边市场需求和未来旅游地及周边发展的主要方向，对柳沟的旅游品牌与形象进行构建与宣传。打造柳沟特色美食旅游品牌，形成独特的美食效应，来丰富、开拓柳沟的美食旅游市场；打造柳沟长城文化旅游品牌，借助古长城遗址增加对长城文化的认同感和归属感，形成柳沟长城文化旅游品牌；打造柳沟乡村田园休闲旅游品牌，以健身步道、骑行等休闲活动为亮点，进而带动花卉、果品等休闲农业的发展，进行多维度的品牌营销。整合每一个层次的旅游品牌形象，形成立体化、综合化的乡村旅游鲜明品牌，打造柳沟村全域统一的旅游形象。

2. 营销体系

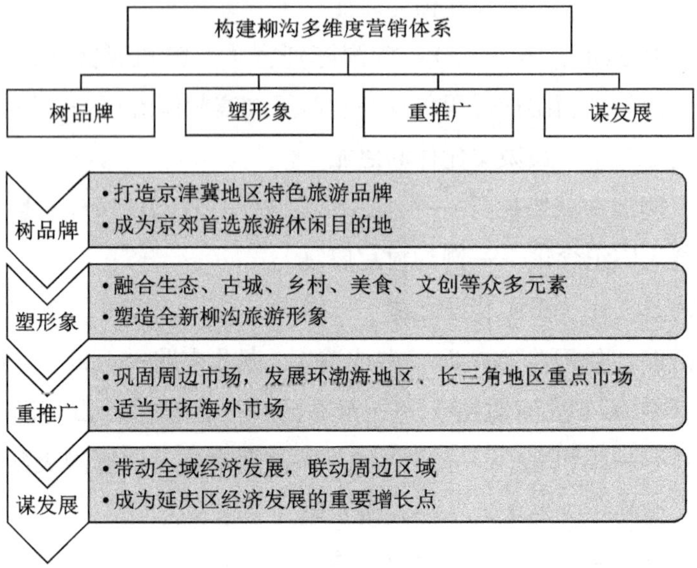

图 1　柳沟村多维度营销体系

3. 营销思路

（1）全域思维，全面考量

综合考量柳沟村的资源特色、营销形象，形成统一的全域乡村旅游发展体，综合各个不同的优势项目进行产品打造、营销推广。

（2）点面结合，重点营销

突出重点，抓紧吸引旅游者的核心资源，以豆腐宴、文化体验为主体，辅以运动挑战、康体养生、体验教育等特色支线，形成由点到面完整的营销网络。

（3）深化主题，创新营销渠道

结合不同时间及事件，积极开展主题营销，搭建统一、多维度营销平台。优先进行自媒体营销，建立并维护好柳沟村旅游微博、微信、视频社交软件账号等自媒体平台，定期投放宣传视频，发布动态等，提高平台的活跃度和关注量，保持与粉丝的在线互动。在外部新媒体方面，增加在OTA平台、UGC平台、社交平台三大类平台的推广投放，以携程网、同程网等为主要在线推广平台，进行营销推广合作。

（六）行动计划及展望

1. 行动计划

时间节点	主要行动	工作内容	行动举措
2017.6—2017.9	实地调研考察	资源调查与整合	深入柳沟村各景点，调查现有旅游资源并进行整合。
2017.10—2018.2	品牌重塑	豆腐相关品牌重塑	分析当前豆腐品牌发展不足所在，挖掘其深刻内涵，创新传统品牌形象。
2018.3—2018.6	产品组合	组合打造旅游主题与线路	提炼休闲型旅游与康养旅游产品线，结合市场需求设计不同主题旅游路线。
2018.7—2018.10	营销推广	线上线下相结合全方位营销	充分利用互联网＋的背景，线上线下联动进行全方位营销。

2. 发展与展望

本次延庆柳沟村乡村旅游品牌重塑研究是在对柳沟村进行了深入调研的基础上展开的，综合分析柳沟村旅游市场的运营情况、游客的参与行为等特征。通过结合新颖的“互联网＋”发展模式，深挖乡村旅游的营销策略，利用创新的营销渠道与方式，树立全新的柳沟村旅游形象，推广以“豆腐宴”为核心的乡村旅游品牌。本次策划是从营销的角度出发，未来还可从柳沟村乡村旅游的社会效益、经济效益、环境效益等角度出发，对柳沟村的旅游产业做进一步的探索与实践，将创新的互联网发展模式更全面更合理地运用到乡村旅游的发展中。

三、项目成果

此项的成果成效主要体现在柳沟村的宣传推广方面。一方面，充分利用微信公众号的传播影响力，为柳沟村撰写游记，设计独特的豆腐衍生品和旅游纪念品，并在相关的微信公众号上进行投放，得到了不小的反响和阅读量；另一方面，借助各大视频网站作为平台，为柳沟村的豆腐品牌重塑打造融合当地特色的宣传视频，也获得了较好的成果；在此基础上，设计独特的宣传册、折页，为柳沟村创作了新的宣传物资，为其建立完善成熟的智慧景区提供了部分颇有价值的参考。

另外，整个项目在目的地营销、整合区位资源上面也做出了成果，主要体现在为柳沟村设计了别具特色的游玩路线供游客体验。亲子游：面向家庭度假游市场，为其打造集户外活动、家庭亲子挑战赛、豆腐及动植物知识科普于一体的组团项目。此旅游产品包括乡村运动会、果园采摘、豆腐 DIY 雕刻大赛、豆腐历史起源大课堂、乡村动植物科普。休闲游：面向高压生活人群目标市场，为来此放松度假的人群打造休闲旅游产品，此旅游产品包括野菜采摘、农家饭初体验、“捕捉乡村风景”摄影大赛、露营赏星空。探险游：面向青少年市场，提供探险山野、探索人类文明的活动，此旅游产品包括徒步行走、山林野炊、环山骑行。这几个旅游产品均已投入柳沟村现在的旅游经营当中。

在人才培养方面，该项目充分运用目的地营销、旅游线路规划等旅游知识，结合当下最新的互联网、自媒体等传播平台，充分锻炼了学生的专业知识与能力，同时充分发散思维，在实践中让学生得到锻炼。

在社会服务方面，该项目为柳沟村重新树立豆腐宴的品牌形象，设计别具特色的旅游项目及产品，充分利用当地的特色以及资源，为当地吸引更多游客，一定程度上促进了当地旅游业的发展，为旅游目的地形象的提升产生了积极的作用，加快当地村民致富的脚步。

此外，在学术研究方面，充分结合参考类似的案例与经验，循序渐进落实整体方案，作为旅游带动当地致富的典型案例，对今后的研究与实践具有一定的参考和借鉴价值。

四、特色与经验

首先在我们深入走访调查的背景下对柳沟进行品牌和产品的改造升级。重新树立柳沟村老招牌，对其旅游产品和现有资源进行整合，在进行这一系列产品设计过程中，我们深入走访目的地，对目的地的旅游产品等一系列资源进行了深入的走访调查。以重塑柳沟村特色美食“豆腐宴”为本次研究的中心，利用豆腐文明、长城文化、自然生态、历史文化来打造全国豆腐养生第一村，打造京郊首选自然休闲度假目的地。同时设计了别具特色的游玩路线。针对旅游者的不同需求设计不同的游玩线路。分为亲子游线路，休闲游线路，探险游线路，这几个旅游产品均已投入柳沟村现在的旅游经营当中。

其次，在“互联网 +”及新媒体背景下，全新思维、全面角度、适宜新时代步伐的营销推广。在旅游全新视角新业态和“互联网＋”的背景下，通过具有创新性和广泛性的互联网力量对整个柳沟村以“豆腐宴”为核心，结合线上线下两种推广方式，对旅游产品进行全新的品牌重塑和宣传推广。线上通过微信公众平台进行软文推广，不断触达给受众，挖掘潜在旅游者；同时进行柳沟村宣传视频拍摄，在各大网站平台上进行投放；线下进行宣传折页的设计，在目的地进行投放，同时提供游玩路线进行深入推广；同时开发体验式旅游活动，如 DIY 豆腐工厂，让受众在体验中进行感知，之后达到二次传播的效果。

另外，此次项目也积累了很多经验，典型经验分为五个阶段：启动，计划，实施，控制和收尾。在启动阶段，组建团队从各个渠道搜集了解柳沟村现在旅游资源旅游产品现状以及所具有的问题。在计划阶段，对柳沟村所具有的问题进行深入挖掘和团队讨论。在实施阶段，利用好团队不同成员的优势对项目所讨论出的解决方案进行分工并深入柳沟村进行拍摄走访。在控制阶段，项目小组组长对项目成员的分工进行督促与控制。深入了解项目成员所做部分是否偏离项目主题。在收尾阶段，进行项目的最后整合与复盘。再一次深入分析此项目的目标和成果之间的差距。通过团队努力减小此差距。

五、专家点评

如何通过产品设计和宣传推广来有效地塑造旅游目的地品牌，是旅游开发中最为核心的议题之一，尤其是对于主体缺乏经营管理经验的乡村旅游业态而言，更是如此。本项目围绕乡村旅游品牌重塑的话题，以北京市延庆区柳沟村“豆腐宴”为研究对象，通过深度调研和全面分析，为该品牌背后的产品设计、该品牌自身的宣传推广等提出了非常完善的方案，具有较好的操作性和实践价值，对于类似乡村旅游品牌的产品创新和宣传推广也具有较好的启发意义。该项目的亮点包括：其一，将之前单一的产品转变为以产品为核心的养生、休闲产品系列，并由此塑造出内涵更加丰富的品牌，这样的思路在当前“旅游＋健康”“旅游＋养生”等概念受到广泛关注的背景下，能够起到示范作用；其二，所开展的调查研究工作扎实，开展的分析工作全面深入，因此本项目不单单是一项实地调研项目，更是一项基于实地调研情况的研究项目，对于提高成员们的研究能力具有一定作用；其三，项目最终形成的研究报告体系完整，质量较好，对于类似项目最终成果的呈现具有参考价值。

（点评人：李朋波，北京第二外国语学院旅游科学学院副教授、健康产业管理系主任）

所在单位：桂林旅游学院
项目负责人：刘远霞
项目指导教师：莫秋玲
项目成员：丁思聪、陆杏明、邝赞锭、伍雨佳、王乾月、李知凤
项目编号：WMYC201720150

让文明与山水同美

——桂林市雁山区文明旅游志愿服务

一、项目概述

（一）项目背景

旅游业现已成为国民重要的支柱性产业之一，同样随着我国经济社会的发展，国民精神文明水平得以大幅提升，越来越多的人加入到志愿服务的行列，社会上下涌现出“创建文明城争做志愿者”的浪潮。

2017 年底项目启动前，恰逢桂林市参与争创全国文明城市的冲刺阶段。在当年建全国文明城市测评体系中，新增了对高校学校环境、校园文明、公益广告、志愿服务组织、宣传用语和标识等考察内容。共青团桂林市委等部门高度重视，要求各高校充分调动高校广大师生参与创城的积极性和创造性，不断提升对创城工作的参与和支持。2017 年 9 月 7 日，桂林创建全国文明城大学生志愿者“我文明　我行动”活动在我校启动。

雁山区也是桂林大学集中区域，汇聚了桂林旅游学院、广西师大、漓江学院等 8 所学校、近 8 万师生，较容易联合各大高校及学生社团开展各项志愿服务活动。本小组成员均为桂林高校学子，通过认真学习掌握有关文明旅游和服务规范，组建成一支倡导文明旅游的青年志愿者队伍，在上级部门及学校的支持下，在指导老师的帮助下开展各项任务。

（二）项目意义

近年来，桂林市正在加快世界名城建设及国际文化旅游名城的建设步伐，其

中，雁山区作为桂林市六大城区之一，主动融入桂林市国际旅游胜地建设，举全区之力创建广西特色旅游名县（区）。

在桂林市创建全国文明城市、雁山区创建广西特色名县（区）的过程中，文明更是一座城区的名片，代表着桂林市作为国际旅游名城的城市文化品位，是十分重要的无形资产和战略资源。

作为旅游行业未来的后备军，我们有义务和责任担任文明旅游的倡导者和执行者，以实际行动参与到创建全国文明城市中来，将文明旅游、文明出行理念与桂林市创建全国文明城市的目标、意义结合，并感染身边的人主动加入文明出行、文明旅游的活动中。同时，在校大学生既是城市文明的受益者，更是城市文明的参与者和建设者。作为文明旅游志愿者，我们担任桂林城、雁山区最美的形象代言人，为桂林文明创城、雁山区共创旅游特色明县（区）做出贡献。

（三）预期目标

（1）通过问卷调查、分析数据反映出雁山区景区及周边旅游现状，试图从未来旅游从业人员角度提出一些建议，给旅游管理部门提供一定借鉴；

（2）在雁山区范围内开展系列宣传活动，通过媒体平台宣传，引导部分游客、市民、学生自觉规范言行，提高文明旅游意识；

（3）通过活动开展引导未来旅游从业人员认真学习掌握文明旅游和服务规范，让文明与山水同美，为桂林创建文明城市贡献一份力。

（四）项目执行情况

（1）项目实施前期，我们成立了由桂林旅游学院各专业学生为主力的“大美雁山”文明旅游志愿者宣传小分队，在老师指导下制定活动方案并开展各项活动；完成前期调研；设计文明旅游 logo；有针对性地制作宣传册、调查问卷。

（2）活动开展阶段，我们在雁山各大景区、社区、高校等公共场所开展了系列旅游文明活动，完成景区文明旅游调研及数据分析、反馈工作；完成游客文明旅游宣传册发放工作；完成社区文明出行知识讲解工作；完成高校文明旅游宣传志愿服务活动。对开展的各项活动，通过微信公众号平台进行宣传。

（3）活动总结阶段，开展经验总结会并根据活动开展成效形成总结报告。

二、项目内容

本项目组织活动对象为旅游院校在校大学生，活动范围围绕桂林雁山区各大景区、社区及周边开展各项文明旅游宣传活动。小组成员在指导教师要求和部署下，坚持按照工作计划逐项开展，认真贯彻落实，发挥各自专业特长，在活动过程中不断进行完善，小组团队的宣传活动得到了旅客的肯定，获得了景区的认可，并通过一系列活动提高了雁山区游客对文明旅游的认识。具体活动内容如下：

（一）以雁山景区为活动中心，不断向周边地区辐射

本次项目涵盖了客流量大、人员密集的侗情水乡、桂林旅苑、世外桃源、雁山园、园博园等雁山区的3A、4A级景区。在活动不断深入的过程中，我们发现除创建文明风景旅游区外，文明社区、文明单位也列入实地测评的重点之一，尤其是社区及学校包括高校的考察。根据指导老师意见，除热门景区外，我们将活动范围扩大到各大景区周边社区、高校、敬老院、幼儿园、广场街道，等等，不断向周边地区辐射，根据景区及游客实际情况开展调研、发放调查问卷、开展宣传讲解、志愿服务活动等实地文明旅游宣传活动十余次，构建旅游部门、街道社区、学校等全民共同参与的良好氛围，让更多的成员参与到行动中，携手为创建全面文明城市贡献一份力量。

（二）以游客为活动目标，不断拓宽活动对象

在活动设计之初，主要是针对游客开展。由于雁山区景区旅游人数局限，结合文明创城的目标，我们发现社区居民、高校学生、家庭等都应辐射在内，项目组活动开展的对象围绕游客为主并不断拓展。针对游客设计了景区及周边环境的调查问卷及旅游文明宣传手册等材料；针对社区居民、敬老院、幼儿园等人员开展进行文明出行宣讲，宣传教育人人参与的重要性；同时，鼓励其他高校学生作为志愿者或者参与对象，开展一系列志愿服务活动；另外，我们也走入社区、走上街头，针对家庭及儿童，通过漫画形式进行图文讲解。本次参与问卷调查的人员涉及1200余人，接受志愿服务对象达近3000人。

（三）以文明宣传为主题，不断丰富活动形式

本次项目开展形式有发放调查问卷、宣传手册、悬挂横幅、微信公众号、组织高校志愿者宣传活动，等等，充分利用视频、微信、网络等传统媒体和新媒体相结合的方式，多方面、多角度进行文明旅游的宣传。项目开展形式多样，从单一的点到多条线开展，汇聚形成面。

1. 实地调研，发放调查问卷及宣传材料

项目组成员通过实地考察调研，设计了游客文明旅游调查问卷并动员高校15位大学生志愿者，在世外桃源、雁山园、园博园等各大景区及周边发放近1200份，主要为了解目前该地区游客对文明旅游的知晓度、满意度及建议。活动结束后对问卷进行回收并开展数据采集整理等相关工作，有效问卷1000余份。针对不同旅游景区景点级别发放不同类型的调查问卷，有利于采集不同层级、不同类型的游客的建议和意见，并进行汇总。分析结束后，将游客文明旅游调查结果发送给景区主管领导，并把问卷存档。

2. 借助网络平台，定期宣传活动

注册微信公众号——“大美雁山 DMYS”并对外开放，定期更新微信公众号的内容。公众号内容以旅游景区的文明旅游宣传为主，并增加旅游景区景点介绍，文明标语使用，推广项目组开展的各项宣传活动，并对文明旅游、文明礼仪进行宣传。

制作活动视频并上传互联网，对团队开展的各项活动进行宣传。https：//mp.weixin.qq.com/s/oZLOONlUw1zUhbVqRaMmmg

3. 组织文明出行知识宣讲进社区活动

结合文明创城工作重点和志愿服务活动方案，项目组成员组织志愿者队伍走进景区、社区，走上街头，对市民游客讲解公民旅游文明公约，播放近几年内媒体曝出的不文明出行造成严重后果的新闻，让大家从身边的实事学习到文明旅游的知识，并在出行过程从中做到自律，引导游客、市民提升文明旅游的公民意识。通过为市民游客介绍讲解文明旅游相关知识过程中，赠送文明旅游宣传手册，发放《旅游出行提示》《旅游安全管理暂行办法》《文明旅游行为公约》等材料，提高了大家对文明旅游的认识，督促辖区旅游企业规范经营行为，唤醒了人们在旅行中对文明素质的重视。

4. 开展系列高校文明旅游宣传志愿服务

项目组成员除在景区、社区内进行文明旅游宣传外，我们还组织高校学生开展了一系列文明旅游宣传志愿者相关活动，希望能够通过不同的形式、内容加大宣传力度，扩大宣传范围，培养当代大学生“讲文明、重礼仪”的出游意识，构建雁山区诚信友爱、热情好客、安全有序的出游环境：

（1）“青春与文明同行”文明标语征集

项目组成员在桂林旅苑景区组织开展了“青春与文明同行”文明标语征集活动，对环境卫生、公益氛围营造、文明餐桌等方面进行文明标语的征集。同时在校园的显著位置挂上文明出行的公益广告牌，开展文明告知、文明提醒和规劝活动。

本次活动得到了学校老师、在校学生、留学生的积极参与，共征集到300余条标语。我们精选部分文明标语放到微信公众号上展示，进一步引导大学生提升文明旅游的素质，强化文明旅游行为教育和习惯养成。

（2）“文明旅游一路行”健康低碳骑行

为倡导绿色低碳环保的出行方式，创建健康生活方式，营造更好的城市发展环境，我们组织了“文明旅游一路行”的健康骑行活动，主要为引导在校大学生及市民共同关注和参与文明出行、低碳环保的生活方式。骑行活动前往雁山区周边村落，商业广场、交通枢纽等，传播文明出游理念，发现文明旅游中的好人好事，为创文明城市做好宣传。活动的过程中，引来游人注目，也得到了周边市民的关注，为活动的开展起到了很好的示范作用。

（3）“助力马拉松”志愿服务活动

桂林国际马拉松比赛盛事作为桂林市最亮丽的新名片，吸引了来自世界各地的参赛选手齐聚漓江。项目组小组成员参加了由校团委组织的志愿者服务工作，在竞赛服务、参赛物品发放、赛道补给、接驳指引等岗位上辛勤服务，为赛事的顺利举行保驾护航。志愿者们的服务更得到了参赛方的认可。

（4）“敬老爱老，安全出行”志愿服务活动

敬老爱老是中华文明的精髓之一，老人的健康和安全得到保障，家庭才能够幸福安康，社区才能和谐安宁，社会才能长治久安。项目组成员和校青协共同组织志愿者到敬老院里，针对老人日常出行进行提醒，并讲解他们日常外出及平时旅游需要注意的安全事项。我们与敬老院负责人在交流过程中，得知因敬老院的地理位置，老人出行确实出现一些安全隐患，平时工作人员对出行的要求和建议，老人们不一定能够严格遵守且接受，通过亲切的沟通能够拉近老年人和青年人的距离，消除隔阂，易接受建议。负责人希望此类活动能够持久开展。

（四）以社会实践为主题，不断提升项目成员的素质

确定活动内容和范围之后，我们成立了由桂林旅游学院各学院各专业的5名大学生为主力、15名在校志愿者共同协助组成的“大美雁山”文明旅游志愿者宣传小分队，在指导老师指导下开展各项活动。

项目组成员自主设计、策划，所有方案和活动，创作文明旅游宣传logo——“大美雁山”，制作成为二维码标识印制在宣传的服装、帽子、调查问卷及宣传材料上，让参与者感受到设计者的用心；定期自主撰写活动宣传稿，更新微信公众号；经费的预算、使用分配由专人负责；自主协调活动前后联络、物资筹备等各环节分工合作细化；及时开展活动总结及经验分享并形成报告。整个实践过程对提升项目成员的整体素质有积极的促进作用。

三、项目成果

2017 年 11 月到 2018 年 11 月，自项目开展以来，按照计划任务认真执行开展，以宣传为主题、以培训为保障、以活动为抓手。一年来开展了实地调研及发放调查问卷 5 次；开展以文明旅游出行知识宣讲、文明旅游宣传活动、志愿服务活动等 11 次，其中在景区 5 次，居民社区 2 次，高校、敬老院、幼儿园、街道等 4 次，覆盖雁山区大部分景区、社区，服务近 3000 人；在游客较多的景区和活动场所发放倡导文明旅游的宣传册 500 册、文明旅游行为公约 2000 份、调查问卷 1200 份；有效地扩展了文明旅游的知晓程度，市民文明出行率有了明显提高，提升了雁山区的市容市貌，同时我们大力倡导“人人关心创建，人人参与创建，人人共享创建”的良好氛围，推动形成文明和谐的社会风尚，为创建全国文明城贡献我们的力量。

（一）人才培养方面

本次项目的开展对旅游行业的影响而言，并非带来惊涛骇浪的影响，我们通过学生团队的自主设计、构思和实践，让志愿者服务团队与旅游行业、社区服务等接触更深，对景区的管理有更深入的了解。

参与活动的学生及志愿者都是我校在读学生，为旅游行业未来的主力军。倡导文明旅游、宣讲出行须知是旅游从业人员应该掌握的基本内容。本次活动引导了学生利用专业特长运用于实践，如组织设计专业学生设计 logo，板报，图册；会计专业学生对经费进行管理；会展专业学生对场地布置；导游专业学生组织旅游宣讲；汉语国际教育专业学生写宣传稿、设计调查问卷，等等。充分结合学生专业知识及多才多艺的职业素养，积极参与到文明旅游志愿服务的实践中来。学生从实践中能够展现自我，表现才能，从而树立信心，不断提高自我的综合素质，激发专业学习兴趣，在今后的学习与生活中更努力掌握专业知识与应用。

（二）社会服务方面

1. 对游客及社区居民影响

通过“大美雁山”志愿服务小组各项宣传活动的开展，提高了部分景区游客、社区居民及在校大学生对文明旅游的认知，有效提高了广大市民外出旅游的安全防范意识；还加强了大家对旅游相关法律法规的学习；强化了片区游客出游文明意识，提升文明道德素质，减少不文明现象，以良好的言谈举止为桂林的形象风采加分，为景区添彩。同时也是在呼吁游客、学生及市民一起携手打造绿色、舒适、美好、健康的生活及出行环境。涉及的景区对此项目的活动给予了一定支持，并希望学校能持续开展类似项目。

2. 对景区环境改善影响

我们在调研活动结束之后，针对问卷调查结果组织开展了系列改善环境的志愿者服务活动，同时将调研的结果和建议发送给部分景区主管领导，提供一定的参考性建议。

经过几期的宣传后，宣传过的雁山区景点景区环境已有明显的改善。例如：参与者看到标语后，大部分主动将垃圾放在垃圾桶里，主动排队游览，自觉维护旅游秩序，不文明习俗和损坏公物现象较少，等等，形成了一定期间的良好社会风尚。参与者中表示，在此次景区文明旅游的宣传中，会更加规范自己的语言和行为，争当文明旅游的实践者，创建生态人文和谐的旅游环境创造浓郁氛围，人与人、自然和谐相处。对社会的文明进步做出自己的努力。

在与景区负责人回访的时候了解到，相比之前，经过我们宣传后的景区景点的卫生环境和市民出游的文明素质有一定提高，景区工作人员、环卫工人在志愿者服务协助下，工作压力有一定减小。

（三）城市文明创建方面

本次项目的开展不仅宣传桂林雁山区的驰名中外的风景，同时将文明理念嵌入桂林如诗如画的山水中，如同我们设计的logo的构思一样，彰显出桂林山水与城市文明同美，努力构建文明、和谐、安全、有序的旅游环境，营造浓厚的文明旅游的气氛，广泛传播文明旅游的出行理念，为创建文明辖区助力。从游客、景区、城市管理各层面强化文化内涵，逐步建立起行之有效的长效机制，引导相关部门不断加强本区域、本行业、本部门文明旅游宣传引导工作的督促和指导，完善安全、文明、优质旅游一体化的服务体系。

本次活动渲染文明出行的环境气氛，引导旅游行业创建活动，一定程度上提升了雁山区景区游客文明旅游的素质；提升了景区文明安全管理的水平和景区的吸引力；更新未来从业人员的服务理念；为雁山区文明和谐做出了一定的努力；为桂林市创建文明城市增添了光彩。

四、特色与经验

活动开展后，旅游景点、社区、街道等区域的公共场所的文明程度得到一定改善，游客、市民及学生文明素质有一定提升，为我区文明旅游持续开展提供了有效载体，推动了社会主义核心价值观从小处、细处落实。

（一）结合工作重点，助力城区共创

本项目开展借桂林市文明城市创建，雁山区创特色旅游名县（区）为契机，将“大美雁山”文明旅游志愿服务活动与全国文明城市创建、创特色名县（区）相结合。精心制订文明旅游活动工作方案，认真布置文明旅游各项工作，落实“大美雁山”文明旅游宣传活动作为一年的行动计划，项目组成员通过参与文明城市、特色名县（区）的创建工作宣传文明出行、文明旅游理念，倡导游客文明旅游，市民安全文明出行，助力文明城市、特色名县的创建。

（二）构建志愿服务团队，推动全员参与

文明旅游志愿者服务队伍从无到有、从小到大，服务范围从景区内到景区外、从学校、社区到社会公共服务，在志愿者队伍建设并不断壮大的同时，服务对象和范围也不断扩大，服务能力也逐渐增强。同时，项目组定期开展文明旅游进景区、进学校、进社区等活动，建立与景区、社区的有效沟通，积极引导全员参与文明旅游。文明旅游志愿服务项目和团队，大力推行社会参与，形成“人人甘当志愿者，人人参与文明旅游”的良好社会氛围。

（三）强化服务培训，提高服务质量

在做好志愿者服务工作的同时抓好服务宣传工作，充分调动志愿者的积极性，扎实做好强化文明旅游、文明礼仪、职业道德、服务质量等方面培训，引导项目组成员及文明旅游志愿者深入践行文明旅游理念，提高文明素质和整体水平。同时，以出游前的培训、行前说明会等为契机，开展文明礼仪培训活动，形成“行前告知、行中提醒、行后总结、全程引导”文明旅游宣传引导规范，倡导每位出游人员文明旅游、绿色出行。

（四）依托社团组织，共筑精神文明

高校社团组织作为校园文化活动的重要组成，在推动学校精神文明建设中起到重要的作用。小组成员分别担任学校宣传部、团委、学院学生会等团体的干部，知识结构新，创新能力强，能够依托校园平台，以校园活动为载体，有组织、有机会将社团活动与“大美雁山”志愿服务活动结合。如到敬老院、幼儿园开展宣传以及参加马拉松志愿服务等，均与校团委、校青协共同组织完成。一方面有利于节省项目部分经费开支，能够组织更多人力、物力投入志愿服务活动；另一方面校园文化活动与志愿活动相结合，促使高校精神文明建设不断提高，能够对整个雁山区乃至桂林市的精神文明做出积极贡献。

（五）搭建平台完善制度

志愿者服务队主动与景区、社区、学校建立联系，利用志愿者自身专业优势，定期开展志愿者服务工作。在开展志愿者服务工作过程中不断建立完善了志愿者活动制度、志愿者培训制度、志愿者激励制度等工作制度。

五、专家点评

作为旅游行业未来的后备军，有义务和责任担任文明旅游的倡导者和执行者。本项目团队通过媒体平台宣传，引导部分游客、市民、学生自觉规范言行，提高文明旅游意识，取得了不错的成绩。项目的突出之处在于：其一，项目活动丰富。有实地调研、网上宣传、线下宣讲、各种志愿活动，等等。其二，通过本项目学生受惠面广。参与活动的学生及志愿者有会计、会展、导游、汉语国际教育等专业的众多同学参与。其三，在项目实施中借力学校的其他组织如校团委、校青协等，为项目的实施寻找到更多的资源。

（点评人：许忠伟，北京第二外国语学院旅游科学学院副教授、会展系主任）

所在单位：湖北经济学院
项目指导教师：张浩、熊沂
项目负责人：马莉
项目成员：阮阶、余习远、王曹姝、宋菁
项目编号：WMYC201720126

恋上你的房

——恩施白鹊山“互联网＋民宿”营销策划

一、项目概述

（一）项目背景

当前我国全面建设小康社会的重点难点在农村，农业丰则基础强，农民富则国家盛，农村稳则社会安。我国国民经济的主导产业已由农业转变为非农产业，经济增长的动力主要来自非农产业。恩施州白鹊山村为带动当地经济发展，提高农民收入，正利用其旅游资源发展民宿产业。经团队成员走访发现，截至2018年7月，白鹊山村登记在册的民宿旅游经营户54户，已初具规模，可接待游客1200余人次以上，但存在品牌知名度低、销售渠道单一、淡旺季明显、产品不够丰富等问题亟待解决。为了促进白鹊山村民宿产业发展，助力新农村建设，团队成员前往杭州民宿聚集地深入调研学习，带着学习经验前往白鹊山村为其民宿发展建言献策。

（二）项目意义与目标

本项目通过实地调查研究，为白鹊山民宿发展建言献策，以互联网宣传，旅游线路设计，入户帮扶改造，专业培训等方式提高民宿知名度，延长民宿产业链，力所能及地为白鹊山村打造舒适宜居、观光度假、避暑休闲于一体的特色民宿小镇提供帮助，助力白鹊山地区将休闲农业，乡村旅游，特色民居和农民增收有机结合，为白鹊山地区的旅游扶贫贡献力量。

（三）项目执行情况

（1）2017.7，团队成员去往利川市进行暑期社会实践调研，了解到部分白鹊山民宿情况。

（2）2018.2—2018.3，第二次考察对接，团队成员李莲英寒假到实践考察地——白鹊山村，了解当地民宿情况是否有所变化，与村委对接洽谈，商谈团队暑期会过来开展实践活动，并把我们的实践相关内容，实践策划告知，获得当地村委会同意。

（3）2018.4—2018.7，为暑期实践考察做相关准备工作，资料的更新整理，确定实践时间，讨论最后的实践内容、行程安排，修改策划书，并且定期与指导老师开会讨论。

（4）2018.7.15，团队到达白鹊山村，入住民宿郭家院子，并与白鹊山村民宿服务中心主任郭山交流访谈。

（5）2018.7.16，参观拜访白鹊山每一家民宿，了解实际情况，召开晚间会议，讨论实施内容。

（6）2018.7.17，开展针对民宿经营者的问卷访谈，了解白鹊山民宿每一家的实际经营状况与存在问题。

（7）2018.7.18，同凉域旅游公司董事长就“凉域”微信公众号运营模式相关问题展开讨论，就问卷发放情况展开讨论。

（8）2018.7.19，团队成员到柏杨镇参与政府与凉域公司联合举办的民宿经营者培训。

（9）2018.7.20，团队拜访利川市旅游委，同利川市民宿办公室主任杨义访谈交流，了解到利川市全市2017年民宿经营相关情况，以及政府对于民宿的经营监管等情况。

（10）2018.7.21，整理本次实践资料，讨论实践不足之处。

二、项目内容

（一）项目实施时间

2017年7月15日—2018年7月21日

（二）项目实施地点

湖北省恩施州利川市白鹊山村

（三）项目内容

1. 确定项目实施点

白鹊山村民宿是从2016年利川市政府下达“鼓励各村利用自家房屋开民宿”

政策时起步，当时白鹊山村共有18家民宿挂牌，客源都是民宿服务中心接到客人后分配到各家。2017年7月，团队成员前往利川市进行民宿调研。当时白鹊山村民宿仍处于起步阶段，民宿已达34户。村里的娱乐区、书社、路面还处于建设阶段，据团队成员走访了解，白鹊山村民宿入住率低、销售渠道单一，且民宿主人老龄化严重，不懂得利用移动互联网设备与客人进行联系、对民宿进行宣传，缺乏经营模式和经营方法。于是，催生了团队成员为白鹊山民宿发展助力的念头。

2. 及时沟通，建言献策

项目申报成功后，团队成员第一时间与白鹊山民宿服务中心郭主任取得联系，将团队成员对白鹊山的发展意见与其交流，并询问其发展困境，探究解决办法。团队成员都时刻关注白鹊山民宿发展，期间多次前往白鹊山进行实地走访交流。

3. 问卷调查

本团队对30家民宿的经营者都进行了问卷访谈，和他们进行了深入的交流，探寻他们的实际经营情况与存在的问题，分析他们在经营中存在的共性和个性问题，利用团队成员学习的经验和知识，寻找合适的解决方法，帮助白鹊山民宿主更好地解决困难，提档升级，提高竞争力，增加和稳定其民宿收入。

4. 新媒体平台宣传

在抖音短视频风靡的情况下，本团队利用白鹊山优美的自然风光和民宿村的建设，融合创意与潮流元素以白鹊山民宿的景色、大地乡居龙船调、当地菜肴等为素材，以团队成员为主角拍摄了抖音短视频，以新潮有趣的方式对白鹊山民宿进行了宣传和推广，团队成员自己的微信朋友圈、QQ空间和微博上进行了分享和推广，受到了许多朋友的关注和转发，平均点击量达1000多，为白鹊山民宿吸引新一批年轻的顾客群体前去体验当地的特色菜肴，优美风光，还有许多学校、公司在当地开展素质拓展活动，扩宽了其顾客来源。

5. 设计旅游线路

根据白鹊山的旅游资源、地理位置、当地特色，以“白鹊山民宿”为中心，设计一条适合减压、放松身心、加强家庭联系的亲子游、家庭游、康养游、减压游。从著名景点开辟民俗滋养新线路，从静谧乡村的古朴民居中寻找宁静，让游客轻松愉悦，充满活力。

第一天：白鹊山—腾龙洞景区

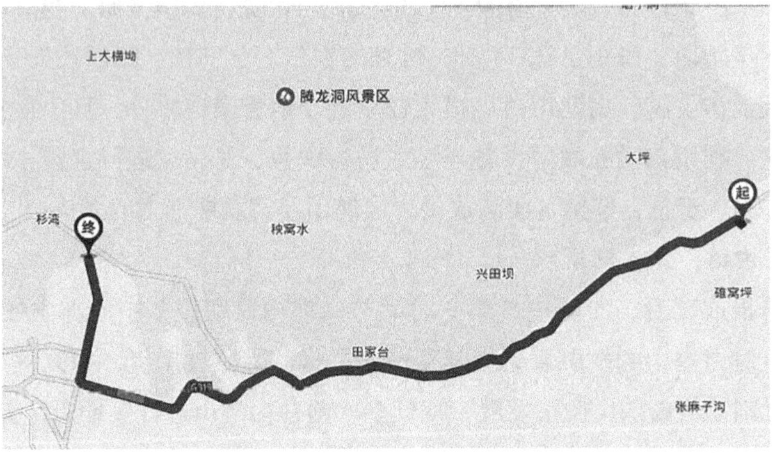

图 1　腾龙洞景区游览路线图

从白鹊山村出发，驾车前往腾龙洞景区，沿 318 国道一路向西，到达腾龙大道，向北前行 4 公里后，即可到达腾龙洞景区，全程仅耗时 20 分钟。

第二天：白鹊山—清江古河床

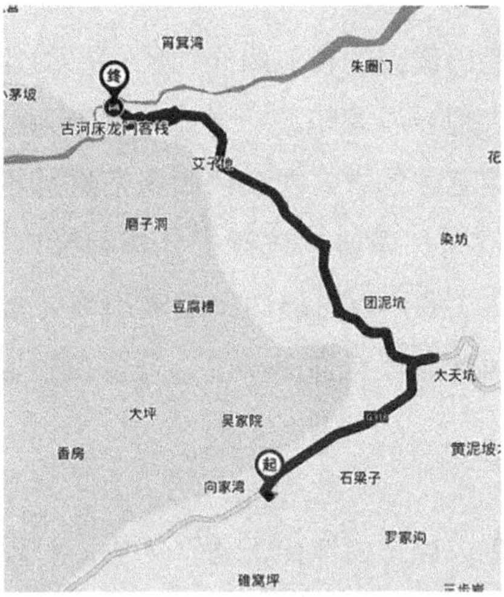

图 2　清江古河床游览路线图

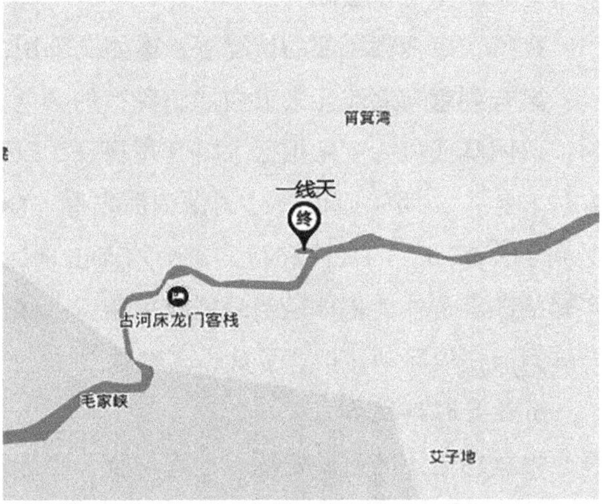

图 3　清江古河床附近游览景点

从白鹊山村出发，乘坐白鹊山 1 路旅游专线，到达古河床龙门客栈，全程耗时 32 分钟，由于前方山路崎岖，难以通行，车辆难以进入，所以到达此处后只能下车步行。步行 30 分钟到达一线天，这就是清江古河床户外徒步旅行路线开始的地方，从这里出发是前往清江古河床性价比最高的一条线路。

第三天：清江古河床—玉龙洞景区

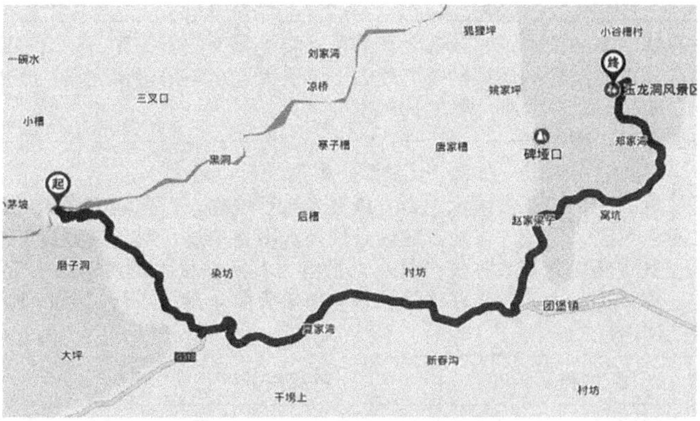

图 4　玉龙洞景区游览路线图

乘坐白鹊山 1 路旅游专线在沿着马梁线公路一直向东南行驶，到达与 318 国道的交界处，驶上 318 国道，在经过 40 分钟的车程后即可到达玉龙洞景区，全程耗时 67 分钟。

景点名称 1	白鹊山	游览目的	农耕文化与土苗习俗
景点特色	一幢幢古朴的民居，或掩竹林中，或立溪水旁。拉开窗帘，便能看见明净的院落、青翠的山林和幽蓝的天空，这便是白鹊山了，农耕文化和土苗传统习俗文化在这里原生态的传承了下来，游人或漫步田间，享农家采摘乐趣，感受乡村味道；或席地闲坐，静看时光流逝，细品乡野慢时光。		
景点名称 2	腾龙洞	游览目的	喀斯特地貌
景点特色	腾龙洞集山、水、洞、林于一体，以雄、险、奇、幽、秀而驰名中外。该洞洞口高 74 米，宽 64 米，洞内最高处 235 米，初步探明洞穴总长度 52.8 公里，其中水洞伏流 16.8 公里，洞穴面积 200 多万平方米。 洞中有 5 座山峰，10 个大厅，地下瀑布 10 余处，洞中有山，山中有洞，水洞旱洞相连，主洞支洞互通，无毒气，无蛇蝎，无污染，洞内终年恒温 14℃ ~18℃，空气流畅。 洞前落差 20 米的腾龙大瀑布，水声如雷，气势磅礴。卧龙吞江，天下奇观。洞里面是一个洞穴群，洞里面还有很多山，以及地下瀑布。后洞内怪石嶙峋，有一处暗黑地带一片静水湖面，边缘是陡峭石壁。 最佳游玩顺序：景区入口—卧龙吞江瀑布—腾龙洞主洞口—前洞旱洞—观看《夷水丽川》歌舞表演—后洞水洞—观看激光秀—返回主洞口—水杉林—火棘林—龙须桥—景区出口。		
景点名称 3	清江古河床	游览目的	经典户外徒步旅游线路
景点特色	清江古河床，总长 8 公里。这里方圆十里无人烟，其风光十分秀美。这里有百里绝壁、瀑布、傲啸独峰、原始森林、远古村寨等景点美不胜收，堪称利川最美的户外徒步线路。自然景区则主要由一线天、熊猫洞、大小龙门、独家寨、洞群、暗河、地缝、独峰、象鼻山、清江河画廊等组成，在这其中，洞中有洞、洞洞相连，洞中有山、山中有洞，伏流密布、石缝众多，钟乳石林立。古河床地质结构比较全面，是典型的喀斯特地貌。它结构复杂多样，沿途风光秀丽，在它的遗址上溶洞、陡崖、坍蹋的巨石比比皆是。这条线路是中国内地比较经典的户外徒步线路，也被誉为“天坑连地缝，溶洞串溶洞，竖井接暗河，绝壁通盲谷”。这里也被一些影视剧作为了取景地，比如《刺客聂隐娘》《九州缥缈录》。		

续表

景点名称 3	清江古河床	游览目的	经典户外徒步旅游线路
景点特色	途中有绿油油的山路，有杂乱无章的可以爬上爬下的石头路，更有一眼望去让心情大好的大草坪，更能抛弃一切烦恼奋力爬山，感受无人之境的静谧之美，正如王安石所说“世之奇伟，瑰怪，非常之观，常在于险远”。 登山线路图：腾龙洞—一线天—竹海—好汉坡—一龙门—二龙门—三龙门—爱情村—独家村—银河洞—古河床—白洞—日月潭—黑洞 但需注意的是，清江古河床作为一条徒步旅行线路，有些地方尚未经过人为开发，虽然保留大量自然美，但是许多地方地形条件差，不易通过，对于普通游客而言，尤其是行程之前玩过其他爬山景点没有充分休息的游客，其实是极大的考验，一定要考虑到安全问题，一定要集中注意力，调整好体能状态，如果疲劳应量力而行。最好能在出行之前聘请当地向导结伴出行。		
景点名称 4	玉龙洞	游览目的	地溶景观
景点特色	玉龙洞因洞内化学沉积物洁白如玉和洞中一景酷似飞龙，故因此得名。2017 年经国务院审定列为国家 AAAA 级旅游景区，玉龙洞分上、中、下三层，洞内终年恒温 14℃ ~18℃，仅中层洞穴面积就有 10 余万平方米，中层洞有各种景观 80 多处。其景观小巧玲珑，景点多姿多彩，十分集中。 它和腾龙洞各有千秋，如果说腾龙洞是因大闻名，那作为中国国家AAAA级景区的玉龙洞，则更加内秀精致，它以瑰丽多姿的溶岩景观惊艳四方来客，洞中鬼斧神工的景观，令人脑洞大开，不得不感慨大自然的力量。 玉龙洞一个位于半山腰的溶洞，需要爬半个小时山路才能抵达。由于洞内外温差很大，洞口弥漫着轻淼的水雾。所以进洞时要带好外套，同时还会为每一批游客配备一名解说员，所以不用担心看不出来某些石乳的神奇之处。		

6. 改善特色精品民宿

本团队选取当地一家名为“樱桃树”的民宿，结合民宿自身特色与文化，考虑民宿主与顾客的需求，为这家民宿制订了改造方案。主要对其三个方面进行了改造。

（1）庭院改造

图 5 庭院

从图中可以看出其庭院宽阔且有一条横廊。若从小路慢慢走近民宿会发现其民宿主人精心打理的小盆栽、蔬菜等。门口左边有一棵梨树和一棵樱桃树，很适合亲子采摘和娱乐。因其庭院宽阔，可以配置娱乐设施如秋千、休闲座椅等，也是一个聊天拍照的好去处。

（2）将民宿整体提档升级

图 6　改造前　改造后

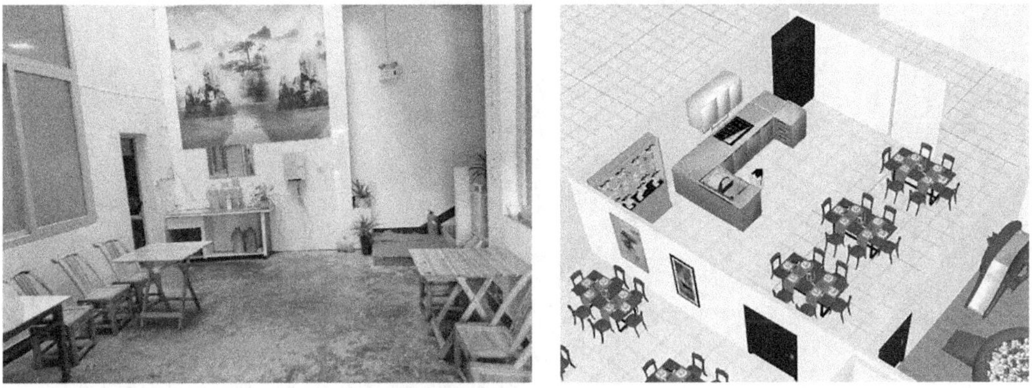

图 7　改造前　改造后

图 8　改造前　改造后

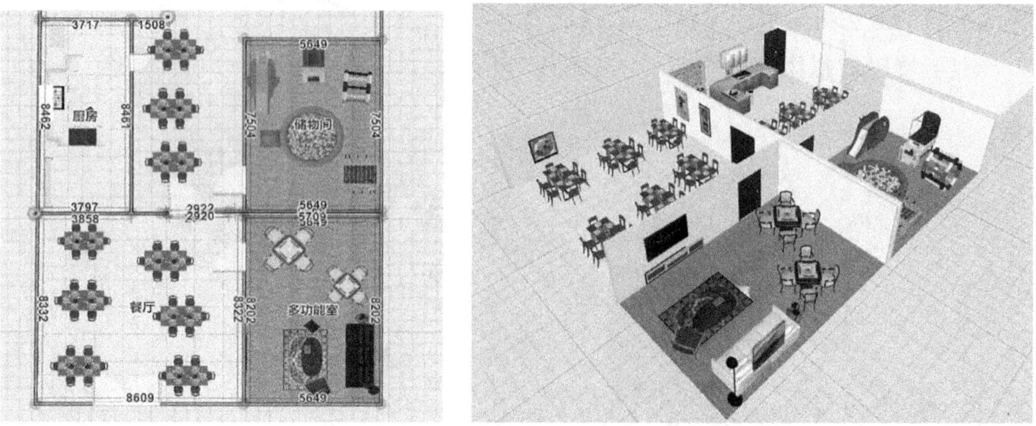

图 9　一楼整体改造图

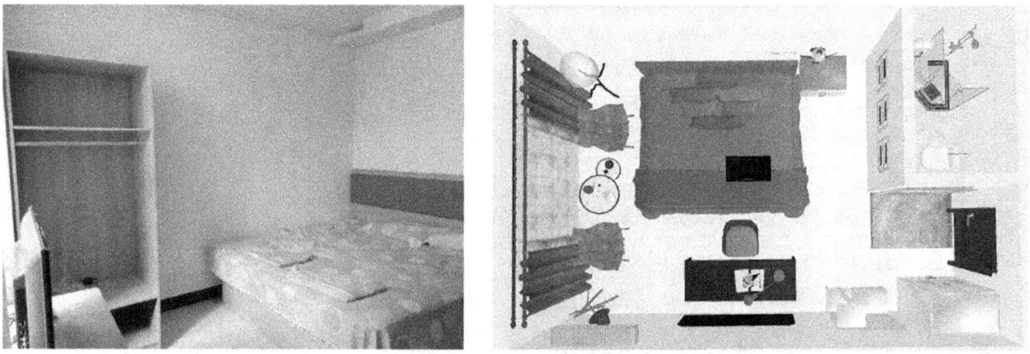

图 10　房间改造图

这家民宿只是将家中的房屋简单拾掇，保留着房屋原来的装修和设施，比较简单。并且房间只设置一个床铺、衣柜和电视，基本的一次性生活用品都没有，这显然无法满足客人的基本需要，将生活用品配置齐全后吸引了更多游客前去住宿。

本团队希望通过对这家民宿的改造，树立标杆，以点带面，带动更多的民宿主树立品牌形象意识，融入文化创意等思想，从而提升白鹊山民宿整体形象。

7. 微信平台完善

本团队了解到当地已有网上预订渠道，在村支书帮助下与当地线上预订平台“凉域”负责人取得联系，帮助其给民宿主登记信息、解释线上预订的流程与作用、教授民宿主如何使用此平台处理预订信息、发布图片等。在与该平台负责人交流过程中，本团队针对该平台民宿信息完善、订房、售后服务、信息反馈意见收集以及平台推广等问题进行讨论，提出建议并共同完善平台问题。促使顾客使用该平台更加方便高效，促进顾客与民宿主之间的信息互通，也使得白鹊山网络销售平台更加快捷方便。

8. **特色营销方案**

根据白鹊山民宿存在的淡旺季明显、活动少、文化和民俗风情不浓、顾客回头率较低等问题，我们分别策划了不同的特色营销方案。如“0”元入住、“食住游”套餐的营销推广计划；建立客史档案，熟悉顾客信息，建立长久宾客关系的忠诚顾客计划；以及结合当地特色餐饮的个性化服务方案。同时，我们也根据当地的旅游资源和民俗风情，设计了特色旅游路线和特色活动方案。希望以多种方式，多样的趣味，让顾客有更丰富难忘的体验。

图 11　营销方案

9. **拜访政府部门**

本团队成员还拜访利川市旅游委，同利川市民宿办公室主任杨义进行了访谈交流，了解到利川市全市 2017 年民宿经营相关情况，以及政府对于民宿的经营监管等情况，也大概了解了利川市民宿的总体发展规划和趋势，让我们可以从全局观出发，再结合白鹊山民宿，可以提出更长远有效的想法与建议。

三、项目成果

（一）利用抖音进行宣传推广

本团队成员在白鹊山村取景，利用当地自然风光并融合创意与潮流元素，制作受年轻人欢迎的抖音短视频，并发布在抖音 APP 上，受到了广大网友的喜爱，浏览量超过 30 000，点赞量达到 900 多，有近 1000 名用户成为了团队账号的粉丝，为在新媒体上推广白鹊山民宿积累了经验，也在一定程度上提高了白鹊山民宿行业的知名度，让更广泛的群体感受到美丽自然的乡村风格，体验淳朴热情的风俗人情。

（二）通过问卷调查，了解白鹊山民宿的实际情况

本团队针对民宿主，民宿主基本情况、民宿发展现状和消费者类型及需求设计了调查问卷，并走访了白鹊山地区 46 家民宿（民宿服务中心实录 54 家民宿，走访发现 3 家民宿不再经营，3 家转租，3 家今年开业，4 家合并为 2 家）中的 30 家，开展实地访谈。问卷覆盖率达到 65%，获得了当地民宿的第一手细致化资料，深入了解民宿主与顾客想法。通过调研发现，93% 白鹊山民宿主前期是务农务工的青、中年人，经营动机上，43% 的民宿主是响应政府号召。经营年份上，67% 的民宿经营年数不足两年，民宿行业还处于起步阶段，发展潜力巨大，同时，26% 民宿主表示对现阶段基础设施不满意，对整个当地民宿行业发展造成了一定阻碍，另外有 37% 的民宿主表示政府信息传达不及时，政策扶持力度不够。

（三）将调查结果总结为论文

本团队将此次调研资料集中进行归纳整理，并对于白鹊山民宿的现状、未来发展等问题进行了交流讨论，客观分析了白鹊山民宿存在的问题，并对于突出问题进行深入研究，寻找解决措施，汇总成论文——《“互联网 +”背景下白鹊山民宿现状及发展模式研究》《分析顾客与民宿主的矛盾探索民宿平衡发展之路——以湖北省利川市白鹊山民宿为例》《民宿民俗文化发展研究》《浅析利川市民宿发展现状原因及应对方法》，并将这几篇论文寄送给白鹊山民宿服务中心，对当地村委会解决民宿中的问题和民宿主的观念改变都起到了一定的作用。

（四）打造特色民宿

为了打造白鹊山精品民宿，本团队特意选取当地一家名为“樱桃树”的民宿，结合民宿自身特色与文化，考虑民宿主与顾客的需求，对这家民宿制订了改造方案。首先，挖掘百年老樱桃树的历史，带给这家民宿更多的历史气息；其次，对民宿整体装修及设施设备提档升级；最后，售卖恩施腊肉和摔杯酒等带有浓厚土家族风情特色的产品，让消费者能体验到别致的民俗文化，以此彰显白鹊山民宿特色，借此发挥示范作用，树立一个标杆，由点及面，促进了当地民宿主对自家民宿的改造，带动白鹊山民宿整体形象的提升。

（五）提供培训方案

本团队根据民宿主需求，结合“国标”明确的上线房源、设施、信息发布与维护、订单处理、入住服务、清洁卫生、从业人员、经营管理 8 个方面的要求与规范和白鹊山民宿的现实情况，制订了民宿主培训方案，帮助民宿主跟上民宿标准，更好地完善和经营民宿。

（六）制订个性化服务方案

本团队通过了解恩施当地的特色菜肴，再根据走访结果，将民宿顾客群体进行细分，针对不同的顾客群体，提供不同的三餐安排，在适合该群体的饮食需求、营养健康的基础上，宣传了当地的特色。

（七）策划特色活动方案

本团队针对顾客认为“文化民俗活动较少”和“白鹊山民宿淡季顾客较少”现状，策划了两个特色活动，融合当地摆手舞的广场舞大赛和包含土家特色的百家宴、篝火晚会等节令活动，以此吸引更多的顾客来体验当地的民风民情，从而带动旅游住宿业发展。

（八）与凉域微信公众号平台的交流合作

本团队与当地线上预订平台“凉域”交流后发现其收录民宿信息与邀请民宿入驻平台均存在困难，于是团队与“凉域”达成合作，帮助其收录当地民宿信息。团队成员共帮助“凉域”平台收录并促使 8 家民宿主入驻，实现“帮助民宿主上线 OTA”计划。

（九）助力白鹊山民宿发展

本团队在白鹊山村民宿群的调研和策划方案，均得到当地政府以及民宿协会、民宿主人的认同和赞赏，在听取本团队的建议之后，逐步试行，效果显著。90% 的民宿主人表明了对民宿宣传和推广的迫切需求，在团队成员线上推广教学、房屋改造提议、旅游线路策划、查找经营模式不足等帮助下，当地民宿主人在民宿营销、宣传、经营、服务等方面的水平得到显著提升，93.3% 民宿主表明对未来白鹊山民宿群发展有信心。回访发现，白鹊山村民宿群的入住率增长 30%，淡季入住率出现回升，越来越多的消费者通过 OTA 平台查找白鹊山房源，实现方便快捷的预订和反馈。

四、特色与经验

（一）互联网宣传开发市场潜力

本项目从宣传着手，将互联网技术在白鹊山民宿广泛推广，借助线上平台，开拓白鹊山民宿市场。2017 年“凉域”湖北凉域旅游文化有限发展公司线上平台入驻 13 家民宿，今年线上入驻 21 家，本团队通过与民宿经营者的沟通交流、解答疑问，促使8家民宿经营者下定决心入驻“凉域”平台，实现线上营销和宣传。本团队进一步实施现场教学，指导村民熟练掌握线上操作流程，加大对外宣传力度，避免因宣传滞后造成的游客流失问题。同时线上预订比起之前存在的电话预订更方便快捷、更加直观，顾客通过线上视频、图片展示，了解民宿的整体情况。后期顾客线上反馈、网上评论也可以直接帮助民宿主人改善经营，以此达到对外宣传的目的，提高当地民宿入住率，促进当地民宿产业的长期发展。

（二）利用抖音短视频进行宣传推广

在抖音短视频风靡的情况下，本团队以白鹊山民宿的景色、大地乡居龙船调、当地菜肴等为素材，以团队成员为主角拍摄了9条抖音短视频，以新潮有趣的方式对白鹊山民宿进行了宣传和推广，团队成员自己的微信朋友圈、QQ空间和微博上进行了分享和推广，受到了许多朋友的关注和转发，平均点击量达1000多，为白鹊山民宿吸引新一批年轻的顾客群体前去体验当地的特色菜肴，优美风光，还有许多学校、公司在当地开展素质拓展活动，扩宽了其顾客来源。

（三）完善“凉域”公众号平台

本团队了解到当地已有网上预订渠道，在村支书帮助下与凉域平台负责人取得联系，并与其一同走访民宿，进行照片拍摄与信息录入，将白鹊山村所有民宿信息录入系统，方便当地民宿办的管理。在走访过程中，团队成员给民宿主讲解了网上预订流程、操作方法以及上线优势，鼓励更多的民宿主拓展网上预订渠道，为该平台新增8家民宿入驻。同时，团队成员体验“凉域”微信预订平台，发现平台上设置部门旅游路线推荐、农产品销售和租车等服务。平台设置较完备，但售后服务、信息反馈、信息更新等方面还有待完善。本团队就此些问题帮助其进行了完善、优化与推广，吸引了更多的顾客关注此公众号，从平台上购买农特产，预订房间。

（四）问题与反思

1. *受访者文化水平不足，不理解问卷问题*

白鹊山村的民宿主人主要分为两种，一是农民响应政府号召，借助优惠的政府政策创办民宿，成为民宿主；二是外出务工人员认为民宿行业发展较快且政府有优惠政策，从而返乡创业。两类人的文化水平均不高，容易出现不理解问题或者答非所问的情况。

解决办法：将问题转化为直白的语言向受访者再次提问，并每天晚上开会总结、交流心得，第二天进行改进。

2. 受访者抱有戒心，抵触回答某些问题

由于问卷问题设计比较详尽，触碰到一些个人隐私，并且市场趋于饱和，行业竞争激烈，民宿主人注重保护商业信息，所以戒备心很强，尤其是在涉及财产相关问题时。

解决办法：团队成员一般采用“迂回”的方式，先把这些敏感的问题跳过，先问容易回答的问题，循循善诱，慢慢地消除民宿主的警惕，打消他们的顾虑，获得他们的信任，再把之前问题换种表达方式再问一遍，从而得到较为真实的答案。

五、专家点评

解决民宿品质提升和营销问题关系到乡村旅游的长期发展。该项目切中关键，通过对恩施白鹊山民宿的实地调研，设计旅游线路、新媒体平台宣传、提出改善特色精品民宿的思路，取得了比较好的成绩。其突出之处在于：其一，整个项目实施内容比较饱满，这也许和大学生暑期实践项目结合有关。其二，帮助同学们对问题进行深入的思考和提炼，形成了若干论文。不足之处在于，该项目的项目设计有所欠缺，缺少从需求角度去思考问题，成果显得落地不稳。

（点评人：许忠伟，北京第二外国语学院旅游科学学院副教授、会展系主任）

所在单位：江西财经大学旅游与城市管理学院
项目负责人：薛笑艳
项目指导教师：胡海胜
项目团队成员：魏晨、刘佳佳、彭婷、林于坚、胡雪萍、王丹婷
项目编号：WMYC20172090

基于全域旅游整合营销的“江财旅游 s”微信公众号运营管理

一、项目概述

（一）项目背景

2014 年，是智慧旅游蓬勃发展之年，智慧旅游正式渗入到旅游行业的方方面面。江西财经大学旅游管理专业的专家和学生也在行动着。由江西财经大学旅游与城市管理学院旅游管理专业副教授胡海胜老师发起，几位系主任助理作为助手进行实际运营的“江财旅游”微信公众号应运而生，江财旅游微信团队也于 2015 年 4 月成立。

“江财旅游”微信公众号由于兼具“江财”+“旅游”两大主体功能，所以以校园活动推送和旅游推荐为主，进行了数月运营。“江西旅游微信排行榜”是“江财旅游”微信公众号运营之初的主要运营方向。在“江西旅游微信排行榜”影响力不断扩大的过程中，“江财旅游”微信公众号也为更多专业旅游人士熟知。

（二）项目意义

在江西旅游发展方面，“江财旅游 s”微信公众号是一个对江西旅游资源进行高效整合的平台，平台运营不仅对旅游资源进行深入的挖掘使得可读性提高，同时作为江西省各县市旅游单位的沟通桥梁，在旅游业全面发展中发挥着不可替代的作用。

在校园人才培养方面，以“江财旅游 s”微信公众号运营为基础内容的运营团队，创造了一个社会实践、创新创业、自我提升的综合型助力平台。团队目前有多

个专业的大一到研一学生二十名，根据不同的专业特长和兴趣爱好，每个人都拥有独特的发展计划，这也为大学学校的人才培养工作提供了更加全面立体的实践平台。

（三）预期目标

基于全域旅游整合营销的“江财旅游 s”微信公众号运营管理这一项目是时代推动下应运而生的产物。江财旅游微信团队在公众号运营管理过程中，对江西省旅游资源进行统筹，获得全面立体的旅游资料，致力于打造成为江西省旅游资源整合平台。同时，江财旅游微信团队打造成为江西省大学生创业的标杆，以及智慧人才培养平台。

（四）项目执行情况

2015 年 3 月，“江财旅游”微信公众号注册成功，推出第一篇名为《江财旅游，顶天立地的旅游发展中坚力量》的微信推送，开始了江财旅游的专业推广平台之路。

2015 年 6 月，江财旅游微信团队正式成立，团队成员主要由江西财经大学旅游与城市管理学院旅游管理专业的一批优秀学生组成。

2015 年 7 月，“江财旅游”微信公众号推出《第一期江西省旅游微信影响力排行榜》，对江西省内旅游地市、县区、景区、酒店以及旅行社等单位的微信公众号运营数据进行整理排名和分析。

2016 年 4 月，以江财旅游微信团队核心成员为主的南昌微界文化传媒有限公司正式成立，公司成员突破专业、学校限制，队伍不断壮大，以公司化的运营模式、打开了江西旅游市场的大门。

2016年8月，微信公众号升级为“江财旅游s”，公司身份认证，新增服务功能，推送内容模块化，基于全域旅游整合营销的“江财旅游 s”微信公众号逐步走向系统化多样化的运营管理道路。

2017 年，团队业务范围逐步扩大，除“江财旅游 s”微信公众号的运营之外，新增旅游单位微信公众号代运营、景区活动策划、旅游商品设计以及商业计划书代撰写等业务。

截至 2018 年 12 月 31 日，本项目已在学术论文、书籍撰写、创新创业课题、科研课题、社会合作、创新创业大赛等多个领域内取得卓越成就。

二、项目内容

2015 年 6 月，江财旅游微信团队正式成立，团队成员主要由江西财经大学旅游与城市管理学院旅游管理专业的一批优秀学生组成。就读于旅游管理专业的我们，依靠对专业的初步认知和学习，迫切想要对江西旅游进行进一步的探索，因此，以“江财旅游 s”微信运营为基础的江西省全域旅游整合营销行动拉开序幕。

时光荏苒，“江财旅游 s”的微信运营团队已不再松散而是拧成了“一股绳”；作为核心骨干的同学已从初出茅庐的学生蜕变成了半个“社会人”；江财旅游已从不知名的小平台晋升成江西旅游界的学生创业标杆……学校的广场，政府部门的会议室，景区的活动现场，大型国家级比赛的聚光灯下，常常出现我们的身影，英姿挺拔，自信大方。

（一）定位江西旅游全域整合营销

1. 初级整合——基础要素一应俱全

“江财旅游 s”微信公众号自注册以来，精准定位江西旅游，致力于打造成为江西省全域旅游资源整合型平台。运营初期，“江财旅游 s”微信公众号主要以江西旅游资源的整理为主，从吃、住、行、游、购、娱等旅游要素出发定制模块主题，形成了周一至周日的七个板块。

（1）江西旅游微信影响力排行榜

“江西旅游微信影响力排行榜”是江财旅游微信团队成员将江西省各个地级市、县区、景区、酒店、旅行社的微信公众号收录在一起，通过权威第三方网站，根据微信运营绩效评价指标进行数据展示和排名，生成江西旅游微信影响力排行榜，用以分析江西省各旅游单位微信营销情况。江财旅游微信团队成员将这一排行榜进行综合性和针对性的分析解读，每周一发布在“江财旅游 s”微信公众平台上。

（2）江西美食百县行

“舌尖上的江西——江西美食百县行”是“江财旅游 s”的周二推送板块。本板块主要是按照地级市、县区的顺序将各地美食进行搜罗汇总，通过图片和文字将当地的美食介绍给用户，以此形式挖掘江西省各县市区的特色美食，为读者提供美食推荐，传承食物之美。截至 2018 年 12 月 31 日，江西美食百县行已推送 11 个地级市及江西百县，几乎覆盖江西所有地区。

（3）江西特色旅游商品

“江西风景独好——江西旅游商品推荐”是“江财旅游 s”的周三推送板块。旅游商品是旅游要素中重要的一个部分，也是旅游活动中产生二次消费的关键依托。本板块主要是按照旅游商品类别对江西省各地的旅游商品进行总结归纳，为旅游工作者提供旅游商品现状展示，为游客提供游览购物指南。

（4）江西 4A 及以上景区推荐

“江西洗肺 / 洗心之旅——江西旅游景区推荐”是“江财旅游 s”的周四推送板块。本板块主要是针对江西省内 4A 及以上景区进行推荐推送，不同于其他公众号以名景区为着力点的原则，周四板块着眼于 4A 及以下小众景区，向游客展示江西风景独好的另一面，带人领略不为人知的美景。

（5）江西旅游百县行

“寻根体验之旅——江西旅游百县行”是“江财旅游 s”的周五推送板块。本板块是将江西 100 个县区作为介绍对象，针对各个县区的吃住行游购娱六个方面对当地的旅游信息进行全方位介绍，立体地向用户推荐一个个全面又有针对性的旅游城市，感受江西独特的韵味。

（6）一张图读懂

“一张图读懂”是“江财旅游 s”的周六推送板块。本板块将最新旅游时事的要点信息进行归纳总结，以“一张图读懂”的设计形式展现出来，使读者对该事件或政策一目了然，可读性大大增加。

（7）漫画季

“漫画季”是“江财旅游 s”的周日推送板块。本板块是结合热点话题，以漫画形式介绍江西各个特色旅游景点，生动有趣，艺术感十足，向游客展示创意风景、创意江西。同时，漫画季的设计作品可作为下一步文创设计的素材。

2. 中级整合——立体角度推陈出新

2018 年，“江财旅游 s”微信公众号在保持整合江西旅游资源的初衷基础上，对原有的七大模块进行了更新升级。与原有的七大模块相比，新的模块设计角度更立体，旅游信息的传达更加全面和深度。

（1）江西旅游微信影响力排行榜

“江西旅游微信排行榜”的发布继续保持，在周报告的基础上，继续推出月度报告、季度报告、半年度报告以及年度报告等，从综合角度对江西省旅游微信影响力情况进行分析和评价，致力于提升江西省旅游行业的自媒体宣传效用，从而提高江西省的旅游影响力。

（2）江西省特色乡村旅游点

少无世俗韵，性本爱丘山，赣鄱乡音，风景独好。周二推送江西特色乡村旅游点，一周一站绿色乡村行，盘点吃、住、行、游、购、娱的同时，还呈上贴心的旅游攻略，带读者共同领略山野淳朴的农家情，共享形式多元的诗意居游。与自己，与朋友，与家人，与一切，久在樊笼里，复得返自然。通过江西省特色乡村旅游点的推介，吸引游客归园田居，寄情山水，寻迹初心，共赴辽阔。

（3）旅游风情小镇

旅游风情小镇是指以旅游或其他特色产业为依托，相关旅游要素配置齐全，产业服务配套完善，主题鲜明、特色浓郁、格调优雅，以休闲、旅居、共享为主要方式的旅游产业聚集生活空间。“江财旅游 s”公众号每周三定时推送旅游风情小镇板块，主要是将搜集到的江西省内的旅游风情小镇资料整合后进行推荐介绍，以达到宣传小镇，吸引游客的目的。

（4）旅游行业风云人物

中国的旅游行业能有今天骄人的成绩和蓬勃的生机，离不开旅游行业涌现出的风云人物，在理论和实践上的杰出贡献。见贤思齐，为了帮助旅游行业的朋友了解和学习旅游行业风云人物的成功经验，“江财旅游 s”微信公众号每周四将推送“旅游行业风云人物”，每周将介绍一位旅游行业的风云人物，用精练的语言和美观的排版带我们走进“TA”的世界，去了解“TA”的突出成绩、优秀理论和成功实践。

（5）江西优质旅游微信内容

周五推送板块主要是搜集江西省旅游类微信公众号推送的优质文章，经过筛选和整理进行转推，实现与其他公众号的常态化衔接。同时，通过选取优质文章进行转推，可以延长公众号内容的宽度，丰富公众号内容的类型。

（6）明月山特辑

明月山是江西宜春市的 AAAAA 级景区，环境优美，气候舒适，更兼有温泉游乐场。团队与明月山景区达成合作，每周制作一篇与明月山相关的原创推送，目前的多期推送内容次次有新意，篇篇有亮点，共涵盖了明月山风景综合概括、各大景点详细介绍、美食、温泉文化、周围相关景区联合游玩路线、游乐设施以及明月山活动推广，同时还有实时出游攻略、各大节气推送等，使游客实时了解各大优惠，力求达到宣传明月山，便利出行者的目的。

（7）周日旅游资讯速递

“江财旅游 s”微信公众号每周日推送“一周要闻——旅游资讯速递”。本版块分为全国旅游资讯和江西旅游资讯两个部分，每周从各大旅游相关的官网和官微中精选并整理本周有关旅游的最新政策信息和行业动态，读者看一文便可了解一周以来的旅游资讯。资讯速递内容精练，图文并茂，排版美观，致力于让读者花最少的时间了解最全面的旅游资讯。

（二）立足旅游微信公众号代运营

微信公众号代运营作为团队的基础业务，是我们与各个平台建立联系的基础服务点。最初的微信公众号代运营业务主要依靠学校学院的鼓励和支持，后期经过团队成员的不断谋划和努力，微信公众号代运营业务有了“质”和“量”的双重飞跃。“质”的飞跃主要体现在业务内容和业务单位类型的丰富上，业务内容从简单的微信制作扩展到微信公众号整体布局运营以及相关活动策划，业务单位从政府部门到政府部门、景区、学校多方合作。“量”的飞跃主要体现在所接微信公众号代运营业务的数量增长上。

江财旅游s　明月山共青团　江财智库专报

余江县旅游　安远旅游　资溪旅游

图1　部分代运营的微信公众号

（三）拓展景区自媒体营销活动

依托于“江财旅游s”微信公众号微信运营资料积累，我们对江西旅游行业已经有了细致的认知和全面的把握。在“走出线上，走向实践”的过程中，我们做出了许多尝试，如龙虎山高考季推出的“金榜题名时，寻梦龙虎山”营销活动、滕王宴乐中秋节推出的“梦回千年，滕王宴乐”主题活动等，均在全省乃至全国范围内产生了重大影响力。跨界的结合，媒体的衔接，热点的引爆，创意的带动，都是景区自媒体营销活动的亮点所在。

（四）发展旅游商品智慧化推广

基于前期对江西旅游商品进行的资料收集和推广，我们转战现场，从两个方面进行了旅游商品业务的拓展。一是创意旅游商品的设计推广，目前景区主题多功能太阳伞、景区智慧门票卡、江西财经大学校园纪念品等旅游商品的设计已经初步完成，校园纪念品已通过微信公众平台、朋友圈等渠道进行活动营销推广，成效显著。另一方面是旅游地初级商品的加工和售卖，利用淘宝店、微店、朋友圈等平台进行赣南脐橙的智慧营销活动，依靠优质的商品获得了稳定的客户群，为后期特色农产品的多样化发展奠定了强势的基础。

图2　旅游商品设计大赛奖项①

图3　旅游商品设计大赛奖项②

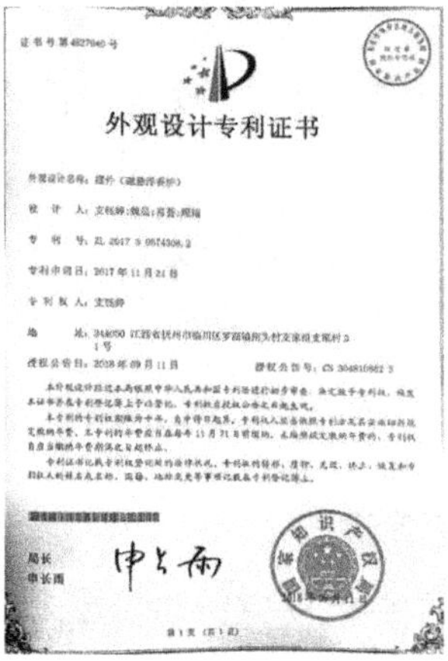

图4　磁悬浮香炉专利证书

图5　旅游商品设计——直柄伞

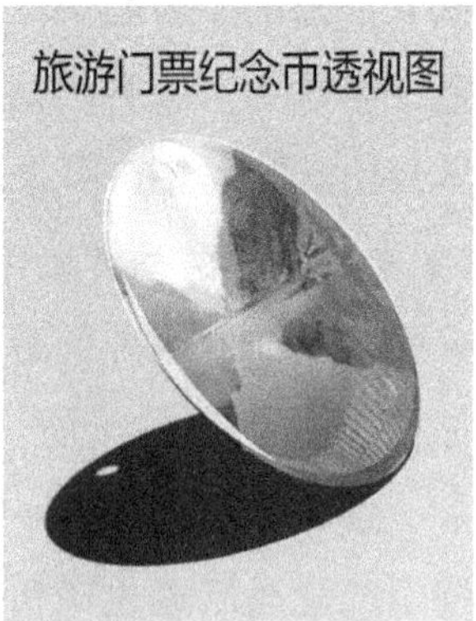

图6　旅游商品设计——旅游门票纪念币

（五）助力旅游人才顶尖式培养

团队内部现有成员二十名，经过个性化的个人培养计划设计，均成长为同龄人群中出类拔萃的优秀人才。团队对人才的培养方式主要体现在三大方面：一是业务运营。每位团队成员加入团队后会根据项目安排和个人意愿进行分组训练，在每人一名的成长小导师带领下直接进入项目，包括项目谈判、对接和运营各个流程。二是创业竞赛。借助创业团队项目，成员有机会自行组队参加国家级创新创业大赛以及旅游行业相关竞赛，从项目计划书撰写、ppt 制作、视频制作、现场展示和答辩，每人都有机会亲身参与其中。三是技能分享。团队的人才培养体系是细致入微的，每周开会前 15 分钟是技能分享时间，由团队成员分享自己的兴趣或特长，以达到相互分享交流提升的效果。

图 7　团队学院合照

图 8　团队比赛合照

三、项目成果

（一）小有成果——小微平台收获多样成就

1. 微信公众平台

通过江财旅游微信团队两年多以来的持续运营，“江财旅游 s”微信公众号上七大版块每天持续推送，诚然已达到一个公众平台纵览江西旅游的效果。

2. 出版书籍

团队在出版社支持下，已经出版了《江西旅游微信影响力排行榜》一书。《寻根体验之旅——江西旅游百县行（上）》《洗肺净心之旅——江西旅游景区游（上）》《轻松购物之旅——江西旅游商品购（上）》三本书正编辑出版中。

3. 新华社江西手机报

2015 年 11 月，江财旅游微信团队与江西手机报达成战略合作伙伴关系，江西手机报每周固定转发江西旅游微信影响力排行榜，截至2018年12月31日，累计转发文章百余篇。

2016年3月，江财旅游微信团队与新华社江西分社新闻信息中心达成战略合作伙伴关系。新华社客户端每周转发“江财旅游s”微信推送2~5篇，单篇阅读量30万+，累计阅读量5000万+。

4. 各县区旅游景区的合作

通过“江财旅游s”公众号的内容推广，江西省各个县市区的旅游局与各旅游景区对江财旅游微信团队有了逐渐深入的了解，并与团队取得联系，以寻求进一步合作。目前江财旅游微信团队已先后与贵溪旅游、资溪旅游、上饶旅游、滕王宴乐、余江旅游等旅游管理部门建立合作关系，开展地市微信影响力排行榜制作、微信公众号代运营等业务合作。

5. 大型国家级竞赛

江财旅游微信团队作为校内重点学生创业团队，逐渐开始活跃在国家级创新创业大赛、国家级旅游赛事的舞台上，第二届中国“互联网+”创新创业大赛、第八届全国大学生电子商务“创新、创意及创业”挑战赛、2018年全国高校商业精英挑战赛等，都有我们的身影。

（二）稍显影响——初创团队显露积极成效

1. 公益服务

“江财旅游s”微信公众号作为项目团队的公益项目，从2015年3月运营到现在已经有3年多的时间，推送微信上千篇。目前完成的旅游整合内容包括“舌尖上的江西——江西美食百县行”“江西风景独好——江西旅游商品”“江西洗肺之旅——江西旅游景区推荐”“寻根体验之旅——江西旅游百县行”等篇章，正在进行的旅游整合内容包括“江西旅游微信影响力排行榜”“江西省特色乡村旅游点”“旅游风情小镇”“旅游行业风云人物”等篇章。公众号作为开放型推广平台，定期推送旅游文章，为旅游行业提供了可供阅读和分享的旅游讯息，搭建了可共享交流的综合型服务平台。

2. 行业影响

经过三年多的公众号运营，和两年多的公司化运营，项目团队从名不见经传的小团队成为了江西旅游行业的学生创业典范。江西旅游微信排行榜目前已经推送180期，江西手机报每周一定时转发；新华社客户端每周转发2~3篇江西旅游信息推介内容，单篇阅读量平均30万+，在旅游行业产生巨大的影响力。在由团队主办的 5 月 19 日中国旅游日活动中，江西省 AAAA 级以上景区主动提供门票赞助共计上万元，连续三年的 5.19 中国旅游日活动获得江西旅游行业一致好评。

3. 人才培养

以“江财旅游 s”微信公众号运营为基础内容的运营团队，是一个社会实践、创新创业、自我提升的综合型助力平台。团队目前由多个专业的大一到研一学生二十名，根据不同的专业特长和兴趣爱好，我们为每个人制订了独特的发展计划。目前已毕业的团队成员均在历练后获得了丰厚的回报；在校生团队中，团队成员共获得五项国奖，十余项省奖，是奖学金候选人的主力军，是创业大赛舞台上的佼佼者。

表 1　团队人才培养成效

年级	现状	成员
2013 级	江西财经大学研究生、创业公司董事长	魏晨（1）
2014 级	华侨大学、华南师范大学研究生	胡雪萍、彭婷（2）
	兰卡斯特大学研究生	林于坚（1）
	旅游规划师 / 旅游策划师	薛笑艳、刘佳佳（2）
2015 级	校史校情讲解团团长、茶艺队队长	王丹婷（1）
	微界公司总经理、义务讲解团团长	李萌丽（1）
2016 级	学院学生会主席、校学生会副部长	杨庆（1）
	学生会部长 / 社团支书 / 创新创业大赛项目组长等	董英格丽、蔡硕坤、吴梦莹、高昊（4）
2017 级	微界公司办公室主任、义务讲解团团长	刘倩（1）
	校史校情讲解团部长	王雨喆（1）
……		

四、特色与经验

（一）立足江西旅游，全面助力续航

立足江西，深入江西，服务江西。“江财旅游 s”微信公众号是项目团队的核心微信公众号，运营初期，公众号主要针对旅游行业的吃、住、行、游、购、娱六大要素进行资源整合和推介。运营中期，团队重新规划了一周七天的板块内容，即周一继续推送“江西旅游微信影响力排行榜”，周二推送江西省特色乡村旅游点，周三推送旅游风情小镇，周四推送旅游行业风云人物，周五转推江西优质旅游微信内容，周六推送明月山景区特辑，周日推送“一周要闻——旅游资讯速递”。

（二）整合全域旅游，精准互动营销

以三年时间“江财旅游 s”微信公众号的运营成果为依托，借助于江西旅游的全域资料整合，运营团队着手转入“实战战场”，投入到旅游市场中。编写上饶市旅游微信公众号运营报告。受上饶市旅发委委托，项目团队每周一为上饶旅游编写《上饶市旅游微信排行周榜》，每月编写《上饶市旅游微信公众号运营月报》，并定时在“上饶旅游”微信公众号上作为主图文推送。为迎接高考毕业季学生客源市场飙升大潮，团队受托为其编写“金榜题名时，寻梦龙虎山”营销策划活动。团队结合全域旅游整合资料对龙虎山景区和寻梦龙虎山演出进行大数据整理和资源分析，对活动内容进行创意营销设计。组织两场大型 20 周年同学聚会活动。摒弃传统的“吃饭喝酒 KTV”同学聚会模式，团队选择当季比较适宜多人成团旅行的景区，依托于对景区和周边旅游发展情况的清晰认知，针对性地与景区进行合作洽谈，为旅行聚会活动争取到性价比最高的旅行模式，创新打造出“旅游聚会 DIY”的新聚会方案。

（三）成立微界传媒，公司制度运营

过去三年，是智慧旅游蓬勃发展的重要时期。团队紧抓时代机遇，成立南昌微界文化传媒有限公司。从运营团队到创业公司，从闲散式运营到制度化运营，是项目获得现有成就的关键一步。公司平台不仅可以为员工增加锻炼的平台，提前接触社会的机会，更可以有机会多劳多得，利用课余时间的创业实践获得丰厚的报酬。业务方向从私人业务到官方业务逐步拓展。目前公司已经与部分地市旅游局、旅发委、景区管理部门及江西财经大学达成长期合作，承接多个微信公众号代运营和旅游活动策划等业务，收效甚佳。

图 9　公司开业典礼

图 10　团队工作照片

图 11　公司 Logo

（四）被动成长，破茧成蝶仍需继续努力

江财旅游微信团队的全域旅游智慧营销历程中，得益于学校、学院以及众多领导老师、社会人士、同行伙伴的帮助与支持。作为学生，我们是优秀的，团队的平台创造了更多通向社会促进成长的机会；但是作为正式运作的公司，习惯于在庇护和推动下努力进步的我们，有些许成就，但缺少了独当一面的勇气和魄力。在团队发展的三年时间里，我们正在逐渐脱离“等业务、要业务”的状态，踏上“找业务、谈业务”的新路程。从一年前起，依靠自身力量获得的业务金额已达数十万元。被动成长是开始，合理利用身边的资源和机会突破发展瓶颈，是江财旅游微信团队破茧成蝶的要道。

五、专家点评

本项目并不是受“万名英才”项目资助而孵化的。早在 3 年前，该团队已经成立，着手创建以“江财旅游s”微信运营为基础的江西省全域旅游整合营销，并于两年前成立了专业公司，做旅游信息，旅游营销的工作。资助该项目，属于“锦上添花”，而非“雪中送炭”。该项目团队取得的成绩，是多年积累的结果。资助该项目的目的旨在鼓励更多的旅游专业学生利用自己所学，参与到旅游产业实践中。

从该团队的成长首先可以看到，同学的创造力和创新的能力通过适当的组织方式是可以拓展和发挥到让人欣喜的程度的。其次，由一个小的创意或者想法而诞生的商业实践，需要不断试错和实践。其中的关键是要先做起来，在做的过程中，不断发展。

（点评人：许忠伟，北京第二外国语学院旅游科学学院副教授、会展系主任）

所在单位：宁夏大学
项目负责人：杨长茹
项目指导教师：刘华
项目团队成员：朱瑞、高硕、勉飞、雍爱丽、马晓春
项目编号：WMYC201720196

推动宁夏隆德县红崖村老巷子农家乐发展的方案

一、项目概述

（一）项目背景

随着城市化的推进和人民生活水平的提高，社会压力增加，生活节奏加快。对城市喧嚣的不满和乡土情结的牵引，越来越多的人热衷于体验“小桥流水人家”的乡村生活。因此，农家乐旅游逐渐受到旅游者的青睐，成为我国旅游业的重要组成部分。我国农家乐虽然起步晚，但发展迅速。第三次全国农业普查结果显示，2016年全国共有35.5万个规模农业经营户和农业经营单位开展餐饮住宿、采摘、垂钓、农事体验等新型经营活动，占规模农业经营户和农业经营单位总数的比重为5.9%。全国开展旅游接待的村占全部村的比重为4.9%，比2006年提高2.7个百分点。特别是近年来，在很多城市的郊区和广大农村地区，农家乐已形成一定规模，成为都市人群在节假日休闲娱乐的一种独特旅游形式。游客的旅游方式从以观光为主转向多层次、多样化的活动体验，在“吃农家饭、住农家房”之外，活动内容更加精彩纷呈。

虽然农家乐旅游在我国得到迅速发展，但是仍然存在多方面的问题。在发展理念上存在缺乏创意理念、缺乏品牌战略、缺乏科学规划、文化含量低、定位模糊等问题；在经营管理上存在经营不规范、经营模式雷同、管理不科学、竞争手段单一等问题；在人员素质上存在经营业主各自为营，合作意识弱、工作人员服务意识不强等问题；在卫生消防上存在食品卫生有待加强、消防设施不全以及火灾隐患等问题。老巷子农家乐的开发时间不长，其问题在以上各方面的表现尤为突出。而要取得长足的发展，在其发展初期就要统筹规划，一方面须得借镜观形，总结失败农家

乐的经验教训，避免覆车继轨；另一方面须得博采众长，借鉴成功农家乐的有效手段，完善自身发展。因此对老巷子农家乐进行深入的调查，对农家乐的经营管理进行帮扶指导对其未来的发展至关重要。

（二）项目意义

作为现代旅游和传统农业的结合体，农家乐的开发具有重要意义，主要体现在以下方面。

1. 经济方面

农家乐旅游不仅促进了农村产业结构的调整优化，还调动了农村闲余劳动力，增加了农民的就业途径和收入。在老巷子对农户开展民宿，餐饮等的支持下，全村共有 48 户农户参与到旅游服务上来。至 2017 年从业人员 115 名，接待游客 12 万人次，旅游总收入 261.3 万元。农家乐的开发吸收了老巷子的剩余劳动力，创造了巨大的经济效益。

2. 文化方面

农家乐旅游有利于旅游地思想观念的革故鼎新，当地居民文明意识的提高和农村地区精神文明的创建。同时“文化+旅游”的模式也让乡村旅游的发展如虎添翼。就老巷子而言，农家乐的发展不仅推动了老巷子民俗文化的开发，挖掘出其以剪纸、社火、秦腔等为代表的潜力巨大的民俗文化，还唤醒了当地居民的文明意识和创新精神。

3. 生态环境方面

农家乐旅游在保存乡村自然的原生态风貌的基础上，改善了乡村的基础设施，打造出山明水秀的农家乐休闲度假村。但随着客流量的增加，景区的生态环境也容易遭到破坏。农家乐旅游的开发使老巷子的生态环境得到美化，愈加洁净幽雅，但在未来的发展中对其生态环境的保护也不容忽视。

4. 乡村振兴方面

农家乐旅游可以促进农村经济发展，缩小城乡差距，助力乡村振兴战略的实施和脱贫攻坚任务的完成。宁夏隆德县红崖村作为宁夏第一批乡村旅游扶贫重点村，老巷子农家乐是其在实施旅游扶贫富民中的重要内容，农家乐旅游的发展使隆德县的旅游扶贫事业更上一层楼。

（三）预期目标

对老巷子景区及农家乐的发展现状进行全面系统的调查，为当地农家乐的经营提供有效指导。

（四）项目执行情况

项目组于2018年7月21日前往宁夏隆德县老巷子进行了为期五天的实践活动，活动内容包括：农家乐发展状况调查，入户帮扶指导以及农家乐经营管理知识宣传。活动结束后取得了一定的成果，积累了不少实践经验。

二、项目内容

（一）前期准备

首先，项目组通过网络调查，初步了解了老巷子和农家乐的基本情况，初步分析了其发展的优势、劣势，以确定项目实施的方向，计划及目标。其次，项目组搜集了农家乐经营方面的文献资料及案例，包括农家乐经营管理，餐厅经营，民宿经营，旅游商品四个方面，为项目的实施提供辅助。

（二）中期实践

1. 基本状况调查

2018年7月21日至22日，项目组实地调查了老巷子景区的整体风貌及农家乐的现状。了解到老巷子景区以“千年隆德县，百年老巷子”为主题，以“打造红色旅游景区，保护历史文化名村”为理念，以建设休闲观光、民俗文化展览、餐饮饮食为一体的旅游景区为目标，保留古村落原始特征，结合当地民俗风情，改建成了老巷子一条街、家庭客栈、农家乐、茶馆、酒吧、老戏台、老磨坊、老水井等景点；建设红崖泉、古钟石阶、红军墙、红二十五军先遣团党委会议遗址、红军小广场、民俗文化墙、景观雕塑、园林小品20处；建设小吃广场、书画街、秦腔展演基地、休闲广场、书画展览馆等10余处建筑；完善了供电、排水设施，实施绿化美化工程，切实让旅客体验“吃农家饭、住农家屋、干农家活、观田园风光、赏民间文化、听红军故事、看民俗表演”为一体的农家乐一条街。景区按功能划分为：特色餐饮区、民俗观光区、非遗展示区、旅游产品流通区。至2017年已运营27家农家餐馆、3家小百货商店、9家书法、绘画、剪纸，1处娱乐活动场所、1处美术馆、2处养生店及药店等。

2. 农家乐走访

2018年7月23日，项目组走访调查了老巷子内五家具有代表性的农家乐，深入了解了他们的经营方式和发展现状。调查结果显示，老巷子农家乐以“农家菜馆＋民宿”“农家菜馆＋旅游商品”、农家饭店三种经营模式为主。

（1）“农家菜馆 + 民宿”模式，以乡缘农家乐和客满堂农家乐为代表。

乡缘农家乐，临近老巷子主街，地理位置优越。院内既保留传统农家小院的特色，又融入现代化的设计，主要为游客提供住宿、餐饮服务。该农家乐共有3间客房——1间标间，2间大床房，2间独立卫生间，装修整洁舒适，配套健全。乡缘农家乐的菜品品种丰富，有洋芋摊饼、烩萝卜菜、凉粉鱼鱼、暖锅、家常炒菜、面食及当地特色野菜等。

客满堂农家乐背靠山林，院内正房坐北朝南，东西各两间偏房隔院相望，院内悬挂彩色风车等作为装饰，使小院别具一番风味。院内基础设施较完善，住宿条件达标，卫生条件良好，餐饮上主营暖锅，虽然老巷子有多家农家乐都经营暖锅，但以客满堂农家乐的暖锅最具特色与吸引力。

（2）“农家菜馆 + 旅游商品”模式，以游心农家乐为代表。

游心农家乐在经营农家菜馆的同时，兼卖剪纸作品。店主技艺精湛，以当代的社会文化为背景，以浓厚的文化情怀为依托，以独特的地方民俗为基底，创作出了一系列耐人寻味、带有隆德老巷子特色的剪纸作品，深受游客喜爱。

（3）农家饭店模式，以禾园和福煦私房菜为代表。

禾园由上下两层构建而成，有大小包间11间，整体环境幽雅，布局巧妙，设计独特，采用园林式设计手法，融合含有镂花窗格等元素的中式传统建筑风格，兼之山水、岩石、草木之造景，给顾客以安适惬意之感。其菜品丰富，以大菜为主，兼有家常菜，价格适中。且经常承包婚宴，会议宴席等大型接待活动。

福煦私房菜是老巷子年内发展起来的较为大型的饭店，装修隆重，主要提供婚宴餐饮、接待团体游客，不提供住宿。

3. 入户帮扶指导

2018年7月24日，项目组进入已走访的五家农家乐进行帮扶指导，针对他们的发展困境和前景提出解决方法和建议。

乡缘农家乐作为老巷子第一家营业的农家乐，客流较为稳定，经营状况良好，但也存在较多问题。第一，私人自主经营随意性大，专业性差，缺乏系统化管理。第二，宣传途径单一，推销手段滞后，主要通过口碑营销，导致知名度不高。第三，菜品种类和装修风格与其他农家乐雷同，产品同质化，缺乏特色。客满堂农家乐以其暖锅为优势，但问题与前者类似。项目组建议：在装饰装修上别出心裁，将剪纸、秦腔、社火等民俗元素融入装修风格中；在宣传上利用互联网营销，入驻美团、饿了么等网络订餐平台，扩大销售渠道；在餐饮上推出精品特色菜，打造品牌效应；在院落内增加娱乐设施，丰富游客体验。

游心农家乐以其乡情剪纸为特色，但由于剪纸这类民间文化艺术吸引力不足，缺乏创新，宣传不利，政策支持不够，导致生存困难。但真正让民俗文化在夹缝中生存的是如今的主流文化逐渐抛弃了传统的民间艺术，游客进门欣赏多，购买少。再加之老巷子景区成立时间不长，知名度不高，当地民间艺术并未得到高度重视。据此，项目组建议：在继承传统民间艺术的基础上进行创新，将剪纸艺术与旅游商品融合，开展旅游文创，变成可以让游客看得到，带得走的旅游商品，充分利用各种媒介进行多渠道营销，让更多人体会到民俗文化的魅力。

禾园客流量较大，客源丰富，发展前景良好，虽然开业仅一年，但取得了较高的知名度和好口碑。然而由于规模限制，目前没有条件发展住宿，加之经营管理体系不够完善，要进一步发展仍有困难。项目组建议：在有条件的情况下扩大规模，打造集餐饮、住宿、娱乐为一体的大型农家乐；完善管理体系，进行系统化管理；更新营销手段。

福煦私房菜的经营状况不太理想，客流量少且知名度低。通过实地考察，项目组发现了以下问题：第一，饭店装修循规蹈矩，沉闷无趣；第二，宣传不到位，其主要客源地还是隆德县及其周边；第三，人力资源投入少，店内员工和管理者皆为亲属，缺乏有经验者；第四，经营者资金不足。福煦私房菜的规模较大，但经营者缺乏资金，属心有余而力不足。项目组建议：经营者应提高经营信心，创新经营理念，从积极营销、争取政府帮扶等方面入手，多渠道共同促进福煦私房菜的发展。

4. 农家乐经营管理知识宣传

2018 年 7 月 25 日，项目组对出席宣讲会的农家乐经营者进行了农家乐经营管理知识的宣讲。宣讲结束后与经营者们对老巷子农家乐目前遭遇的发展困境进行了讨论。宣讲内容包括：

第一，革新农家乐营销理念。项目组发现老巷子农家乐的营销理念仍停留在消极等待的传统阶段，缺乏面向市场的主动营销。因此经营者必须革新营销理念，学习营销技巧。通过网络营销，利用大众使用度高的微信等 APP 宣传自家产品，以及利用美团，网络短租等发展线上线下综合平台。体验营销，开辟私人菜园种植蔬菜，让游客根据需要自行采摘，体验到农家采摘的乐趣。个性营销，注重顾客的个性化需求，在餐饮和住宿上接受私人订制。

第二，完善基础设施。美化室内室外的装饰装修，在装修中融入剪纸、社火、秦腔等民间文化元素；室内布置鲜花绿植以增加生机；用老巷子的摄影制作照片墙；

室外花园内种植花草树木，营造篱落疏疏之景。完善卫生设施，提高卫生条件；增加娱乐设施，如无线网络、麻将桌、秋千等。完善安全应急设施，如灭火器、消防设施，有条件的农家乐尽量安装监控设施。其他还有设置导向图或标识牌，让游客明确各农家乐的具体位置。

第三，提高服务接待水平。经营者始终要微笑迎客，以良好的态度对待顾客，主动对顾客提供帮助，询问其需求。提高接待能力，如果自身条件受限，可以和其他有条件的农家乐合作，协同发展。

第四，丰富民俗文化及旅游商品。开发除剪纸之外的其他民间艺术，并创新其表现形式，通过文创将其打造成别具特色的旅游商品。其他旅游商品如地方野菜可以晒干保存进行售卖；制作具有老巷子特色的明信片作为纪念品售卖。

（三）后期总结

实践活动结束后，项目组对本次调查内容进行了总结，对五天来的体验感受进行了交流，并对老巷子农家乐目前存在的发展困境进行了思考。

三、项目成果

（一）为当地带来了全新的思想流和意识流，推动了老巷子农家乐基础设施的完善和更新

老巷子农家乐的经营者以当地普通农户为主，该群体普遍文化水平较低，与外界的信息沟通能力弱，网络应用能力较差。通过此次实践，项目组带来的新型理念和创新思维，为他们在农家乐的经营之道上提供了启发和新思路。部分经营者采纳了项目组的建议，在农家乐的装修装饰上做出了改变，例如添加了一些风格别致，具有当地特色的装饰，增强了主题性和地域风情；制作打印了新的菜单，使顾客在点餐时更加清晰明了；部分经营者制作了名片，增加了宣传的渠道，方便顾客再次联系；完善了民宿的服务条件，增加了洗漱用具的供给和卫生设施的改善。

（二）促进了老巷子农家乐营销方式的革新，让经营者意识到市场营销特别是网络营销的重要性

一些农家乐与时俱进，更新了营销方式。部分经营者根据项目组的建议，在自己的社交平台，如微信上晒出自家的特色菜品，增加了回头率，并且邀请顾客晒单，吸引了更多的客源。部分经营者在项目组指导下入驻了美团、饿了么等网络订餐平台，扩大了销售渠道，提高了知名度。

网络作为现代生活不可或缺的工具，其便利性、高速流通性以及低成本性为商品的营销与宣传提供了良好的平台。在宣传方式上，项目组通过技术指导，教会了部分有意向的经营者申请微信公众号，利用网络平台推销自家产品。

（三）与负责景区管理的旅游公司进行沟通，揭示了农家乐发展存在的问题，并提供了相应的解决方案

老巷子农家乐以“公司＋农户”的模式为主，故公司对于促进农家乐的发展至关重要。而老巷子景区主要由宁夏隆腾旅游公司负责，因此项目组与该公司的经理进行了沟通，具体反映了项目组调查后发现的问题，并据此提出了解决方案，得到了经理的认可，希望项目组的方案能对老巷子农家乐未来的发展有所帮助。

（四）项目组在已知的理论知识外对旅游业有了更现实的认知，同时深知旅游业的未来，我们任重道远

农家乐旅游虽然只是整个旅游产业中的一个小分支，但是此次项目实践使我组成员以小见大，透过农家乐这一局部了解到整体的旅游开发是一个系统而全面的过程，环环相扣，从规划到实施，从布局到管理，从产品开发到市场营销，需面面俱到，有可能一着不慎，满盘皆输，因此旅游开发必须统筹兼顾，因地制宜，才能取得良好的成效。

同时此次实践也使我们深刻认识到，当今旅游发展对专业人才的渴求。因此，要成为未来旅游业的中流砥柱，一方面，我们要积累丰富的专业知识，提高专业能力，全面发展。另一方面，要将实践与理论相结合，积极投身旅游实践之中，增强创新意识，厉兵秣马，脚踏实地，做出切实的贡献。

四、特色与经验

（一）社会调查需身临其境，循序渐进，方可剥茧抽丝，鞭辟入里

项目组深入老巷子景区，融入当地居民生活之中，吃农家饭，住农家乐，谈农家事，在体验老巷子怡人的气候，淳朴的民风，悠闲的生活氛围与内涵丰富的民俗文化的同时，感受到经营者们对当下农家乐发展陷入瓶颈的无奈及未来该何去何从的迷茫。由于农家乐的经营者以当地农户为主，他们利用自家院落，凭借传统经验开展自主经营，绝大多数人没有受过专业培训，且大多数家庭将农家乐作为副业，经营积极性差，没有将其发展壮大的意向，加之基础设施不够完善，客源市场不够稳定，景区季节性影响等因素，导致很多农家乐经营不善，经营信心不足，经营活力缺乏。而现代化的农家乐经营必须有专业知识和网络技术的支持。通过调查，项目组发现：

第一，老巷子农家乐的经营者亟需转变经营理念。许多经营者对自身问题思考不足，只是一味抱怨游客少，经济不景气，忽视了产生该问题的根本原因。受传统思维的限制，农家乐的风格千篇一律，主题不突出，市场竞争力弱，故对经营者进行专业培训迫在眉睫。只有为经营者的思想注入新活力，开拓思维，老巷子农家乐才能在市场中找准定位，推陈出新，激发新动力。

第二，营销方式的革新至关重要。老巷子农家乐的营销方式十分滞后，基本依赖顾客口口相传和景区招揽的客源，传统的小农经营极大地限制了农家乐客源市场的扩大。营销意识的短缺使大部分经营者都没有认识到网络营销的重要性，这无疑与现代市场有所脱节，因此为老巷子农家乐经营者建立系统的网络营销，打造线上线下综合销售平台至关重要。

（二）调整个体经营与公共管理的利益冲突，需建立利益共同体协同发展

项目组在调查中发现，管理景区的旅游公司没有协调好与当地农户的关系，和经营者们产生了较为严重的矛盾和利益冲突。老巷子农家乐的经营者认为公司不作为，在景区的整体建设中将个体经营的农家乐分离出去，而公司则认为农家乐的经营者不合作，阻碍了他们部分措施的实施。这种潜在的利益冲突对老巷子景区及农家乐的未来发展相当不利。农家乐的发展与其所依靠的景区休戚相关，作为命运共同体，两者的协同发展至关重要。因此公司与经营者必须直面矛盾，良好协商，建立利益共同体，彼此团结协作才能共同进步。

（三）功利性保护还是审美性保留，是开发原生态旅游资源面临的问题

农家乐作为休闲旅游的产物，最吸引人的地方在于其孕育了原汁原味的乡村特色及让游子魂牵梦萦的乡土情结。很多都市人群向往农家愉悦轻松的生活氛围，但是随着越来越多的人进入，这种“世外桃源”不可避免地会遭到侵扰，而其自身若要获取更多的经济利益则必然要融入现代市场化大潮。因此功利性保护还是审美性保留，商业开发还是“坚守初心”，两者之间如何抉择是老巷子在未来的发展规划中应该探索的重要内容。

五、专家点评

农业旅游业态升级与旅游产品品质提升一直是农业旅游关注的热点问题。对于贫困地区而言，旅游产业是非常重要的扶贫手段之一。但同时，这些相对贫困的地区，其旅游产品、旅游环境、旅游设施、旅游从业人员技能与旅游休闲者的需求之间存在较大的差距。项目以宁夏第一批乡村旅游扶贫重点村——隆德县红崖村作为帮扶对象，研究实施农家乐旅游的开发，具有重要的意义。本项目的突出之处有：其一，踏实调查。在为期五天的实践活动中，做了农家乐发展状况调查，入户帮扶指导以及农家乐经营管理知识宣传。其二，学以致用。利用项目团队成员的知识优势，对农家乐进行帮扶指导，对农家乐经营管理知识培训，针对他们的发展困境和前景提出解决方法和建议，并向管理公司提出了发展的建议。其三，加深了同学们对旅游业的思考。不足之处在于，对项目的实施效果，没有明确的反馈。

（点评人：许忠伟，北京第二外国语学院旅游科学学院副教授、会展系主任）

所在单位：海南大学
项目指导教师：孟凯
项目负责人：张世泽
项目成员：李雯婕、刘瀛泽、王雨辰、王振航、谢林芳、倪达
项目编号：WMYC201720154

“森旅”乡村旅游行程助手

一、项目概述

（一）项目背景

近年来，海南省乡村旅游发展迅猛，2014年海南省乡村旅游点接待游客600.46万人次，乡村旅游总收入17.75亿元。2017年海南省乡村旅游接待游客951.43万人次，实现乡村旅游收入28.57亿元，人次与收入的年均增长率超过20%。但海南乡村旅游蓬勃发展的同时，却始终处于观光游+农家乐的初级阶段。寻求乡村旅游体验升级的路径成为海南省乡村旅游的重要破局点。

随着散客化、全域化旅游时代的到来，以及大数据、物联网、虚拟现实、人工智能等信息技术的快速发展，海南旅游产业正在失去原有的先天优势，尤其在智慧旅游建设方面，同国内外旅游发达地区有了相当大的差距，智慧旅游转型升级势在必行。

结合乡村旅游市场的真实需求与先进的信息技术，“森旅”乡村旅游助手应运而生。

（二）项目意义

1. 探索信息技术与乡村旅游的结合路径

目前，智慧乡村旅游主要表现为通过互联网技术、信息通信技术实现旅游乡村的餐饮、住宿、采摘和其他旅游项目的在线展现、导览、网上预订、支付、电子认证及统一管理。其表现形式与普通景区基本一致，没有考虑到乡村地区的实际需求，不能满足游客与村民的真实需要。且由于乡村地区人才缺乏、基础互联网设施的匮乏等原因，乡村旅游运营情况差。

“森旅”乡村旅游行程助手在扎根乡村，充分了解乡情民意的前提下，通过为部分乡村量身打造智慧化深度游的方式，探索并创设信息技术与乡村旅游深度结合的新路径。

2. 助力乡村地区旅游扶贫

通过本项目的运营，助推贫困旅游乡村的旅游发展，在经济、文化、生态三个层面进行扶贫。促进整个乡村地区的经济发展，其也涵盖了微观的个人、家庭致富；发展旅游业为保护传统文化提供了物质帮助，而对传统文化的保护反过来又促进了旅游业的持续发展，形成良性循环；环境将与村民收入直接挂钩，村民对环境的保护将会从被动升格为主动行为。

3. 推动传统文化保护与传承

本项目旨在通过旅游活化村落，从而保护与传承传统文化。为达到这个要求，项目具象为三个目标，即保持原真性、强化体验性和坚持居民参与。保持原真性——从村落的环境、风貌到遗存、人文习俗等，都在不破坏其内涵的原则下进行展示。强化体验性——挖掘物质和非物质文化遗产，将其以多种方式打造成独特的体验性旅游产品，促进旅游发展和文化传承。坚持居民参与——让当地居民参与旅游活动，既能让游客更真实地体验当地文化，增强旅游吸引力，又能让村民分享旅游发展的利益，提升其对当地文化的自觉、保护意识与积极性。通过这三个目标的实现，“森旅”乡村旅游行程助手能够促进发掘与弘扬优秀传统文化。

（三）预期目标

“森旅”乡村地区旅游行程助手致力于提供一站式的乡村旅游路线个性化定制服务，同时以线上旅行社的形式提供乡村旅游路线，主推乡村以及未开发旅游的乡村周边地区的自然、人文、民俗等类别的特色旅游活动，力求提升乡村旅游的智慧性，游客体验的便利性，以及智慧旅游模式的可复制性。

（四）项目执行情况

项目原计划于海南省琼中县什寒村进行，后因交通及信号原因，本项目团队不得不将实施地点迁移至海南省白沙县老周三村。以上内容已在项目实施村落实现，具体表现如下：

（1）为老周三村开发了以小程序为载体的村落旅游产品销售平台。

（2）基于 HTML 语言开发了个性化村落推荐及结伴游系统。

（3）设计推广了琼北文化之旅路线。

在原计划外，项目团队超额完成了以下任务，为本项目的实施意义深化和使用价值提升做出了积极的探索。

（1）为老周三村设计并优化了其旅游产品。

（2）创办了海南省第一个古村落旅游自媒体。

（3）开设了以微店为载体的海南特色产品销售商城。

（4）为荣堂村进行了电子导览内容设计及布置。

二、项目内容

（一）筹备期

1. 简述

筹备期时间为筹措申报起至2017年12月末，包括申报书的撰写与目的地的调研。

2. 筹备期工作——团队组建

项目实施首先需要组建实施项目的小组，项目成员需要能够满足项目对于经验、专业和技能的要求。项目成员所学专业包含旅游管理、信息管理与信息系统、公共关系学、软件工程等多个专业，具有文理兼备的复合型思维与丰富多元的专业知识技能，故团队拥有良好的合作基础与实践能力。

3. 筹备期工作——申报书撰写

团队组建完毕后，本项目即开始进行申报书的撰写。

首先采取线上调研的方式为项目执行背景的可靠性进行确认，避免主观臆断。采集包括中国旅游研究院、途牛旅游研究院、品橙旅游、海南省旅游委等权威机构在内的众多旅游研究机构的现有关于乡村旅游、智慧旅游、海南乡村旅游、在线周边游等方面的研究报告及数据等素材。对本项目执行的基础背景进行了确认——海南省乃至全国的乡村旅游市场都处于迅速发展阶段，但在智慧旅游方面的进展仍然有极大的不足。

随后本团队进行了周密的问卷调查，针对当代城市人口对乡村智慧旅游兴趣问题，对目标群体随机发放调查问卷400份，并结合广东中建设计有限公司针对乡村旅游发放的1773份问卷得到的调查报告，得出游客对乡村旅游地区服务中对当地特色的偏好与其对于乡村旅游服务差、基础设施弱等问题的诟病。

而后本团队针对知网上现有的关键词为“乡村旅游”“智慧旅游”“海南”的论文进行了深度阅读，进一步明确了海南省乡村地区智慧旅游发展的现状存在的不足。初步确定了本项目作为市场补足者适合提供的服务。

最后，本团队与指导老师孟凯博士、海口市电子商务协会会长张铁冰先生、海口市滨海国际电子商务园区管委会主任杨开贤先生等多位业内人士进行了深刻访谈，对本项目做出了详尽的可行性分析，同时也为本项目未来产品的功能与服务的设计进一步改善。

至此，本项目申报书完成。

4. 筹备期任务——目的地调研

申报时，本项目已对海南省乡村旅游的标杆地琼中县什寒村进行了包括线上资料收集及实地参观的两方面调研，并计划将其作为本项目的落地实施地点。但是在项目申报成功后由于该村信号较差不利于智慧旅游设施的布置且交通位置较远等原因，项目地变更为海南省白沙县老周三村。项目团队通过电话与白沙县旅游局多次沟通交流，同时采集网上现有的老周三村游记、自媒体文章等，初步收集到了较为详细的老周三村信息，并分析了将现有成果运用至老周三村的可行性，最终敲定目的地为老周三村。

（二）调研期

1. 简述

调研期时间为 2018 年 1 月初至 2 月末，其包括对目的地的实地走访与项目投入运营的筹备工作。

2. 调研期任务——实地走访

项目团队于 2018 年 1 月由指导老师带队第一次走访老周三村。

项目团队首先造访了老周三村所在的白沙县细水乡政府，并与其分管旅游的副镇长进行了友好的交流。副镇长让我们深入了解了该地区在未来旅游发展中进一步发展生态旅游、民俗旅游的规划，同时也为我们介绍了区域内的重要景观与特产。

而后项目团队前往老周三村，由村领导干部向我们提供了其现有的旅游规划书等材料并带领我们对村落进行环村实地考察，高效地完成了项目团队对村落特色景观、地貌、形态、植被等外在属性的整体认知。翌日，项目团队与老周三村的十余户村民开展深度的入户访谈，具体了解了村民的生活现状、现有参与旅游活动的方式、对旅游发展的看法与意向等社情民意信息。走访任务基本达到所需效果。

图 1　团队成员入户调查实拍图

3. 调研期任务——运营筹备

由于本项目具有较高的商业性，因此出于实际运营需要的考量，团队决议开办海南省森旅农业科技有限公司，公司于 2018 年 1 月 31 日正式成立，由项目团队 100% 持股。通过公司与各村落进行签约，保证合法合规地完成各项商业活动。

（三）实现期

1. 简述

实现期时间为 2018 年 3 月初至 8 月末，该时段旨在实现项目书中的各项任务计划，团队任务于任务期限前圆满完成。

2. 实现期任务——旅游产品及路线设计

项目第一次调研结束后，本团队深度研究国内外优质乡村旅游目的地项目方案，结合老周三村三面环山、毗邻松涛水库的资源禀赋，选取具有黎家渔民的生活特色的原生文化资源，最终设计“天湖夜渔”项目。通过在设计中以人员、设施、景观的联动，实现游客与自然景观的良好互动。本项目具有真实性和原生性的特征。本团队亦具体设计了互动环节与服务细节，保证游客获得良好体验。游客参加本项目后将获得渔网织制手工艺品一份，从而获得可延展的长远美好记忆。“天湖夜渔”项目在与老周三村村民沟通后获得村民的高度认可，现已置于本项目所开发平台上进行销售。

此外，本项目与旅行社合作设计多村落联动的旅游路线产品，目前已结合琼北地区的火山文化、宗族文化特色，推出了两日五村的琼北周末游路线。

3. 实现期任务——村落旅游平台开发与落地

项目团队基于微信小程序为老周三村开发了旅游产品销售商城。项目团队深入乡村对村民能够提供的旅游产品进行摸排，采用村落特征文化符号进行前端设计，达成以“一村一品”战略为基础的黎族渔家特色风格，深化老周三村在互联网平台上的独特标签形象。同时以此进一步促进老周三村特色建设，强化老周三村在区域内的竞争力。

平台除了拥有自主设计把控的文化体验项目——“天湖夜渔”外，同时拥有经过筛选后的吃、住、行、游、娱、购等全系列产品进行补充。本团队创新设计了村民点对点服务模式，村民与游客通过平台直接相连。即村民可按照自身能力特色、差异化向平台提供旅游产品，个体贫困村民也能真正便捷地参与到旅游经济中。游客亦可通过平台自由选择村落内感兴趣的旅游项目。

图 2 游客于老周三村使用项目成果实拍图

4. 实现期任务——个性化村落推荐及结伴游系统开发

本项目将在项目期后继续发展，因此将不断引入更多的合作村落。因此项目团队对云计算服务进行开发试验，打造了个性化村落推荐及结伴游系统。

该系统是基与 ASP.NET Core 平台开发的 Web 应用程序，系统服务器部署于微软 AZURE 云服务平台，且带有阿里云数据库 MySQL 版，是团队对云计算服务的一次尝试。以 ASP.NET Core Web 框架采用 MVC 编程模式将业务逻辑、数据、用户视图界面分离的方法组织代码，程序具有低耦合性、代码重用性高、模块化、高速部署的优势。视图使用 AUI 前端框架，用 HTML 和 JavaScript 语言打造出用户交互性强、高效运行、简约美观的手机 APP 风格的 Web 页面。用户只需手指轻点、拖动即可完成 20 余项的类目选择，数据会先传入系统的控制器，控制器将数据发送到模型，模型使用 C# 语言编写的临近算法（kNN），可通过机器学习技术计算样本集合中特征最近似输入数据的样本，选择出现次数最多的“村落”作为输入数据的

“推荐”输出到控制器，控制器将结果返回为视图界面显示给用户。

算法模型的推荐结果是依据样本集得出的，样本经由大量真实数据采集得来，推荐系统如同经验丰富的计划规划师，可以为旅行者指出最合适的目标村落。

同时本项目也基于成组技术开发了结伴游系统。通过关键词匹配技术，本系统能根据旅游者需求偏好推荐相应村落，大幅降低游客选择目的地时所需时间。游客参与结伴游既可结交志趣相投的旅游伙伴，亦可将公共费用均摊降低旅游经济成本。

（四）拓展期

1. 简述

拓展期时间为2018年9月初至12月末，本团队认为本项目在实现原定任务后仍具有极高的社会价值，因此以本项目实现期成果为核心，对项目的社会效能进行了进一步的探索。本时期项目团队工作重心转向亟须文化保护的海南省古村落。

2. 拓展期任务——开办旅游自媒体

项目执行中，本团队发现目前海南省旅游乡村信息仍然较为闭塞，游客缺乏了解的渠道，村民也普遍缺乏互联网意识，较少使用互联网渠道进行传播。因此，本项目为帮助海南省乡村进行旅游推广，注册公众号“森旅乡村”。该公众号类型为订阅号，将以订阅号为载体，发展海南古村落旅游自媒体品牌。目前固定类型的文章可粗略分为古村评测、产品推广、活动宣传、公益传播、榜单售后五类文章。考虑游客使用偏好，本项目后期将开通今日头条号、百度百家号、UC大风号等。

3. 拓展期任务——开设项目微店

海南省拥有丰富多元的村落文化，但绝大部分特色手工艺产品或农特产仅在旅游乡村实地销售。因此本团队通过公众号主体“森旅乡村”建立微店“古村商城——海南好物”，集结古村落中生产的手工艺品、农产品、农副产品等高质量特色商品，树立海南特色商品门类专业品牌，完成老周三村的电商上行。此外微店将采购部分滞销农产品赠送给平台用户作为福利。以此助力传统村落农业发展，避免村民因农产品销售问题返贫。此外还将每一笔营收抽取部分用于帮扶村内困难群众。

4. 拓展期任务——荣堂村电子导览开发

海南省海口市荣堂村是一个具有深厚历史积淀的典型海口火山村落。由于其距离项目团队所在地较近，且资源条件较为适宜，项目团队为其开发了电子导览系统。该系统依托本团队自建的旅游二维码系统开发，由村民与项目团队合作完成导览词设计。项目团队通过采集当地居民口述历史、神话传说；对乡史、县志等历史文献进行采集，整理汇总后通过电子导览完成对传统村落的文化填充，优化游客的旅游体验。

三、项目成果

（一）具体成果

1. 开发了一套适应乡村旅游地区实际需求的智慧旅游系统

该成果可称为村落多平台 O2O 智慧旅游系统。其包含村落平台、微信公众号、村落旅游二维码系统三大组成部分。

线上组成为基于微信生态开发的小程序与公众号。小程序具有免下载的灵活特性，项目团队针对老周三村特色对其进行了特色开发，设计了信息路径明确的旅游产品销售商城。通过符合使用者使用习惯的公众号导航栏直接外接 H5 页面实现 WebAPP 的应用，使用者可一步进入“村落推荐”“拼团游”“古村商城”等二级功能页面。

为避免纯线上平台内容空洞的问题，本项目通过低成本的旅游二维码系统完成了基础的村落旅游物联网布局，将线下内容导入线上。目前其主要用于电子导览系统导流，未来可基于旅游二维码系统进一步开发动线分析、人流量监测等功能。

图 3　项目团队部分成员驻点老周三村时与村民合照

2. 创办了具有一定影响力的海南首家古村落旅游自媒体

项目团队注册了微信订阅号“森旅乡村”，并以此进行自媒体品牌打造。公众号由本团队深入乡村进行素材寻找，通过撰写各类高品质的古村落相关文章进行传播。截止至2018年末，公众号已有粉丝超万人，篇均阅读量过千。据新榜统计，10月起，本公众号热度指数已排在海南省旅游类公众号第十一名，具有较高的社会影响力。

旅行　新榜 NEWRANK.CN 2018/12/3-12/9

	公众号	发布	总阅读数				总点赞数	新榜指数
			总计	头条	平均	最高		
1	三亚旅游 sanyatour2013	7/14	9,696	6,553	692	1,913	119	583.4
2	海南绿城蓝湾小镇 gtbluebay	3/3	3,854	3,854	1,284	1,861	53	539.2
3	宝华国旅 baohuaguolv	6/7	4,460	4,180	637	1,234	53	538.7
4	海口香格里拉大酒店 HaikouShangri_La	1/2	2,562	1,826	1,281	1,826	11	510.9
5	亚龙湾红树林度假酒店 Mangrovetreeresort	1/3	1,924	1,323	641	1,323	7	487.0
6	海南南山文化旅游 sanya-nanshan	2/3	1,885	1,035	628	850	18	486.2
7	三亚海韵度假酒店 osresort	1/7	1,858	884	265	884	9	475.2
8	天涯海角游览区 sytyhj	5/5	1,505	1,505	301	483	24	469.0
9	海南保亭旅游 baotingtour	2/6	1,584	1,043	264	552	19	468.7
10	海口星海湾豪生大酒店 hojo_66106666	2/2	1,134	1,134	567	811	16	460.6
11	森旅乡村 gh_c589faa461ab	2/2	1,147	1,147	573	611	12	459.0

图4　公众号于12月初排名海南省第11位

（二）学科竞赛获奖

本项目成果多次参与学科竞赛并取得优异成绩，其中省级及以上奖项如下：

（1）第四届移动互联+旅游创意大赛三等奖

（2）第七届中国青年创新创业大赛入围奖

（3）第四届海南省科创杯创新创业大赛二等奖

（4）第八届全国大学生电子商务三创赛海南赛区二等奖

（三）主要社会影响

1. 推动海南省古村落的文化传播

据海南省旅文厅显示，海南目前共有47个中国传统村落、189个省重点保护传统村落。各市县的古村落中各有特色的文化遗存，亦有大量省、市、县级的文化遗产处于未进入名单的村落之中，其实为海南非遗文化的主要源头和基地。

因此本项目以旅游+自媒体的形式，助力海南省古村落的文化传播。本项目帮助众多古村落发表了村落推广文章，篇均阅读量过千，有效地通过互联网媒介宣传古村落文化。

2. 加速众多村落的扶贫进程

历经城市化的变迁和大量的房地产项目开发，海南地区已有大量古村落被损毁。目前的古村落之所以能够保留下来，很大程度上是这部分村落所在位置较为偏僻或交通不便致使其开发困难。因此海南大部分古村落仍然经济条件平平，甚至多有贫困村。

本项目开设的微店售有来自16个村落的20余件海南好物，2018年11月1日至12月1日，自营产品销售超百件，代销商品销量超千件，有效地助力了众多村落的扶贫进程。

四、特色与经验

（一）成果特色

1. 生态友好的信息化乡村旅游开发模式

本项目避免大挖大建对村落生态可能造成的伤害，通过对村落进行基于旅游的信息化开发。其包括线上的各个平台及新媒体，实现了游客与村民双方信息获取的快速化、数据处理分析自动化、资源利用共享化以及信息发布现代化。也包括线下的电子导览系统，为游客及村民互相提供实时信息，优化双方参与旅游活动的环境。

2. 学科竞赛助力项目发展

本项目在执行过程中积极拓展，按时间节点顺序参加了多项竞赛。

首先，在接连不断的竞赛中本项目获得了众多企业界、学界、行业界人士的点评，从而避免了闭门造车可能导致的项目方向偏离。本项目得以在符合社会需求与产业实际的路径下快速发展。

其次，本项目通过竞赛获奖从而获得了各类组织机构的信任与支持。如海南大学旅游学院、海南大学校团委为本项目提供了一定的经费支持，海南省扶贫工作办公室为本项目提供了大量内部资料，等等。项目团队在各级比赛中也收获了一定的奖金，为项目发展提供了资金保障。

此外，本项目在竞赛中的不断获奖也使团队成员充满了成就感，乐于共同奋斗，从而推动了项目的蓬勃发展。

3. 现代农业/传统技艺+村民+平台的产品升级加工模式

村落是农耕文明的代表，具有良好的农业生产能力和深厚的人文历史底蕴。因此本项目将一方面以合作村落中以传统技艺制造的手工艺品或加工食品为基础，通过文化外延的探索和包装的设计提升产品质量；另一方面将以合作村落中的高质量农产品为基础，塑造重点面向中高端市场的生态海南农产品品牌。产品通过“古村商城——海南好物”微店向市场投放。通过平台的力量，提高村落产品的产业附加值。

（二）存在问题

1. 线上模块前端部分较为简陋

由于项目团队成员对CSS语言及JavaScript语言掌握较差，因此WebAPP中的前端设计、功能、美工等较为糟糕，用户体验仍有极大的提升空间。计划于项目结题后逐步引入相关人才进行改善。

2. 前期实地考察工作不足

项目筹备期通过多方渠道对什寒村进行了详尽的调研，未曾想到因为移动信号问题导致本项目无法在什寒村落地。本项目所使用的微信小程序与WebAPP都需要在短时间内消耗较多的移动流量，什寒村信号以2G、3G为主，无法满足本项目产品使用的客观需要。

由于前期筹备的低级错误，直接影响了整个项目的执行效率，已进行深刻反省。

3. 项目经费使用超支

项目经费在调研费、材料费、技术支持费三大方面严重超支，因此在拓展期需租用服务器时团队仅能使用Azure云免费试用版，稳定性较差，因此项目网页偶尔会发生宕机问题，影响使用者体验。项目团队成员已对财务把控出现的严重失误进行深刻检讨。

五、专家点评

除了旅游产品供给之外，乡村旅游目的地的营销推广和旅游信息不完善，同样也制约乡村旅游的重要原因之一。本项目为乡村量身打造智慧化深度游的方式，探索并创设信息技术与乡村旅游深度结合的新路径，非常契合当下的产业需要。项目团队以本项目作为孵化，取得了一系列的丰富成果。注册成立了运营公司，同学们在真实的旅游商业环境中锻炼成长。参加了各类层次较高的比赛，并获得了不俗的奖励。该项目突出之处在于：其一，有比较好的顶层设计。在项目之初，在带队孟老师的引领下，项目组成员对海口市电子商务协会会长张铁冰先生、海口市滨海国际电子商务园区管委会主任杨开贤先生等多位业内人士进行了深刻访谈。专家们的意见为项目内容的设计提供了非常好的框架。其二，团队搭配合理。项目成员所学专业包含旅游管理、信息管理与信息系统、公共关系学、软件工程等多个专业，具有文理兼备的复合型思维与丰富多元的专业知识技能。整个团队以实现项目目标为导向来搭建团队，而不是先有团队“再找活干”。许多学生项目往往是一个班或者一个宿舍关系较好几个同学来组建，这样的项目在技术协同上存在不足，项目成果常常流于空泛。其三，项目工作比较扎实。团队进行了周密的问卷调查，放出调查问卷400份，做了入户调查，设计了旅游产品及路线设计，最后做出来村落旅游平台。整个项目的各个环节都比较严谨有序。

（点评人：许忠伟，北京第二外国语学院旅游科学学院副教授、会展系主任）

所在单位：上海旅游高等专科学校
项目指导教师：陈莹
项目负责人：杨公主
项目成员：刘雅婷、田琳琳、张钰荣、陈艳
项目编号：WMYC201720048

上海迪士尼旅游度假区游客出行方式调研

一、项目综述

（一）项目背景

上海迪士尼旅游度假区自建成开放以来游客热衷度颇高，据统计在 2017 年 6 月，开业仅一年时间内，游客总人数就突破了 1100 万人。经本小组调研与实践考察发现，相当一部分游客对于上海迪士尼旅游度假区自行前往的交通信息不了解、不知悉，这大大局限了游客对于交通方式的选择，影响了游客在往返过程中的体验感。

（二）项目意义

本项目小组旨在通过对上海迪士尼旅游度假区游客出行方式进行调研与考察，汇总更多交通方面的信息，为游客提供更多的出行选择。同时也希望通过本次调研及志愿服务，锻炼小组成员的社会实践能力，提高成员的沟通与组织协调等方面的能力。另一方面希望能够在更好地提升上海迪士尼旅游度假区可进入性；不断宣传“绿色出行”的理念；为游客在出行过程中能够获得更高质量的体验。

（三）项目预期

本项目计划实施战略“三步走”。前期通过“线上”与“线下”两种方式，对游客从上海的主要交通枢纽前往迪士尼旅游度假区（包括迪士尼主题乐园及迪士尼小镇）所采用不同出行方式在“时间成本”“金钱成本”“环境成本”及“交通工具的可获得程度”等方面进行调研，得出调研报告，给出推荐方案。中期通过“两微”平台推广“迪士尼快线”和“绿色出行”理念并宣传上海迪士尼乐园游玩与其他各类交通信息。后期进行针对性的志愿服务，希望能够通过指引与宣传，便利选择地铁方式的游客出行。

（四）项目执行

1. 前期调研

调研前期（2017 年 1 月 9 日至 2017 年 1 月 23 日）。

完成资料与文献查阅；工作人员安排；线上问卷设计等筹备工作。

调研中期（2017 年 1 月 24 日至 2017 年 6 月 30 日）。

完成线上问卷发放与回收、前往上海主要交通枢纽、主要景区与川沙片区进行实地调研数据采集（内容包括不同出行方式线路、出行费用等）。

调研后期（2017 年 7 月 1 日至 2017 年 11 月 30 日）。

完成进行针对“迪士尼旅游度假区快线”和“商旅快线”专项调研、线上线下数据统计与分析、相关照片整理、视频剪辑、不同出行方式的线路设计并完成调研报告。

2. 宣传工作

（2017 年 1 月 14 日至 2018 年 1 月 23 日）。

完成“进击的旅 @ 行者”微信公众号的建立，并通过此公众号推送项目宣传内容（包括志愿服务工作情况报道、文明旅游宣传、迪士尼主题乐园宣传、迪士尼快线与商旅快线宣传；后台回复留言进行帮助）。

完成“进击的旅 @ 行者”微博账号的建立，并通过此微博账号推送项目宣传内容（包括志愿服务工作情况报道、文明旅游宣传、迪士尼主题乐园宣传、迪士尼快线与商旅快线宣传）。

（2018 年 5 月 14 日、2018 年 9 月 17 日和 2018 年 10 月 22 日）。

完成在上海旅游高等专科学校平台针对 17、18 级旅游与休闲管理学院学生、校级学生会的 5 场宣讲会。

3. 志愿服务

志愿服务前期：前往各大交通枢纽处及迪士尼度假区进行考察。

志愿服务中期：志愿者在交通指示点、电子指路机放置点、旅游咨询处设立点等进行指引。

志愿服务后期：完成宣传海报张贴，以宣传“迪士尼快线”志愿服务；通过宣讲会在校内宣传“迪士尼旅游度假区快线”志愿服务，推动更多的人加入到此项目等。

二、项目内容

《上海迪士尼旅游度假区游客出行方式调研》项目在实施过程中采用“三步走”的战略计划，并严格按照计划实施。其中战略第一步主要包括前期准备与信息搜集。战略第二步以“两微”平台宣传上海迪士尼游玩、交通等各方面信息；宣传“文明出游”“绿色出游”为主要内容。战略第三步进行了志愿者服务并召开了多次宣讲会。不仅用实际行动为上海市民与来沪游客带去了便利与温暖，也号召更多的青年加入志愿者队伍，不断为上海为全社会做出贡献。

在战略第一步中，小组成员对本调研项目进行了非常详细和深入的研究与规划，将项目分为三大板块，实施“三步走”战略，并用“时间线”的方式，将项目划分为不同阶段，便于每个阶段审核项目完成情况。

“线上”小组成员完成了调研问卷的设计、发放与初步的数据回收。同时对微信公众号进行了规划与框架设计。

在筹备阶段我们了解到市民与来沪游客对于上海迪士尼乐园的热衷度是非常高的，但还是有相当一部分人群尤其是学生，在面对高人气的上海迪士尼乐园和同样是主题乐园但在品牌知名度完全不敌迪士尼的上海欢乐谷时，选择了后者。存在这种矛盾的原因有二。第一是过程中花费高，门票较为昂贵。第二是游客对上海地区交通出行方式的不熟悉，导致耗费时间长，开销大，影响了整体的体验感。针对第二点矛盾，我们专门设计了《上海迪士尼旅游度假区游客出行方式调研》问卷。通过网上发放的方式进行调研。运用“您一般会选择哪类出行方式？”“您一般单程花费多长时间？”“您一般单程花费的路程时长为多少？”等问题来了解游客的偏好和期望被解决的问题。经过调研我们发现绝大多数游客会选择经济实惠的“地铁”作为出行方式前往迪士尼，主要原因是价格实惠。但大部分认为其耗费时间过长，并且相当拥挤。另外自驾前往的游客表示停车费较高，并不经济和环保。大家普遍的诉求是希望能够找到或者开发一条“耗时短”“费用实惠”“便捷舒适”的线路或者出行工具。所以我们还特地设置了能够满足大多数游客诉求的“迪士尼度假区快线或商旅快线”的选项供大家选择，但我们发现选择的人数少之又少，可见大众对于“迪士尼度假区快线”知之甚少，在宣传上“快线”有相当大的提升空间。

“线下”小组成员对迪士尼主要交通枢纽线路、主题公园游览区等方面进行实地调研并完成线路方案设计和PPT制作。

在实地调研过程中我们采集了上海各大景区、主要交通枢纽和川沙片区等对上海迪士尼旅游度假区的指引情况，发现存在以下问题：第一“高速公路指引标识不明显”，第二“轨道交通缺乏指引”，第三“电子指路机放置隐蔽”，第四“环保自驾网点不足”。其中在交通站指引方面：内环高架基本没有指示前往上海迪士尼旅游度假区的标识而大部分高速公路上的“迪士尼”指示不够醒目，容易错过。在轨道交通指引方面：除上海轨道交通迪士尼站之外，其他位于上海主要交通枢纽的站点均没有在出站口出现任何前往迪士尼的指示，仅在购票处有购票价格（而且需放大才能看出），问询处也无任何明显指示。环保自驾网点方面：根据调研数据显示上海迪士尼旅游度假区附近环保自驾（分时租赁使用）网点数为 0 个，而整个川沙网点仅一个（位于近 2 号线地铁川沙站处）。针对以上发现的问题，已通过相关渠道向相关部门进行了表达并提出改进建议。目前在环保自驾网点方面，已由原来的川沙地区仅 1 个，增加到目前已超过 10 个网点，并且网点数量还在持续增加中，在迪士尼内部也设置了两个 EVCARD 分时租赁网点。

通过对比游客选择上海轨道交通、自驾或新能源租车、专线（交通枢纽）或公交前往上海迪士尼旅游度假区在“金钱成本”“环境成本”及“可获得程度”等方面进行比较，得出选择“迪士尼快线”为最优出行方案，并设计制作了迪士尼出行线路图。经调研，我们发现“迪士尼快线”在以下几个方面有突出优势：第一，票价比较优惠，均价单程每人在 20 元左右。第二，拥有很强的时间优势，首先车程在 30 分钟至 45 分钟左右，用时较其他出行方式来说短了近一半。其次末班车的时间晚于地铁末班车时间，游客可尽情畅游迪士尼后选择“迪士尼快线”回到上海市区。第三，可获得性较强，在上海各大交通枢纽处均有设置，若来沪游客尤其是一日游游客可直接在交通枢纽处乘坐专线前往迪士尼。另外游客和市民还可以通过“线上”公众号或者在线二维码等方式提前进行购票，十分便利。但“迪士尼快线”却因为宣传不力而不被社会所熟知，所以使用率较低。本项目的下一个阶段就是希望通过一定的宣传手段推广“迪士尼快线”为游客提供更便利舒适的交通出行选项。

在战略第二步中：小组成员启动“两微”平台宣传，推送内容包括文明旅游、绿色出行、游玩迪士尼攻略、迪士尼游玩注意事项、《上海迪士尼旅游度假区游客出行方式调研》志愿服务新闻稿等内容。单篇最高点击量 4000 人次。总阅读量过万。

通过深入分析调研结果并针对发现的重点难点问题，提出“一加”“二改”“三提”方案。第一，增加对迪士尼度假区快线的宣传力度。对于迪士尼度假区快线的宣传首先可以通过官网和上海迪士尼度假区官方 APP 的方式进行宣传。目前上海迪士尼度假区官方APP几乎成为了入院后必用的软件之一，所以如果能在软件中加入详细的交通信息或者能够对“快线”在软件内进行推广宣传，可以在短期直接形成较大的普及量。其次可以选择与门票或其他项目绑定销售，在宣传期间可以适当运用捆绑销售的方式向公众推广迪士尼度假区快线。另外还可以通过广告、园区内手册、微信公众号推送、微博宣传等“线上”“线下”多维度地对其进行宣传。第二，改变传统观念。一般交通工具当人们乘坐的时候最多是欣赏窗外的风景或车水马龙，但其实迪士尼度假区快线可以作为上海迪士尼度假区游玩的延伸。引导人员可着米老鼠或者相关服饰，使乘客们在第一时间感受到迪士尼的文化；车辆外观可运用不同迪士尼卡通人物主题增添乐趣；车内可安排一名工作人员或者广播等方式介绍迪士尼的历史、讲述迪士尼卡通人物的故事还可以在车上告知注意事项等，使游客提前做好准备工作，在愉快轻松的氛围中到达上海迪士尼乐园。第三，提升迪士尼度假区快线的服务标准。目前迪士尼度假区快线始发站位置均处于各汽车站内。应当要求快线司机统一着装，工作人员提前培训等。另外对于志愿者的工作也应当统一进行志愿服务的标准规定。

在战略第三步中：小组成员整理汇总前期工作资料，形成了较为完整的PPT展示内容。启动并不断推进志愿服务活动开展，前往包括上海南站、上海火车站、上海虹桥火车站等上海主要交通枢纽进行志愿服务。

自本项目志愿者活动开展以来，获得多方的帮助与好评，其中包括上海迪士尼快线公众号平台、上海轨道交通1号线、3号线上海南站站点和上海火车站站点、上海轨道交通2号线、10号线上海虹桥火车站、上海浦东国际机场站点等。在整个项目实施的过程中，总计帮助过往游客解决实际问题千余件。路线指引、指导线上购票为主要志愿工作内容，志愿服务总时超过300小时。组内成员针对志愿服务撰写了志愿心得，不断总结，提升了志愿者的志愿意愿与志愿水平。

另外我们不断进行项目的推进与宣传推广，本项目小组成员应邀出席上海旅游高等专科学校旅游管理学院、上海旅游高等专科学校校级学生会专题宣讲会。为2017、2018级旅游管理专业学生与学生会做专题宣讲，传授项目经验、鼓励志愿服务、宣传文明旅游与绿色出行。

三、项目成果

（一）交通设施趋于建设，景区的可进入性与交通便利性得到提升

通过本项目的实施，对与我们向相关部门反馈的问题，有关部门已经进行了建

议的吸纳与改进，比如目前在环保自驾网点方面，已由原来的川沙地区仅1个，增加到目前超过10个网点，并且网点数量还在持续增加中，在迪士尼内部也设置了两个EVCARD分时租赁网点。随着分时租赁汽车网点的配备、轨道交通“大都会”等APP的投入运营，轨道交通与自驾变得越来越便利与快捷。目前“上海国际旅游度假区快线”已经停止运营。但是作为旅游业基本要素之一的“交通”越来越被相关部门所重视，并不断地发展。交通的配置建设已经不仅是交通部门的工作，也是景区景点重点要考虑的方向。如何通过交通建设，扩大景区景点的可进入性，吸引更多的游客来访，为游客带来更高的满意度、舒适度与便捷程度成为景区景点要考虑的新问题之一。

（二）越来越多的市民与游客支持并坚持绿色出行

项目通过志愿服务对于迪士尼快线的推广，越来越多参与到项目过程中的市民与游客，切实享受到“迪士尼快线”带来的便利，并愿意日后继续使用“迪士尼快线”与支持并坚持“绿色出行”。在微信公众号平台与微博平台的留言版块，大部分阅读推文的人士都留下了愿意支持本项目或者支持“文明旅游”与支持“绿色出行”的话语。在以微信公众号为中心的范围内形成了持续的支持绿色出行的宣传态势。

（三）参与实践竞赛，获得一等奖荣誉

项目中的调研成果获得了2017年上海旅游高等专科学校寒假社会实践活动一等奖的好成绩。

（四）积极宣传，不断发挥志愿者能动性与团队效用

通过宣讲会的宣传，有许多在校学生表示愿意加入团队，为更多的市民与来沪游客提供志愿者服务。《上海迪士尼旅游度假区游客出行方式调研》项目也会继续与时俱进展开志愿活动，同时也欢迎有志向、有信念的大学生加入团队，更好地为上海旅游提供服务。

（五）融学于行，收获成长

在完成整个项目的过程中每一位成员尽职尽责，为项目的实施不断突破自我。在每个阶段，小组都会进行会议总结。一方面检查项目内容的完成情况，另一方面与小组成员沟通以往经验，对接下来的工作做一个新的初步计划与方法学习。实践是检验真理的唯一标准，我们在实际行动中不断摸索学习，不仅提高了我们的组织协调能力，更提升了我们的沟通交流，不断突破自我的能力。

四、特色与经验

（一）明确目标，对项目作详细规划

本项目在项目规划期耗费了 3 周的时间进行整体的布局、规划与人员工作安排和前期筹划。一年的时间完成整个调研内容与志愿服务必须要有一个非常明确的工作规划与计划和团队协作。为了更清晰地以板块划分来明晰每个阶段要完成的工作内容，我们采取了"战略三步走"的方法，通过前期调研、中期宣传与志愿服务，用丰富的内容与多元的手段来完成本项目。

（二）实事求是，确保数据有理有据

重视调研工作是本项目能顺利完成与继往开来的基石。在旅游管理的行业中，要进一步解决游客满意度的问题，开展调查研究的作用日益凸显。为了能满足本项目开展的数据需要、更好地实现项目的落地实施发挥能效作用，本项目在前期花费大量的时间与精力在调研工作上。扎实的调研工作成为了本项目的亮点之一。

调研工作必须具有强烈的责任感和使命感，调研不仅是为了数据的获得，更重要的是要对现实生活带来进步意义。所以对于问题要聚焦，对于问题要主动思考。调研需要创新，首先就是对调研内容的创新，要解放思想，充分地头脑风暴，如果是以往已经被调研过的问题，要在切入角度上寻求创新，在调研方法上寻求突破。另外调研要"深"首先就是"以事实说话"，实地调研是必不可少的环节与内容。而针对带有主观色彩的调研数据，要有分散调研样本、尽可能加大调研样本数量的意识。在过程中小组成员首先对所需的各种数据进行了分类，然后研究获取渠道，历时 10 个月的时间，利用照片拍摄、视频拍摄的手段获取在前往迪士尼的各种交通可行性方面的数据与影像。运用"问卷星"网上问卷制作平台，设计制作网上问卷，通过朋友圈进行发放。通过对交通方面内容的实地取证与网上问卷内游客对于前往迪士尼旅游度假区交通方式可行性的满意度数据分析，提出各项改进建议，并与相关部门进行沟通反馈，将调研内容落到实处，发挥调研的能动作用。而后完成调研 PPT、设计完成各类出行方式的线路图并针对挑选出的最优线路进行项目第二板块的推广与宣传。

五、专家点评

旅游景区的可进入性与交通便利性是重要的旅游要素，特别是新兴的、大型的、偏僻的景区，交通直接影响和制约着景区的成长和发展。上海迪士尼旅游度假

区地处浦东近郊，据上海市中心约30公里，开业仅一年时间内，游客总人数就突破了1100万人，因此调查和分析游客选择出行的方式、了解使用的交通工具具有现实的意义和价值。该项目组师生通过大量的调研，细致的分析，并积极参与对广大游客绿色出行的宣传，使参与项目的师生进一步认识了旅游交通的重要性，进一步增强了绿色、文明出行的意识，进一步提高了师生服务游客的能力。较好地完成了项目，达到了“万名英才计划”结题的要求。

该项目有以下特点：

1. 调研工作扎实

项目组有明晰的工作目标，从资料文献查阅着手，完成线上问卷调查，进行实地调研数据采集，还充分利用互联网完成了“迪士尼旅游度假区快线”和“商旅快线”专项调研，工作开展有条不紊，扎实有效。

2. 宣传工作到位

项目组师生积极利用“两微”平台宣传，推送内容包括文明旅游、绿色出行、游玩迪士尼攻略、迪士尼游玩注意事项、《上海迪士尼旅游度假区游客出行方式调研》志愿服务新闻稿等内容。单篇最高点击量4000人次，总阅读量过万。符合现代旅游者的快捷、便利、有用的咨询需求。

3. 项目成果丰硕

师生通过项目的实施融学于行，收获成长，学生在实践中不断学习，提高了组织协调能力，提升了沟通交流能力，项目调研成果获得了2017年校级寒假社会实践活动一等奖。

（点评人：王昆欣，浙江旅游职业学院教授）

所在单位：江苏海事职业技术学院
项目指导教师：雷峻
项目负责人：史小露
项目成员：王安琪、杨晓杭、王宁、刘佳瑜、汪诗怡、刘娜
项目编号：WMYC201720049

致匠心

——南京非遗文化旅游文创产品的研发与推广

一、项目概述

（一）项目背景

非物质文化遗产是城市、国家乃至世界的绚丽瑰宝，重视保护本民族的传统文化是每一个人应尽的义务。南京作为六朝古都，拥有悠久的历史，灿烂的文化，创造了极其丰富的非物质文化遗产资源。目前，全市已经被认定的各级非物质文化遗产代表性项目中，已有4个项目被联合国教科文组织列为人类非物质文化遗产代表作，国家级项目有11项，省级项目有75项，市级项目有145项。因此，本项目拟将旅游文创产品与非遗文化相结合，旨在传播非物质文化遗产，宣传南京与非遗相关的旅游景点（例如：甘熙故居、南京博物院等），也给旅游文创产品赋予更多的文化内涵。

（二）项目意义

1. 保护非遗文化，传承工匠精神

非物质文化遗产包含着影响社会现实、维护民族文化统一性的基因。通过旅游文创产品的设计开发融入非遗的元素，从而可以更好地传播非物质文化遗产，宣传和学习非物质文化遗产传承人及能工巧匠的“工匠精神”，有利于提升旅游文化内涵，培育文化认同感，增强社会的凝聚力和创造力。

2. 宣传非遗相关旅游景点，传承传统民族文化

南京的非物质文化遗产涉及的门类众多，旅游景点中包含的非物质文化遗产也

很多，例如夫子庙的秦淮灯会，金陵折扇厂的金陵折扇，南京云锦博物馆的云锦等，将非遗元素融入文创产品设计，有利于宣传相关旅游景点，帮助游客更好地了解南京传统的民族文化。

3. 增加旅游景点创收，弘扬南京旅游文化形象

对于旅游业来说，除了硬件条件和服务品质外，打造有特色的文化之旅是重要的切入点。在此，旅游文创产品发挥了重要的作用，它不仅是旅游景点创收的途径，同时也是弘扬各地传统文化的重要窗口。所以，要摆脱走马观花式的旅游模式，结合南京非遗的实际状况，挖掘文化优势，开发具有特色的文创产品，是提升旅游业品质的必然趋势。

（三）项目预期

1. 设计具有非遗元素的产品，传承工匠精神

文创产品包含三类：家居用品类、旅游纪念品类、文化用品类。

该项目旨在设计出具有非遗元素，服务于非遗文化相关的旅游景点的文创产品，在设计中融入时尚与科技元素，产品主题结合非遗的文化特征，如：贴上金箔的挂件、缀着绒花的首饰、云锦布囊替代装扇子的木盒等，最终设计开发“致匠心”系列产品 1 套。

2. 分析旅游消费人群，大力开展非遗文化宣传

在调研与产品研发的过程中，对旅游消费人群进行分析，对南京的旅游资源、历史地理沿革进行调研分析，老师指导，由学生撰写调研报告、设计报告、研究报告各 1 份，并将设计出来的产品申请实用新型专利至少 1 件。团队定期在甘熙故居、老门东、夫子庙等地对文创产品进行推广，结合产品的宣传开展非遗文化的宣传与教育活动。

3. 开展校企合作，助力非遗文创产品市场化

非遗文创产品的设计开发有利于宣传传统文化，也有利于为旅游景点增加创收。文创产品的开发也能为旅游带来更丰富的内容和更多样的形式，项目将与非遗传承人 1 位、旅游文创企业 2 家开展合作，相辅相成，争取实现企业与旅游景点的双收益，从而让非遗文化的推广更加接地气和实用化。项目完成时，将由师生联合撰写并公开论文至少 1 篇。

（四）项目执行情况

第一阶段：2017.10—2017.12 基础研究阶段：梳理国内外关于旅游文创产品的设计与文献资料；

第二阶段：2018.1—2018.3 调研分析阶段：通过网上查阅资料、实地调研对消费人群进行分析，研究南京非物质文化遗产，对产品的设计提出可行性意见；

第三阶段：2018.4—2018.6 产品设计阶段：通过资料分析，对文创产品进行设计，产品结合非遗的文化特征，制作一套成品，与甘熙故居、南京博物院等相关工作人员进行联系推广，并积极找寻企业进行认购合作。同时申请实用新型专利；

第四阶段：2018.7—2018.8 文明旅游宣传教育阶段：在甘熙故居、老门东、夫子庙等地对文创产品进行推广，结合产品的宣传开展文明旅游教育活动；

第五阶段：2018.9—2018.10 结项总结阶段：整理研究过程中的资料，撰写结项报告，发表论文，将产品做后续推广。

二、项目内容

非物质文化遗产是人类文化的重要组成部分，蕴藏着珍贵的文化内涵，是全人类文明的瑰宝。旅游从本质上而言是一种文化行为，旅游者靠文化去与自然景观交流，与人文景观对话，没有文化的旅游是苍白乏味的旅游。开发非物质文化遗产旅游，不但能更好地促进旅游者与旅游资源的交流，也能更好地提升旅游者对于传统文化的理解，对非物质文化遗产的传承能起到积极的促进作用。

"旅游是经济性很强的文化事业，又是文化性很强的经济事业"。十多年前就有学者提出旅游与文化具有较强的关联性，文创产品的走红为我们带来了新的发展视角。

本项目《"致匠心"——南京非遗文化旅游文创产品的研发与推广》将旅游文创产品与非遗文化相结合，旨在传播非物质文化遗产，宣传南京与非遗相关的旅游景点（例如：甘熙故居、南京博物院等），也给旅游文创产品赋予更多的文化内涵。

（一）调研南京与非遗相关的旅游景点，搜集设计素材，完善宣传资料

为了保护、弘扬南京非物质文化遗产，传承工匠精神，宣传南京与非遗相关的旅游景点，江苏海事职业技术学院于2017年成立了"南京非遗文化宣传协会"，召集了大学中各类人才，充分发挥专业特长，通过调研、实地探访、深化创意等手段来了解并宣传非遗文化。

协会成员自行组织参观了南京甘熙故居、南京博物院、江宁民俗博物馆、老门东等地，学习民间艺人们开拓、创业的伟大精神，以充分感受到自己的一衣、一食来得不易，懂得爱惜、珍惜。

图 1 协会成员组织南京台城调研活动

（二）设计具有非遗元素的文创产品，传承工匠精神

非物质文化遗产包含着影响社会现实、维护民族文化统一性的基因。项目组成员通过网上查询南京非遗的相关文献资料，探索非遗故事与中国文化，并结合调研所搜集的资料，分成若干个小组，每一组设计出若干文创产品，这些产品是服务于非遗文化相关的旅游景点的文创产品，在设计中融入时尚与科技元素，产品主题结合非遗文化特征。

南京非遗文创产品的设计与开发可以更好地传播非物质文化遗产，宣传和学习非物质文化遗产传承人及能工巧匠的“工匠精神”，有利于提升旅游文化内涵，培育文化认同感，增强社会的凝聚力和创造力。

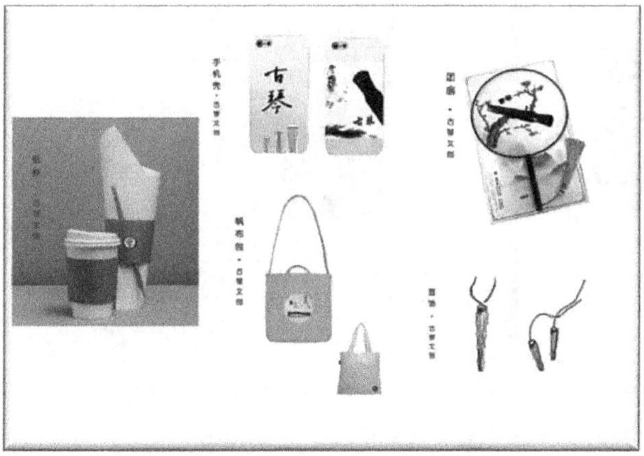

图 2 非遗项目“中国古琴艺术（金陵琴派）”文创产品设计（初期设计）

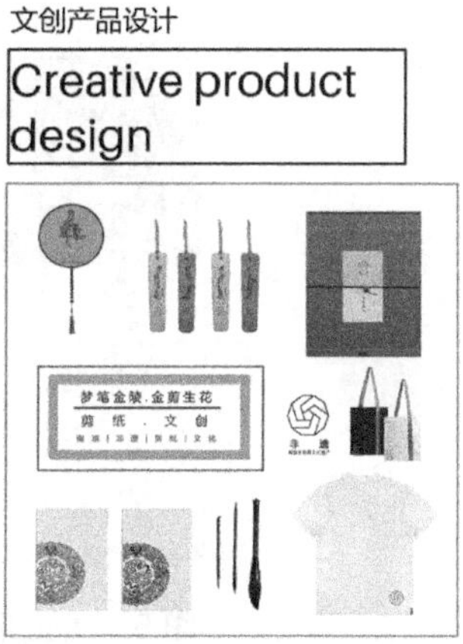

图 3 非遗项目“南京剪纸”文创产品设计（初期设计）

图 4　非遗项目“南京云锦”服装设计（初期设计）

（三）撰写多篇采访报道、设计报告、研究报告，了解非遗文化，对旅游消费人群进行分析

项目完成的过程中，项目组成员通过走访非遗传承人，撰写了《在根雕艺术中寻找乐趣的民间艺人》《葫芦画传承人的匠心》《南京绒花传承人的坚毅》《我们身边的彩灯》等多篇采访报道。在文创产品的设计之前撰写设计说明、设计报告，在产品研发过程中撰写相关微信推送报告，对南京非遗文化进行了深入的研究，并将文化特征应用于自己的产品设计中。

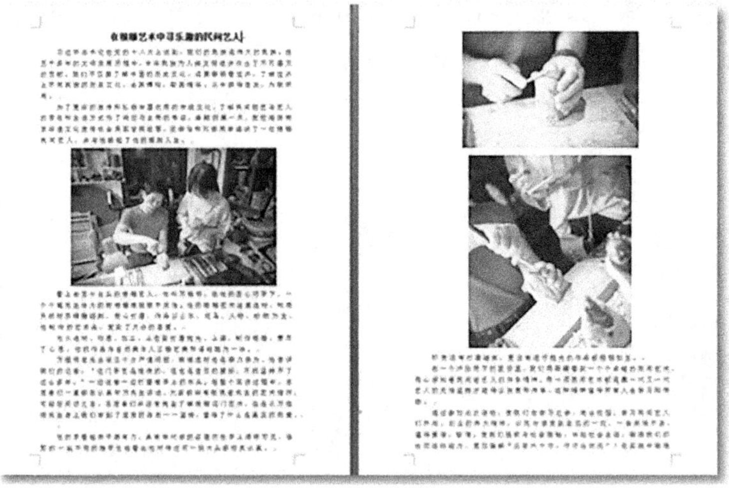

图 5　《在根雕艺术中寻找乐趣的民间艺人》采访报道

（四）由指导老师与项目成员联合撰写并公开发表论文

（1）2018 年 5 月，论文《南京非物质文化遗产的保护性旅游开发研究》公开发表于省级刊物《传播力研究》（知网可查询）。

（2）2018 年 11 月，论文《浅析南京民间工艺在艺术设计专业教学中的实施》公开发表于省级刊物《明日风尚》（知网可查询）。

图 6　公开发表论文两篇

（五）完成实用新型专利 1 项的申报

根据项目成员对南京非物质文化遗传中的秦淮花灯研究，自主设计出一款花灯造型的新型感光钢笔，并完成了实用新型专利 1 项。

专利名称：一种新型感光钢笔（如图 7）

专利号：201820708737.2

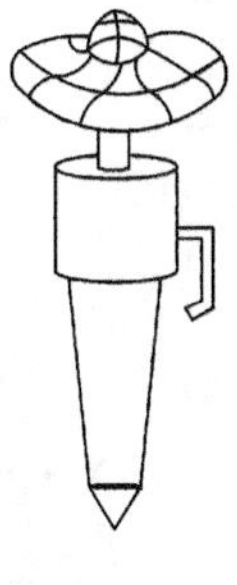

图 7　一种新型感光钢笔设计图

（六）完成最终设计，开展校企合作，助力非遗文创产品市场化

非遗文创产品的设计开发有利于宣传传统文化，也有利于为旅游景点增加创收。本项目结合南京非遗元素、旅游景点元素、地铁元素等，在王安琪同学的带领下，最终完成了“致匠心”——南京非遗文化文创产品一套。

文创产品的开发也能为旅游带来更丰富的内容和更多样的形式，本项目与南京掠光文化传媒有限公司实现了校企合作，企业投入后将非遗文创产品制作出成品，在网络及旅游景区上进行售卖，收益用于后续产品推广，从而让非遗文化的推广更加接地气和实用化（如图 8 至图 12）。

图 8　南京地铁卡套设计实物图

图 9　南京旅游景点瓷杯垫

图 10　南京非遗旅游景点钥匙扣

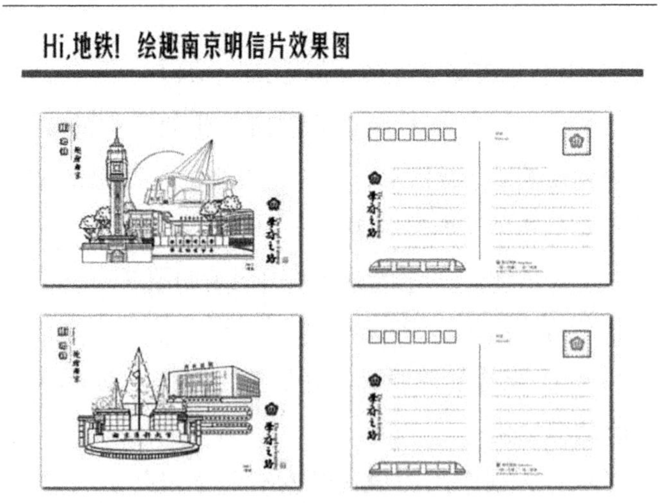

图 11　南京非遗旅游景点明信片

图 12　旅游景点宣传海报

（七）项目成员及协会成员在南京各大旅游景区宣传非遗文创产品

南京的非物质文化遗产涉及的门类众多，旅游景点中包含的非物质文化遗产也很多，例如夫子庙的秦淮灯会，金陵折扇厂的金陵折扇，南京云锦博物馆的云锦等，将非遗元素融入文创产品设计，有利于宣传相关旅游景点，帮助游客更好地了解南京传统的民族文化。

项目组成员携南京非遗文化宣传协会定期在甘熙故居、老门东、夫子庙等地开展“义务导游小分队”活动，并对文创产品进行推广，结合产品的宣传开展非遗文化的宣传与教育活动。在“江苏海事人文学生工作”“江苏旅游培训”微信公众号发表报道多篇。

图 13　项目成员与协会成员于南京甘熙故居开展宣传活动

图 14　项目成员与协会成员于南京四方当代美术馆开展宣传活动

图 15　项目成员与协会成员于南京博物院开展宣传活动

图 16　项目成员与协会成员于南京江宁民俗博物馆开展宣传活动

三、项目成果

（一）项目取得的成果

本项目《“致匠心”——南京非遗文化旅游文创产品的研发与推广》最终取得了多项成果。

（1）文创产品设计：“致匠心”文创系列产品一套，中国古琴艺术（金陵琴派）文创产品一套，南京云锦服装设计一套，南京剪纸文创产品一套；

（2）采访报道、设计报告、研究报告若干篇；

（3）由指导老师与项目成员联合撰写并公开发表论文两篇；

（4）完成“一种新型感光钢笔”的实用新型专利的申报；

（5）与南京掠光文化传媒有限公司签署校企合作协议，助力非遗文创产品市场化；

（6）创建“南京非遗文化宣传协会”，成立“义务导游小分队”，定期在南京非遗相关旅游景点做文化宣传，并对文创产品进行推广。

（二）项目取得的成效

1. 引导校园青少年对非物质文化遗产认识与传播

项目组成员在本课题研究初期，在江苏海事职业技术学院成立了“南京非遗文化宣传协会”，协会通过形式多样的活动（如宣讲会、参观调研、研讨沙龙、义务导游等）团结广大非物质文化遗产爱好者，集结优势互补的队伍，加强学术交流与理论研究，以与时俱进的科学态度继承并发扬中华民族优秀的传统文化。在学校宣传非遗文化，主要产生了以下几点影响：

（1）拓宽了非遗保护传承领域。非遗进校园活动的开展，对于非遗的有效传承和深度保护来说，无疑是最具潜力和效力的途径。青少年是祖国的未来，只有通过各级各类学校教育，不断丰富他们的非遗知识，增强他们的保护意识，让非遗在他们心中扎根，我们的非遗工作才不至于成为无源之水，无本之木。

（2）扩大了非遗保护传承影响。青少年是文化传承创新的生力军。从学校教育入手，从青少年抓起，对于文化遗产传承与繁荣发展具有重要的战略意义，非遗进校园活动的大力开展，进一步拓展了我省非物质文化遗产的宣传面，使广大学生感受到了非遗的魅力和欢乐，提升了广大学生非遗保护传承的意识，同时也带动了家庭、社会等对非遗保护传承的进一步认识和参与。

（3）提升了学生传统文化素养。各地开展形式多样的非遗进校园活动，进一步丰富了校园生活，开发了学生潜能。使年轻学生在耳濡目染和活动参与中感受传统文化的熏陶，从而提升人文素质和文化底蕴。

2. 通过旅游文创产品的开发可以促进非物质文化遗产价值的挖掘

特色鲜明的南京非物质文化遗产是重要的旅游吸引物，将这些文化遗产引入到文创产品设计中，不仅成了弘扬和传播优秀的非物质文化遗产的有效途径，而且还培育和扩大了非物质文化遗产的受众群体。如南京夫子庙秦淮观光带，把绮丽的秦淮风光和独特的秦淮文化有机结合起来，不仅大批的海内外游客慕名而来，而且众多的专家学者也纷纷加入研究行列。

南京非物质文化遗产在旅游开发过程中能够充分体现其文化、经济与社会价值。首先，非物质文化遗产经旅游开发而成为旅游产品，使非物质文化遗产得以传承和发展，便实现了非物质文化遗产的文化价值。其次，通过产品交换，实现经济价值的转化，促进旅游经济的发展。旅游开发促进非物质文化遗产的价值被人们认可和接受，被社会所了解和欣赏，促使非物质文化遗产知名度提升，最终实现其社会价值。

四、特色与经验

本项目《“致匠心”——南京非遗文化旅游文创产品的研发与推广》在一年的研究中，主要解决了以下几个问题，才能最终完成结题：

（一）转变非遗传承理念，将新观念融入产品设计

创意与传承并不矛盾。非遗完全可以作为传统文化的遗传基因，通过现代文化创意，生发出全新而又不失传统神韵、核心价值与精神内涵的创意作品，通过现代商业市场的运作加以传播，形成由文化传承人、文化事象到市场，再由市场反哺文

化传承人的良性循环发展模式。所以项目组在研究初期，找寻了大量文献资料，在研究南京非遗项目的同时，也搜集了很多与文创产品设计相关的新兴技术，将非遗元素与现当代流行的设计元素结合，设计出符合大众审美的文创产品。

（二）强化产品文化主题，提高文化识别度

在文创产品的设计中明确主题即明确定位文化概念、文化载体以及文创产品的受众，在此基础上展开设计，从而在产品上准确、有效地传达文化内涵。后期可以展开系列化家族产品设计，用不同形态表达统一的文化理念，如今年文创热潮中的故宫娃娃系列就是用不同的元素、相同的材质和手法表达、强化故宫这一主题文化。当然，在产品的后期展示过程中将购物环境打造与产品文化一致的主题，从而增强了产品文化的整体体验感。

（三）体验视角下文创产品的设计开发

体验设计是主张以用户需求为基础，并以用户体验为设计目标，坚持用户为中心的一种行为方式设计。文创产品的体验设计强调文创产品在设计开发的各个阶段均考虑用户的体验，更重要的是用基于用户体验的设计方法将文化内容创意的表达体现在产品上，这样才能创造出让消费者愿意接受的文创产品，并享受产品背后的文化精神内涵。

人与文创产品本体产生体验实际上就是人（用户）与文创产品的形态、功能、色彩、材质、纹理等元素发生关系，从而产生丰富的体验。形态与色彩会给人视觉的第一冲击感，功能给人在使用产品过程中的操作体验，材质与纹理给人更多的是触觉上的体验。这些元素形成的感官体验结合用户所拥有的丰富生活经验、不同生活方式一定会形成深层次的心理感受和文化感知。

在文创产品的设计过程中，项目组通过景点调研，导游服务等活动，了解消费者的喜好，从而设计出极富体验感的作品，引发共鸣，促进文化产业发展。

（四）学校与指导教师对本课题的支持与关注

江苏海事职业技术学院与指导教师对于本课题的研究给予了充分的关注与支持。老师在前期多次组织项目组成员进行调研，宣传活动的过程中也给予了很多指导（例如：义务导游活动指导、文创产品走进甘熙故居活动指导、非遗元素与文创产品设计研讨会等），帮助我们公共完成课题。学校与老师的大力支持也是完成本课题的决定性因素。

五、专家点评

非物质文化遗产资源是重要的旅游资源，南京作为我国重要的历史文化名城，拥有极其丰富的非物质文化遗产，拥有云锦织造技艺等 4 项被联合国教科文组织列为人类非物质文化遗产代表作。因此该项目对学生了解和认识我国优秀传统文化，倡导学生动脑动手设计文旅文创产品，引导学生保护和开发非遗资源有很好的作用与价值。

项目组师生针对南京的非物质文化遗产经过调研、学习、设计、制作等环节较好地完成了项目，达到了“万名英才计划”结题的要求。该项目有以下特点：

1. 学习和认识了南京主要的非物质文化遗产

项目组师生在学校成立了“南京非遗文化宣传协会”，通过调研、实地探访等方法，弘扬南京非物质文化遗产，宣传南京的非遗旅游景点。

2. 尝试设计和制作非遗的文创产品

设计了“致匠心”文创系列产品、中国古琴艺术（金陵琴派）文创产品、南京云锦服装设计、南京剪纸文创产品，使非遗走进了现实生活。

3. 开展科研和宣传推广工作

师生们通过项目的实施，积极开展非遗宣传和科研工作，取得了良好的效果，撰写了《在根雕艺术中寻找乐趣的民间艺人》《葫芦画传承人的匠心》等多篇采访报道，完成并公开发布了论文《南京非物质文化遗产的保护性旅游开发研究》《浅析南京民间工艺在艺术设计专业教学中的实施》，完成了花灯造型钢笔专利的申报。

（点评人：王昆欣，浙江旅游职业学院教授）

所在单位：天津市职业大学

项目负责人：王娜

项目指导教师：闫立媛

项目团队成员：魏帅、周昆、陈贝贝、窦利如、徐佳慧、冯梦瑶、戚楚楚、闫婷、杨娟、周效帆、夏爽、赵金刚、牛春宇、闫磊、张玉、刘康

项目编号：WMYC20172009

乡镇旅游讲解系统构建

——穿芳峪镇志愿实践服务

一、项目概述

（一）项目背景

解说系统在引导游客观光、提升游客体验、规范游客言行、保护游览环境等方面起着重要作用，但目前我国部分旅游乡村解说系统仍存在一定问题：解说语言不够规范、解说牌不足或缺失、解说人员形体语言不得体等，为此，旅游乡村的讲解系统构建亟待帮扶。

旅游乡镇发展需要：穿芳峪镇位于天津市蓟州境内，人口 1.5 万余人，辖 26 个行政村，2017 年入选“第一批天津市特色文化产业示范镇创建单位”。全镇目前拥有小穿芳峪、大巨各庄、英歌寨等 14 个旅游村，其中小穿芳峪村成功入选 2016“中国美丽休闲乡村”。全镇年客流量在百万以上。虽该镇管理人员已经意识到讲解系统建设尚待提升，但由于旅游人才不足，因此讲解系统建设并未受到应有的重视。穿芳峪镇与我校旅游管理专业有很好的合作基础，该镇主要负责人表示急需该实践项目帮扶。

实践团队基础良好：旅游管理专业为天津市高水平示范建设专业，实行“旺入淡出，学训交融”的教学模式，学生素质高、实践经验丰富、普通话水平较高。同时学生来自不同年级，能够确保该项目的延续性。

学校、学院大力支持：天津职业大学历来重视学生的志愿实践服务，视其为学

生成长成才教育的重要途径，学院承诺将给予 6000 元资金配套支持。

项目负责人素质高、能力强：该负责人一直担任班长工作，具有较强的组织协调与活动策划能力，深受老师和同学好评。2015 年参加全国“神州视景杯”导游大赛获得一等奖。

指导教师经验丰富：指导教师一直较为关注景区语言研究问题，曾主持并完成天津市艺术科学研究规划项目“天津市旅游广告创意与投放策略研究”、作为第二参与人参与天津市哲学社会科学规划资助项目“天津市旅游景区语言文字规范研究”，近些年来在核心期刊、一般刊物上发表多篇与语言研究相关的文章。2017 年主编出版了全国高等职业教育旅游大类“十三五”规划教材《导游语言实务》。多次指导学生在国家级、天津市导游中（英）文讲解服务中获得一、二、三等奖。

（二）项目意义

该志愿实践服务活动能够使以穿芳峪镇为核心的蓟州东北区域旅游乡镇旅游解说系统建设更符合语言科学规范，更科学地符合游客观光游览的需要，符合该镇规划管理的需要。

目前帮扶乡村旅游发展的项目比较多，但一般多局限于个别旅游村落的帮扶，缺乏一定的系统性。本项目在调研基础上，基于全域旅游视阈，在全镇内对旅游乡村的解说进行全方位、系统帮扶，使该镇解说系统得到较大提升。

（三）项目预期

该实践服务活动能够使穿芳峪镇讲解系统更加完备、语言文字使用更加规范、标识牌设立更加科学合理，满足该镇旅游发展的需要。

通过该实践活动，团队成员更好地掌握旅游讲解系统相关知识；分析问题、解决问题的能力有较大提高；团队合作意识、服务意识进一步增强，为将来从事旅游服务与管理工作打下良好的基础。

（四）项目执行情况

项目组按照拟订计划开展了实践服务，对该镇讲解系统进行了认真细致的调研。完成了对穿芳峪镇相关管理者、部分游客的访谈，对该镇旅游资源、解说系统进行了调研，并为各旅游村创作了导游词，对其解说系统方面存在的问题提出了相应的建议，对该镇讲解员进行了导游讲解培训。

二、项目内容

（一）项目组成员根据项目计划，利用现代通信手段对穿芳峪镇相关领导进行了初步的访谈，确定了实践活动的时间、现场调研的路线、重点调研的地点

通过对穿芳峪镇旅游负责人杨帆总经理访谈，初步了解到该镇目前旅游业发展情况，并根据需求将2018年4月至9月确定为实践项目重点活动时间。将小穿芳峪村、毛家峪、莺歌寨、大巨各庄、东水厂等确定为重点调研村落。以重点村落调研为核心，对附近其他村落进行调研。

（二）根据实践服务计划，对穿芳峪镇管理者、居民、游客进行了深度访谈，基本确定该镇旅游资源及对解说系统的需求。利用田野调查法对穿芳峪镇旅游资源及解说牌使用情况进行调查

1. 穿芳峪镇基本情况和各村基本情况

（1）穿芳峪镇概况

穿芳峪位于蓟州城东十五公里翠屏湖北岸，历代公孙王侯和文人墨客心向往之，素有“北方桃花源”之称。

“峪”从字形来看是山和谷之和。山谷位于蓟县穿芳峪乡中部，距县城东北12.5公里。主谷西北走向，长2.6公里，宽200~400米，马平公路穿越谷地。谷东依卧牛山，西傍穿芳山，东北为莺歌寨山，村北有龙泉山，山脚下到处涌泉，自古就有“三山一水如仙境”之说，形成了青山环抱，清泉石流，古树参天，野果飘香，构成了“村在山中，山在林中，林在户中，户在水中”的独特自然景观。这里有唐代“槐抱榆”“槐抱柏”，被誉为“华夏槐祖”，更为穿芳峪增添了神秘色彩。

穿芳峪不仅有优美的自然景色和丰富的物产资源，而且历史文化悠久，人文典故众多。晚清以来，园林建筑愈加兴盛。清朝归隐田园官吏及文人墨客，在此先后修建了“龙泉园”“问青园”“问源草堂”“乐泉山庄”等名园。虽随着岁月的流逝，战争的摧残，昔日名园古寺尽已荒废，但古建筑遗址仍清晰可辨。

穿芳峪是蓟州首批农家院旅游创建乡镇，是构建中等旅游城市强劲东翼。近年来，镇党委、政府紧紧围绕农民增收的目标，不断加大农业旅游投入，扶植和引导广大村民兴办农家院旅游，促进了全镇经济的持续健康发展。目前，穿芳峪共有26个行政村，其中14个村开办了农家院旅游。

（2）各村基本情况

通过调研对穿芳峪各村形成时间、名称由来、村落位置、村落形状、村庄人口、土地面积、各地面积、村内设施设备等有了较为全面深入的了解，同时对旅游村旅游设施设备、旅游资源等有了较为详细的了解。其中毛家峪、小穿芳峪、大巨各庄、东水厂、莺歌寨等村落旅游资源较为丰富。

2. 穿芳峪镇解说系统方面存在的问题

（1）解说牌存在的问题

全镇小穿芳峪村解说牌最为完备，既有能给游客提供某种相关信息或指南的指示性公示语标识牌，如景点介绍牌、标识牌等；对游客起到提示或告知作用，使游客根据提示的内容做出相应安排的提示性公示语标牌，如：“伸手出水”等；对游客行为进行限制、约束、规范，其指令性语气较弱的限制性公示语，如：“禁止采摘”“保持安静”等。解说文字以中文为主，偶尔会有英文解说，如半亭景点。该村对解说牌制作也进行了初步研究，但调研发现解说牌数量不足，有些地方没有解说牌；个别解说牌制作不能很好地传达信息，如小穿芳峪村抗日联络站简介内容过多，版面不够清晰，根本无法吸引游客眼球。

毛家峪村具有较为系统的解说系统，具备小穿芳峪村所拥有的各类解说牌，其中农家院的指示系统较为完备精良，但是元古奇石林景区解说牌问题较大，如字迹模糊不清或破损，字迹过小；部分指示牌制作极为随意，没有经过设计；指示牌指示不明，等等。

其他村庄则只有零星的解说牌，或者根本没有，比如旅游资源较为丰富的莺歌寨，全村未看到一块解说牌。

（2）讲解员存在的问题

通过调研发现穿芳峪镇讲解员存在以下三个方面问题：

①各村解说员一般都由村里书记、村长兼任。

②解说员普通话水平有待提高。因为村干部一般年岁较大，乡音较重，有时无法分辨其讲解内容。

③因为没有专职讲解员，所以没有导游词创作，更缺乏必要的讲解技巧。

（三）进行穿芳峪镇旅游讲解系统构建研究与实践，根据情况为各旅游村创作了相应的导游词，对小穿芳峪村、毛家峪、东水厂等旅游村的解说牌提出了针对性的设计建议，同时对讲解人员进行了现场培训

1. 导游词创作

深入挖掘旅游资源，为各村进行导游词创作，并对可能团型进行必要标注。

毛家峪村

毛家峪，清代成村，以毛姓定居最早，故名毛家峪。聚落依山势分布，略呈方形。目前村中共有 71 户，268 口人。毛家峪村以“崇尚健康，追求长寿”为主题，现已成为华北地区目前唯一的一家以长寿为主题的长寿度假村。这里四面环山，奇石怪岩，风光秀美，是一处天然的“世外桃源”。

元古奇石林景区　蓟县地质剖面形成于元古宙的中、晚期，所以其地层称之为中上元古界。这里岩层形成于元古界，而且石质奇特，所以取名为元古奇石林。

情人谷景区　情人谷是一条神秘的峡谷，据说因为有一对情人长相厮守的感人爱情故事而得名。

小穿芳峪村

小穿芳峪，唐代成村，名椽房峪，民国时称川芳峪，中华人民共和国成立后称现名。小穿芳峪是新中国成立后由大穿芳峪析出，聚落呈东西长方形。目前村中共 74 户，374 口人。该村村情稳定，民风朴实，两委班子团结有力，思想解放，带领群众共同致富愿望强烈。（政务、商务团）

2013 年以来，该村按照“全景式旅游”标准，全力打造以“乡野公园”为主题的生态旅游特色村，该村发展定位融入文化内涵，导入民族和地域风格，突出体现出“厚厚的乡情，浓浓的野趣”，做到村中有景，景中有村。

目前，小穿的乡村旅游突出浓厚的乡情野趣和慢调田园生活，保持“恬静、安逸”的田园特色，使游客远离城市的喧嚣，释放心灵，真正享受到美好的乡野风光和田园乐趣。

截至 2014 年底，全村共有精品农家院 9 户，拥有高标准床位 210 张，年接待游客 5 万人次，旅游综合收入 200 万元。（该段主要针对政府团、商务团，可根据最新数据进行讲解）

大巨各庄村

大巨各庄，唐代成村，名东巨各庄，民国时期称现名，含盼望巨大财富之意。南面是于桥水库，聚落呈南北长方形。目前村中共 287 户，1149 口人。

2014 年以来，该村凭借独特的地理位置、景观资源，以“发展农村集体经济、同步提高村民生活水平”为己任（政务团、商务团），以打造“紫云水岸香草园”为重点，仅用不到两年的时间，就打造出了一个休闲农业生态景区。该生态景区个性鲜明，自然景观与西方薰衣草文化相互对接，古民俗与新民风相互融合，集保护、科普、旅游休闲观光于一体。

2012年新一届两委班子成立以来，将湿地生态环境保护和村容村貌提升改造两项工作作为重中之重，现该村主要街道硬化、美化、亮化现已基本完工，湿地生态环境保护工作基本完成。（政务团、商务团）

大巨各庄旅游特色村环境综合提升改造和湿地生态环境保护是一项惠民工程。项目完成后，极大地改善了群众生产生活条件，改善了湿地生态环境，为全村发展休闲观光旅游业奠定坚实的硬件基础。增强了休闲农业属性，增加了游客可进入性、可游览性。改善村容村貌，推进美丽乡村建设和清洁家园建设进度，为居民生产生活提供一个优美的环境。促进村域经济的进一步发展，对该村休闲观光旅游开发和二、三产业的发展壮大起到积极的推进作用。（政务团、商务团）

紫云水岸风景区，香草园占地300亩，湿地公园3000余亩，项目总投资3000万元，通过种植以薰衣草、马鞭草、千日红为主各类花卉的香草园，依托翠屏湖，围造湿地生态观光园。您在这儿可着实享受十里荷塘香、千亩水域美的畅享自然之旅。还可享受相约浪漫、追逐爱情、播种幸福、珍爱一生的温馨浪漫之旅。

截至2014年底，全村共有农家院5户，拥有床位110张，年接待游客6万人次，旅游综合收入120万元。2014年底，大巨各庄村流转土地1100亩，全部用于生态休闲观光农业项目建设，发展休闲农业，带动村民增收致富。（政务团、商务团，数据可实时更新，以下同）

东水厂村

东水厂，宋代成村，因地处水厂以东，故名。村北为西水厂林区。聚落依山势分布，呈南北长方形。全村共47户，182口人。这里自然资源丰富、环境优美、民风淳朴，与九龙山国家森林公园相毗邻，植被生长茂盛，是冀东著名的红色堡垒村，留有许多抗日革命遗迹，村内还有保存最好的唐槐。

神槐　栽于唐代，距今已有1500多年，树干直径2.13米，树干可供6人合抱，高30米，树冠遮阴近百平方米，被人们称为“华夏槐祖”。树下石碑上“神槐”二字为著名书法家王学仲先生所书。据村里人介绍，当年日本侵略中国时，东水厂村曾是抗日革命根据地，包森、田野、李运昌等革命前辈都曾在这里战斗生活过。中华人民共和国成立后，这棵古槐树成为革命传统教育的活教材。

抗日战争时，八路军一个党支部设在本村。那时这个党支部指挥军队进行了多次军事行动。一次，在该支部部指挥下，八路军端了日军在黄崖关的一个炮楼，并收缴了炮楼枪支。日本鬼子气急败坏，包围了该村，将村里老百姓集中到一起，要大家交代枪支和八路军行踪，百姓不肯透漏半点儿消息。日本鬼子就从人群中拉出一个村民，灌辣椒水、煤油、马粪汤。这时人群中走出一位老爷子，说："我知道枪藏哪了，你们跟我走吧。"于是六七个日本兵跟着老爷子进了山。老爷子带着这六七个日本兵在山上转悠了一上午，也没找到枪支，日本兵这时才知道上了当。于是日本鬼子把老爷子绑到这棵槐树上，用机枪扫射，把整个人打得血肉横飞。然后把村里的房子都烧掉了。又想对这些百姓进行屠杀，这时风雨大作，日本军官头疼得在地上滚来滚去，日本翻译官说："看来老天爷不让咱们再杀人了"。就这样村里的人活了下来，村民以后就管这棵槐树叫神槐。后来，包森司令员带领八路军又回到村里，坐在神槐旁边的石头上召集大家开会，包司令说："日本人烧了草房，咱们将来盖瓦房、洋房。"听了包司令的话大家信心倍增，这是村民对八路军带领的道路充分的信任。人们对美好日子充满了期待。令敌人闻风丧胆的包司令后来在战斗中不幸牺牲，人们为了纪念包司令，便把包森司令坐过的这块石头亲切地称为包森石。

龙门山位于东水厂村后，青山环抱，清泉石流，古树参天，果甜花香，构成了"村在山中，山在林中，林在户中"的独特景观。

九龙山国家森林公园，坐落于穿芳峪境内，总面积2126公顷，是天津市唯一的面积最大的山区国家森林公园，是京东独具特色的森林旅游区。因在公园东北部深谷中连绵耸立着九条山脊，恰似九龙聚首，故名九龙山，这里被人们誉为"天然大氧吧"，是人们旅游观光、休闲度假、科普考察、科研教学以及崇尚自然，探寻健康长寿真谛的理想境地。

果香峪村

果香峪，清代成村，因村庄所处位置山谷花果飘香得名。目前384户，1363口人。聚落呈南北长方形。

成立天津市蓟州区神槐金银花种植专业合作社，类型属于农民专业合作社，法人代表：惠昆鹏，成立于2014年1月，合作社社员280人，占该村农户的80%，业务范围：金银花种植、销售、烘干加工；为成员统一采购生产资料，为成员提供技术咨询、技术服务。（政务团、商务团）

皇家陵寝遗址　果香峪附近在历史上被官宦人家视为风水宝地。在清朝康熙年间，有官家懂风水的人看中。康熙帝第五子恒亲王二儿弘胵贝勒（康熙之孙）十四岁染病死后，就在果香峪村北山坡下修陵安葬，等级仅次于王爷陵墓。康熙帝三子恒郡王的第十儿永浩贝勒十二岁时夭折，又在果香峪村西建陵安葬。两陵均属皇亲四等建制，宝鼎、香殿、红墙碧瓦、御路石桥，都是汉白玉石雕砌，宫门更显富丽堂皇。

民国时期，两陵和马兰峪的皇陵同遭劫难。国民党军阀孙殿英率兵盗掘皇陵之后，他的一部人马因没得到实惠，就从保定府偷偷返回，翻盗了黄花山下的几个王爷和一个太子的陵墓，又把朱华山、西葛岭、果香峪的陵墓抢盗一空。这些陵墓惨遭厄运后，护陵官兵逃入北京，就再也无人护管了。于是有的被拆了建州县衙门，有的被邻近村庄拆走建学校，余料被民户盖房打墙用了。

中华人民共和国成立后，果香峪北陵被县武装部占用，西陵只剩地宫，被村用于蓄水抗旱用了，两陵前还各存一座石桥，算作一景。

截至2014年底，全村共有农家院10户，拥有床位260张，年接待游客6000人次，旅游综合收入60万元。（政务团、商务团）

2. 导游词讲解示范

根据旅游资源，现场对部分“讲解员”进行了讲解示范，深受大家好评。如在对东水厂村讲解员进行培训时除了纠正个别发音外，重点对导游词的创作进行了培训，建议其结合实际适当加入目前党建部分内容，尽量做到增加点睛之语。注意讲解体态语，对手势的运用等进行了现场讲解演示。此外，加入了讲解技巧的相关训练。

3. 解说牌设计建议

根据调研分析，对相应村落的解说牌内容、形式设计，及放置位置提供了合理化建议。如小穿芳峪村抗日联络站简介，建议其将内容分为三部分展示，两位司令以图片加文字方式展示，陶艺坊图片加文字展示，删减部分文字，突出重点，加大文字与背景差距，以吸引游客眼球。

三、项目成果

该实践服务活动使穿芳峪镇讲解系统更加完备、语言文字使用更加规范、标识牌设立更加科学合理，满足了该镇旅游发展的需要。本次志愿实践服务共为穿芳峪镇26个村子撰写27篇导游词，其中旅游村导游在针对性讲解方面进行了适当创作。对该镇所有现场讲解员从讲解语音语貌、讲解技巧、讲解体态语等方面进行了较为详细的培训与示范讲解。

通过该实践活动，团队成员更好地掌握了旅游讲解系统相关知识；分析问题、解决问题的能力有较大提高；团队合作意识、服务意识进一步增强，为将来从事旅游服务与管理工作打下了良好的基础。

四、特色与经验

从心理学的角度说，知觉具有理解性，没有言语的指导，游客无法真正欣赏眼前的景致与纯朴的民风。因此，本次实践解说系统构建实践活动无疑为旅游乡村发展又增加了一道亮丽的风景线。经过实践，我们认为实践活动前要有指导教师进行细致的指导，团队要有计划性的同时要具备一定的灵活性，以应对各种临时事件的发生。与实践目的地进行有效沟通，争取获得最大支持，以保障实践活动顺利有效进行。

五、专家点评

乡村旅游是我国重要的旅游业态，对广大农村地区脱贫致富有很大的作用，在解决农村富余劳动力，农民工返乡就业也有积极的作用。但一些乡村旅游通常只是提供住宿和餐饮服务，缺乏乡村文化的挖掘；一些乡村旅游有风景优美，缺乏历史和故事的开发。因此撰写乡村旅游的导游词十分重要。项目组能够以学校附近的乡村为帮助对象，抓住导游词写作的关键，较好地开展了实践活动，取得了良好的效果。

该项目有以下特点：

1. 调研工作深入，调研范围较广

将小穿芳峪村、毛家峪、莺歌寨、大巨各庄、东水厂等确定为重点调研村落。以重点村落调研为核心，对附近其他村落进行调研。对乡村旅游管理者、居民、游客进行了深度访谈，较好地了解乡村旅游解说系统的需要。

2. 撰写了大量导游词

项目组共为穿芳峪镇26个村子撰写27篇导游词，其中旅游村导游在针对性讲解方面进行了适当创作。对该镇所有现场讲解员从讲解语音语貌、讲解技巧、讲解体态语等方面进行了较为详细的培训与示范讲解。

3. 引导乡村旅游从业人员对解说系统的认知和应用

项目组对穿芳峪镇旅游资源及解说牌使用情况进行调查，基本确定该镇旅游资源及对解说系统的需求。根据情况为各旅游村创作了相应的导游词、导游词讲解示范、解说牌设计建议等。同时对讲解人员进行了现场培训。

（点评人：王昆欣，浙江旅游职业学院教授）

所在单位：浙江旅游职业学院
项目负责人：胡显勇
项目指导教师：吕汝健
项目团队成员：马威凯、聂智、傅莹莹、黄上凯、王佳昕
项目编号：WMYC20172065

帮扶驿头村创建浙江省AAA级景区村庄与助力侨乡旅游提升发展实践活动

一、项目概述

（一）项目背景

“万村景区创建”是浙江省“诗画浙江”中国最佳旅游目的地建设的重要任务之一，也是浙江省实现乡村振兴的重要路径。驿头村位于温州市瓯海区山福镇，是中国东南沿海“二程理学文化”主要传承地和“瓯越文化”村之一，也是浙江著名的华侨村。在浙江省推动全域旅游和实施“万村A级景区村庄”创建活动中，浙江旅游职业学院发挥自身专业优势，组织“万村景区建设师生助力团队”，深入全省各地乡村，针对温州驿头村这类具有鲜明文化与生态特色的村庄，大力挖掘人文与自然资源特色，开展帮扶创建浙江省AAA级景区村庄与助力乡村旅游提升发展的实践活动。

（二）项目意义

通过帮扶驿头村开展浙江省AAA级景区村庄创建的规划建设和经营管理，进一步推进侨乡旅游经济提升发展，提高村民与华侨对A级景区村庄创建工作及侨乡旅游发展的关注度和参与度，增加村集体收入，使村民持续增收与致富；通过融入优秀的瓯越创新文化、华侨创业文化和程朱理学田园文化进行旅游产品设计，促进文化与旅游的深度融合，促进侨乡旅游业态转型升级；通过示范及联动营销，带动当地旅游客流量，带动山福镇乃至温州瓯海区西部山区旅游资源的开发与旅游产业的持续快速发展，实现旅游业健康发展和乡村经济振兴；通过服务万村景区建设，

助力乡村旅游发展，师生赴各地进行A级景区村庄建设的辅导，促进学生业务能力和社会实践技能的有效提升。

（三）项目预期

明确驿头村旅游发展的定位、目标，并对旅游开发的功能结构、项目布局、产品建设以及土地利用等进行规划控制和引导。保护开发优良的山水生态环境，弘扬“程朱理学文化”“中加友谊文化”“和平使者文化”“山水田园文化”，整体提升社区景观和建筑风貌，规划设计AAA级景区村庄基础设施，策划打造精品旅游项目，使之成为温州风景秀美、文化丰富、特色鲜明、设施完善、管理一流的瓯越文化风情村景区。

（四）项目执行

1. 前期：2017 **年** 11 **月**—2018 **年** 3 **月**

对驿头村的村庄吸引物、旅游服务质量、旅游基础设施进行调查，深入挖掘驿头村的产业发展与侨乡旅游之间的关系，完成了《驿头村侨乡旅游发展现状调查表》《驿头村基本状况与经济情况调查表》《驿头村旅游资源调查与评价表》《驿头村浙江省AAA级景区村庄服务质量评价表》。

2. 中期：2018 **年** 3 **月**—2018 **年** 7 **月**

完善了《驿头村浙江省AAA级景区村庄服务质量评价表》，分析现存问题、提出改进措施，形成《驿头村浙江省AAA级景区村庄创建现状诊断报告》，并对驿头村浙江省AAA级景区村庄创建过程中遇到的困难提供了多方面的帮扶。

3. 后期：2018 **年** 8 **月**—2018 **年** 11 **月**

完成《驿头村浙江省AAA级景区村庄创建方案（最终稿）》，协助驿头村完成浙江省AAA级景区村庄的申报工作。对驿头村的侨乡旅游产品进行研发，确保驿头村作为浙江省AAA级景区村庄的长效运营和侨乡旅游持续发展。

二、项目内容

（一）项目概况

经过资料搜集与现场调研，创建团队进行了头脑风暴会议，确定了驿头村创建浙江省AAA级景区村庄的项目性质、创建目标与创建范围。

图 1 团队开会商讨创建方案

1. 项目性质

为指导驿头村贯彻省委省政府“关于开展浙江省万村景区化建设”的号召，按照浙江农办和旅游局《浙江省 A 级景区村庄服务与管理指南》的相关要求和《浙江省 A 级景区村庄服务质量等级评价细则》的标准，依托驿头村浙东南乡村的悠久历史与人文风情，以特有的金山寺、大鹏山、山水田园等旅游资源为载体，研发具有当地特色的名人乡贤文化产品、田园山水生态产品、金山朝圣祈福产品、驿头瓯越文化产品、瓯越古道祈福探秘产品与养生休闲度假产品，创建团队预计 2017 年 12 月创建浙江省 AAA 级景区村庄，制订创建方案。

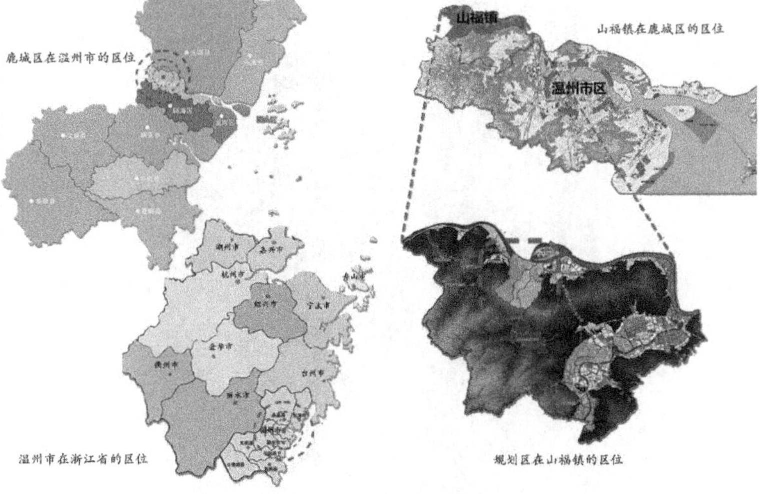

图 2 区位分析图

2. 创建目标

以创富民生为主线，以省级景区村庄建设为抓手，以美丽乡村建设为推手，将驿头村打造成产业特色鲜明，地域文化突出，人文景观鲜活的景区村庄，浙东南著名的旅游乡村和鹿城区AAA级景区村庄示范基地。

3. 创建范围

经过与驿头村党委、村委会委员的多次商讨，确定了景区范围。

图3 与当地领导确定景区范围

景区范围为驿头村所辖部分行政区域范围6.51km^2。四界分别为，北至社区北部瓯江主航道线，南至大鹏山自东向西沿南部山地山脊线，西至白岩下，东至金岙村西边界线。四边边界如图4所示。

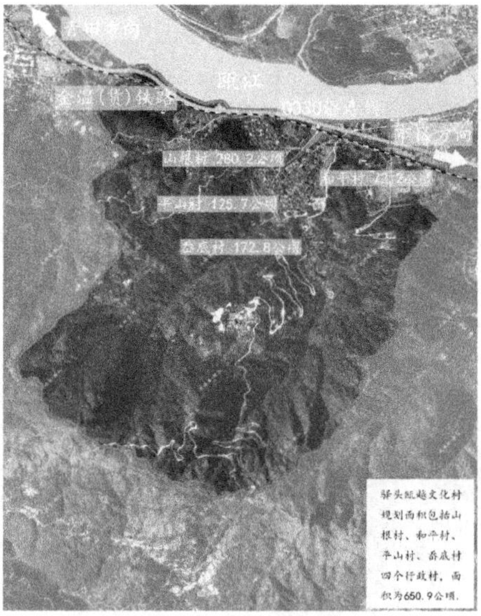

图4 景区范围图

（二）市场营销规划

创建团队设计《驿头村侨乡旅游游客感知调查问卷》，结合线上线下发放，整理出 200 份调查问卷，最终形成《驿头村侨乡旅游游客感知调查报告》与市场营销规划章节。

图 5　现场发放调查问卷

1. **客源市场定位**

（1）国内旅游目标市场

一级目标市场：温州地区及周边居民。

二级目标市场：3 小时交通圈的浙江省内客源市场、上海、福建、河南程朱后裔等客源市场。

机会市场：江苏、山东等沿海省市、华南市场、华中市场。

来温州旅游的国内游客仍以省内游客为主，占 63.1%，其次为福建、上海、江苏等周边省市，分别占 6.1%、5.7% 和 5.2%，随着近年来动车和高铁的开通以及温州机场国内航线的增加，温州旅游的客源地半径不断扩大，来自广东、湖北、湖南、江西、安徽、河南等地区的游客占比也相继提高。

（2）国外旅游目标市场

温州市入境游客以商务客人和海外华侨华人为主的客源类型，国外客源目标市场主要有港澳台市场、新加坡、韩国、马来西亚、印度和非洲等市场。

2. 营销主题形象及口号

主题形象口号：千年瓯越　文化驿头

营销口号：针对不同细分市场，提出不同口号。

千年古驿　　百年侨情

千年瓯越　　风情驿头

千年沙驿　　让平故乡

研程学文化　品瓯越风情

禅修金山寺　问道大鹏山

生态山福　　田园驿头

3. 营销策略及措施

驿头虽然拥有丰富的旅游资源与千年的传统文化，但也需要加大宣传力度，线上线下相结合，全方位传递驿头悠久的历史和浓厚的文化底蕴，树立驿头独特的乡村旅游品牌形象。

（1）新闻媒体宣传

驿头的重要节庆以及举办的重大活动应请当地电视台或报纸等媒体进行拍摄采访报道，利用网络高速、及时、全天候的特点，提高驿头的出镜率，提高驿头的知名度，从而更好地宣传驿头传统文化，推进驿头旅游发展。

（2）中介机构宣传

旅行社是景区与游客之间的联系纽带，因此驿头在市场的开拓上可以把重点放在与旅行社合作渠道的建设上。如果能与旅行社建立良好的关系，驿头不仅是市场份额得到了保证，同时也做到了线下的宣传。

（3）墙体广告宣传

在周边地区书写墙体标语和广告，并且在通往驿头的公路上制作宣传牌。

（4）建立客源地办事处

针对驿头的主要目标市场，建立办事处，实现驿头景区与游客零距离接触，并实现游客天天发。

目前驿头服务中心微信公众号，不仅推送山福镇驿头网格工作开展情况，并且不定期推送驿头大鹏山景区旅游活动、路线资讯及辖区内文化主题活动预告，亦可针对群众的特殊疑问，提供一对一的后台咨询服务。

（三）侨乡旅游产品体系

为助力驿头村侨乡旅游提升发展，创建团队对景区内的自然景观、田园风光、建筑风貌、历史遗存、民俗文化、体验活动与特色产品进行现场调研、分类与评价，对现有旅游产品进行了评估分析：

目前创建范围内的旅游产品种类开发不足，基本以观光为主，缺少参与性、体验性项目，难以形成对游客多种休闲、娱乐、餐饮、主题住宿需求的支撑，难以延长游客逗留时间。要深入挖掘二程文化、中非文化及本土瓯越文化内涵，引入乡贤文化研学产品、生态田园养生产品和艺术创作、特色餐饮、特色民宿等旅游业态，建立类型多样、品质优良的旅游产品体系。

图 6　村庄吸引物

图 7　与当地领导探讨旅游产品的研发

1. **名人乡贤文化产品**

（1）乡贤文化研学旅游

驿头村为温州十大最美历史文化古村落之一，历史悠久、文脉传承，有广为推崇的程朱理学，非常适合青少年研学旅行。青少年可沿瓯江上行，走进非洲联盟前主席让·平的故乡，探访理学名家传奇故事；欣赏优美的自然风光和具有人文价值的学者、主席故居，圣旨亭及多处明清时期的古民居，品味千年古村落的魅力。在让平祖居，讲解员会带大家了解59届联大主席、前非盟主席让·平先生的成长历程和从政经历，与1:1制作的让·平先生仿真蜡像合影；在中加友谊馆领略异国风情和名人风采；安排青少年拜访当地著名服饰企业，聆听老总们的创业经历。

图8　青少年研学旅行

（2）祭祖寻根之旅

多渠道联系国内外乡贤及其后代，邀其探访故里开展祭祖寻根之旅。策划程氏后人参观程奕故居、程让平祖居、程登云故居、圣旨亭、义官桥、中加友谊馆等景点，后在驿头祖庙举行祭祖仪式。同时景区内开展剪纸、书法、格橱龙、驿头花斛表演等文化活动，让程氏后代学习和体验不同的瓯越文化。

图9　寻根祭祖仪式

2. 田园山水生态产品

景区内生态资源丰富，“生态农园”特色凸显，在严格保护的基础上科学利用，策划打造成为本地市民和外地游客亲近自然、乐享农园的生态田园山水旅游产品。

（1）农耕文化体验产品

整合山根村、和平村的现代农业示范点、农耕体验中心，开设农耕园和农事学堂，增强外部可进入性，完善内部游步道、标识标牌、生态厕所、休憩游览设施的配套。农耕园可采取出租土地的方式，供都市家庭亲自播种，体验“一亩三分田”的乐趣，享受农事劳作丰收的喜悦；也可采取收门票形式，吸引青少年走出校园、走出课堂，融入大自然、回归田园，开展“乡村游学”和农耕文化体验，如挖番薯、掰玉米、割青菜等。

图 10　掰玉米、挖番薯

（2）田园农庄生态憩游活动

在金山寺西侧的瓯柑园内种植如猕猴桃、野桃、樱桃、杨梅、山楂、豆荚、草莓、葡萄等，将其包装成四季百果园。供游客春赏樱花，夏摘杨梅，秋收瓯柑，也可扎营休憩。针对都市白领，除瓜果采摘外，还可开展自助烧烤、夏日夜晚观萤火虫、露天扎营等活动，以及金秋时节摘瓯柑比厨艺亲子活动，瓯柑王采摘比赛趣味活动等。

图 11　摘瓯柑比厨艺亲子活动

（3）花事体验产品

在山根村废弃梯田种植四季花卉，打造梯田花海。引导村民在东溪、西溪种植四季花卉灌木，形成沿溪花径。策划花事体验产品，为中小学生提供种花体验，开展花卉认知教育主题活动与花卉植物播种、育苗、栽培、管理、采收、储藏、加工等体验性活动，搭建花卉拱门、鲜花小屋、花藤秋千等，供新婚情侣拍婚纱照；提供花田露营、花田骑行、户外写生等活动。

图 12　户外写生

图 13　户外写生花田婚纱摄影

3. 金山朝圣祈福产品

区域内有金山寺宗教文化园区，主要承担金山寺大型朝拜佛事活动的组织、管理和旅游服务功能，可开发佛教文化旅游、禅修养生旅游等旅游产品。

（1）祈福礼佛旅游产品

金山寺是浙南著名的古刹，为大型宗教活动场所和佛教圣地。金山寺周围环境优美、空气质量优良，对老年人的修身、养性和怡情都有较大的吸引力。为“银发市场”的开发提供了优势基础，在此基础上，开发保健、摄影、登山、健体、宗教和观光等活动，使老年人身心愉快。

（2）禅茶养心文化旅游产品

与金山寺相接壤的金龠寺完全建成于明初，三面环山，一面向水。即东、南、西面为山所围合，北面是瓯江，山清水秀，风景多姿。适合开发禅修冥想课程、国学课程、灵性瑜伽和中式禅茶等禅修养生产品，也适合游客短期封闭式集体禅定、清修并体验品禅茶，吃素斋的佛门生活。

4. 驿头瓯越文化产品

（1）民俗文化演绎旅游产品

利用文化礼堂，开展话剧表演活动，如驿头的发展历程、程登云革命故事、程门立雪等典故传说，驿头村民有关风俗习惯的趣味故事等。针对不同的人群，可开展相应的民俗文化演绎活动。

（2）民俗文化体验旅游产品

景区内民俗文化氛围浓厚，有格橱龙、驿头花斛表演，还有捣年糕、社戏等传统活动，能让游客体验瓯越文化。通过举办各种赛事、邀请戏班入村表演、祭祀祈福等活动，不仅可以弘扬和传承驿头传统文化，还可以让游客体验地方特色文化。

图 14　格橱龙

图 15　驿头花斛

图 16　捣年糕

图 17　正月戏班入村表演

图 18　祭祀祈福

（3）创业大讲堂

利用文化礼堂、文化长廊，开设温州人创业大讲堂、温州人创业论坛，邀请海内外温州籍的服饰企业、鞋帽企业等创始人谈创业故事。同时通过参观让·平祖居、中加友谊馆，让游客感受承载瓯越文化的“温州人精神”。

图 19　创业大讲堂

三、项目成果

（一）推动环境美化，促进基础建设

在驿头村 AAA 级景区村庄创建的过程中，我们项目团队按照浙江农办和旅游局《浙江省 A 级景区村庄服务与管理指南》的相关要求和《浙江省 A 级景区村庄服务质量等级评价细则》的标准，对驿头村的金山寺、大鹏山等旅游资源进行详细调查并形成报告，调查得出旅游资源主类 7 类、亚类 21 类、基本类型 38 类，分别占各类旅游资源的 87.5%、48.38% 和 18.06%。同时，我们针对驿头村庄环境存在的建筑风格不协调，绿地空间零乱、公共空间不足，部分基础设施不完善等相关问题，进行了深入研究。最后将驿头的乡村景观以生态化手法打造，实现景观生态化。具体措施有：恢复和修缮让·平祖居这类传统建筑；对河道、池塘、水渠等使用卵石、块石浇筑，保持乡村生态风貌；绿化、洁化、美化道路两侧景观等。这些举措在实现乡村美化的同时，也推动了乡村旅游基础的建设。目前通过对地方景观的建设、乡土资源的优化、村庄基础的建设，驿头景区已基本满足了旅游发展的需求。

（二）加快旅游建设，推动人才发展

驿头村民多为从事农业劳作的人员，但是随着对山福镇历史人文荟萃、生态环境优美等优越条件的挖掘，以及不断开发瓯越文化资源，驿头人民的就业势态也慢慢有所转变。同时结合近况，我们项目团队将驿头打造成 AAA 级景区村庄，也加

快了浙江省旅游局、省农办等对驿头景区村庄相关政策的推行速度。在创建过程中，我们团队对景区村庄经营管理知识进行了宣传普及，为驿头村干部、村民举办万村景区化建设知识讲座，为未来从事景区村庄营业的人员开设服务技能培训，将目前驿头村浙江省AAA级景区村庄创建过程中遇到的人才困难问题，进行针对性的解决。将驿头村内的餐饮、住宿、娱乐有机结合，为未来旅游业及相关产业发展奠定良好的基础。

（三）挖掘产业业态，推动经济发展

项目团队详细调查了驿头村的产业结构、旅游业态与项目、社会经济等情况，驿头村内的产业以农业和少量手作工艺为主，当前可开发和可深化的乡村旅游产业较多，我们经过深度研究后确定驿头未来的旅游业态与项目考虑以乡村体验为主，将着重发展田园乡村侨乡旅游，加强旅游服务产业建设，实现旅游及相关产业带动当地经济发展。在确定未来发展方向后，可使驿头景区村庄长效运营及可持续发展，提高民众与华侨对A级景区村庄创建工作和侨乡旅游的关注度和参与度。我们团队为驿头未来开展侨乡旅游做了深度的可行性规划，通过村民对接远在海外的华侨，实现对驿头村的旅游发展提供资金上的援助。在帮扶驿头村进行浙江省AAA级景区村庄创建中，我们对驿头村的侨乡旅游产品进行研发，主要通过名人乡贤文化、田园山水生态、金山朝圣祈福、驿头瓯越文化等六类产品实现侨乡旅游发展和当地经济产业转型。

四、特色与经验

该项目最大的特色，就是前期做了大量的实地调研，所以后期的报告，比较全面、实在、针对性强，也为后期的产品设计、营销策略、培训等成果的产生奠定了基础。

（一）全面实地调研，完善基础报告

前中期通过实地调研，项目组已全面掌握驿头村的A级景区村庄吸引物、旅游服务质量、旅游基础设施等现状，通过深入研究，完成了《驿头村旅游资源调查及评价表》《驿头村浙江省AAA级景区村庄服务质量评价表》，并依据浙江省A级景区村庄创建标准分析现存问题及改进措施，形成《驿头村浙江省AAA级景区村庄创建现状诊断报告》，由此可见，项目的整体调研报告和基础改进规划已基本落实。

（二）全面实地调研，整合旅游资源

通过前中期的全面的实地调研考察，创建团队根据驿头村已有的旅游资源重新整合分配，最后梳理出了四大旅游产品体系，分别是名人乡贤文化产品、田园山水生态产品、金山朝圣祈福产品、驿头瓯越文化产品。

（三）全面实地调研，挖掘经济业态

驿头村当前可开发与可深化的乡村旅游产业较多，未来旅游业态与项目考虑以乡村体验为主，将着重发展田园乡村游与侨乡旅游，加强旅游服务产业建设，实现旅游及相关产业带动当地经济发展。此外还可通过村民对接远在海外的华侨，实现对驿头村旅游发展提供资金上的援助。以旅游发展为起点，以乡村景观为基础，推动当地旅游业、农业及相关服务产业的全局发展。

（四）全面实地调研，实行产业发展

项目组在发展驿头村旅游过程中极大程度地保持了当地的独特的文化个性与建筑风貌，从而使来到驿头的游客在观赏游览过程中能体验到独特的驿头文化、得到精神熏陶和享受宁静。在这过程中，我们着力考虑了与文化创意产业的融合发展，开发诸如采摘瓯柑、采摘杨梅、“捣年糕”、制作麦饼、田间耕作、戏班表演、祭祀祈福等旅游产品，符合本地本村特色并具有独特人文气息的旅游活动项目，为游客提供餐饮、休闲娱乐、文化体验等多种业态的服务，促使驿头村在保护中得以发展。

五、专家点评

本项目主题是对侨乡驿头村进行帮扶和景区创建活动。根据总结可见，项目完成认真、全面，过程细致、技术专业、成果丰富、提升有力、帮扶见效，基本完成项目的预期目标。从项目创建目标的确立、创建范围的核定、目标市场的定位、产品的深度开发、资源的挖掘和梳理等均能看出项目组的工作扎实、思路清晰、技术专业；尤为值得称道的是侨乡旅游产品的体系建设，为驿头村的AAA景区建设、侨乡的长远发展做了一件实实在在、富有针对性的基础性工作，同时亦体现了项目组的专业实力。

本项目尚需提升的是产品确立之后，营销规划、策划方案还需更具市场性、更具可操作性、更具指导意义。

（点评人：张新南，南京工业大学浦江学院国际酒店与饮食文化学院客座教授、院长）

所在单位：苏州旅游与财经高等职业技术学校
项目指导教师：李彦
项目负责人：陆艺文
项目成员：余妲、周珊珊、张芮、刘怡、谢伟杰
项目编号：WMYC201220057

解读路名文化，仰望历史明贤

——苏州国际教育园学生导游实践活动成果介绍

一、项目概述

（一）项目背景

习近平总书记指出："我们要结合新的时代条件传承和弘扬中华优秀传统文化，传承和弘扬中华美学精神。"文化旅游的发展，可以更好地继承传统文化、追寻文化名人遗踪，更好地传承中华民族优秀传统文化。

为适应苏州经济、社会发展的需要，加快推进我市高等教育和职业教育的发展，优化职教资源，增强城市综合竞争力，2002 年 7 月经市委常委会、市政府常务会议研究决定，在上方山、石湖景区建设苏州国际教育园。

苏州国际教育园分为南北两区。整个园区依上方山两侧、傍著名的石湖风景区而建，自然环境和历史人文条件得天独厚，在规划编制上深入考虑了教育园与自然山水的融合、协调，从而建设成为具有开发性、可持续发展性、综合性的集教育、科技、文化及旅游协调发展的山水大学城。

为了把教育园的外部环境打造成对学生开展教育的平台，园区道路的命名都打上了浓郁的区域文化特色。以国际教育园南区为例，南北方向的纵向道路以苏州历史名人的名、字号命名，分别是雪君路、圣陶路、顾公路、致能大道、希文路、元璙路、伍员路、瑶泉路、文樑路和范蠡路等；东西向的 6 条横向道路以苏州历史名人诗句命名，分别为一川街、双清街、旅思街、文耀街、年华街和丛霄街等。然而，由于学校教育的缺失，学生到国际教育园学习多年，对这些路名的文化含义却

几乎无人知晓，环境的教育功能得不到有效实现。

（二）项目意义

本项目旨在通过学生对国际教育园路名文化的考察，深度挖掘路名背后的文化内涵，将人物简介、作品欣赏、故事传说、相关景点链接，撰写导游讲解词，向游客介绍。项目组通过导游实践活动，充分利用好苏州国际教育园路名文化资源，同时结合石湖景区历史文化资源，将其转化为职业院校旅游专业的教育资源，扩展了专业学习空间，为旅游专业学生导游实践提供优良场所，最终实现教育园环境的教育功能。

（三）项目预期

通过"解读路名文化，仰望历史明贤——苏州国际教育园学生导游实践活动"，以期增强旅游管理专业学生的专业讲解能力和社会实践能力；提升苏州国际教育园的社会影响力；扩大AAAA级景区——石湖景区的整体旅游形象，扩大对外宣传效果。希望借助学生的宣传活动，提升游客文明行为意识，增强保护旅游资源、爱护旅游环境的自觉性。并从实践活动中总结经验，形成理论，使之具有推广和借鉴意义。

（四）项目执行

本项目从2017年底启动至2018年底结题，历时一年时间，在申报计划的基础上，依据实际情况做出调整，使项目研究和实践更具合理性和条理性。

项目研究初期：筹建项目组，确定以"解读路名文化，仰望历史明贤"为课题，以学生导游实践活动为形式，明确研究方向。项目组借助阅读资料、网络搜索、观看微课等方式做好资料搜集工作。

项目研究中期：项目组全体师生多次前往苏州国际教育园北区和南区实地考察路名文化，并邀请区域旅游文化专家陶友华副教授进行石湖景区文化讲解。项目组搜集整理调研资料，并撰写教育园路名讲解词。项目组同时组建旅游服务志愿者队伍，为石湖景区游客提供旅游服务。

项目研究后期：项目组将导游实践成果编撰成《苏州国际教育园路名文化导览手册》，并撰写发表论文，在理论层面对本项目进行探讨和总结。

二、项目内容

（一）组建团队，搜集资料

2017年底组建项目组，项目指导老师是李彦老师，主要研究方向是中国传统文化；项目负责人是14级旅游管理专业的陆艺文同学；5名组员都来自14级旅游管理专业。这些同学经过四年专业学习都具备了良好的旅游专业素养和导游职业素养，为项目的开展提供了人力资源。

2018 年 1—2 月项目组全体师生借助学校开通的中国知网和万方数据库查阅资料，前往苏州国际教育园图书馆查阅吴地文化资料，积累了大量的文化、旅游资料，为即将开始的项目研究和实践做好了知识储备。

（二）微课开发，示范讲解

指导教师李彦老师录制了旅游景点讲解微课，内容选取了“石湖赏串月”“寒山寺听钟”“天平山观枫”这三个具有浓郁地方特色的名胜景点和民间风俗进行讲解，并借助“智慧树”网络平台发布微课，提供给学生线上观看和学习。

（三）实地考察，出典论证

2018 年 3—4 月项目组全体师生多次前往苏州国际教育园北区和南区实地考察路名文化，共考察北区仁泽路、启丰路等 9 条路，南区雪君路、圣陶路等 16 条路。

表 1　国际教育园南区路名一览表

路名	出典
雪君路	沈寿（1874—1921 年），初名雪芝，字雪君，号雪宧。她生长于江苏吴县（今苏州），刺绣艺术家、刺绣艺术教育家。
圣陶路	叶圣陶（1894—1988 年），原名叶绍钧，字秉臣、圣陶，江苏苏州人，现代作家、教育家、文学出版家和社会活动家，有“优秀的语言艺术家”之称。
顾公路	顾野王（519—581 年），原名顾体伦，字希冯，吴郡吴县（今江苏苏州）人。南朝梁陈间官员、文字训诂学家、史学家。
致能大道	范成大（1126—1193 年），字致能，一字幼元，晚号石湖居士，平江府吴县（今江苏苏州）人。南宋名臣、文学家。
希文路	范仲淹（989—1052 年），字希文，苏州吴县人，北宋杰出的思想家、政治家、军事家、文学家。
元璙路	钱元璙（887—942 年），字德辉，原名钱传璙，五代十国的吴越国肃王钱镠的第六子，苏州刺史，中吴军节度使。
伍员路 / 子胥路	伍子胥（前 559—前 484 年），字子胥，楚国人，春秋末期吴国大夫、军事家。
瑶泉路	申时行（1535—1614 年），字汝默，号瑶泉，晚号休休居士。明代大臣。明朝中南直隶苏州府长洲（今江苏苏州）人。
文樑路	颜文樑（1893—1988 年），江苏苏州人，中国著名画家，美术教育家。
范蠡路	范蠡（前 536—前 448 年），字少伯，春秋末著名的政治家、军事家、经济学家和道家学者。
文耀街	范成大《满江红》“光万丈，文章耀”。
年华街	范成大《朝中措》“身闲身健是生涯，何况好年华”。
丛霄街	范成大《水龙吟・寿留守》“仙翁家在丛霄，五云八景来尘表”。
一川街	范成大《横塘》“南浦春来绿一川，石塔朱桥两相依”。
双清街	杨万里《寄题石湖先生范致能参政石湖精舍》“古往今来真一梦，湖光山色自双清”。
旅思街	范仲淹《苏幕遮・怀旧》“暗乡魂，追旅思”。

表2　国际教育园北区路名一览表

路名	出典
仁泽路	归仁泽，苏州吴（江苏吴县）人。唐懿宗咸通十五年（874）甲午科状元及第。
启丰路	彭启丰（1701—1784年）字翰文，号芝庭，又号香山老人，清代大臣、学者，苏州状元。
震孟路	文震孟（1574—1636年），明代官员、书法家、苏州状元。
范石湖路	范成大（1126—1193年），字致能，一字幼元，晚号石湖居士，平江府吴县（今江苏苏州）人。南宋名臣、文学家。
沈寿路	沈寿（1874—1921年），初名雪芝，字雪君，号雪宧。她生长于江苏吴县（今苏州），刺绣艺术家、刺绣艺术教育家。
浣纱路	名字来自于西施浣纱的故事。
时行路	申时行（1535—1614年），字汝默，号瑶泉，晚号休休居士。明代大臣。明朝中南直隶苏州府长洲（今江苏苏州）人。
镜湖路	范成大曾聚居在镜湖山庄的名字。
贺梅子路	贺铸（1052—1125年），北宋词人。字方回，又名贺三愁，人称贺梅子，自号庆湖遗老。

2018年5—6月项目组邀请区域旅游文化专家陶友华副教授带领项目组和部分14级旅游管理专业学生，对苏州国际教育园路名文化进行讲解和实地考察。项目组将搜集的资料进行整理，结合实地考察的所思所感记录下来，撰写了苏州国际教育园北区、南区路名讲解词。

2018年7—8月项目组再次进行实地考察，此次扩大了考察范围，除了国际教育园南区、北区外，将目光投向上方山和石湖景区。由于苏州国际教育园位于上方山、石湖风景区内，北临胥江，东傍石湖。按照自然山水、苏州特色、人文校园、持续发展的理念，以石湖景区自然山水为主体，以吴越史迹等人文景观为导线进行设计，具有浓郁的江南风光特色。由此可见，苏州国际教育园的路名文化与上方山、石湖景区文化是不可割裂的。将几者结合起来考察，有利于加深同学们对路名文化、景区文化的认识和理解。整个考察期间，项目组同学共撰写了9份调查报告，从各个角度总结了考察的过程、考察中发现的问题以及考察后的心得体会。

（四）志愿服务，参与公益

实践服务型英才培养项目还要求：在校期间积极参与志愿服务、社会实践等活动，乐于参与公益活动。因此项目组同学们在调研期间还积极参加志愿者活动。

国际教育园是上方山、石湖景区的一部分，游人往来，经常留下大量的垃圾、游客到景区后不知道该走哪条旅游路线、对所游览的景点历史背景不清楚而感到遗憾等。针对这些问题，项目组志愿服务活动便应运而生。

志愿活动的目的在于：增强游客环保意识，便利游客旅游，清洁旅游景区，营造一个清新洁净的旅游氛围，希望达到“除了脚印什么也不留下，除了快乐什么也不带走”的目的。令同学们能够在活动中开阔眼界，锻炼能力和培养各方面的素质。向社会各界人士展示我校学子的优秀风采。提升此次活动在国际教育园里的影响力，激励更多的同学热衷于志愿服务事业。

活动流程如下：

1. 与石湖景区管理处洽谈

项目组提前与石湖景区管理处领导取得联系，向他们说明志愿活动的目的和意义，对方欢迎项目组同学参与景区环境维护工作。

2. 招募志愿者

项目组在全校范围内以自愿参加为原则一共招募了 20 多名志愿者，一起投身于志愿服务中来。

3. 志愿分工

为了处理好志愿活动中的细节问题，明确责任的归属问题，更好地推动志愿活动的进程，项目组对招募的志愿者分为以下几队，并选任队长一名。志愿景区清洁队：主要任务为清扫景区内各景点残留的垃圾，将清扫出的垃圾装入事先准备好的垃圾袋，由专门人员统一收集到垃圾桶处理。志愿摄影队：本队要求队员有一定的摄影基础，性格温和沉稳，在游客需要拍照留念时为他们提供免费的摄影服务。志愿服务台：在景区内设立多处志愿服务台，为游客们提供各种免费的服务。如提供饮用水、环保宣传单、景区地图等，也负责为游客们指引方向，领路等。

4. 景区服务

活动前志愿者分组，要求各个小组到达指定地点，在各自负责的范围内有条不紊地进行志愿活动，对于清洁队来说，为他们划分责任区，负责自己责任区的卫生，与景区的清洁人员一同处理游客留下的垃圾。组内选定一名干事负责记录每名队员的表现，如态度是否积极，对待游客是否热情，是否完成任务等，并为他们打分，作为活动结束后评比优秀志愿者的依据。

5. 总结点评

志愿活动结束后，对表现优秀的志愿者提出表扬，再由各队的队长做志愿服务小结，汇报任务完成的情况等。

通过学生在国际教育园和石湖景区的旅游咨询志愿服务活动，扩大苏州国际教育园的社会影响力。学生通过在对苏州国际教育园路名的导览讲解志愿服务，增强了专业讲解技能；体验了地域优秀传统文化；培养了景点文化解读能力；拓展了服务游客的技能，有助于学生进一步接轨行业发展实际。通过环保宣传教育等活动，切实增强公民文明旅游意识，着力纠正各种破坏景区旅游资源、环境的现象，创造良好的旅游环境，进一步提升公民文明素质。

（五）导览讲解，分享成果

2018年9月项目组开设了一堂汇报课，项目组成员担任组长带领14级旅游管理专业部分学生分为5个学习小组，分别考察国际教育园内五条道路即圣陶路、顾公路、致能大道、希文路和伍员路，每个小组负责一条道路的路名文化解读。通过现场考察、课外阅读、上网搜集资料等研究性学习手段，从人物简介、作品赏析或故事传说、相关景点链接三个方面组织材料，做成PPT在课堂上汇报交流，分享研究成果。

这次研究性学习活动，是一次非常复杂的学习过程，也是一次主动学习的过程，在完成学习任务的同时，学生的学习能力得到有效的培养。同时，因为时间紧任务复杂，这样的学习任务必须有组长精心组织，需要整个学习小组齐心协力，共同完成。在完成任务的过程中，学生的合作能力、沟通能力、克服困难解决问题的能力都有很大提高。本次汇报课是将区域文化资源转化为职业学校的宝贵的教育资源的一次教学尝试，受到师生的一致好评。

（六）汇编手册，总结探讨

2018年10—12月项目组着手整理和汇编了《苏州国际教育园路名文化导览手册》，指导老师李彦发表论文《苏州国际教育园学生导游实践活动探究》，该论文刊登在《现代职业教育》12月刊。

三、项目成果

本项目最终形成研究成果共五项：1.旅游文化讲解教师示范微课；2.实践活动记录；3.汇报课；4.论文；5.《苏州国际教育园路名文化导览手册》。呈现形式包括微课、视频、报告、汇报课、论文、手册，形式较为多样。

（一）微课：旅游文化讲解教师示范微课

项目指导教师李彦老师选择《石湖赏串月》《寒山寺听钟》《天平山观枫》这三个景点名胜进行讲解，“石湖赏串月”是吴地的民俗，国际教育园又属于石湖景区，选择这个景点讲解，帮助学生更快了解教育园内历史明贤和传统文化。又借助“智慧树”网络平台发布微课，可以供同学们线上学习。而“寒山寺听钟”“天平山观枫”是苏州的旅游胜景、文化标志，学生们相对来说比较熟悉，帮助学生们尽快投入到讲解词的学习中来。

（二）实践活动记录，项目组共撰写了 9 份调研报告

9 份调研报告分别为：苏州国际教育园路名调研报告；伍员路调研报告；沈寿路调研报告；顾野王路调研报告；圣陶路调研报告；瑶泉路调研报告；范石湖路调研报告；瑶泉路调研报告；旅思街调研报告。报告从调研目的、过程、内容、问题、心得这几方面展开，真实记录了同学们的调研工作。之后学生尝试自己撰写了苏州国际教育园北区、南区路名文化讲解词，并拍摄讲解视频，反复修改，不仅修改讲解词也不断纠正自己讲解时呈现出来的职业仪态。实践出真知，实践活动的过程使同学们在专业学习和个人能力方面得到锻炼。

（三）开设一堂汇报课

汇报课有指导老师主持，项目组同学负责讲解，14 级旅游管理专业部分学生参与。项目组同学将人文知识与旅游景点相链接，这次汇报课是对他们考察后的一次检验，他们都精心准备讲解内容，为参与的同学们介绍了实践方法、过程、研究成果，带领同学们一起详细解读了国际教育园路名文化，一起仰望了吴地历史明贤的诗文才情和高尚品格，可谓教学相长。

（四）汇编了《苏州国际教育园路名文化导览手册》

手册共分为三个章节，第一节历史明贤之路，介绍了范成大、范仲淹、伍子胥等历史明贤；第二节工艺大师之道，通过了解雪君路、圣陶路、文樑路、伍员路等，了解与这些路名有关的历史明贤，如刺绣艺术大师沈寿、教育家叶圣陶、美术大师颜文樑、建造姑苏城的伍子胥等。第三节地域诗文之街，分别介绍了文耀街（范成大的《满江红》）、双清街（杨万里《寄题石湖先生范致能参政石湖精舍》“古往今来真一梦，湖光山色自双清”）、旅思街（范仲淹《苏幕遮·怀旧》“暗乡魂，追旅思”）。通过路名了解古典诗文和其中诗人流露出的情怀。这些都是项目组学生在长时间的资料积累和多次实地考察后的研究所得，通过汇编大大加深了同学们对路名文化、历史名贤、区域文化的理解，为未来导游工作打下深厚的基础。

（五）指导老师撰写的论文《苏州国际教育园学生导游实践活动探究》

论文是对该项目过程性材料的梳理，从实践活动中总结经验，对实践活动中存在的问题进行探讨，最后形成理论，用来指导日后教学工作。

四、特色与经验

（一）实现区域文化资源向职业教育资源的转化

苏州国际教育园的路名文化是区域文化资源，本项目注重把这些文化资源转化为职业院校旅游管理专业的宝贵的教育资源，注重吴地优秀传统文化的传承教育，注重提高学生的旅游文化鉴赏能力和文化旅游景点的解读能力，在利用区域文化资源培养学生的职业素养方面做了有益的尝试。

1. 学生接受了国际教育园路名中蕴含的历史名贤教育

“一方水土养一方人”，在苏州这块人杰地灵的宝地上，曾孕育出一大批才华横溢、卓有成就的人物，历代的明贤书写了姑苏的繁华与春秋，造就了苏州的历史与文化，国际教育园路名中所涉及的历史名贤就是其中的代表。通过导游实践活动，学生们了解到历史明贤在思想文化、伦理道德、个人操守等方面所展现的精神风范，通过正能量的熏陶，学生们逐渐完成健全人格的自我构建，提高自身的文化素养和职业素养。

2. 学生提高了旅游文学欣赏水平和旅游景点文化解读能力

历史明贤中有许多就是著名的文学家，他们的文学作品脍炙人口。如果没有这样的导游实践活动，学生们一般不会去主动学习这些文学作品。同学们通过导游实践活动，激发了大家追寻明贤足迹，开展深度旅游的兴趣。这些内容又契合旅游文学作品欣赏课程改革的需求，走出课堂，走向社会，拓宽视野，提高职业素养。

（二）担当旅游志愿者，为家乡旅游热心服务

本项目为苏州旅游整体形象宣传造势，扩大苏州旅游的社会影响，带动更广泛的社会力量关注、参与苏州旅游。

在旅游景区内，项目组同学担任旅游志愿者，认真而又热情地为游客介绍旅游景区，为游客解难答疑，提供咨询服务，整理景区环境，劝导不文明行为，对游客有很好的亲和力，很大程度上也冲击了一些不法“野导”的行为，同时也提升了苏州的旅游形象。

提升对旅游行业的认知，热爱旅游行业，树立为家乡旅游业服务的决心。通过本项目的实施，学生能够从自身做起，并带动周围的同学投入旅游志愿服务的实践当中，让更多志愿者尤其是年轻志愿者热情加入服务队中来，做好爱护环境、文明旅游的宣传工作，树立极强的主人翁精神，使自己真正成为“旅游人”。

（三）锤炼导游实践技能，为未来职业做准备

通过该项目，学生多方面提升自身的职业技能和业务水平。学生虽然在平常的课堂学习中很注重锻炼自己的实践技能，已经能够完成导游带团、景区服务、旅游线路策划等工作任务。但是，这些技能还没有投入企业的工作当中。通过导游实践活动的锻炼，可以进一步提高学生的导游讲解、宣传、礼仪服务、对客咨询、园区向导、秩序维护等工作技能，为实习做好充分的准备。

值得注意的是：苏州国际教育园路名文化和AAAA级石湖景区的历史文化积淀深厚，学生由于阅历有限，对区域文化的理解和专业知识的积累还有待深入和加强，创作讲解词的能力也亟待提高。

五、专家点评

苏州旅游与财经高等职业技术学校的《解读路名文化，仰望历史明贤》万人英才项目在李彦老师的指导下顺利完成。该项目是一个以学生为主的导游实践活动。该项目的特点：一是创新性的利用和转换资源。抓住学校、学生身边无人关注、久被忽略的资源——苏州国际教育园区内的路名，结合专业、挖掘文化，使默默无闻、无人问津的路名一下富有生命、鲜活起来，让没有商业应用价值的国际教育园区成为可供利用、可供欣赏、富含文化旅游价值的产品。二是成果丰富，呈现形式多样。成果有微课、视频、报告、汇报课、论文、手册、志愿者服务，等等，无论是文字、文件，还是活动形式都可见项目有序、有计划地推进，达到了项目预期的目标。三是该项目不仅有项目组学生参加，还适时扩大招募了志愿者，让更多的同学参与到这一万人英才项目中来，扩大了国家文化和旅游部万人英才项目的知名度和影响力。难能可贵的是指导老师与生同乐、同成长，通过该项目一起收获了专业业务的成长，成功发表了专业论文等。

该项目的可提升之处是如何利用开发起来的路名？如何使富有文化底蕴的路名成为一个鲜活的旅游产品？而不是仅仅停留在课堂和学生训练的本本之中。项目的总结还可进一步的归纳、提炼。

（点评人：张新南，南京工业大学浦江学院国际酒店与饮食文化学院客座教授、院长）

所在单位：厦门南洋职业学院
项目负责人：罗力兰
项目指导教师：许爱云
项目团队成员：张媛媛、王林峰、黄静怡、周俊、吴扬、赖金根、林梦雅
项目编号：WMYC201720082

厦门城市周边民宿服务质量提升志愿服务

一、项目概述

（一）项目背景

厦门市十三五规划提出“要把厦门建成国际知名旅游目的地”的目标，多元化的“小众消费”如雨后春笋般地涌现，如“非标准住宿”的重要组成部分——乡村旅游民宿。厦门市城市周边有近千家民宿，从业者多数为当地农民或外来务工人员，他们大多数对民宿的服务标准不明确，并且缺乏专业化培训，旅游文化素养普遍偏低。故改进服务质量，提高竞争力，是其在未来几年厦门的经济发展中从量变到质变的一个必经之路。

（二）项目意义

随着休闲旅游时代的来临，乡村旅游已经成为人们日常出游的主要方式，非标准住宿业的民宿越来越受到新生代消费者的青睐，它适应了大众旅游新时代的住宿选择多元化的现实需求，但多数旅游民宿还存在服务配套设施不完善、服务品质较弱的现象，特别是高素质一线服务和管理人才严重缺乏，这一现象得到国家的重视与关注。2017年8月15日国家旅游局发布《旅游民宿基本要求与评价》行业标准后，对于旅游民宿的服务和管理有了更高的、统一的规范性要求和标准。本项目针对乡村旅游民宿存在的问题，开展大学生志愿服务乡村旅游民宿的活动，帮助旅游民宿提高基础服务质量，规范服务管理。

大学生参与志愿服务活动已经纳入思想政治教育及素质教育计划，加强引导和宣传，建立有效的激励机制，吸纳更多的大学生志愿者参与到志愿服务活动中来。通过大学生志愿服务旅游民宿，一是缓解乡村旅游发展中人才匮乏的问题，二是让

学生真正走进现实的旅游活动，提升对民宿行业的认知，热爱酒店行业，树立为家乡旅游行业服务的决心。通过该项目的实施，学生能够从自身做起，并带动周围的同学、朋友投入旅游志愿服务的实践当中，让更多年轻志愿者能加入服务队伍，让他们认识到旅游业发展对地方经济发展的重要意义，同时，自身也更加了解并热爱旅游行业，树立极强的主人翁精神，使自己真正成为“旅游人”。

（三）项目预期

希望通过项目组成员的努力，使黄厝村塔头社区旅游民宿服务水平有所提高，游客满意度提升，由此提升整个厦门的景区美誉度，使厦门整个景区服务朝着越来越好的方向发展。

（四）项目执行

“厦门城市周边民宿服务质量提升志愿服务”项目组成员在指导老师带领下，完成了八家民宿的服务质量提升培训工作。项目组陆续为厦门市思明区黄厝村塔头社区的“那年夏天”“半岛之夏”“尚海”“微微海恋”“棉花糖”“春山·山居吟”“月半湾”和同安区的“般若灯光酒店”八家民宿提供了十场服务质量提升培训，培训内容有：《厦门主要旅游景点及线路介绍》《客房清洁程序与突发情况处理》《前台接待》《宾客类型与服务方式》《宾客投诉处理》《茶文化与茶艺展示》和《饭店营销》七个模块。并在指导老师的指导下，完成一篇学生服务行业实践能力提升分析的论文。

二、项目内容

（一）项目实施过程

“国家旅游英才实践服务培养项目——厦门南洋职业学院民宿志愿服务团队”成立于 2017 年 12 月，初期服务对象主要是厦门市思明区黄厝村塔头社区的部分民宿旅馆。在指导老师的带领下，项目组首先开展了为期三个月的民宿服务质量调查，经过访谈、调研、网络评价等考查，最终与民宿业主确定了塔头社民宿的培训课程；其次，为能够给民宿提供更专业的培训，项目组成员内部先进行培训课题的学习和自我培训，经过互动学习、归纳总结、制作课件与模拟试讲等环节的一步步训练，为接下来的项目实施做好了扎实的基础保障。2018 年 4—10 月，项目组成员陆续为黄厝村塔头社的“那年夏天”“半岛之夏”“尚海”“微微海恋”“棉花糖”“春山·山居吟”“月半湾”和同安区的“般若灯光酒店”八家民宿提供了十场服务质量提升培训。培训过后，我们收到多家民宿业主反馈，民宿在服务质量方面取得了较大的进步，线上平台的顾客满意度明显提升，通过网络订房的数量增多，客源市场得到扩展，民宿在整体经营方面取得了不小的进步，特别是在今年春节期间，塔头社的几家民宿从大年初一到初十二全部满房。他们非常感谢我们项目组的服务，并表示愿意继续参与并支持我们的项目，希望将来还有合作的机会。

（二）项目服务具体情况

根据培训的课题内容以及各民宿业主反馈的具体事例，来介绍我们服务民宿的具体情况，并总结经验希望对高职院校旅游酒店管理专业学生服务地方民宿起到一点小小的启示或帮助。

1. 丰富民宿服务产品

在调研期间，奈舍民宿业主简女士提到塔头社就在风景宜人的环岛路边上，走路十分钟就到海边，距离网红打卡点曾厝垵渔村、白城沙滩、厦门大学四公里的车程，交通便利，是来厦旅游客人的首选，经常会有住客咨询去厦门主要旅游景点乘坐几路车、应该怎么走等问题。但民宿员工流动性大，加上厦门旅游景点众多，所以员工时常回答不出顾客的提问。她希望我们能整理出一份以塔头社为出发点的厦门主要旅游景点线路介绍，并提供这方面的培训。

接到任务后，项目组成员首先自己进行厦门主要旅游景点线路采点，然后设计出以黄厝村塔头社为中心出发点的五条厦门主要旅游线路，其中还包含了厦门特色美食以及文艺旅拍地推荐，供不同年龄层客人的个性选择。我们设计的方案交与民宿业主方，并给几家民宿的前台工作人员做了培训，得到了业主对我们方案的肯定，并开始采纳我们的建议，把特色路线图制作成小卡片，放置在民宿前台供游客免费领取。

外地游客不熟悉厦门特色景点，网络上的旅游攻略又都是大同小异，我们设计的五条厦门主要旅游线路，解决了游客在旅游线路选择上的烦恼，受到住客好评。今年七月，“那年夏天”客栈有一群来自湖南长沙的高中毕业生，到厦门进行毕业旅行。民宿服务人员向他们提供了我们制作的厦门文艺旅拍地和厦门特色美食地点推荐，他们非常感兴趣，按照我们推荐的行程，他们完成了自己美美的毕业旅拍日记，并且享受了物美价廉的厦门地方美食。对“那年夏天”客栈提供的这项实用的增值服务，他们在飞猪网给客栈一个大大的好评，并将客栈推荐给其他朋友。

2. 提升民宿客房服务质量

我们整理汇总详细的客房清洁流程和火灾、客人意外受伤等突发事件的预案处理课件，通过理论加实践操作的方式对“棉花糖”和“般若灯光酒店”这两家民宿的客房员工进行了培训，尤其是在灭火器的使用方法上，与员工一起进行实践模拟。经过培训，两家民宿客房卫生质量有了大幅度的提高，变化不仅让客人住得更安心，更重要的是服务人员找到了许多关于清洁客房的小技巧，在清洁客房方面提高了效率。

民宿负责人张先生反映，在国庆黄金周期间，“棉花糖”客栈接到了一通紧急电话，来电的是一位刘女士，她表示在国庆期间一家三口入住了“棉花糖”客栈，住宿当晚洗漱时摘下金戒指放在洗漱台的一角，刚好孩子大哭，刘女士急忙出去照看忘了收，当再次想起时已经坐上了返程的飞机。“棉花糖”客栈的服务人员在接到了电话之后，立刻到房间仔细查找，最终在浴室的某个角落发现了戒指，前台人员立即回复电话告之刘女士，并用快递的方式将物品寄给对方。刘女士很感动，还给“棉花糖”客栈寄来了感谢信!

3. 提高前台业务处理能力

前台接待是客栈最重要的一个岗位，工作内容复杂、突发状况多，非常考验接待员的服务素质和应变能力。我们与民宿负责人一同交流与探讨，在登记入住、排房技巧、贵重物品寄存、退房结账、突发情况的预案处理五个方面做出详细的讲解，并将酒店复杂的接待程序简化为适合民宿操作的实用流程，与前台接待员一起实践模拟，培养他们前台接待的综合处理能力。

“奈舍”客栈在一次游客入住高峰期的接待中，来了一名参加重要会议的商务客人，他提前在携程网做了预订，到店之后向前台工作人员说了预订信息，但是却被告知房间已满，这个突如其来的变故让这位客人很是生气，要求民宿负责人给出合理的解决方案，当时已是晚上十点，民宿内无法空出多余房间供给这位客人居住，经过与客人协商，客栈前台接待员联系了附近同等规格的民宿，并亲自送客人到距离不远的“月半湾”客栈居住，还给其免费升级了房型，并且承担了客人的费用，并承诺下次入住“奈舍”民宿一定给予优惠。这位客人接受了民宿工作人员的道歉及补偿，并对于这次的解决方案表示满意。

4. 增强民宿员工处理投诉的能力

“春山 · 山居吟”是一家新开业的民宿，对员工缺乏系统性的培训。民宿招聘的员工大多属于初、高中应届毕业生，他们缺少社会实践经验，尤其是在对客服务方面，这成了民宿负责人庄先生的小小困扰，希望我们能在员工培训方面给予支持。我们对民宿员工展开了《宾客类型与服务方式》与《宾客投诉处理》的培训。经过培训，庄先生表示员工在对客服务方面有了显著的进步。

不久前，一位年轻的女客人，在卫生间沐浴到一半时，浴室的灯突然坏了，该女士旅游了一天非常疲惫，又经历了这样的遭遇，心里很不痛快，于是打通前台电话将工作人员责骂了一通。当天的工作人员遇到这起事故时，想起了我们在培训中提到的如何有效处理客人投诉的技巧，于是先冷静地安抚客人情绪，并表示马上会有工作人员到房间查看原因，检查发现原来是灯头坏了，于是马上帮该女士换了一间客房，并向女士做出诚恳的道歉，并且给予房费七五折的优惠，前台快速做出的处理方案，让客人非常满意，该女士事后还在驴妈妈网上，对客栈工作人员的投诉处理态度做出好评。

5. 提高民宿经济效益

"茶"乃是三大饮料之一，中国人最擅于饮茶，尤其是闽南地区最为突出，在闽南地区不管是商务交谈还是朋友聚会都不能缺少的便是茶，厦门很多民宿为了增加营收，都会在客栈或酒店大堂摆放一些福建的茶叶、菌菇等当地土特产品。"般若灯光主题酒店"是一家以闽南文化为装修风格的民宿，在酒店大堂一侧就摆放了一个非常有特色的红木茶桌和一组展示茶叶的柜台。酒店负责人杨先生说，员工不仅要能给客人泡一杯好茶，更希望通过给客人分享闽南茶文化，从而促进茶叶的销售。受杨先生邀请，我们项目组中两位武夷山茶农家庭出身的同学，现场给工作人员讲解了茶叶的基础知识，并由获得2018年福建省职业院校"中华茶艺"技能竞赛一等奖的王同学进行红茶、绿茶、乌龙茶三大茶艺冲泡的示范演示，手把手地传授三种茶叶冲泡的基本操作手法和流程。经过培训，客人既可以坐在民宿大厅品尝闽南功夫茶，又可以一边欣赏工作人员娴熟的工夫茶冲泡手法，一边了解丰富的闽南茶文化，无意之间就激起了客人购买的欲望，促进了茶叶的销售，增加了民宿的营收。

三、项目成果

（一）项目团队的自身成长

该项目经过一年的运行，通过参与项目的实施，团队成员以下三个方面的能力得到了提升：

1. 提升了学生的思想政治素质

大学阶段是人世界观、人生观、价值观形成的重要阶段，良好的思想政治素质是人全面发展的前提。参与民宿服务本身就是一个教育人、引导人、培养人、塑造人的过程，志愿者在服务活动中潜移默化地受到"奉献、互助、进步"精神的感染，无形中提高了志愿者的思想觉悟。志愿服务以服务他人、行业为基点，倡导奉献精神，成为塑造大学生良好心理素质的一种有效途径①，为高职酒店管理专业学生将来走上职业道路奠定良好的思想基础。

2. 提升了学生的实践服务能力

只有在知行并进的体悟中，大学生才能不断地完善自我，将社会主义核心价值观内化为自身的价值追求。“实践服务型英才培养项目”是以学生为实际组织者的项目，从民宿服务质量提升志愿活动的设计、任务的分配、具体的实施，均由学生作为主角，教师全程指导，注意学生在项目实施时的思维闪光点，对学生遇到工作瓶颈和困难时给予点拨和支持②，这使学生在心理和行动上更具有主人翁意识，由以往项目的参与者变成一名组织者，通过项目的整体实施，培养学生的活动策划和组织能力，同时也提升了学生自身专业实践能力。

3. 提升了学生的行业研究实践能力

在项目实施的过程中，除了做具体的民宿服务质量提升培训，教师也指导学生开展一些力所能及的行业调查研究工作，让学生对厦门民宿行业有了更为清晰的认知，制作培训课件、总结服务心得、撰写活动简报，特别是指导教师引导学生深入挖掘志愿服务活动背后潜在的教育价值，撰写小论文《高职酒店专业学生服务行业实践能力提升分析》，这很大程度上弥补了高职学生科研能力的不足，让学生整体专业能力和水平有了很大的提升。

（二）对厦门周边民宿的影响力和实践意义

本项目针对厦门城市周边旅游民宿存在的问题，开展大学生志愿服务乡村旅游民宿的活动，帮助旅游民宿提高基础服务质量，规范民宿的服务管理，从基层开始提升厦门城市周边民宿服务质量，以点带面，目前我们的项目仍还在持续进行当中，我们希望在不久的将来，我们的“民宿服务质量提升”项目能从七家民宿扩张到整个黄厝村，乃至在厦门的更多乡村推广与执行，为厦门乡村旅游民宿的服务质量提升，提高竞争力贡献一点小小的力量。

---

① 吴晓亮. 国家旅游局“万名旅游英才计划”项目背景下高职学生旅游景区行业实践能力提升分析［J］. 现代教育管理，2017，02（下半月刊）.

② 张小玲. 大学生志愿服务的育人功效研究——以河南科技大学动物科技学院志愿服务为例［J］. 河南教育，2018，08.

四、特色与经验

（一）特色与经验

从本质上来说，国家旅游局的“国家万名旅游英才培养计划——实践服务型英才培养”项目的核心是国家层面组织和倡导的高职旅游专业学生实践能力的又一提升路径[①]。

具体表现在以下方面：

1. 为酒店管理专业学生提供了实践检验理论的平台

在校大学生通过志愿服务旅游民宿，在实践中检验自己的知识和水平，可以将原来模糊和印象不深的理论知识在实践环节中得到补偿，进而将所学的专业理论知识得到巩固和提高。

2. 缓解乡村旅游发展中人才匮乏的问题

厦门虽然是经济发展特区，但在厦门的一些城乡接合部，当地村民和外来务工人员相对文化素质不高，他们所经营的民宿还存在服务品质较弱的现象。通过大学生志愿服务旅游民宿，帮助他们培训员工、增强员工综合服务素质，从而提升民宿的服务品质。

3. 充分发挥学生的专业优势，服务旅游企业

通过学生参与培训民宿从业者，一方面提升了学生自身的文明程度、自我管理能力、社会实践能力和专业素养，加强了他们学习的积极性和主动性；另一方面，加强了他们对民宿行业的认知，让他们更加热爱酒店行业，树立主人翁精神，使自己真正成为“旅游人”，从而服务企业，服务社会。

4. 项目组成员专业研究能力的提升

项目组成员在给民宿培训之前，自己必须熟练掌握培训内容，通过收集资料、小组讨论、课件制作、实践操作等方式来掌握民宿的对客服务和质量提升方法，这本身就是专业研究的一个过程；另一方面，在项目实施过程中，学生在老师的指导下，学会收集项目实施过程性材料，将实践成果转化为科研成果，撰写项目结题书和论文，这都大大提高了学生的专业研究能力。

（二）问题与不足

在项目执行过程中，我们也遇到过困难，出现一些问题，主要表现在以下方面：

① 吴晓亮.国家旅游局“万名旅游英才计划”项目背景下高职学生旅游景区行业实践能力提升分析［J］.现代教育管理，2017，02（下半月刊）.

1. 合作民宿的不信任

初期，他们觉得我们只是在校大学生，对民宿的经营没有经验，对我们持怀疑态度。我们耐心说明，打消了他们的顾虑：第一，我们虽然是学生课题，但这是国家旅游局扶持地方旅游经济的正规项目；第二，项目组中的有些成员有在五星级酒店工作和参加金砖五国会晤的接待背景，对一些基本操作流程非常熟悉；第三，虽然在短时间内无法解决民宿的整体经营存在的问题，但是我们旨在帮助找出若干不足，免费帮助培训员工，提高员工解决相关问题的能力；第四，学生在服务民宿期间，通过朋友圈发布民宿相关信息，能帮助其宣传、提高知名度。

2. 项目组成员会有更替

在服务民宿的过程中，由于服务的时间跨度长，不同专业或年级的学生在时间上比较难统一，出现了大三外出实习和对服务内容不熟悉的外专业同学退出项目组的现象。在这种情况下，指导教师要正确把握好问题的所在，遇到困难及时帮助解决，引进有专业特长的学生加入团队，引导好整个团队的核心向上力量，工作有效分工，让每个成员各司其职，共同完成目标。

3. 高职学生的文字编辑能力较弱

学生在为企业准备培训课件时，课件的内容不完整、文字表述不准确、格式不规范等现象很多，需要指导老师耐心的指导，反复修改，特别是后期的论文撰写和项目总结，更需要指导教师一步步地引导，帮助学生将实践成果转化为科研成果，提升他们的文字编辑能力。

五、专家点评

该项目的主题是厦门旅游民宿的志愿者服务。在指导老师的带领下，项目组做了大量的工作，为厦门刚刚起步的旅游民宿提供了专业培训、产品设计、标准深化、人力支援等丰富的、具体的、实实在在的服务，效果是明显的，成果是丰硕的，完成了该项目的预期目标；实践了校企深度合作、学生学以致用、深化职业教育内涵的初心。

志愿者服务是高校学生中组织开展的一项较成熟的、较普遍的社会实践性活动，本项目在活动的内涵创新上尚需争取新的突破；最后的总结报告，还须精练、归纳和提升。

（点评人：张新南，南京工业大学浦江学院国际酒店与饮食文化学院客座教授、院长）

所在单位：湖南民族职业学院
项目指导教师：郭静
项目负责人：刘烁
项目成员：余鑫淋、罗文武、陈琳、熊博、喻璇、肖高桥等
项目编号：WMYC20172139

“漫游中国　情醉华夏”智慧旅游互动体验应用平台

一、项目概述

（一）项目背景

当下，我国旅游业发展如火如荼，旅游经济快速增长，旅游成为了国民经济的战略性支柱产业，也成了与人民群众息息相关的“五大幸福产业”之首。随着旅游者游览经历日渐丰富，人民群众对旅游形式的多样化、个性化和深度的文化体验的渴望，成为了项目设计与实施的主要驱动力。“互联网＋时代”“大数据时代”“全域旅游时代”“文旅时代”相继到来，360° 全景、虚拟现实技术和人工智能等信息技术的出现，用户坐在家里轻点鼠标或人机语音对话，就能实现足不出户身临其境地环游世界，用最少的钱获得更丰富的旅游经历和更深度的文化体验。

（二）项目意义

本项目旨在通过创建一站式全域智慧文旅综合体验平台，实现教育性、研究性与实践性并重的英才培养计划，以趣味性、游戏化、互动型的方式实现用户在虚拟旅游和闯关游戏中学传统文化，在全域智慧文旅的新体验中悟新时代精神，共同实现中华民族伟大的复兴梦！另外，增强用户在线上虚拟旅游平台的良好体验，加速线下实地旅游产品的购买决策，促进当地文化的传播和旅游经济的快速增长。

（三）项目预期

经团队成员与专家、企业家共同研讨，3 年的项目初创期内，由工作室、研究所和企业合伙人按股权比例，在人才培养、平台研发、粉丝积累、多元融资、品牌

建设等方面协同合作，力图打造既能满足用户旅游体验新需求，又能成为传播华夏民族传统文化，弘扬社会主义核心价值观，并服务于大学生就创业和精准扶贫的一站式全域智慧文旅综合体验（合作）平台。

（四）项目执行

项目设计团队自 2013 年成功举办岳阳市体验式航天航空展，积攒了一定的项目运营管理相关经验和 10 万粉丝量。“智慧旅神”项目 2014 年荣获教育部第九届全国信息技术应用水平大赛金奖和省市校级创业大赛荣誉之后，成立了工作室和中华汉字研究所，专注于汉字解码和项目研发，并出版了 2 部版权著作，为项目组织实施提供了一定的理论基础。

为期一年的项目计划分成准备、策划、执行、回炉提升和总结等 5 个阶段来实施。按照“团队招募（人才遴选）—赛事育才（快速培养）—宣传造势（扩大影响）—社团组建（兴趣聚才）—团建活动（寓教于游）—创建工作室（创业型人才培养）—孵化项目（项目落成）”的路径，实现人才培养与项目孵化并举。

介于项目前期研发资金短缺，项目研究重点和经费投入主要集中在文本创作、体验样品制作和团队建设上。这一年，团队共计完成项目文本创作 2 个，体验成品 2 个，面向 3 所学校 7 个专业开展人才招聘与培训累计 235 人次，组建 1 个项目社团和 2 支比赛队伍，取得创业大赛省级二等奖 1 个，校级奖项 2 个；取得教学比赛成果市级一等奖 1 项，校级奖项 2 项；获得省级论文比赛一等奖 1 项，发表论文 2 篇，参编出版教材 1 部；组建项目社团 1 个，获得国家级省级和校级荣誉的学生达

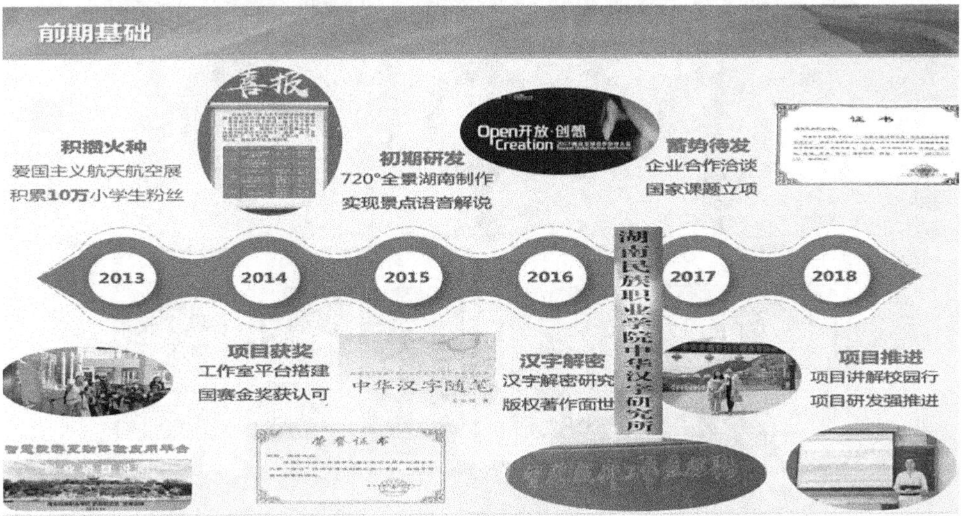

图 1　项目研究前期基础和阶段性研究成果

20余人次。参加学习活动7次，开展社会服务与创业实践活动8次，获得地市级校级媒体宣传共计6次。团队积极地与腾讯AI实验室、晨星创业谷、湖南卫红研学文化产业发展有限公司等企业洽谈合作，获得企业意向融资1000万元。

二、项目内容

“漫游中国　情醉华夏”智慧旅游互动体验应用平台是一款基于360°全景、VR/AR技术、AI等信息化技术，利用线上虚拟旅游与线下实地旅游相融合，以三个主题情感篇章为主要体验内容，深度挖掘和传播华夏民族文化，研发“好看、好玩、好用”的一站式全域智慧文旅体验产品。用户可通过智能手机的微信公众号和网站进行多元化、个性化体验。

（一）好的项目创意是成功的一半

准备＋策划阶段：2017.12—2018.4

“漫游中国　情醉华夏”的平台名称，主要是希望结合动“漫”技术，融入“慢旅游”概念，从“情”入手，打造“爱国篇”“民族篇”“爱情篇”等三个主题体验板块，实现用户线上线下漫游中国，领略华夏文化独特魅力，弘扬社会主义核心价值观，加快旅游经济增长。

整个平台采用“主平台＋辅平台”的设计及体验模式。主平台为智慧文旅互动体验平台，它将极富创意的主题旅游文化融入趣味游戏闯关，将社会主义核心价值观融入虚拟旅游体验。例如，“爱国篇”将红色旅游文化与汉字文化教育融合，线

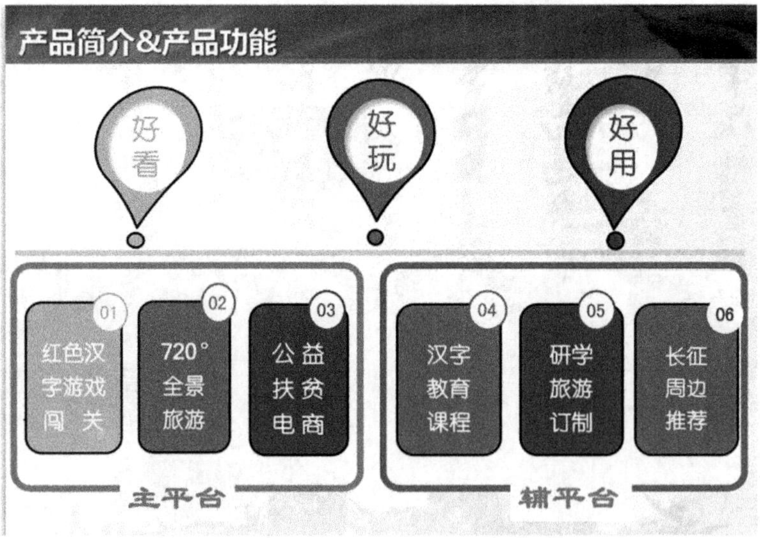

图2　子项目《跟着汉字“趣”长征》产品研发框架

上虚拟重走长征路，增强用户的爱国情怀和使命担当。“民族篇”将民族文化保护（尤其是非遗）融入独特的民俗风情体验，加速实现民族大融合。“爱情篇”将旅游城市景点的爱情故事与冒险闯关游戏，引导用户在玩的同时中拥有正确的婚恋观。辅平台为移动电子商务平台，包括公益商城和微社区互动平台，公益助力大学生就创业，帮助旅游区域农民实现精准扶贫。商城系统将根据客户的消费偏好精准推荐丰富的主题化的旅游产品、旅游纪念品、旅游教育产品等。

举例来说，“爱国篇”——《跟着汉字“趣”长征》在项目设计时主要是引导学生将汉字文化和红色基因融为一体，把红色汉字教育融入趣味游戏闯关，将虚拟旅游融入革命精神传承，将公益扶贫革命老区融入大学生创新创业，实现共享共建共创平台的新模式。主平台为“长征之路虚拟旅游 + 长征地名汉字解读 + 长征经典故事游戏闯关”，辅平台为“长征沿线地区农产品精准扶贫电商推广平台 + 红色旅游主题旅游产品推荐平台 + 大学生创业平台 + 微社区互动平台”。用户通过微信扫码进入公众号后，将看到趣游长征、全景旅游、公益商城三个体验界面。点击趣游长征后进入【长征线路图】的【视频解说】。选择从长征起点“共和国摇篮——红都瑞金”出发。“瑞金”两字的汉字精灵将引导用户重走长征路，通过完成【长征诗词搭队连连看】【情景故事答史实】等闯关游戏，来搜集与这一地区相关的长征汉字，积累能量，在帮助红军战士的同时重走长征两万五。除此之外，用户还可以通过【720° 全景】观瑞金全貌、【虚拟拍照】合影、【AI 导览】咨询。在公益商城中，【在线订购】汉字教育【线上课程】、农产资源和主题旅游产品等。

图 3　子项目《跟着汉字“趣”长征》参加“建行杯”第四届湖南省“互联网 +”大学生创新创业大赛颁奖现场

“爱情篇”——《嫦娥寻故之旅》在项目设计时主要是引导学生结合“嫦娥故里”所在地岳阳自身丰富的旅游文化资源，以续写《嫦娥奔月》的爱情传说作为用户体验内容，用嫦娥后悔偷食灵丹离开后羿为开端，结合当地《柳毅传书》《二妃寻夫》《小乔初嫁》等爱情故事，让用户和嫦娥一起完成发簪色块记忆、龙女捕鱼、斑竹节奏、周瑜点小乔的4个冒险闯关游戏，找出对应的四个宝物（嫦娥发簪、斑竹叶、传书竹卷、聘礼岳州扇），使尘封的文化“重见天日”再获“新生”。四轮游戏积分达标，冒险闯关任务完成，用户便能获得嫦娥重回故里的密匙，帮助嫦娥历经万难回到故乡，在《后羿射巴蛇》的传说故事后和后羿重逢，重修旧好。体验最后，将看到嫦娥与后羿便化身为两座雕像，分别驻守在岳阳的东北和西南端，提醒体验者要坚信坚守爱情，将爱情进行到底！虚拟旅游体验完毕后，用户还可在公益商城的AI推荐中，购买岳州扇、岳州窑、君山银针等旅游商品，或者购买定制化的旅游产品，完成线下旅游体验。

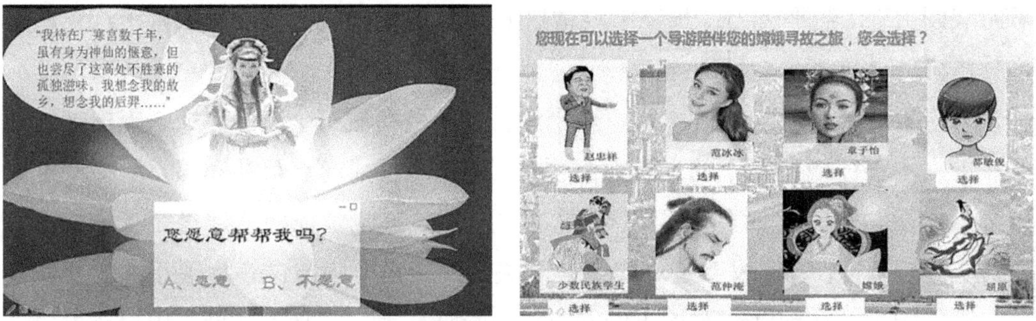

图4 子项目《嫦娥寻故之旅》产品设计部分内容展示

（二）借力“高科技”遴选跨界人才

策划阶段：2018.2—2018.4

项目的设计与执行，人才是第一要素。指导老师为了快速发现项目人才，并积累更丰富的市场经验，曾经奔赴北京、海南、广西、长沙、武汉、岳阳等地参加相关培训、研讨会和比赛共20余次。曾在中国科学院通过了全国人才规划师的考试，并学以致用借助高科技“天赋云”测评系统，在单招、统招、项目团队成员招聘中发掘来自旅游、教育、会计、动漫等不同专业人才的天赋能力，实行精准培养，跨界合作。

（三）“高配”导师团队助学生蜕变

执行阶段：2018.5—2018.8

好的学生，更需要有好老师。师资在人才培养中不可或缺，从某种意义上说，更加决定了团队的成败。项目导师团的高配组合，组合了在国家级汉字研究、旅游策划和创业项目有诸多研究和成果的学校党委委员、宣统部部长、汉字研究专家姜宗福所长；多次带领团队斩获创新创业大赛大奖的国家级创业导师徐竟先院长；中国（三亚）文旅产业论坛和“中国文旅产业网”创始人武增田总经理；拥有几十项自主开发项目专利和“中国大学生旅游创业电商平台创始人”的林斌总经理。导师团分别从汉字文化、项目规划、文化旅游创意商业化、企业技术专利、股份化分配机制和赛事呈现等方面给予学生充分指导，共同孕育旅游英才。

图 5　子项目《跟着汉字“趣”长征》校企合作导师团队

（四）广泛宣传扩大影响吸纳社团人才

回炉提升阶段：2018.9—2018.11

《跟着汉字“趣”长征》项目参加湖南省“互联网 +”大学生创新创业大赛荣获二等奖之后，得到了学校官方媒体以及其他更大平台、更多形式的宣传支持，形成更强大的影响力。岳阳日报、学院新媒体平台“民院 V 视”，学院院报的封面和专版专题报道了本项目，学院学报封二整版刊载了项目团队的集体照，并且学校在 9 月迎新开学时，还专门用标语的形式，对郭静老师的辅导创业的成绩进行了重点宣传。省级领导检查学校孵化基地时，对项目讲解员李红燕同学的表扬是对项目成果的再次肯定。第一次参加比赛就取得了不错的成绩，团队成员都纷纷在自己的空间和朋友圈晒收获的喜悦。通过官方和个人的宣传，再加上进班宣讲和社团联合招新，趁热打铁组建了“星·翎”汉字智研旅游社团，吸纳更优秀的人才来重新回温研讨项目，促进项目的进一步优化提质。

图6　项目社团开展《跟着汉字“趣”长征》相关活动现场

（五）活动策划创业筹集可持续发展资金

回炉提升阶段：2018.9—2018.11

资金是保障项目实施的重要因素，如何通过自力更生保证项目后续发展资金，是摆在项目团队成员面前最现实和最艰难的问题。通过集体商议，决定以各类活动策划与实施的方式来筹集经费，实现项目回炉提升，可持续发展。

1. 举办沙龙讲座，夯实理论基础

全年通过邀请专家、老师共举办了5场沙龙/讲座活动，激发学生的学习兴趣，在学习新领域知识的同时，打好项目落地的思想统一和理论知识基础。

2. 组织开展读书会

读《魅力汉字》《中华汉字随笔》、长征沿线的游记等材料，并开展读书心得分享活动，增强对相关书籍资料内容和精神的领会，培养学生爱看书、会看书的好习惯。

3. 参加中华经典诗文诵读大赛

由社团成员参加，徐竟先院长亲自创作的《紧跟时代的长征》号召所有民院人在长征精神的引领下，开启民院新时代的新长征，极富感召力，荣获湖南民族职业学院第二届中华经典诗文诵读大赛决赛一等奖。

4. 尝试项目创新创业实践

郭静老师亲自带领团队，帮中国·丹麦文化旅游系列活动组委会提供创意策划，策划主持了2017年湖南省高校营销大赛颁奖盛典，帮岳阳市海航乐游、华天国旅策划了“5.19有爱一起游”的旅游日校内宣传活动，帮岳阳摩登旅行社和岳阳国旅策划了“首届校企合作杯”旅游线路设计大赛，帮岳阳市老年合唱队策划了景区的初夏健身游，帮岳阳易直帮公司策划了“为爱正源　孝行天下”重阳节习俗礼仪体验活动，帮岳阳市风光国旅策划了“亲近田园农业，拥抱中国制造，兴叹中华崛起”岳阳市十四中学515名高一学生的秋季研学活动，并且进行了互联网推广，获得评赞，虽然收入不多，但也算获得了市场认可，进一步积累了项目资金。

图7　项目团队赴韶山景区开展文明旅游宣传和项目推广活动

（六）活用二维码创新项目宣传与总结形式

回顾总结阶段：2018.11—2018.12

项目成员在每次比赛、活动和工作后，及时空杯清零，反复回头看，认真总结项目设计、路演、实施过程中的不足与改进方向，明确了下一阶段的重点工作。同时，将项目实施的前期图文资料编撰成册，便于总结回顾和宣传展示。比赛视频、体验作品、活动现场、宣传报道等电子版资料则用二维码嵌入文档的形式，置于材料当中以便扫码查阅。

三、项目成果

（一）创业大赛成果

（1）《跟着汉字“趣”长征》获湖南省第四届“互联网+”大学生创新创业大赛二等奖（指导老师：郭静　姜宗福　徐竟先；学生成员：欧亚萍、祝溱崟、李红燕、武晓烁、刘泽勤）。

（2）《嫦娥寻故之旅》湖南省第四届“互联网+”大学生创新创业大赛校内选拔赛三等奖（指导老师：郭静　徐竟先；学生成员：祝溱崟、李红燕、武晓烁、胡玥、杨慧）。

（3）《跟着汉字“趣”长征》获湖南省第四届“互联网+”大学生创新创业大赛校内选拔赛三等奖（指导老师：郭静　姜宗福；学生成员：欧亚萍、周星宇、唐鹏昊、李丹、谢卓、蒋琪）。

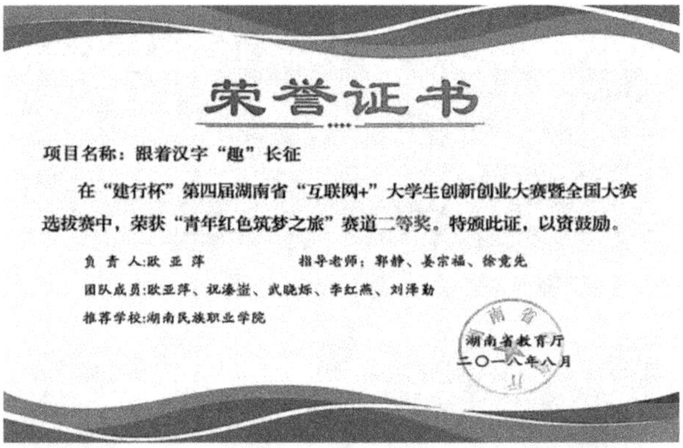
荣誉证书

项目名称：跟着汉字“趣”长征

在“建行杯”第四届湖南省“互联网+”大学生创新创业大赛暨全国大赛选拔赛中，荣获“青年红色筑梦之旅”赛道二等奖。特颁此证，以资鼓励。

负 责 人:欧 亚 萍　　指导老师：郭静、姜宗福、徐竟先

团队成员:欧亚萍、祝溱崟、武晓烁、李红燕、刘泽勤

推荐学校:湖南民族职业学院

湖南省教育厅

二〇一八年八月

图8　子项目《跟着汉字“趣”长征》荣获“建行杯”第四届湖南省“互联网+”创新创业大赛“青年红色筑梦之旅”赛道二等奖证书

（二）教学比赛成果

（1）《不忘初心　独具匠心　大胆创新　体验创业》作品荣获岳阳市第四届大中专学生创新创业大赛教师说课比赛一等奖（作者：郭静）。

（2）《紧跟时代的长征》荣获湖南民族职业学院第二届中华经典诗文诵读大赛决赛一等奖（指导老师：徐竟先）。

（3）《校企合作背景下校园景区双创型人才培养模式研究》荣获湖南民族职业

学院教学成果评选三等奖（作者：郭静）。

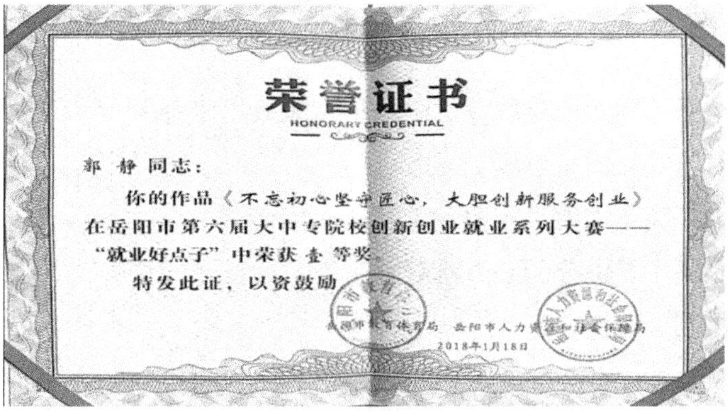

荣誉证书

HONORARY CREDENTIAL

郭 静 同志：

你的作品《不忘初心坚守匠心，大胆创新服务创业》在岳阳市第六届大中专院校创新创业就业系列大赛——“就业好点子”中荣获 壹 等奖。

特发此证，以资鼓励

岳阳市教育体育局　岳阳市人力资源和社会保障局

2018年1月18日

图 9　指导老师郭静携英才计划参加岳阳市第六届大中专院校创新创业就业系列大赛——就业好点子荣获一等奖证书

（三）学术研究成果

（1）《创新创业教育与旅游管理专业课程融合的探究》一文在《湖南民族职业学院》学报 2018 年 14 卷第 3 期发表（作者：郭静）。

（2）《校企合作背景下旅游类高职院校“双创”型双师模式研究》一文在《岳阳职业技术学院》学报 2019 年 1 期发表（作者：郭静）。

（3）《创新创业教育与旅游管理专业课程融合的实践探索研究》一文在湖南省教育科学研究工作者协会 2018 年度优秀论文评选活动中荣获一等奖（作者：郭静）。

（4）参编《旅游信息化应用》（一流高职院校旅游大类创新型人才培养“十三五”规划教材）一书在华中科技大学出版社发行（作者：郭静）。

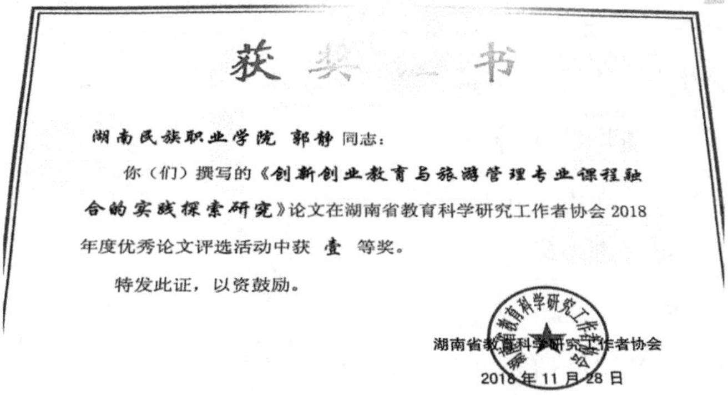

获奖证书

湖南民族职业学院 郭静 同志：

你（们）撰写的《创新创业教育与旅游管理专业课程融合的实践探索研究》论文在湖南省教育科学研究工作者协会 2018 年度优秀论文评选活动中获 壹 等奖。

特发此证，以资鼓励。

湖南省教育科学研究工作者协会

2018 年 11 月 28 日

图 10　指导老师郭静携英才计划教学成果参加湖南省教育科学研究工作者协会 2018 年度优秀论文荣获一等奖

（四）体验作品成果

1.“漫游中国　情醉华夏”智慧旅游互动体验平台（岳阳）VR 全景体验作品包含景点：

（1）嫦娥故里（湖南民族职业学院——嫦娥故里雕像）

（2）后羿射巴蛇（巴陵广场）

（3）嫦娥奔月湖（湖南民族职业学院——望名湖）

（4）二妃寻夫（君山公园——柳毅井）

（5）柳毅传书（君山公园——柳毅井）

2. 望名湖航拍 VR 全景作品

VR 全景二维码　　航拍二维码

（五）社会服务成果

1.“最爱湖南　红恋潇湘”长沙—韶山景区文明宣传活动

2. 社团沙龙 / 讲座活动

（1）《来，一起创造爱的风景》

（2）“汉字、长征、旅游”研讨沙龙

（3）《爱语文，从爱“字”开始》讲座

（4）《旅游业的新常态与人才需求》讲座

（5）《打造人生天赋规划　创造个人百万资产》讲座

（6）《跟着汉字“趣”长征》读书会

3. 景区传统节日习俗礼仪体验活动

4. 中华经典诗文诵读比赛

5. 创业实践活动

（1）中国·丹麦文化旅游系列活动策划

（2）湖南省高校营销颁奖晚会活动策划

（3）岳阳市老年合唱团春游活动策划

（4）“5·19”有爱一起游活动策划

（5）“校企合作杯”旅游线路设计大赛策划

（6）岳阳市十四中研学旅游策划

（六）媒体宣传成果

（1）岳阳日报全媒体中心 / 果乐头条　唐忠明 .《湖南民院喜获省“互联网 +”大学生创新创业大赛佳绩》.2018 年 9 月 2 日

（2）岳阳日报 / 岳阳网 .《湖南民院喜获省“互联网 +”大学生创新创业大赛佳绩》.2018 年 9 月 3 日

（3）民院 V 视 .《民院新闻 | 我校获第四届湖南省“互联网 +”大学生创新创业大赛四项大奖》.2018 年 9 月 1 日

（4）民院 V 视 .《民院新闻 | 我校接受湖南省高校大学生创新创业孵化基地专家组现场评审》.2018 年 10 月 18 日

（5）民院 V 视 . 民院新闻 | 我校隆重举行第二届中华经典诗文诵读大赛决赛 .2018 年 11 月 6 日

（6）民院 V 视 .《活动 | 汉字带你“趣”长征》.2018 年 11 月 30 日

四、特色与经验

（一）项目特色经验总结

1. 项目设计将旅游文化体验与产学研创结合

旅游业虽如火如荼，但居高不下的门票，长距离的交通，拥挤不堪的人群，走马观花式的旅游以及担心被宰被骗的心理让很多人对出门旅游仍然心有余悸。因此，本项目的设计植根于旅游者的需求，摆脱传统的线上旅游文化知识图文讲解的传播形式，将冒险游戏闯关与地方故事传说结合，将主题文化创意与核心价值观引导结合，将虚拟旅游与信息技术结合，将扶贫电商和大学生创业结合，将项目实施与专业教学科研和产业发展结合，实现多维度结合，多成果共赢共享。

2. 项目孵化将人才培养与赛事训练结合

项目孵化靠人才，而人才培养是一个漫长的过程。通过各项比赛可以迅速发现和培养人才，高效推进项目，快速达到目标。从初赛、复赛到决赛，从校赛、市赛到省赛，再到国赛，每一次进阶都是升华，每一场比赛都有蜕变。比赛的任务、压力和获奖后的成就感，可以成为学生不断激励自身，奋斗拼搏的驱动力，学生在紧迫而又刺激的赛事训练中，专业化的表达能力、组织协调能力、团队合作能力、项目管理能力、创新创业能力将得到大幅提升。

图 11　指导老师郭静通过比赛训练旅游英才

3. 项目推进将团队建设与社团活动结合

比赛结束后，由于缺少项目可持续发展机制和足够的资金支持，很有可能导致团队解散，陷入“就赛而赛”的怪圈。在有限的条件下，为了让项目成员有足够的兴趣继续在项目组工作下去，采取“边玩边赚”的方式吸引他们。兴趣相投，则目标容易统一；开展活动，则凝聚力容易形成；名角加入，则参与性容易高涨；有玩有赚，则可持续容易长久。帮助学生成立社团，指导他们开展分工合作，引导他们完成项目设计，协助他们进行工作总结，带领他们尝试活动策划创业盈利，如此，项目的推进有了团队与资金的双保障。

4. 项目指导将校内导师与企业导师结合

项目实施离不开企业导师的市场经验指导，学生团队的管理离不开校内导师的督导跟进，校企导师搭档组队，优势互补，强强联合。本项目的导师团队在汉字文化、动漫设计、电商及旅游信息化等领域取得国家级丰硕成果，并且拥有 50 余项荣誉和几十项知识产权，确保产品的理论基础和技术创新的核心优势。

5. 项目推广将智慧文旅作品与教学科研成果宣传结合

项目团队将项目研究期的经验进行提炼，一方面有针对性地运用于课堂实践教学、教学比赛和人才培养方案修订等环节；另一方面则借助相关理论撰写成文进行学术发表、课题申报、论文评选、教材出版，获取学术专家认可和知识产权保护，在更大更高更广的平台上进入专业高端领域，再借新闻媒体的渠道宣传，从而辐射更大受众面，实现项目成果经验推广的效果。

（二）项目执行问题剖析

1. 核心技术人才的匮乏

由于地域和资金的限制，项目团队中尤其缺乏了解旅游又熟悉软件编程、平面和动漫设计的复合型人才，再加上学生有主学业需要完成，能投入项目设计的时间有限，从一定程度上限制了整个项目的推进。

2. 运营管理的经验不足

受学历层次、年级、经验和团队成员稳定性的限制，团队成员缺乏宏观的、整体的逻辑思维，对项目设计的高度、深度、创新度难以达到项目设计本身，因此项目推进较为缓慢，分工目标和主动性还亟须提高。

3. 研究经费的短缺

鉴于本项目的定额经费有限，仅能把有限的资金集中投放在文本创作、体验作品制作与团队建设等方面，离系统平台运营投入所需的启动经费仍有一大段距离。

五、专家点评

项目导师精心指导，将新技术与旅游实践活动相结合，将项目研发、人才培养和成果孵化融为一体，努力践行研究性与实践性并重的实践育才目标。该项目在导师的指导下，组建学生团队，开展各种沙龙讲座，尝试项目创新创业，利用 VR 技术，在一年的项目研究开发中，重点打造智慧旅游互动体验平台。项目相关成果在湖南省第四届“互联网 +”大学生创新创业大赛中获得二等奖；指导教师与项目相关多项教学科研成果获奖；得到岳阳日报等媒体宣传；基于项目的成果的论文公开发表。

（点评人：李伟，北京第二外国语学院商学院教授，北京大学会计发展研究中心特聘研究员）

所在单位：武汉城市职业学院
项目指导教师：黄丽
项目负责人：周末
项目成员：张成龙、邓翔、缪茜如、王康伟、熊倩
项目编号：WMYC201720132

基于工作室视角的“古琴知音”乡村非遗文化旅游研究与实践

一、项目概述

（一）项目背景

1. 中央政策的导向支持

2016年7月1日，习近平总书记在庆祝中国共产党成立95周年大会上明确提出：“四个自信”即“中国特色社会主义道路自信、理论自信、制度自信、文化自信”。强调“文化自信，是更基础、更广泛、更深厚的自信”。

2017年1月，中共中央办公厅、国务院办公厅印发了《关于实施中华优秀传统文化传承发展工程的意见》。该意见提出了：“文化是民族的血脉，是人民的精神家园。要保护传承文化遗产。实施非物质文化遗产传承发展工程。”

2. 专业办学的迫切需要

2015年、2016年教育部主办的全国导游服务技能大赛的技术文件明确规定，参赛选手要准备30个中国非物质文化遗产讲解词的讲解。这是教育部门对于旅游专业办学释放的重要导向性信号。

3. 荆楚非遗项目的资源支撑

古琴是国家公示的第一批重点非遗保护项目。武汉古琴台既是知音文化发源地，又是古琴非遗文化旅游的载体。以古琴为载体的知音文化是荆楚文化的亮点，更是湖北旅游文化的一张重要名片。

4. 学生创业公司的重磅加盟

团队负责人周末在2017年参加湖北省大学生“美丽乡村”创新创业大赛决赛，

其创业项目《“古琴知音”乡村非遗文化工作室》获得创业类优秀奖。2017 年 5 月周末注册了武汉市平沙落雁文化传播有限公司，致力于进行非遗文化的经营。

（二）项目意义

在武汉市重点旅游区域或游客密集区域古琴台打造了一个以“工作室”为载体，以“古琴知音”为主题的乡村非物质文化遗产的文明旅游教育与培训基地。

通过工作室整合湖北省知名乡村非遗项目，融合非遗古琴“雅音”，国学传统经典“书香”，乡村茶叶的“茗味”，田间花卉的“花语”为一体的工作室，对游客和景区周边村民进行文明旅游宣传教育。

（三）项目预期

（1）“知音古琴”进村、入校园，围绕非物质文化遗产古琴，开展旅游项目策划，将文化实实在在地楔入乡村旅游市场中。

（2）推行现代学徒制，与旅游企业合作进行非遗研学旅行，按照“导游＋导师”的标准打造研学导师，帮助项目落地。

（3）设计 2 条非遗旅游线路。“古琴知音”“DIY 剪纸”等富有荆楚非物质文化遗产文化特色又对接中小学研学课程标准要求的系列非遗旅游线路等。

（4）编撰、出版了相关教材和论文，知识产权由主编、副主编共同享有。

（5）全程参与《湖北省典型非遗旅游文化》信息化教学、精品课程建设、翻转课堂、“蓝墨云”班课的教学改革实践，成为武汉城市职业学院在“田间地头”的第二实训室。

（6）雅趣文化氛围的营造，融合国学传统经典“书香”，非遗古琴“雅音”，打造一个全方位的荆楚非遗文化实训室。

（7）整合武汉市典型知名非遗文化旅游资源，每年在春、秋两季开展 4 场公益性的乡村讲座和沙龙。

（8）建立开展沙龙、微信朋友圈、公众号，进行深度非遗文化旅游体验网上平台。

（四）项目执行

第一步，以学生创新创业武汉市平沙落雁文化传播有限公司为雏形搭建了“知音古琴工作室”，以此作为推动项目的落地的人员基础。

第二步，工作室以中国传统节假日和节气为时间契机，以古琴台、高端茶楼、国学馆、乡村文化室为空间载体，联动研发特色“雅集”主题活动。

第三步，在雅集活动的探索基础上，与湖北省内知名的研学旅行企业深度合作，签订了校企合作项目“荆楚研学旅行”合约，并以荆楚非遗文化研学为抓手，大力推动“古琴知音”乡村非遗文化旅游的研究与实践。

第四步，深度整合旅游专业职教资源，探索非遗文化翻转课堂教学改革。

第五步，通过线上和线下的公益培训和推广活动，扩大项目的受众面。

第六步，充分与各类平面、学校网站、电视、微信公众号等媒体联动，加大项目宣传力度。湖北省级媒体《楚天都市报》对该项目在2018年11月11日进行了宣传报道。

二、项目内容

（一）以学生创新创业公司为雏形搭建了“知音古琴工作室”

2017年3月25日，湖北省大学生“美丽乡村”创新创业大赛决赛在湖北轻工大学金银湖校区落下帷幕，我校酒店管理学院旅游专业选送的作品《“古琴知音”乡村非遗文化工作室》获得创业类优秀奖。

据了解，本次大赛以“美丽乡村新动力·创新创业新时代”为主题，自2016年11月启动以来，共收到省内45所高校团委选送的100余件参赛作品。经过评审专家初评，共有40项参赛作品入围决赛。其中我校的参赛作品与来自华中科技大学、武汉大学、中南财经政法大学、华中师范大学等高校选送的40项参赛作品一起入围实属不易。

“古琴知音”乡村非遗文化工作室以“古琴知音”为主题，依托美丽乡村独特的旅游资源融合国学传统经典“书香”，非遗古琴“雅音”，乡村茶叶的“茗味”，为美丽乡村建设提供一方“乡土”“乡愁”“乡情”安放之处。该作品最终赢得大赛评委的认可。

2017年5月指导学生完成创业项目落地，成立了平沙落雁非遗文化传播有限公司，目前公司营业执照已经落地，并开展了第一次非遗项目进校园的主题活动。

图1 《“古琴知音”乡村非遗文化工作室》获得创业类优秀奖

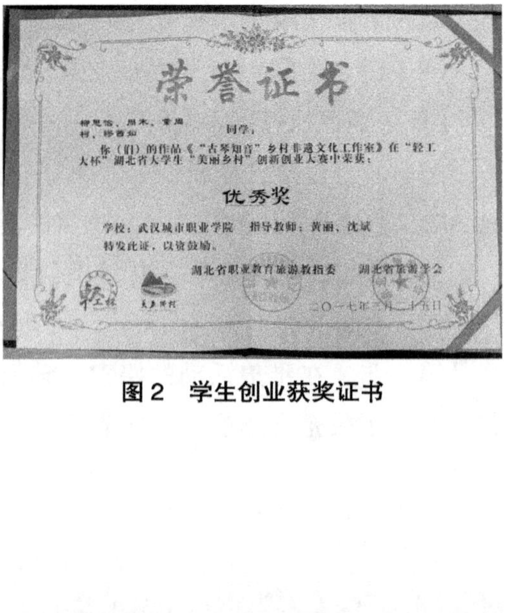

图2 学生创业获奖证书

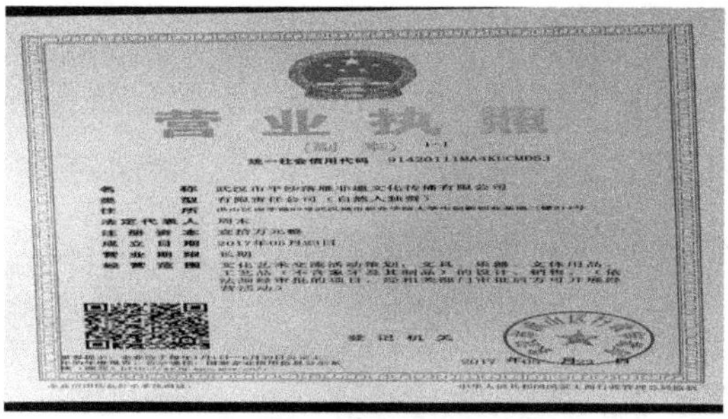

图 3　学生创业公司平沙落雁非遗文化传播有限公司营业执照

图 4　非遗古琴、书法进校园活动

（二）以中国传统节假日和节气为时间契机，以古琴台、高端茶楼、国学馆、研学旅行企业为空间载体，联动研发特色“雅集”主题活动

该项目启动以来，指导教师黄丽与项目负责人周末，策划与展开了一系列的以知音古琴为载体的“雅集”活动，并进行了一系列校企合作的探索与实践。主要集中在以下三个雅集活动。

活动一：母亲节雅集。

2018 年 5 月母亲节，为了表达对母亲的爱，弘扬中华民族传统的孝道，我们举办了母亲节祈福的雅集，前来观摩的游客和雅集朋友一天之内有近 200 余人。

图 5　2018 年 5 月指导教师黄丽母亲节在古琴台为游客公益表演

图 6　团队在古琴台高山流水厅门口演奏团队合影留念

活动二：2018 年中秋节雅集。

我们团队与武汉 4A 级风景区，古琴知音文化的知名景区古琴台合作，进行了中秋节的古琴雅集。武汉三镇大约近 100 名古琴爱好者一起聚会在古琴台，进行了一场中秋古琴雅集活动。古琴台伯牙文化的微信公众号 2018 年 9 月 25 日进行了《灯火琴台，弦动中秋——伯牙琴社 2018 中秋雅集回顾》专门报道。

中秋佳节之夜，琴台灯火辉煌。伯牙琴社的学员们齐聚高山流水大厅，弦音为影，古琴为伴，一起饮茶品琴，共度美好佳夜。清雅幽静，琴声兮兮，本次活动，不仅是一次相聚，更是游客绽放自我的舞台，琴师们才华横溢的表演，使中秋之夜绚丽无比。

图 7　中秋雅集团队活动合影

活动三：2019 年新春古琴雅集祈福会

为了迎接 2019 年猪年的到来，指导教师黄丽与项目负责人周末在武汉市一家国学馆进行了以古琴为主题的猪年祈福的雅集。

图 8　2019 年新春古琴雅集祈福会

图 9　2019 年新春古琴雅集祈福会嘉宾合影

（三）以校企合作项目“荆楚研学旅行”为抓手，推动“古琴知音”乡村非遗文化旅游的研究与实践

首先，我们选择了湖北省研学旅行的标杆企业学知修远教育集团旗下的武汉学

知研学旅行服务有限公司进行合作。该公司的负责人谷音女士在2016年受聘为武汉城市职业学院的楚天技能名师。

其次，企业导师和学校教师联合在2016级、2017级旅游管理学生选拔、培养了80名研学导师，植入荆楚典型非遗文化课程、导游讲解技法、安全应急演练、旅游资源开发、旅游法规、旅游拓展、教育心理学等综合课程。这批研学导师在2017年带领至少50批次20 000人次规模的中小学生研学旅行，一方面，深度宣传和推行了“古琴知音”乡村非遗文化旅游的实践；另一方面也实现了职业教育理念和模式的创新。以高技能人才培养为突破口，加强合作。

最后，在精细培养6名“工匠”学生的同时，也不忘惠及广大同学，在2018年6月，经过三年合作的夯实，我院和学知修远教育集团最终敲定人才培养基地的建设，并对后期研学订单班、研学教材的开发、人才培养方案等合作形成初步意见。

据统计，2018年参与带团的研学旅行辅导员共计316人，其中我院提供研学辅导员128人。这中间，我院校企合作项目中坚作用凸显，参与带团人数128人，占了总人数的40%；我院委派人次达到521人次，占总委派人次的四分之一。扎实的专业实践活动中涌现一批高质量的专业学生，在研学项目中获得企业的表彰。2018年6月学知修远教育集团研学项目人才培养基地正式授牌。

针对非遗文化研学旅游现在最突出问题，一是，研学旅行产品缺乏文化灵魂。二是安全问题，安全风险是阻碍研学旅行的最大障碍。

针对问题一：研学旅行产品缺乏文化灵魂。目前如果用传统旅游思维来配置资源、规划旅游线路、设计的就是单纯休闲性质的“某日某地游”，这就很难设计出真正具有教育意义和文化内涵的研学产品。我们的研究目标就是致力于设计具有地方文化特色、满足学生教育性需求的主题研学产品。在此过程中，根据研学旅行育人目标，结合域情、校情、生情、乡情，设计了“古琴知音”“DIY剪纸”等富有荆楚非物质文化遗产文化特色又对接中小学研学课程标准要求的系列非遗旅游线路，每年在武汉市中小学、高职高专、本科学校进行线路营销与推广，提供高端、深度的导游服务和文化传播；逐步形成布局合理、互联互通的研学旅行网络。

针对问题二：研学过程的安全风险。我们培养研学导师，并研究开发研学导师培养的课程体系与课程标准。推行现代学徒制，按照“导游＋导师”的标准打造研学导师，研学导师签约成为企业负责人的徒弟，在校企合作培养过程中，植入荆楚典型非遗文化课程、导游讲解技法、安全应急演练、旅游资源开发、旅游法规、旅游拓展、教育心理学等综合课程。将课堂讲授、非遗文化培训、实操演练投放市场等不同教学手段融汇结合，将优秀的教学资源集中起来，构建一批基于非物质文化遗产的精品课程教学资源及评价考核体系，并形成稳定的旅游专业教学标准化培训和考核平台，从而实现职业教育理念和模式的创新。

图 10　企业代表前来学校与教师一起选拔研学人才

图 11　2018 年学知修远教育集团研学项目人才培养基地正式授牌

图 12　2018 年研学表彰大会

（四）教师素养上，提升了专业教师人文修养与社会服务能力

2017 教师参加了非遗（古琴）项目培训，重点学习了湖北非物质文化遗产项目中古琴项目，在古琴弹奏技艺学习中，在与著名琴人的座谈分享会（雅集）上，在对武汉市知名琴社的调研中，深入了解了古琴弹奏技艺人才的岗位需求和职业核心能力，为以后旅游专业非遗旅游方向设定奠定了一定基础。同时，学习之余教师还参与武汉市非遗文化传播有限公司的非遗公益性传播和宣传推广的工作。进行非遗（古琴）知识的宣讲。并把非遗（古琴）工作融入专业课程《旅游文化》教学。

图 13　《旅游文化》课程中有关古琴知音文化的日常教学

图 14　在古琴台进行非遗知识的讲座

图 15　向游客进行古琴非遗文化公益推广

图 16　教师进行非遗古琴文化社会服务

（五）2018 年完成学校荆楚典型非物质文化遗产实训室建设，在鄂高职院校尚属首例

湖北典型非物质文化遗产实训室，是我院申请的 2018 年实训室建设项目。该项目建设对于旅游专业实训条件来说是迫在眉睫。

一是，从中央到地方政策导向上，习总书记在庆祝中国共产党成立 95 周年大会上的重要讲话中强调“文化自信，是更基础、更广泛、更深厚的自信。”2017 年 1 月，《关于实施中华优秀传统文化传承发展工程的意见》中央文件中提出了“加强党的领导，充分发挥政府主导作用和市场积极作用，推动中华优秀传统文化。”二是，从导游证考试改革趋势来看，近年全国导游人员资格考试进行了改革，在考试的核心课程《导游基础》中增加了湖北导游基础知识的内容，而学生欠缺相关实训条件，亟须提升学生取得行业证书通过率。三是，利于《旅游文化》《现场模拟导游》《旅游产品规划与开发》《武汉市情与地接》等专业课程布置教学实物和情景，营造整个专业的文化氛围，展开专业核心课程引导学生文化情怀、文化关怀等综合素质培养。2017 年暑期，通过学校招投标进行了荆楚典型非遗实训室一期建设。

图 17　荆楚典型非遗实训室一期建设

三、项目成果

（一）设计出“古琴知音”非遗文化特色旅游线路产品

设计了“古琴知音”“DIY 剪纸”等富有荆楚非物质文化遗产文化特色又对接中小学研学课程标准要求的系列非遗旅游线路，逐步形成布局合理、互联互通的研学旅行网络。目前该线路已经服务武汉市中小学生近千人。有效地将中小学生研学旅行的教学需要与旅游行业实际结合起来，以荆楚非物质文化遗产为主题，以旅游线路为载体，推行研学旅行，成为武汉市中小学生在“田间地头”“户外拓展”的第二课堂。目前正在编制研学旅行手册，字数 12 000 字。

（二）社会服务

服务武汉市大学生。武汉有 100 多万大学生，近百所院校进行宣传，使知识分子所了解，更利于古琴文化的发展。但是游客、乡村旅游景点附近的居民对以古琴为代表的非物质文化遗产的认可度、参与度、喜爱度还有待培育。

服务广大游客。工作室以中国传统节假日和节气为时间契机，以古琴台、高端茶楼、国学馆、乡村文化室为空间载体，联动研发特色“雅集”主题活动。

（三）人才培养

推行现代学徒制，按照“导游 + 导师”的标准打造研学导师，研学导师签约成为企业负责人的徒弟，在 2016 级、2017 级旅游管理学生选拔、植入荆楚典型非遗文化课程、导游讲解技法、安全应急演练、旅游资源开发、旅游法规、旅游拓展、教育心理学等综合课程。培训研学导师 80 多名，带团次数 30 次，服务游客 2000 多人次。

（四）理论成果

2018 年 1 月出版了《中国旅游文化》教材，该教材由项目指导教师黄丽主编、由工作室的主要成员参与编撰，全书约 20 万字，由华中科技大学出版社出版。其中 P1~16 和 P43~81 由项目指导教师黄丽编写，ISBN：978-7-5680-3489-0。该书作为了该项目的培训指导用书，知识产权由主编、副主编共同享受。注明项目涉及的知识产权、技术专利归属，并由本人签名。

依托项目的实践基础，成功申报了三项产学研课题。其中市级课题 1 项，校级课题 2 项。具体如下：

武汉市教育局 2018 市属高校产学研项目《非遗文化研学旅行产品的设计与开发》，课题编码 CXY201815，该课题已经成功开题，目前正在研究中。

武汉城市职业学院的校级产学研课题 2 项。一项是与武汉学知研学旅行服务有限公司合作申报的项目《研学旅行产品设计》。该项目企业资助 1 万元用于非遗古琴主题线路设计与开发。还有一项是与武汉平沙落雁文化传播公司合作研究的项目《荆楚非遗文化研学旅行研究》。

四、特色与经验

（一）项目特色及成功经验

1. 以专业学生创新创业公司为平台

该团队负责人周末在 2017 年参加湖北省大学生“美丽乡村”创新创业大赛决赛，其创业项目《“古琴知音”乡村非遗文化工作室》获得创业类优秀奖。2017 年 5 月周末注册了武汉市平沙落雁文化传播有限公司，致力于非遗文化的传播和经营。开展了古琴进校园等一系列非遗文化传播活动。该项目就以学生创新创业武汉市平沙落雁文化传播有限公司为雏形，搭建了“知音古琴工作室”，以此作为推动项目的落地的人员基础。

2. 以校企合作项目为主力抓手

与湖北省内知名的研学旅行企业深度合作，签订了校企合作项目“荆楚研学旅行”合约，并以荆楚非遗文化研学为抓手，大力推动“古琴知音”乡村非遗文化旅游的研究与实践。

3. “线上＋线下”两条腿宣传

在服务中我们也关注到随着社会经济发展，人们的旅游需求出现了相应的变化，不再是只追求走马观花似的景观观光，而是更注重旅游活动与内心的呼应，对文明旅游的呼唤、情感文化的融入。这对项目后期的深入服务也提供了思路。非遗古琴与知音文化深度体验活动后，我们都通过“伯牙文化”公众号、微信朋友圈提供深度的旅游文化服务和文明旅游宣传。

项目借力的湖北省知名琴社——伯牙琴社的公众号的影响力和公信力进行了深度的宣传。

充分与各类平面、学校网站、电视、微信公众号等媒体联动，加大项目宣传力度。2018 年 11 月 11 日，团队指导教师黄丽应邀接受了楚天都市报记者徐颖的有关知音古琴的专题访问。湖北省级媒体《楚天都市报》也在 11 月 11 日当天进行了宣传报道。

4. 寻求“旅游资源、非遗文化资源、职业教育资源”三者契合点

其一，加大旅游管理专业的教师非遗文化素养的培养。其二，教师将古琴非遗文化技艺深耕于课堂教学，并开展了知音古琴主题的产学研科研项目的研究，取得了系列成果。其三，建立了湖北省高职院校内第一个荆楚典型非遗实训室。深度整合旅游专业职教资源，探索非遗文化翻转课堂教学改革。

（二）项目痛点及反思

目前在尝试的是与相关景区管委会沟通和接洽，采取不定期的与景区年度活动“捆绑式”的文明旅游志愿服务形式，但预期文明旅游志愿服务常态化，如果没有旅游行政管理部门或管委会等相关部门支持，则面临在武汉市重点旅游区域或游客密集区域搭建工作室，相应店面的租金、设备采购、人员费用较高的困难。

古琴作为阳春白雪的艺术形式，在乡村这片土壤上生根发芽并与乡村其他非遗旅游产品相结合，还有一定的文化障碍。

项目预期进行 OTA 的宣传，但是因为经费与技术的问题制约，未来在这个板块的投入力度和人员培训深度有待进一步加强。

五、专家点评

将非遗文化与旅游实践相结合，从组织、机制的角度探索项目长期发挥作用的方式，孵化出学生创业公司，实现学生创新创业能力的真正提升。该项目在武汉市重点旅游区域古琴台打造了一个以“工作室”为载体，以“古琴知音”为主题的乡村非物质文化遗产旅游教育与培训基地。项目设计了武汉市非遗旅游线路研学产品，举行非遗知识讲座、非遗宣传进校园活动，在城市中公开举行了系列公益性雅集和培训活动，并形成了教材。团队成员参与的项目获得“轻工大杯”湖北省大学生“美丽乡村”创新创业大赛优秀奖，并且项目孵化了学生创业项目公司。项目在人才培养、社会服务、理论研究、创新创业方面均取得了一定的成果。

（点评人：李伟，北京第二外国语学院商学院教授，北京大学会计发展研究中心特聘研究员）

所在单位：广东交通职业技术学院
项目指导教师：陈颖、何琇瑶
项目负责人：何文彬
项目成员：林海填、陈文静、周光、黄潇垒、张信丽、陈婉婷、黄松瑶、冯钊君、苏婷婷、李桢
项目编号：WMYC20172141

海上丝绸之路之南粤文化志愿讲解服务

一、项目概述

（一）项目背景

为了贯彻落实国家的旅游业“515 战略”、《“十三五”旅游人才发展规划纲要》《国家旅游局、教育部关于加快发展旅游职业教育的指导意见》，实施“一带一路”倡议，广东在中国“一带一路”建设中具有独特优势。

（二）项目意义

本项目通过在南海神庙、广东省博物馆和广东科学中心对游客们进行志愿讲解服务传播南粤文化，宣扬“一带一路”倡议。发挥广东在海上丝绸之路的重要作用，为广大游客深挖“一带一路”倡议中的南粤文化。

（三）项目预期

完成时间	预期目标
2018 年 1—2 月	组建项目执行组，进行细化分工 确定进度时间表 成立项目的推广小组；建立项目微信公众号小组，建立微博、网站联系的工作安排，并实施。
2018 年 2—3 月	对志愿讲解服务进行了解，查阅相关资料 制定实施地考察规划、路线执行规划、活动场地的规划
2018 年 3—4 月	各项目实施地考察、路线执行规划、活动场地的沟通联系和确认 活动执行细节、志愿讲解资料的确定 准备活动所需物资
2018 年 4—8 月	多语言体验讲解 落实活动小游戏环节 活动讲解期间进一步宣传推广，结合项目中的活动开展“美拍”海上丝绸之路的故事小视频征集活动

续表

完成时间	预期目标
2018 年 8—9 月	对活动中的故事小视频征集活动进行视频评选，颁发相应的奖品
2018 年 9—11 月	9 月：志愿讲解活动进入活动成熟阶段 10 月：宣传与讲解同时进行，宣传范围扩大 11 月：志愿讲解项目进入收尾阶段
2018 年 11—12 月	总结项目，整理成果，引导后续宣传展示 对项目志愿服务进行意见反馈收集整理，与场馆方进行结束事宜接洽

（四）项目执行

本团队于 2018 年 1 月开始严格按照项目计划实施表开展项目，历经 1 年悉数完成了本项目所有内容。现将项目完成情况总结如下。

1. 2018 年 1—2 月

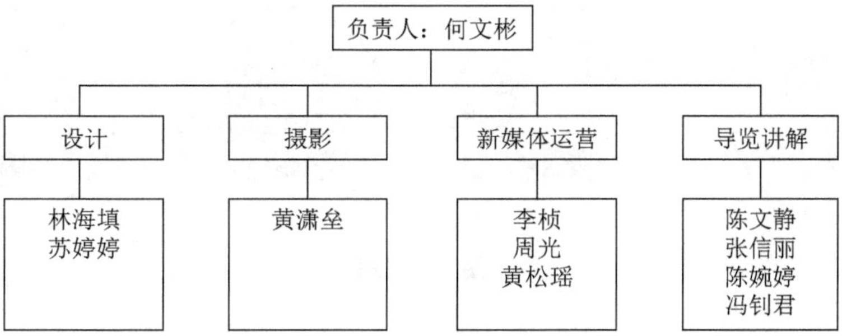

图 1　团队成员任务分工情况

2. 2018 年 2—3 月

团队成员邀请指导老师陈颖老师开展为期五天的志愿讲解服务培训，并制订好讲解服务的相关计划。

3. 2018 年 3—4 月

团队成员根据项目内容特色设计项目 logo、徽章、志愿者帽子、宣传单、海报、横幅、印章等，并采购跟南粤文化相关的纪念品（如图 2）。

图 2　项目 logo 及志愿者帽子

图3 集章卡

图4 印章

图5 宣传单

图6 海报

前往科普活动场地实地考察，并制定详细的讲解服务路线。

4. 2018 年 4—8 月

于 4 月正式开展科普活动，5 月校内航海科普基地开放，在科普嘉年华上团队成员开展了为在校师生介绍“海上丝绸之路之南粤文化”等相关的内容，得到了学校广大师生的支持。

图 7　科普嘉年华志愿服务实践

团队在南海神庙和黄埔古港带领游客见证中国与其他国家文化交流和友好交往的那段历史。

图 8　南海神庙和黄浦古港志愿服务实践

先后多次在广东省博物馆的“广东历史文化陈列”展览及“南北通融——南北古驿道展览”为游客讲解历史文物背后丰富的故事，让游客切身体会到古代广东海上丝绸之路历史上的神奇。

图 9　广东省博物馆志愿服务

在广东科学中心的岭南科技纵横展览馆，为游客讲解具有区域文化特色的广东科技发展历程。并选取 3 个极具现代感的地点带领游客体会海上丝绸之路上的南粤文化。为了增加讲解的趣味性，团队设计了一些互动性强的小游戏：趣味方言绕口令、十秒记忆力挑战赛等。

除了上述线下活动外，我们还在线上开设相关公众号以及微博等渠道记录项目内容开展情况，以及宣传项目文化内容。截止于 2018 年 12 月 15 日，在公众号共发表 22 篇文章。

图 10　广东科学中心志愿服务

5. 2018 年 8—9 月

在线下科普的同时对观众介绍并开展“美拍”海上丝绸之路的故事小视频征集活动，活动收到了众多投稿，他们通过我们的科普讲解，对“南粤文化”有了一定的喜爱。

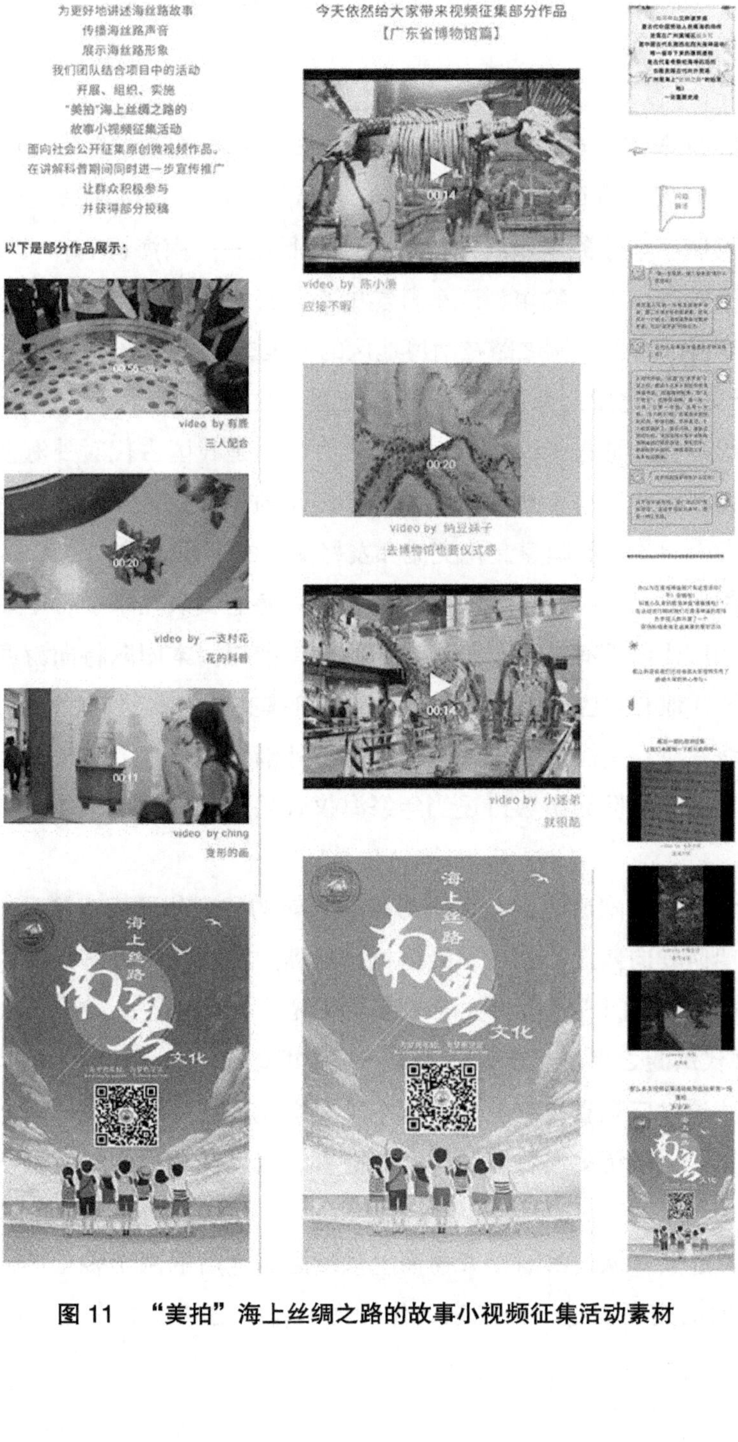

图 11 “美拍”海上丝绸之路的故事小视频征集活动素材

6. 2018 年 9—11 月

项目科普讲解活动进入成熟期，在校内开展了相关讲座，得到了学校广大师生的支持。

7. 2018 年 12 月

进入项目验收阶段，团队成员开始物料整理、活动经费结算、撰写结题报告等。

二、项目内容

本团队经过全体成员讨论决定选择以“海上丝绸之路之南粤文化志愿讲解服务”为主题，开展多方面、多层次的讲解志愿服务。内容包括海上丝绸之路的起源、现状和发展。本服务串联海上丝绸之路发源地——南海神庙，“国家 AAAA 级旅游景区”——广东省博物馆、广东科学中心，将历史古迹与现代场馆相结合，穿越古今为游客讲解海上丝绸之路在南粤地区的发展历史及文化影响。

（一）历史穿梭之旅：南海神庙——海上丝绸之路发源地

我们的第一行选址是南海神庙，因为南海神庙是我国古代对外海上交通贸易的重要遗址，是西汉以来海上丝绸之路发源于广州的重要见证。本团队将带领游客一起去重温当日中国与其他国家文化交流和友好交往的那段历史。

重温文物典故：在一千多年前的中国和世界海上贸易往来中，中外船只便出入广州。当时的广州就拥有一个与外界沟通的重要港口。本团队将向游客讲解作为海上丝绸之路发祥地有力佐证的明清古码头和石刻碑文等文物的背后故事。

重演祭海礼俗：南海神庙地处古代广州的外港，在古代，祭祀海神活动从官府到民间都很盛行。团队为游客讲述当年祭海仪式的细节和故事，展示古代祭海用品及礼俗流程。

回顾千年商贸：隋唐时期，由南海神庙起航的“广州通海夷道”，满载中国丝绸等商品的船队驶向西亚、东非，最远抵达欧洲。本团队将讲解当时中国远航的艰辛以及广州作为中国门户、世界大港的海上商贸千年辉煌。

（二）现代沉淀之旅：广东省博物馆——南粤源流

项目团队通过广东省博物馆的“广东历史文化陈列”展览及“南北通融——南北古驿道展览”讲解历史文物背后丰富的故事，深度挖掘出当时背景下的南粤文化发展历程。

感受扬帆起航：从秦汉时期开通海上丝绸之路之后的两千多年中，这一通道一直是连接东西的交通要道，而广东，作为海上丝绸之路的始发地，以及在后续发展中的广东各地重要港口，不断推动着海上丝绸之路贸易的繁荣。团队将以展览的“扬帆世界”作为讲解的重点，带领观众进入海上丝绸之路，体验广东对外开放与交流的精彩历程。

领略南北通融：南粤古驿道不仅仅是“海丝”起源之路，更凸显了我省“文化强省”和“一带一路”关键节点的重要地位。项目团队将从自然、历史、文化、复兴之路，带领游客发现和发掘古代道路的文化价值，展示南粤地域文化的包容性和多样性。

（三）现代科技之旅：广东科学中心——科技中的海上丝绸之路

广东科学中心——作为重要的公益性科普教育基地，也是广东省内具有特色的岭南科技发展历程基地，其推出的“岭南科技纵横”馆，以博物馆与科技馆相结合的创新展示方式，为我们呈现岭南上下六千年的科技发展史，让人领略岭南科技文化焕发的极大魅力。本项目团队将选取3个极具现代感和代表性的地点带领游客看待海上丝绸之路上的南粤文化。

领悟古代岭南之舵：岭南地区作为中国最早的航海地点，也是海上通商最繁荣的地区，船自然是必不可少的历史演绎角色之一。我们参观了展馆中最有历史特色的见证者——岭南之舵，里面向我们展示了南粤历史中出现得最早的舵。

驾驶耆英号远航：漫漫海上征程中，船只扮演的是举足轻重的角色。广东建造的“耆英”号是我国第一艘远航至欧美的中国传统三桅木帆船，为古代远航技术发展以及岭南成为海上丝绸之路的一个站点奠定了坚实基础。

体味古今变迁：现代广东交通发展展区伴随画外音故事讲述，从乡村到城市，从驿站到据点，从马车到汽车，各种时代的发展变化，都一一呈现出来。岭南科技纵横馆“剧场”将广东科技发展历史一幕幕呈现在观众面前，让枯燥的科技史变得生动有趣，仿佛“活”了过来。

（四）项目创新与特色

1. 海上丝绸之路南粤文化三地之旅

在国家为鼓励和支持旅游业发展以及培养旅游业人才的各种政策下，将广东独有的海上丝绸之路的南粤文化与旅游联系起来，创新普通旅游单一的模式，融合南粤的地方文化特色，通过日常小知识的科普让人们进一步了解海上丝绸之路文化。

海上丝绸之路的南粤文化的志愿讲解活动融合了现代化科技手段及场景，在历史遗迹（南海神庙）、广东省博物馆与广东科学中心进行讲解，让海上丝绸之路的南粤文化在历史与现代文化交融下融入到游客的理解当中。

除此之外，我们还通过2018年广州科技创新活动周——“科技体育，科技生活”科普嘉年华暨航海基地科普推广日上的宣传科普，扩大了科普的影响范围，加深了我们志愿者团队对于科普文化的了解，团队也因此积累了讲解经验。

图12　“科技体育，科技生活”科普嘉年华暨航海基地科普推广日

2\. 专业与多元化语言组合搭配

团队成员张信丽担任过广州民俗博物馆的志愿讲解员，与广交院人文社科部专有的讲解队伍沟通，掌握讲解技巧，为游客提供更专业的讲解服务。团队成员于2017—2018年曾在广东科学中心接受专业讲解员的培训，这使得团队成员得以更专业地向游客进行科普讲解。

由于小组成员是分布于各个地区的人，我们团队针对广东游客的地域特征，特增粤语、客家话、潮汕话为讲解语言供游客挑选，游客听到自己熟悉的语言会更加轻松愉快。

3\. 游戏加讲解构造南粤心意

在讲解过程中加入一些小活动，我们采取用自己的家乡风俗和南粤风俗绕口令的游戏方式进行交替的玩耍解答，让游客体会到了亲切感，使他们更能接受生动有趣的导览讲解，从而在游览的过程中吸收相关的南粤文化知识。

图 13　志愿者在进行讲解服务

4. 科普讲座丰富南粤文化的内容

在科普讲座中，张栋良老师为在场的师生揭秘各种“脸谱”头盔的工艺、设计灵感及故事，他声情并茂地分享了自行车头盔制作的核心技术——外观设计及涂装工艺，并科普了高新碳纤维科技。通过此次讲座，我们将会把学习到的科技创新融入到讲解活动中，通过更多的创新活动传播海丝路文化。

图 14　科普讲座现场及展品

三、项目成果

（一）形成多项国家实用新型专利并顺利完成大部分转化

项目实践期间，在指导教师陈颖老师的带领下，根据社会市场需求自主研发《易拆装的 VR 设备》《VR 设备》《互联网用展示台》等三项实用新型专利，并获得国家知识产权局审批通过。其中，《VR 设备》《互联网用展示台》于 2018 年 8 月分别成功转让给广州鑫桥建筑工程有限公司及广州奔桥建筑科技有限公司，协助企业将新技术投入实际生产应用，获得专利成果转让费 48 000 元，专利成果转化率高达 66.7%。

实用新型专利证书
实用新型专利证书
实用新型专利证书
专利权转让合同
专利权转让合同

图 15　专利证书及成果转化

（二）获奖成果、课题立项成果

（1）本项目的实践成果获得广州电视台移动频道、花都电视台等采访并播出新闻报道。广州电视台移动频道滚动播出一周，在公交车、政府楼宇、公共场所等直接受众达 80 万；花都电视台在晚间六点新闻播出，直接受众达 20 万。因此，本项目通过媒体传播在社会的影响范围大、影响强度显著。

图 16　接受广州电视台移动频道，花都电视台等采访

（2）本项目积极将实践成果转化为课题研究。

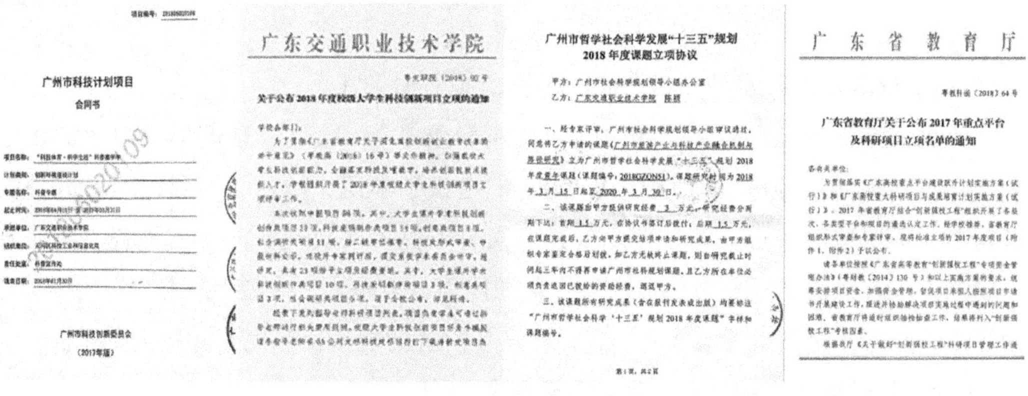

图 17　课题立项成果

通过以上课题及实践性项目，有效地延伸了本项目的社会服务效益。

（三）在学校开展科普嘉年华等一系列活动及讲座

在我们项目发展过程中，我们带动推广了多次学校内有关海上文化活动并参与了幕后工作，比如“2018 年广州科技创新活动周——航海科普基地推广日”“张栋良携奥运首金头盔诠释中国体育科技与工艺美学讲座”，等等。这些活动让外界接触到新的科学知识，拓展了视野，拓宽了宣传推广。

图 18　开展活动讲座

（四）创建“广交院海上丝路南粤文化科普”公众号

我们团队申请并创建了广交院海上丝路南粤文化科普公众号，向外界科普了大量有关南粤丝路文化的知识。公众号上对广东十大海上丝绸之路文化地理坐标进行了一一介绍，让外界对这些南粤丝路文化有所了解，并把我们日常外出活动的所看所得所想写进推文，拉近了丝路文化与大众的距离。

微信公众号二维码

（五）培养响应国家“一带一路”号召的服务型人才

此次“海上丝绸之路之南粤文化志愿讲解服务”，通过在理论学习中用实践检验，在实践中加强理论学习的方式，同学们增长了学识，拓宽了眼界；项目进行的过程中，不单单对一带一路的概念及其意义有了更多层次更多方面的了解，还提升了同学们在志愿讲解服务中传播南粤文化的能力，更是为广大游客深挖“一带一路”倡议中的南粤文化做出了专业的解释，丰富了讲解的趣味性，也把握住了专业性。

（六）科普海上丝绸之路与南粤文化相关知识

此次科普海上丝绸之路之南粤文化志愿讲解，总共分为两个部分，线上宣传以及实地宣传。线上宣传的方式主要通过微信公众平台进行，在微信公众平台上采用科普与地区的人文地理历史相结合的方式，科普广东省十大海上丝绸之路文化地理坐标，让人们了解广东省在海上丝绸之路的地位及各地的人文地理历史；并且以微信公众平台作为宣传跳板，为校内同学宣传校内讲解比赛，科普讲座等，让同学在阅读文章的同时，更能亲身去参与，点燃了校内同学的热情；我们的线下科普则是实地出去科普，不仅仅是在校内区域，通过一些活动作为基础，向同学们进行科普，例如学校航海节，我们的志愿者们在科普海洋、海上救援等相关知识的同时，对海上丝绸之路进行科普，增添了此次活动的内涵；其次，则是外出实地进行科普，我们通过认真严谨的态度，妙趣横生的游戏等来向游客们进行科普教育服务，不仅让游客们了解到了海上丝绸之路的相关知识，还了解到了南粤文化的丰富的内涵及人文情怀。

图 19　活动宣传设计及现场照片

四、特色与经验

（一）典型经验

1. 深刻了解海上丝绸之路文化

在项目进行中，我们团员也更深刻地对海上丝绸之路文化进行了解。在项目开展前期，讲解知识基础尚未扎实，会遭到质疑。此后我们认真学习海丝路文化，细心做好准备，为后面的对外宣传打下坚实基础。

2. 准备材料要充足，做好规划准备

在我们团队早期的出外活动时，就曾出现过准备不足的情况。出外当天因为小礼品准备不充分场面一度尴尬不已。并且当时因为没有做好出行具体计划，导致活动时间大大延迟，差点错过了最佳人流时间。所以总结了此经验。

3. 理论联系实践，加强科普多样性

在进行“海上丝绸之路之南粤文化志愿讲解服务”项目时，项目人员并没有只针对一个方面或者一个知识进行深究，而是发散思维寻求不同的切入点以及联系其他的相关知识，加强多方面的学习，也为游客们带来多样化的讲解。在实地考察的过程中，志愿者们也加强对相关知识的学习，为更好的讲解服务做努力。

4. 宣传要到位，了解要充足

每次出行我们都会对受众人群进行科普，安排科普小游戏活跃气氛，通关了才可以得到我们的小礼品。当他们有所疑惑时，便对他们有所疑惑的部分进行科普。

5. 团队凝聚力不可少

一个团队能聚在一块儿已经不容易，每个人都是团队里不可缺少的一部分，我们团队分工有理，队长组织得当也是我们外出成功不可少的因素。

（二）突出做法

1. 在广东省博物馆进行文化宣传

团队选择在广东省博物馆进行宣传，因为此地聚集着大多数对古老文化钟情的人。我们当天在这里吸引了大批游客，并对他们展开了活动宣传。

图 20　志愿者在广东省博物馆与观众互动交流

2. 在南海神庙进行实地考察

为了更深刻地了解海丝路文化，团队特意去了具有代表性的南海神庙进行实地考察。在那里我们了解到当时的航海习惯、航海历史、人文历史以及对外贸易的发展。

图 21　志愿者在南海神庙向观众发传单

3. 在科普中提升自我

外出时，我们都会准备好小团队定制好的帽子、横幅和印有小故事的卡片。在现场，每个人都按照自己负责的部分进行分工合作，寻找游客进行科普采访。可以边走边看历史文物，不仅了解到了不少人文历史、建筑艺术和海丝路的发展，还很好地拓展了自己的知识面，增添了不少有趣的经验。

4. 在科学中心的科普培训

为了更好地进行科普活动，我们志愿者团队专门进行了培训，在科普员的带领下，我们了解到了更多的科普宣传方法和与游客的沟通的方法，包括语言上和眼神上的，更好地为游客们深入浅出地进行讲解，收获到了不少，也增加了团队的经验。

图 22　志愿者在广东科学中心接受全国十佳科普讲解员的培训指导

五、专家点评

项目理论联系实际，注重实践素材的积累，积极探索相关知识产权开发，科技成果转化突出。该项目除了在博物馆、科学中心开展南粤文化志愿讲解服务之外，还在学校开展科普嘉年华等系列活动和讲座，同时创建了“广交院海上丝路南粤文化科普”的公众号，特别是该项目积极探索相关知识产权的开发，一共向国家知识产权局提交“一种讲解装置”“一种展示仪”“一种指示架”和“一种应用于科技馆展览的风向标”四种实用新型专利，对于今后该类项目的执行有一定的借鉴意义。

（点评人：李伟，北京第二外国语学院商学院教授，北京大学会计发展研究中心特聘研究员）

所在单位：重庆商务职业学院
项目指导教师：夏文镜、李丽
项目负责人：傅文俊
项目成员：甘林全、豆小梅、杨清清、苏吉霜、沈文琴、包赢
项目编号：WMYC201720165

乡村旅游扶贫产业升级志愿服务活动

——走进重庆石柱土家族自治县悦崃镇新城村

一、项目概述

（一）项目背景

1. 实践背景：重庆市石柱土家族自治县悦崃镇新城村

悦崃镇新城村位于重庆市石柱土家族自治县，是全国乡村旅游扶贫重点村，也是2012年住房城乡建设部、文化部、财政部三部门发通知公示的第一批列入《中国传统村落名录》的少数民族村落。石柱土家族自治县是国家旅游局公布的第二批全域旅游示范区，正在大力发展全域旅游，悦崃镇为重庆黄水统筹城乡示范区域旅游环线重要乡镇之一。新城村由6个村民小组构成，分别为古城组、青龙组、楠桠组、星光组、金台组、勇为组。该村山清水秀，生态宜人，与本县旅游核心景区中心区域黄水镇接壤。但是，该村扶贫产业相对较薄弱，旅游业还处于萌芽阶段，且交通不便，不能发挥依靠地理优势承接“大黄水”旅游度假区的辐射带动。在2017年，在项目准备申报时，该村农家乐仅2家，且硬件质量和服务质量都还有待进一步完善提高。村内建卡贫困户113户，贫困人口373人，在脱贫攻坚战中脱贫压力较大。此外，在访谈中了解到建卡贫困户存在较强的“等、靠、要”思想，脱贫攻坚的内生动力相对不足。目前，新城村集乡村旅游、农家客栈、餐饮服务、休闲避暑于一体的以民宿经济为主的康养特色小镇建设正处于萌芽起步阶段。下一步，不仅需要提升建卡贫困户的内生动力，更需要进一步加强与深化旅游目的地打造与推广、精品民宿品牌建设与营销、旅游服务品质提升等。

2. 指导教师研究背景

2011年，指导教师夏文镜参加国务院扶贫办友成企业家扶贫基金会小鹰计划志愿者，以世界银行第五期扶贫项目协调员身份扎根到重庆市贫困村一线，自此以后，一直持续关注着重庆市乡村扶贫脱贫工作的开展。并于2016年6月申报的“重庆市国家级贫困县旅游精准扶贫内生动力机制研究”项目入选国家旅游局2016年度“万名旅游英才计划”—“研究型英才培养项目”，并顺利结项。在乡村旅游扶贫研究中具有时间和空间上的延续性。结合自身扶贫志愿者的亲身经历和研究背景，在指导学生开展志愿服务实践活动时，能够从专业知识和志愿者服务技能技巧等多方面较好地指导其参与实践活动。

（二）项目意义

深入贯彻习近平总书记扶贫开发战略思想和精准扶贫精准脱贫基本方略，助力打赢深度贫困乡镇脱贫攻坚战。本项目实践小组成员依托扎实的专业知识和坚毅的品格，投身到石柱县新城村脱贫攻坚工作的志愿服务中，主动参与村组调研、旅游扶贫工作宣传与培训、提升农家乐服务水平，打造精品民宿整合乡村旅游产业链，提升新城村乡村旅游接待能力。通过志愿者实践活动提高新城村旅游资源知名度，从而为村民和贫困农户增收。通过一系列的志愿实践服务与活动，提升本项目成员的社会责任感及旅游业务能力，为项目组成员形成全域旅游背景下的专业综合素养打下良好的基础，从而为培养社会主义合格的建设者和接班人做出贡献。

（三）项目预期

1. 提升项目组成员的社会责任感和实践能力

通过入户走访贫困村民，宣传普及旅游相关知识为贫困村民参与乡村旅游活动实现脱贫提供帮助等活动，增强学生社会责任感；通过入户指导培训农家乐管理人员及服务人员等系列实践活动，提升学生的实践能力。

2. 实现新城村乡村旅游民宿服务的标准化，实现产业升级

通过在导游、餐饮、住宿等环节的一年志愿服务活动，结合工作标准化实施方案，努力为新城村的乡村旅游发展提供出一套适合其特质的可行性餐、宿服务标准，并提交相关部门希望采纳。

3. 提升贫困村民参与乡村旅游的内生动力

通过有针对性的入户调研，对贫困村民开展旅游知识和自立自强致富故事宣传，增强贫困村民参与乡村旅游发展的能力和主动性。

4. 实现新城村乡村旅游产业结构多元化

指导建议当地村民整合当地资源，以打造精品民宿重塑新城村乡村旅游产业链，实现当地乡村旅游升级；通过宣传、推介等吸引重庆市民到新城村康养、旅游；通过电子商务等实现新城村乡村旅游产业结构的多元化，实现贫困村民增收。

（四）项目执行

已按照项目实施进度表，完成项目，基本达到项目预期成效，得到当地村民和相关部门的认可。

二、项目内容

本实践项目的实施期为一年，在这一年里，按照项目实施进程，大致分为以下四个阶段完成项目：

（一）项目调研阶段——完成重庆市石柱土家族自治县悦崃镇新城村的调研活动

走村入户进一步掌握新城村乡村旅游发展现状的一手资料。在开展项目工作的准备阶段，项目组成员深入到重庆市石柱土家族自治县悦崃镇新城村，首先到村委会与村支书和村委负责旅游工作的工作人员开展专访。通过半结构化访谈了解新城村内的基本情况，如本村由原本的两个村合并为现在的新城村，因此现在的新城村面积较大，新城村由合并后得名。新城村这个行政村由 6 个村民小组构成（古城组、青龙组、楠桠组、星光组、金台组、勇为组）。还了解到村内拥有 113 户贫困户、373 名贫困居民，他们各户因什么致贫（主要集中在因病致贫、因学致贫、因缺乏技术致贫等）；其次通过简易手绘地图标记出各组的旅游资源，通过走访各组所拥有的旅游资源，通过文字、照片、录音、视频短片、村内老人专访记录等手段了解、初步挖掘旅游资源中包含的故事；再次是进一步了解走访了村内拥有的 2 家农家乐，对其餐饮、客房区域接待容量进行详细记录梳理。通过调研和资源梳理，做出详细的团队培训计划、志愿者招募策划书和项目行动方案。

（二）项目筹备阶段——完成校内团队培训和志愿者招募培训

为了使项目成员具有胜任新城村深度扶贫乡村旅游产业提升实践服务的能力，按照调研结果拟订的培训计划，对参与项目成员开展入户调研技巧、民宿发展及行业评价标准等专业知识的培训。帮助项目成员提高关于贫困村民入户访谈、宣传培训、新城村旅游资源摸底和设计的能力。具体做法如下：一是多次带领同学们一起查找文献资料和学习政府行业的相关文件，培养和提高同学们对文献知识的阅读和梳理的能力；二是运用主题读书会帮助同学们掌握项目实施所需的技能技巧，运用项目经费购买了《社会调查研究方法》《村里来了照相的》《新媒体文案创作与传播》《乡村旅游创新案例：乡村旅游操盘手实录与经验分享》《民宿设计实战指南》等相关书籍，布置阅读任务，以周为单位开展“线上＋线下”结合的主题读书会，形成良好的学习互动氛围，培养其自我学习和终身学习的理念。根据每一期读书会主题的变化，结合实操培训课程，让同学们掌握结构化、半结构化访谈基础技巧、摄影摄像技巧、新媒体文案编写与传播技巧、精品民宿设计等技能技巧；三是带领同学们走出去学习。带领部分团队成员参加由共青团重庆市委、重庆市体育局、重庆市扶贫开发办公室、重庆日报报业集团（总台）、奉节县人民政府联合主办的2018年“聚焦扶贫——徒步三峡”团员青年庆祝改革开放40周年公益徒步活动暨“体彩——大乐透杯”徒步三峡之巅公益挑战赛，通过借鉴学习掌握活动策划、组织、宣传、运营等方法；四是借助学校社团活动，调动学生积极性，招募志愿者30名，完成志愿者分组培训，为后期组织团队成员和志愿者到重庆市沙坪坝磁器口古镇开展重庆市石柱土家族自治县悦崃镇新城村旅游形象线下推广活动做好人力和知识的储备。

（三）项目实施阶段

1.整理行业标准，形成重庆市石柱土家族自治县悦崃镇新城村的村民入户宣传资料并筹备农家乐农户的培训动员工作

第一，针对新城村村内旅游资源大部分为文物资源，且截止于2017年其村内农家乐仅有2家，接待能力较弱的这些特点，与村委协商参照乡村旅游行业标准和文物保护相关法律法规，设计完成入户宣传单2份，分别为《农家乐经营实用信息宣传单》《文化保护法律知识宣传单》，并开展入户宣传和知识广播普及；第二，对有意向筹备农家乐的农户开展专题培训，通过培训帮助3户农户从有想法落实到注册农家乐开始经营。将新城村原本仅有2家农家乐的接待量增加到了现有的5家农家乐；第三，将已有农家乐、新开农家乐及有意向了解农家乐的农户建立微信群，通过培训和志愿者同学与村民一对一交流，保证群里成员58人每人会用微信传送信息和学习参与讨论课程，在群内定期开设线上精品民宿课程，持续线下按需“送课程下乡”，助力当地住宿接待能力提档升级；第四，通过入户宣传，建立贫困户、贫困人口分布地形图，形成贫困人口地形图、旅游资源分布图与农家乐分布图的叠加整合，在后期项目实施过程中，线路设计和文创产品均在地域和数量上向贫困人口聚集地进行倾斜链接，以提高贫困人口乡村旅游活动的参与度。

2. 完成了重庆市石柱土家族自治县悦崃镇新城村的民宿和餐饮主题设计方案

在为酒店管理专业学生授课的过程中，带领团队成员和同学们积极参与精品民宿客房和餐饮主题设计，借用前期一线搜集的自然生态资源元素、历史文化元素、民族民俗文化元素等为素材为重庆市石柱土家族自治县悦崃镇新城村设计民宿客房设计方案和餐饮主题设计方案共 6 份。并与村内有需求的农户对接，完成农家乐、民宿注册，其中有两份设计方案被村民采纳为民宿客房实施草图。这样的校内校外、课上课下联动，实现专业人才的培养。

3. 整合新城村村内旅游资源，规划设计旅游线路和文创体验产品

通过前期的调研、走访，梳理出重庆市石柱土家族自治县悦崃镇新城村旅游资源共计 10 余处，有自然生态、历史文化、地域特色文化和传统农耕文化等资源，具体包括马氏宗祠、云梯街、巴盐古道、石雕群、碉楼、土司衙门、贞节牌坊等。通过资源整理和规划，团队设计出 2 条旅游线路，1 条人文景观观赏路线、1 条自然风光观赏路线，并用在团队成员实地踩点线路时，使用互联网软件“两步路”“奥维互动地图”制作旅游路线线路地图和标记主要旅游资源地点，并将两张旅游线路地图上传到户外运动网站和社群，从而完成旅游路线的互联网线上推广。运用微博、抖音、微信等线上宣传手段引发转载量，提高曝光率，从而提升知名度；设计出了 1 个文创体验产品，就地取材运用当地随处可摘的“灯芯草”为主要原材料，用废弃药瓶和牙膏皮制作“我们身边即将消失的老物件——煤油灯”，并由当地德高望重的七旬老人现场亲手制作拍摄制作为小视频，放到互联网中，形成“探秘新城村”特辑之一，作为极具吸引力的互动参与亲子手工产品。

4. 制作视频和整合照片资源，完成线上线下宣传推广工作

一是线上将前期采集的文字、照片、视频短片等素材，整合梳理后制作成了多个小视频和多篇简报，形成“探秘新城村”系列微视频，通过微博、微信公众号、抖音、村村乐等互联网资源进行线上宣传；二是线下组织团队成员和志愿者同学们在校内、重庆大学城内和到重庆市沙坪坝磁器口古镇、奉节扶贫公益活动中开展重庆市石柱土家族自治县悦崃镇新城村旅游形象和旅游线路推广活动。借助重庆市网红旅游景点人流量以及其他传统媒体的宣传优势造势，借力使力，进一步加大重庆市石柱土家族自治县悦崃镇新城村旅游地知名度。

（四）项目总结结题阶段

结题阶段主要是召集项目团队成员对整个项目实施过程进行回顾和总结，并按照项目实施管理规定制作相应结题材料。期间，一方面对研究成果进行全面而详细的审读，对发现的问题和不足之处进行修改和补充；另一方面，报销相关研究经费，将前期文献资料、调研资料、阶段性研究成果、结项报告等进行分类归档，按照项目相关管理规定及要求，复印制作最终项目成果与结题材料，拟交付项目评审组，准备项目结项。

三、项目成果

（一）团队学生在项目开展实施过程中提升社会责任感和实践能力，实现了专业人才的培养

国务院办公厅印发《关于深入开展消费扶贫助力打赢脱贫攻坚战的指导意见》、国家发展改革委关于印发《武陵山片区区域发展与扶贫攻坚规划的通知》（国办发〔2018〕129号）明确提出“大力促进贫困地区休闲农业和乡村旅游提质升级”。该村内旅游资源丰富，特别是文物资源，马氏宗祠、碉楼、土司衙门等多处获批为文物保护资源。在带领学生实地调研走访考察旅游资源的基础上，学生完成了2条旅游线路的设计，分别为1条人文旅游线路和1条自然风光旅游线路。完成了8份精品民宿和主题餐桌的设计方案，并有2个被村内农家乐采纳。通过入户走访贫困村民，宣传普及旅游相关知识为贫困村民参与乡村旅游活动实现脱贫提供帮助等活动，增强了学生的社会责任感；通过入户指导培训农家乐管理人员及服务人员等系列实践活动，提升学生的知识水平和实践能力；通过校外实地走访获得素材，校内课上设计形成方案，校外课下实证检验修正成果，从而形成校内和校外、课上和课下的反复联动，实现专业人才的培养。

（二）团队学生将现代科技应用到了新城村乡村旅游中，利用“互联网＋乡村旅游”模式帮助当地宣传扩大了影响力和吸引了客流量

在老师的指导下，学生根据资源整合，运用现代软件“两步路”“奥维互动地图”记录了规划设计的2条村内旅游徒步路线，并上传至户外运动终端，以吸引外来徒步游客；通过微信、微博、抖音等线上“探秘新城村古迹”系列视频的推广以及村村乐村民网站推广，同时加以磁器口、奉节公益扶贫等线下活动推广，帮助石柱土家族自治县悦崃镇新城村在今年5—10月成为了重庆、湖北、贵州等地居民夏季纳凉避暑的可选之地。

（三）团队学生入户宣传，调动了贫困农户参与乡村旅游发展的积极性、提升了内生动力

通过入户宣传单的设计宣传，让村民快速知悉了开设农家乐的相关政策和流

程，同时达到了信息透明公平的效果，并带领有兴趣有意向开设农家乐的村民参加集中培训和后期技术支持，开设农家乐。帮助其他村民积极参与到“村民导游”“文创手工艺品制作”“餐饮服务”和“客房服务”等工作中，帮助他们有意愿且有能力参与到乡村旅游中，提升他们脱贫的内生动力。

（四）通过旅游资源帮助村内实现产业升级，助推新城村当地的经济发展

团队通过走访、入户宣传、培训、现场指导、“线上＋线下”交流等手段帮助当地农家乐从无到有，实现 2 家到 5 家的数量成倍突破，6 个村民小组普遍覆盖的合理布局。并通过校内酒店管理专业志愿者同学们完成的客房和中餐主题产品设计，让同学们的作品和方案能够和乡村农家乐实时对接，提升了当地的乡村旅游接待能力和接待质量。据村民委员会统计，较去年同期相比，新城村内在今年 5—10 月的旅游旺季时期客流量接待增加了 2 倍，大幅度增加了当地居民和贫困人口的经济收入。

四、特色与经验

（一）项目经验

1. 整合项目资源，专业的行业标准在旅游路线设计、民族特色农家乐开发中的应用

项目组结合学校师生的人力资源、学校实训室的设施设备资源、地方特色旅游资源和新城村多处文物资源，通过资源整合和创新应用，从而更好地开展项目的实施。特别是在旅游线路规划设计和农家乐主题客房设计环节，将学生在校学习的专业知识创新的应用到当地乡村旅游发展中，既调动了当地贫困村民的参与积极性又保证了学生的知识成果在运用中得到适当的转化。

2. 校内校外、课上课下反复联动，激发学生参与积极性，实现人才培养

在项目实施过程中，指导老师根据专业特长，分别指导同学们在旅游路线设计、主题客房设计和中餐主题宴会设计各方面针对性的指导团队学生制作设计方案。在校外实地走访获取素材，校内课上设计形成方案，校外课下实证检验再次修正成果，从而形成校内和校外、课上和课下的反复联动。

（二）项目特色

1. 发挥 90 后对电子软件使用的熟悉特质，将现代软件系统运用到乡村旅游创新设计

运用现代软件“两步路”“奥维互动地图”规划设计旅游路线，并完成旅游路线的线上推广。运用微博、抖音、微信等线上宣传手段引发转载量，提高曝光率，从而提升知名度。

2. 借力使力，借助公益活动和热门景点已有的人流量做到联动效应，加大线下宣传力度

第一，带领团队部分成员到重庆奉节参加由共青团重庆市委、重庆市体育局、重庆市扶贫开发办公室、重庆日报报业集团（总台）、奉节县人民政府联合主办的2018年“聚焦扶贫——徒步三峡”团员青年庆祝改革开放40周年公益徒步活动暨“体彩——大乐透杯”徒步三峡之巅公益挑战赛开展现场学习。当天参赛选手近500人，媒体近百余家，借力使力，加大宣传效应；第二，带领团队成员和校内志愿者团队到重庆市沙坪坝磁器口古镇线下游客宣传活动，利用磁器口古镇每日上万客流量的优势，借势造势，完成线下宣传。

3. 拓展宣传推广渠道，实现校园开发与旅游线路推广和农家乐运营的无缝对接

充分利用“线上＋线下”的资源共享方式，团队师生将客房设计、中餐主题设计方案，以手册、海报、实地讲座、指导操作等线下方式和微视频、微信、微博等线上方式，多方式多渠道的建立实践团队和村民联系。

4. 借助项目，提升学生的社会责任感，为培养社会主义合格的建设者和接班人做出贡献

通过项目实践，在走访调研、入户宣传、现场指导等环节中，增加学生与贫困户的接触机会，提升学生的社会责任感、专业知识运用能力和工作实践能力，从而实现了专业人才的培养，为培养社会主义合格的建设者和接班人做出贡献。

五、专家点评

将专业知识创新应用到乡村旅游发展中，将旅游研究的成果转化，为扶贫攻坚和农民增收贡献力量，彰显社会责任。项目执行中，主持人带领学生团队深入悦崃镇新城村开展乡村旅游扶贫志愿服务活动，设计旅游线路和文创体验产品，设计完成入户宣传单，为新城村设计主题客房方案。此外，团队还对农户进行培训，对项目村旅游资源进行线上线下宣传，组织该村旅游形象和线路推广。该项目有助于该村脱贫致富，重庆市扶贫开发办公室对该团队积极开展乡村旅游扶贫志愿者服务活动给予充分肯定。

（点评人：李伟，北京第二外国语学院商学院教授，北京大学会计发展研究中心特聘研究员）

第二篇
“双师型”教师培养项目

所在单位：上海旅游高等专科学校 / 上海师范大学旅游学院
项目负责人：黄崎
项目编号：WMYC201730024

智慧酒店高新技术应用“双师型”教师发展研究

一、项目概述

（一）项目背景

我国旅游业进入高速发展期，2015 年旅游业对国民经济的综合贡献度达到 10.8%，对社会就业综合贡献度超过 10.2%。而其产业链上酒店住宿业已聚集成世界级规模效应。但行业的发展面临着高新技术与跨界竞争的严峻挑战。智慧酒店应用的出现是高新技术赐予行业转型发展的极佳机遇。互联网、IoT、大数据、云计算、AI 等已影响和改变旅游与酒店行业发展的业态，高新技术应用迅速推进到旅游行业的各个领域，尤其是智慧旅游与智慧酒店创新与应用。经研究表明：智慧酒店的三大应用领域，即智慧经营、智慧控制和智慧服务正在酒店行业得到非线性式增长地应用。而作为培养旅游人才的应用型教育也应顺势而为并引领行业对高新技术的应用与发展。企业应用新技术，人才是关键。由此学生培养是主体，而老师是起到授予新技术的主导地位与作用，对于应用型旅游行业职业教育而言，“双师型”教师更是在此领域教学中作用特殊，起到对接行业、对接应用、对接教育的桥梁作用。为此研究在校企合作背景下“双师型”教师的发展，具有现实性与迫切性，更具有培养旅游酒店行业新生代人才的长远意义。

（二）项目意义

本项目的目标就是：从事旅游教育要直面担当，探究高新技术在行业应用，服务于行业发展，培养更多的应用型人才，其意义如下：

1. 探究智慧酒店高新技术应用战略性发展

随着互联网、物联网、AI、IoT 技术的迅速发展与推广，酒店行业面临着众多的压力与转型升级机遇，其中智慧旅游、智慧酒店的应用是一个战略性的发展方向。研究表明：酒店对可操作、可复制的实施技术方案、运营模式等，处于急需的状态。由此厘清智慧酒店高新技术的应用内涵，对其应用的领域、方案、效用等研究，对服务于行业的战略转型发展、人才培养和双师型发展至关重要。

2. 探究智慧酒店高新技术应用的人才培养新模式

培养酒店管理专业学生在智慧酒店新技术的创新与应用能力，让学生能够在学校学到最新的智慧酒店知识与实际应用能力，使学生在职业生涯中具有竞争力，这是旅游教育的责任担当，这也迎合与引领行业的发展需求。

为确保上述智慧酒店领域人才培养方案的落实，"双师型"教师队伍的形成与发展是关键，形成"双师型"智慧酒店的教学团队，在智慧酒店教学与技术应用领域有所作为，培养智慧酒店的综合性人才，是人才培养的关键所在。

3. 探究智慧酒店高新技术应用"双师型"教师发展新途径

在校企合作的背景下，了解与研究行业最新的应用动向，提升学校、专业教学与行业的结合度与黏合度；以实训实践教学促进教改，探究旅游职业教育"双师型"教师发展新的途径。其目标：形成"双师型"教学团队，不断更新人才培养方案，迎合与引领行业的发展。

综上，项目以智慧酒店高新技术推广应用为切入点，研究形成旅游教育"双师型"专业队伍发展的路径、手段与方向，最终为培养具有智慧酒店高新技术应用能力的学生，为大旅游发展服务。

（三）预期目标

1. 项目研究报告

报告内容包括：校企合作调研、智慧酒店高新技术应用研究。

"双师型"教师发展途径、方法与模式（1 万字以上）。

2. 智慧酒店创新应用技术方案

方案要求：可推广、可复制的技术方案。

3. 公开发表相关成果论文

公开发表论文 1~2 篇。

（四）项目执行情况

（1）完成"智慧酒店高新技术应用'双师型'教师发展"研究报告一份。

（2）智慧酒店创新应用技术方案。

完成了项目要求的方案，该方案为可推广、可复制的技术方案，得到了合作酒店和技术开发公司的认可。

（3）公开发表期刊论文。

项目负责人公开发表1篇核心期刊（CSSCI）、2篇一般期刊，共3篇。

（4）出版相关教材1本。

（5）成果推广。

课题形成的成果，在两个方面加以推广。第一，酒店行业的应用与推广，目前合作的酒店在酒店收益部门得到了应用。第二，在酒店管理专业的建设上，对人才培养与课程体系进行了重构，为培养智慧酒店应用型人才服务。

二、项目内容

根据本项目研究目标，组织和制度的落实是首要任务，基于“智慧酒店”科研团队前期积累，结合旅游酒店行业发展状况与行业特征，结合智慧酒店高新技术发展，研究内容从以下几个维度展开。

（一）智慧酒店高新技术应用研究

对高新技术在行业的应用研究是整体项目推进的基础，时间段：前期研究—本项目立项后的前段时间（2016年6月—2018年3月）。

研究智慧酒店高新技术应用，最好的方法路径是到酒店、相关高新技术企业调研，分析新技术、新模式的需求与应用；对相关资料、信息与数据进行采集与分析。在此过程中，“双师型”教师担负起技术与需求转化的中间角色。

1. 智慧酒店应用界定

通过“智慧地球”概念的研究，分析其演绎出与国家战略发展有关联的智慧应用领域，如：“智慧城市”“智慧电力”“智慧旅游”等。2013年11月国家旅游局正式宣布“美丽中国之旅——2014年智慧旅游年”，通过年度旅游发展主题为智慧旅游开辟应用前沿。而作为旅游产业链上的酒店业，“智慧酒店”的应用与发展更是适时与迫切。前期调研得知：非酒店行业对智慧酒店的认知与创新比酒店行业更强劲。如：阿里飞猪建造的“未来酒店”，提出全新的酒店经营模式；许多技术公司也提出了众多高新技术解决方案，而需求方（酒店）显得比较被动与准备不足。由此本项目推进对其应用领域界定是首要任务。

2. 智慧酒店研究文献检索

从大旅游的视角出发，智慧旅游涵盖旅游产业链上的各个行业与领域。对其应用与创新，许多学者、经营管理与技术人员进行了探究。就对智慧旅游的概念发起与推进应用而言，学者对“智慧旅游”研究的力度和广度要已远超对“智慧酒店”

的研究。如：近几年发表的相关论文中提及智慧旅游的每年都在万篇以上。主要研究领域：一是对智慧旅游概念和理论系统探讨的，认为智慧旅游是旅游者个体在旅游活动过程中所接受的泛在化的旅游信息服务。智慧旅游是智慧地球及智慧城市的一部分。二是具体应用类的，如分析南京市和桂林景区智慧旅游发展现状与特点，提出了智慧旅游的具体发展策略。三是技术框架类的，“智慧旅游”，主要有智慧服务、智慧商务、智慧管理和智慧政务等四个表现形式，其发展框架包括制度体系、基础设施体系、信息资源体系、应用体系等八大组成部分。专家学者从各个视角探究了智慧旅游，迎合了智慧旅游的发展应用研究需求。

但从旅游产业链上对智慧旅游的应用还需要落地和对产业链上行业进行细分，如对智慧景区、交通、酒店等，尤其是酒店。通过检索和分析得知，历年来对智慧酒店的研究不多。在知网上对“智慧酒店”主题进行检索，2014—2017 年相关主题论文每年为 20~50 篇，2013 年刚达到 10 多篇；更早年均在个位数篇。由此可以看出对智慧酒店的研究处在起步阶段。再从研究人员参与度上分析，对该领域的研究，行业自身的专业人士较少，学者也不多。而专业技术公司应该是智慧旅游主要的践行者。如：阿里、西软、OTA 等探究其智慧酒店的新技术应用。包括“预订渠道”“刷脸入住”“一键退房”“移动客房”等。由此智慧酒店的应用与推广，迫切需要探究、引领。酒店行业的发展，来自外部的竞争远远大于酒店之间的角逐。

3. 酒店行业对高新技术应用调研与分析

根据智慧旅游与智慧酒店形成的初步概念、行业的初步应用与发展趋势，本研究对旅游企业、相关 IT 企业，特别是酒店企业进行了实地调研，包括考察、数据采集与访谈。对相关问题进行的问卷调查。由于问卷调查法可以广，但不深入，并且存在着随机性等问题，由此只能成为分析的参考。研究的主体是酒店对智慧酒店应用情况和需求分析。课题组选择了酒店和相关酒店行业的 IT 技术企业的高层管理人员，访谈内容为半结构化和非结构化问题。研究过程中针对酒店企业网络环境进行了实验室环境下的测试，得到实验数据。在这些定量和定性的数据基础上，我们应用相关软件进行数据处理与分析。

截至 2018 年 8 月，直接调研了 62 家酒店。从被调研的酒店区域分布上，跨越 12 个省（市），其中上海占 60.91%，浙江占 20.31%，江苏和山东分别各占 3.13%，其他省（市）共占 12.52%。调研对象以五星级酒店为主。对人员的访谈进行了部分的再测信度处理，最高的进行了三次调研。对相关的 IT 企业共调研了 10 家，其中包括为酒店行业提供技术支持 IT 相关企业，通过对相关 IT 企业的访谈，也对调研的效度进行了评估。为了对智慧控制领域的应用进行有效的应用，本项目在一定的实验环境下进行了实验，如：本课题模拟酒店的公共区域，采用 DK–IOT101 物联网开发套件，选择感烟、温湿度、磁卡门锁（RFID）、人体照度传感器等相应的传感器进行试验，试验是从经营管理的需求出发，得到相应的实验数据。在此研究方法、途径和手段基础上，对本项目进行了数据分析与归纳。

综上经研究得出：

第一，智慧酒店的应用三大领域（见图 1），即智慧经营、智慧控制、智慧服务。

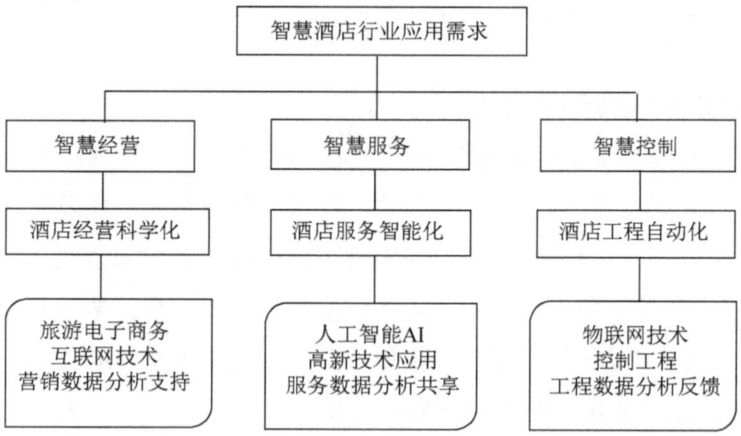

图 1 智慧酒店三大应用领域

第二，智慧酒店的应用内涵。

智慧旅游实质是推进我国旅游业转型升级，服务于旅游的战略发展需求，不断满足客人的体验，满足行业自身发展的需求。智慧酒店就是应用与整合高新技术，不断满足客人个性化需求、更好地满足客人的体验，使酒店提供高品质、高满意度的服务，从而实现酒店资源应用和社会资源利用最大化。

第三，智慧酒店应用的瓶颈与社会压力。

在研究过程中，始终体验到酒店对新技术应用存在着认识与实际应用的差异，如：PMS 系统 100% 的应用与只有 73.68% 效果认可，形成逻辑上的反差，显现出酒店管理层对信息化工具缺乏足够的认知与科学应用能力，更在应用上有着边际效用的差距。

（二）智慧酒店校企合作新路径研究

对校企合作的酒店（实训实习基地）进行调研，时间段：2018 年 1 月—2018

年10月。主要内容是：到校企合作的酒店、技术公司调研；跟踪在行业挂职教师实际收获。在整个项目研究推进过程中，我校合作的酒店起到了关键的作用。校企合作的类型，一是酒店（需求方），主要是国际品牌酒店集团，如：万豪、洲际、希尔顿、半岛等。上海地区的是东湖酒店集团（西郊、兴国、东郊）等。二是技术供应方，我们与上海浦东软件平台（公司）、西湖软件公司、复旦大学软件学院（晨鸟科技公司）等都有合作。三是合作的内涵，酒店合作除了学生顶岗挂职外，更主要是在教师的产学研项目的落实，本学院有三位教师到酒店挂职。与技术公司合作主要是在进行智慧酒店相关技术的实验与研究层面。这样学校就担负起供需双方对接的责任，更能体现"双师型"专业教师的优势。项目组目前也积极计划，争取参与相关标准的制定。

（三）"双师型"教师发展研究

"双师型"教师发展研究是本项目的主题，结合上述的基础研究，探究其智慧酒店高新技术应用的"双师型"发展模式。我国旅游业正处于大发展的时期，行业面临着各种挑战，新技术、新模式不断出现，跨界的竞争更加激烈。但在竞争中唯一取胜的途径是人才培养，而培养人才的摇篮在于专业学校，学校的核心竞争力在于教师。对于旅游酒店行业而言，"双师型"教师更是我们旅游教育发展之根本。基于这个逻辑起点，本项目的主体研究内容如下。

1. 旅游酒店行业"双师型"教师特征

研究旅游教育"双师型"教师的特征，我们不拘泥于"双师型"教师定义，但着重探究旅游酒店行业的"双师型"教师具有的特征。研究"双师型"教师给旅游教育带来的影响与效果。该特征就是：能具推广智慧酒店高新技术、能结合供需双方需求并引领应用发展综合能力的"双师型"教师。

2. 智慧酒店应用的"双师型"教师发展途径

研究具有智慧酒店特征的"双师型"教师发展途径，在校企合作背景下，以校企合作为形式，构建制度等保障。以目前行业转型发展最为鲜明特征的智慧旅游、智慧酒店应用推广为契机，研究"双师型"教师在这个领域教育，人才培养的作用与地位，得出智慧酒店"双师型"教师的发展途径就是三个结合：结合酒店行业、结合高科技企业、结合旅游教育，走出新的发展途径。逻辑关系见图2所示。

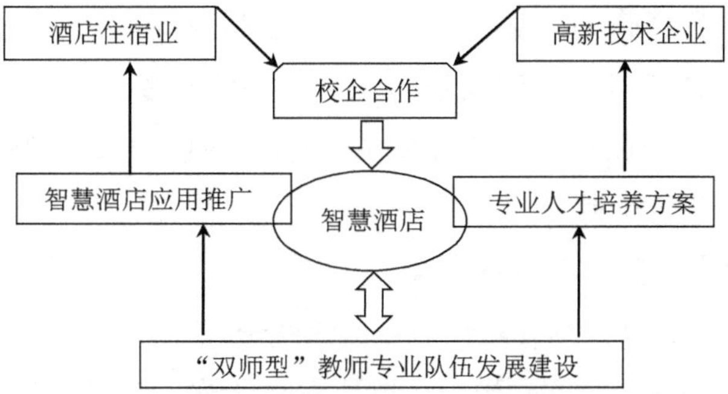

图 2 智慧酒店“双师型”教师发展与建设

3. 智慧酒店“双师型”教师发展机制

研究符合智慧酒店应用“双师型”教师发展特征的管理模式，构建起“双师型”教师团队发展机制，为旅游酒店专业教育构建一流的师资。在整体上，以“双师型”教师发展为主体，以智慧酒店高新技术应用推广为切入点，以校企合作为途径，对旅游专业“双师型”教师发展在此过程中的作用与地位进行研究，为此学院也建立了“双师型”教师发展的机制，作为青年教师发展的保障。

三、项目成果

（一）智慧酒店高新技术应用

1. 厘清智慧酒店高新技术的应用领域

对于酒店住宿业的发展，其重要的体现为行业的实际应用与高新技术融合应用发展。研究表明：智慧酒店的应用可以归纳三大的应用领域（见图 1）。即智慧经营、智慧控制、智慧服务。智慧经营其核心是以互联网为应用基础，以旅游电子商务为运营环境，以数据处理与分析为核心手段，达到对经营智慧决策支持的目标。如，酒店收益管理、营销渠道分析等。智慧服务应用涉及酒店前台、房务、餐饮宴会等经营领域。目前主要体现在移动端和智能机器人的应用等。智慧控制是酒店工程系统新技术的应用，包括应用互联网、IoT、云技术、自动控制技术等。酒店工程技术应用具有综合性、超前性。智慧控制是酒店发展空间最大的领域。如：酒店工程系统也因此可执行区域性、实时性微调控制等，满足客人的局部区域性要求，使酒店营造科学的体验环境。

2. 提出了酒店智慧控制与经营结合的数据反馈控制模型

通过与上海浦东软件平台（公司）的合作，用无线传感器网络（WSN），构建智慧酒店控制服务平台是一个可行的技术解决方案。在模拟酒店控制的环境下，采用 IoT 开发套件，选择感烟、温湿度、人体照度传感器等相应的传感器进行试验，针对可控性、可观测性及响应时间进行测试，将信息数据与酒店前台经营数据交换，在控制模式下，增加和改善客人对环境的体验度，从而在智慧控制的环境下，科学地进行酒店的环境控制。

（二）“双师型”教师团队建设成效

1. 智慧酒店“双师型”师资建设的导向性结论

以酒店行业发展需求为问题导向，以研究高新技术应用为基础；以产教融合和校企合作为手段；以建设重点课程群为切入点；对实践实习进行教学改革。以完善和修订人才培养方案为建设目标，构建起“双师型”特征和发展途径。建设一支智慧酒店高新技术的教学团队，以培养更多的我国旅游大批高端专业人才。

2. “双师型”队伍建设

组建了智慧酒店应用教学团队。团队由专业教师 6 名，企业教师 3 名组成。双师型比例占比：83.33 %；年轻教师占：55.55%。在制度保障下，团队不断前行，青年团队成员发表成果 5 篇。获得上海市教委项目两项（如下）。

2018 年 3—12 月：高职创新行动计划——校企共建智慧酒店实验室。

2018 年 12 月：上海市教委“智慧酒店教学团队”立项。

3. 人才培养与课程体系修订

具体落实在人才培养方案修订，要与旅游酒店行业需求对接、与高新技术应用发展对接、与双师型发展对接，具体关系逻辑见图 3。

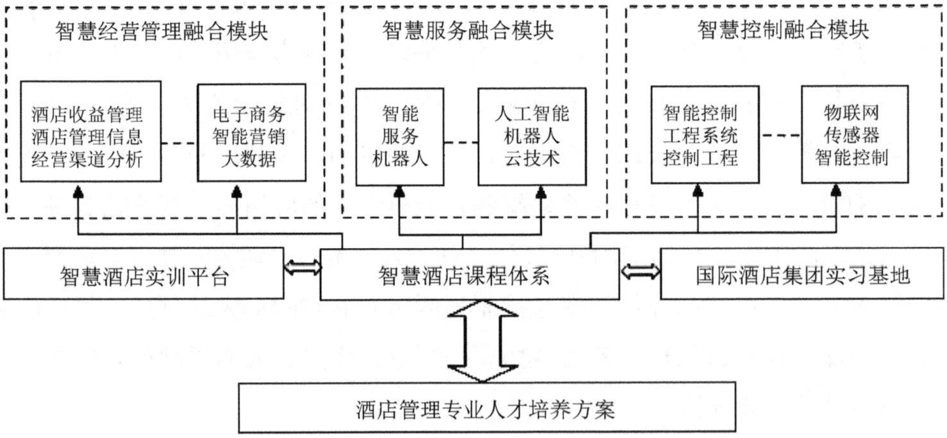

图 3　智慧酒店应用人才培养方案

专业课程体系重构如表 1 所示，新开《旅游与酒店电子商务》《酒店收益管理》等课程，智慧控制在《酒店工程技术应用与规划》课程中讲授。《酒店管理信息系统应用》将提升其教学内容和深度。

4. 实训实验室建设

在学校的支持下，近 2 年建设了“酒店高新技术应用实验室”等 3 个实训实验室，1 个实训酒店（海思酒店，60 间客房），提升了智慧酒店应用的教学效果。购置应用智慧酒店应用软件 3 套（收益管理、渠道分析等）。开设运营了“水西故事”微信学生实训公众号平台。

表 1 酒店专业智慧酒店课程群构建

需求领域	课程	课程类别	建设性质与内容	实践课程
智慧经营	旅游与酒店电子商务	专业必修	新开设课程	√
	酒店市场营销原理与实务	专业必修	增量	√
	宴会与会议业务统筹实务	专业必修	增量	√
	酒店经营管理沙盘演练	专业必修	增量	√
	酒店收益管理	专业必修	新开课程	√
智慧服务	前厅部运行管理实务	专业必修	增量	√
	客房部运行管理实务	专业必修	增量	√
	酒吧经营筹划与管理运行	专业必修	增量	
智慧控制	酒店工程技术应用与规划	限定选修	增量	√
	物联网与传感器技术	讲座	增量	√
	酒店业节能减排	讲座	增量	√
专业拓展	酒店管理信息系统应用	专业必修	加深教学	√
	酒店物料控制（MC）	专业必修	新开设	√
	大数据与智慧酒店应用	限定选修	建议开设	√

四、特色与经验

通过本项目的建设，主要特色与经验总结如下：

1. 团队建设

本项目“双师型”教师培养项目的建设，首先需要有制度建设为基础，学校和学院层面有相关的配套政策与制度保障。如：教师的产学研的实施，有 3 名教师到酒店挂职，对本项目深入建设起到了积极作用。在制度的保障下，团队的成员与青年教师定期开展智慧酒店高新技术应用的科研、课程体系建设、人才培养方案修订等交流与活动。学科科研带头人指导青年教师，学校制定开展了校内“师徒制”，由教授一对一带教刚入职的年轻老师，对整个团队的建设起到了积极作用。

2. 项目建设对人才培养的初步成效

项目的建设最终将落实在对人才的培养上，近2年本专业与60多家高星级酒店签订了学生顶岗实习协议，涵盖了国际著名的万豪、洲际、希尔顿、半岛等酒店集团。学生实习和就业据初步统计有以下变化：

（1）实习岗位和就业到核心岗位有新的突波，到核心管理部门的人数上升10%。如：万豪总部，营销部、财务、收益管理，IT和工程等。

（2）在酒店工作1~2年后的留用率，提高了12%左右。万豪酒店（上海）统计。

（3）酒店管理专业大四顶岗实习和入职后第一年学生的综合能力有了提升。这个评价来自于国际品牌酒店和东湖酒店集团。如：上海静安洲际酒店，嵇东明总经理，在同等的旅游院校中，我校的酒店管理专业学生毕业1~3年走上管理岗位较多。通过本项目的实施，在该酒店微营销的成绩，我校毕业生郭府扬同学排名第一。本校毕业生在其他品牌酒店的微营销也取得了显著的效果。

（4）酒店管理专业学生对继续深造的愿望明显上升（不完全统计）。

（5）校企合作的酒店更愿意接受本专业的学生，学生在酒店实习率99%。

3. 举办智慧酒店应用的相关教学大赛，以赛促教

本专业团队的教师，在学校和兄弟旅游院校的支持下，连续成功举办三届酒店管理信息系统（Opera）大赛，在全国旅游院校中树立起智慧经营教学的标杆作用。

4. “双师型”教师的成长要三个对接

本项目的实践表明，项目扎实地开展并取得成功，要做到三个对接，一是对接需求方（酒店），分析和研究其应用需求；二是对接供应方（高科技企业），了解和把握智慧酒店高新技术发展方向，有目标引导新技术、新模式在酒店行业中的应用；三是与供需双方对接，充分发挥旅游教育和“双师型”教师懂行业需求，对智慧酒店高新技术了解应用快速的优势，把供需双方结合在一起，促进智慧酒店高新技术的转化。

5. 智慧酒店高新技术应用推广瓶颈

许多酒店包括国际品牌的高层领导，对高新技术的应用和推广不是很主动积极。我们调研后得知，第一，酒店高层领导对高新技术的敏感度不够，忙于经营，没有时间去学习和了解新的技术；第二，国际酒店集团下属的总经理往往是执行者，在一个酒店就职的年限不长，而高新技术的推广应用到产生效益，需要一定的时间周期。酒店集团才是推广智慧酒店高新技术的决策者和推广者；第三，酒店企业一直受外界被动打压，酒店的高层管理者沉湎于酒店的工作环境和经营业绩考核，对外界的新技术发展不会太多的关注。我们教师能与酒店合作是基于酒店需要我们的专业毕业学生和实习生，也正是利用这个契机开展我们的项目，推广高新技术的应用。我们的教育将为行业培养具有综合能力的新生代，这也是本项目的初衷和目标所在。

五、专家点评

科技发展对新时代高校人才培养的师资力量提出了更高的要求。该项目聚焦大数据、云计算、AI 等影响酒店业的高新技术，通过校企共建的方式探索智慧酒店时代的师资培养模式。项目选题反映了酒店行业对人才及师资的迫切需求，项目成果丰富，除完成了关于“智慧酒店高新技术应用‘双师型’教师发展”的研究报告外，还提出了智慧酒店创新应用的技术方案，得到了合作酒店和技术开发公司的认可。与此同时，项目还发表了与研究题目相关的 CSSCI 论文 1 篇及 2 篇一般期刊论文，对项目成果的推广起到了积极作用。

（点评人：王俞，北京第二外国语学院旅游科学学院副教授、副院长）

所在单位：北京市外事学校
项目负责人：龚威威
项目编号：WMYC20173003

旅游新业态下酒店服务与管理专业调酒慕课的开发与研究

一、项目概述

1. 项目背景

2013 年教育部在《教育信息化十年发展规划（2011—2020 年）》文件中指出："在教育发展过程中，信息技术发挥着十分重要的作用，一定要给予足够的重视。实施优质数字教育资源建设与共享是推进教育信息化的基础工程和关键环节"。而慕课（MOOC）这一在近几年发展迅速的在线课程模式，就是教育信息化在教学活动中运用的最好例子。目前对慕课比较认可的是从其英文角度进行的定义："M"代表 Massive（大规模），一门 MOOC 课程的学习者动辄上万人，甚至十余万人；第二个字母"O"代表 Open（开放），以兴趣导向，不分国籍，只需一个邮箱或微信、QQ 等，就可注册参与；第三个字母"O"代表 Online（在线），学习在网上完成，不受时空限制；第四个字母"C"代表 Course，就是课程的意思。所谓慕课即大规模开放在线课程，是"互联网 + 教育"的产物。2008 年斯坦福大学教师为慕课拉开帷幕，并席卷全球。从基础教育到高等教育，都进行了各种尝试与应用。

我校 MOOC 开发与设计经验丰富，制作团队优良。2015 年到 2016 年间，高等教育出版社与我校签订协议，先后推出《茶艺》《咖啡技艺》《西餐之旅》等酒店服务与管理专业慕课，目前陆续完成制作并在"中国大学 MOOC"开课，报名学员数万余人次。

本项目负责人，有二十余年的调酒课程"理实一体化"教学经验，国际调酒师协会成员、调酒高级技师、调酒高级考评员和高级裁判员，多次深入国内外酒吧调研，带领学生参加国家级和市级调酒比赛获得优异的成绩；还参与过北京市中职校

“以工作过程为导向”的课程改革，参与制定了酒店服务与管理专业核心课程标准，完成了相关课程教学设计及课堂教学实施，先后主编多本酒店专业课改教材和调酒相关教材。本项目团队成员除资深教师、市区级骨干和专业带头人外，还邀请了现任酒吧经理参与脚本编写和微课录制，符合企业需求。项目团队成员专业性强、研究能力佳，属双师型教师人才，具备开发与制作慕课的能力。

2. 项目意义

旅游新业态是旅游企业为顺应游客消费心理和消费行为特征的变化，旅游企业转换经营方式继而带动组织形式、盈利模式和经济效率发生系列变革后，旅游企业在旅游市场上的新的存在方式，这种存在方式涉及资源（自然、经济、人力、环境）的合理利用，是形态与效能的有机统一。旅游新业态的“新”是相对“旧”或“老”而言的，既有新的需求，产生了新的经营形态，企业可通过调整提供产品服务方式来适应新需求的变化。本项目是基于旅游新业态下的酒店服务与管理专业“调酒慕课”的开发与研究。在职业学校酒店服务与管理专业“调酒”特色课程教学中，慕课的开发，无疑是丰富了理实一体化的授课模式，为构建“有趣、有用、有效”的三有课堂提供了有力保障。借助慕课，还可以拓展受众群体、延展学习时间，使学生及酒文化爱好者随时随地进行个性化学习。

该项目开发完成之后，计划在中国大学 MOOC 上线，充实职业教育慕课，弥补有关酒水慕课数量不足的现状。学习者将通过看视频、做测验、交作业，与同学老师讨论互动等全新在线学习模式，完成课程学习，通过考核还可申请获得讲师签名证书。每一个对酒文化感兴趣的人，都可以免费获得优质的教育资源，提升生活品位、拓宽就业渠道。

3. 预期目标

本项目研究预期目标是开发《跟我学调酒》和《葡萄酒漫生活》两门慕课，编写与这两门慕课相配套的教材。利用动画、微视频等丰富、可视感强的资源，满足学习者利用碎片化的时间，了解酒水葡萄酒配餐等知识，熟悉世界各地的酒文化，欣赏鸡尾酒的调制。这两门慕课的诞生，在教学上让翻转课堂成为可能，学生利用课余时间提前学习，课上教师采用提问、“知识检测 + 实际操作”的方式，检查学生自学情况，然后予以针对性的辅导和拓展，使课堂更加生动，内容更加充实。对于酒文化爱好者，不用再走进课堂，只要一部手机，或是一台电脑，就可以边工作、边学习，在闲暇之余，增加以酒会友的新情趣。

4. 项目执行情况与取得的成果

本年度，完成了《跟我学调酒》和《葡萄酒漫生活》两门慕课的开发、设计和录制工作。《跟我学调酒》慕课已在“中国大学慕课网”成功上线，目前累计学习人数四千人左右，获得证书的有百余人次。相关教材《鸡尾酒调制技巧》由高等教育出版社出版，于2019年春季问世。《葡萄酒漫生活》慕课也已录制完成，使用权由开放大学所有，2019年春季上线，相关教材正在编写过程中。

从两门慕课中选送的两节微课《“血腥玛丽”鸡尾酒的调制》和《巧用海马刀》分获国家级和市级微课评比一等奖。

为了验证调酒慕课开发的价值，我在调酒选修课和社区培训课上，尝试用慕课进行翻转课堂的教学实践，获得了良好的教学效果。

二、项目内容

（一）项目开发与实施过程

1. 成立慕课开发小组

在项目实施初期，学校教师与企业人员共同参与，相互合作，承担相应的工作任务。成立了项目开发小组，先后有八位老师、两位企业专家参与慕课的开发、设计、录制和教材编写工作。

项目组进行了任务分工，主要工作包括：企业调研，编写慕课大纲，根据大纲设计教师录课和动画内容，分工编写脚本，检查脚本编写情况，选择录制场所，设计录制背景和服装，酒水的选择、购置，设备器具准备，录课，后期视频和动画的版面设计和校对，宣传片的制作，慕课生成、教材编写等一系列的工作。慕课生成过程中，还有一道工序就是每一节微课都要配备一个PPT文稿，每一个单元还要设计课后练习，这在时间安排上对老师们来说又是一个挑战。开发小组成员分工协作，既要彰显特色、避免单调划一，又要保证整体风格的一致。

2. 企业调研

为了确定慕课开发内容，首先走访了几家较为知名的酒吧，如君悦饭店“红月亮”酒吧、瑞吉酒店“俱乐部”酒吧、位于前门的“蓝调”酒吧、位于金宝街的“The River”酒吧，等等，向酒吧经理和调酒师了解当前酒吧六大基酒、葡萄酒、鸡尾酒的销售情况，对于畅销酒水、鸡尾酒调制常用酒水和调制技法等酒吧服务方面的内容进行了沟通。有两位经理参与了两门慕课的开发、设计和录制工作。“The River”酒吧还为我们提供了慕课录制场所，由酒吧经理亲自录制相关课程。通过调研，确定了两门慕课开发和教材编写大纲的内容，体现了与企业的深度合作。

3. 确定供货商

由于是以酒水介绍和鸡尾酒调制为主的慕课，必不可少需要有一定数量的酒水上镜，为了保证拍摄顺利完成，先后与"北粮京浦糖酒有限公司"和"史瓦仕贸易有限公司"签订酒水购买合同，确保了录制过程中的酒水供应。

4. 确定拍摄公司

在学校网络中心熊主任的帮助下，慕课录制和后期合成选择了与我校有着长期合作关系的"超星"公司进行合作。由于拍摄任务繁重，我们经常要提前 1 到 2 个星期，甚至一个月才能约到摄像师，所以在录课效率上对老师们提出了较高的要求，这就更需要教师认真做好录制前的各项准备工作，并进行反复的模拟录制演练。慕课中的动画制作和图片拍摄，都是由学校推荐的北京凯英信业科技股份有限公司完成，所使用的脚本内容都是根据慕课需要，由团队教师自主开发、设计而成。

（二）项目内容介绍

对于酒文化的传播与调酒技巧的传授在职教系统中，还仅限于课堂教学，职业学校虽有理实一体化的课程，但受课时所限，不能更全面系统地巩固所学内容。在酒吧，顾客在消费时，仅限于了解酒单上所提供的酒水，品尝调酒师所推销的几款酒水，对酒水内涵知之甚少，以致以酒买醉，危害健康。借助慕课，学生及酒文化爱好者可以随时联网学习，拓展眼界。

1. 慕课内容贴近企业实际，教学环节设计合理

在企业调研的基础上，《跟我学调酒》慕课根据调制鸡尾酒过程中运用的不同调制手法和特点，精挑了十款鸡尾酒，设计出十个学习单元，分别是："任务一　曼哈顿鸡尾酒的调制"（调和法）、"任务二　白兰地亚历山大鸡尾酒的调制"（摇和法）、"任务三　血腥玛丽鸡尾酒的调制"（调和法）、"任务四　干马天尼鸡尾酒的调制"（调和滤冰法）、"任务五　龙舌兰日出鸡尾酒的调制"（兑和法）、"任务六　B-52 鸡尾酒的调制"（漂浮法）、"任务七　香蕉得其利鸡尾酒的调制"（搅和法）、"任务八　长岛冰茶鸡尾酒的调制"（先摇和后兑和法）、"任务九　玛格丽特鸡尾酒的调制"（装饰物的制作）、"任务十　果缤纷鸡尾酒的调制"（果汁饮品的制作）。十个单元精心选择十款引人入胜、国际流行、口感尚佳、调法各异且难度由简单到复杂的鸡尾酒，把酒吧常见酒水知识和鸡尾酒调制技法较为完整的呈现出来。每个单元讲授一种调制技法，衍生出一种酒吧常见酒水的知识和饮用服务方

法，提供相关鸡尾酒配方，并配有知识链接拓展知识面。内容设计合理、分配均匀、承上启下，有一定的连贯性，符合酒吧对服务人员的需求，也可以让酒水爱好者一饱眼福。

《葡萄酒漫生活》慕课则以普及葡萄酒知识为主，设置六个学习单元，单元一“初识葡萄酒”，以介绍葡萄酒基础知识为切入点，从葡萄酒的定义、葡萄酒家族知识介绍，到葡萄酒配餐、礼仪知识和养生知识的普及，引起大众关注。进而引出单元二“走进红葡萄酒殿堂”，单元三“领略白葡萄酒风采”，单元四“幸福的香槟”，单元五“其他葡萄酒”，主要介绍这几种葡萄酒的酿造工艺和口味特点，以及特殊的配餐和饮用方式；单元六“世界葡萄酒之旅”，主要介绍“新”“旧”葡萄酒生产国的特色。在教学内容设计上，知识点设置准确，难易适中，条理清晰。教学过程以图片展示、动画辅助、视频讲授逐层渗透，同时穿插了很多与葡萄酒储存、开瓶、饮用方法、酒标识别等方面的知识，带领学习者逐步进入欣赏葡萄酒和选用葡萄酒养生的殿堂。填补了《跟我学调酒》慕课中关于葡萄酒知识的不足，符合酒吧以及西餐厅服务的需求，更能博得葡萄酒入门级爱好者的青睐。

两门慕课和教材在每个单元都附有课后练习，检查学习者对主要知识点的掌握情况。

2. 慕课与教学紧密结合，提升学生自主学习能力

慕课由传统教学“从理论学习到实际操作”的模式，转变为“在实操展示过程中，逐层渗透相关理论知识”的学生自主学习模式。《跟我学调酒》和《葡萄酒漫生活》两门慕课，利用动画、微视频等丰富、可视感强的资源，满足学习者利用碎片化的时间，了解酒水和葡萄酒配餐等知识，熟悉世界各地的酒文化，欣赏鸡尾酒的调制。这两门慕课的诞生，在调酒教学上让“翻转课堂”成为可能，学生利用课余时间提前学习，课上教师采用提问、知识检测、实际操作的方式，检查学生自学情况，对重点、难点予以针对性的辅导和拓展，课堂更加生动，内容更加充实，有效提升了学生自主学习的能力。

3. 教材设计与慕课贴近，提供系统的理论和评价参考

《鸡尾酒调制技巧》和《葡萄酒漫生活》教材的编写体例，与慕课基本相符，在大纲上做了部分调整，逻辑关系上更为合理，内容更加充实，主要由学习目标、你知道吗、任务准备、任务探究、相关配方、任务实施、温馨提示、相关知识、知识链接、任务检测与评价和课后练习等环节构成，为慕课学习提供了系统的理论参考资料和完整的检测评价体系。

（三）典型经验和突出做法

1. 以项目促进团队建设，进行调酒教师梯队建设

为了能顺利完成慕课的制作和教材编写的任务，我们组建了一支团结协作、吃苦耐劳的团队。团队成员都是有着多年的教学经验的老师，包括管理经验和科研能力丰富的专业部主任、培训经验丰富的骨干教师、慕课制作经历的电脑专家，还有企业一线的酒吧经理参与。在慕课建设和翻转课堂实施过程中，可以催生和造就一批新时代名师。两门慕课，平均每门慕课都有四位老师上镜授课，在《跟我学调酒》慕课中，还选用了一名学生进行实操过程的录制，更贴近了在线学习者。同时还有一位酒吧经理上镜，也让学习者有了亲临实境的感受。在这一年多的慕课开发与制作过程中，团队成员倾力付出，在项目策划、企业调研、慕课设计和制作等环节中，按照分工的不同，认真学习、互帮互促，为慕课顺利完成和成功上线付出了辛勤的汗水，同时凝聚了队伍、提升了教师课程开发和研究的能力。

2. 慕课架构研究，保障各单元体例基本一致、相对独立、平行递进

《跟我学调酒》慕课设置十个学习单元，每个单元以动画形式介绍一款鸡尾酒的来历或典故，引发学习兴趣，再通过视频中教师讲解和操作展示这款鸡尾酒的调制过程、技巧和要领，强调制作环节中的重、难点，激发学习热情。之后借助图片、视频、PPT 文稿等资源，辅助强化学习内容，逐层渗透与这款鸡尾酒相关的基酒和辅料知识，以及所采用的调制手法、选取的调制器具及盛器等。每个单元中还设置相关知识链接，补充前沿酒水知识，拓展学习者视野。

《葡萄酒漫生活》慕课的架构与《跟我学调酒》慕课不同，单元一为总体介绍葡萄酒，单元二到单元五重点介绍常见葡萄酒种类、酿造特点、品饮方法和特点等，第六单元则在葡萄酒生产国方面分层介绍，深化葡萄酒文化内涵。每一个单元在知识链接中拓展提升，以单元测验检验学习情况。

3. 学与评研究，实现过程检测与终结评价结合的考评方式

《跟我学调酒》慕课根据单元学习内容的多少，暂定一个单元的学习时间为一周，十周完成学习任务。《葡萄酒漫生活》慕课六个单元暂定上线七周完成学习任务。每一个单元学习完毕，有与之配套的、难易适中的检测题，题型以选择和判断为主。学习完成，学习者如需获得结业证书，还要进行结业考试，综合考核学习者的掌握情况，题型为选择题与判断题，难易适中。考核成绩合格者，可以获得电子结业证书，在规定时间内申请，还可以获得主讲教师亲笔签名的纸质证书。

酒店服务与管理专业慕课的开发与研究，也反映出在旅游新业态下，人们对于与旅游相关知识的了解与学习，有了新的渠道和模式。

三、项目成果

1. 两门调酒慕课陆续在“中国大学慕课网”上线，配套教材陆续出版

经过慕课团队的努力，两门调酒慕课如期完成，在学校与高等教育出版社协商之后，签订协议，《跟我学调酒》慕课自2017年9月在“中国大学慕课网”成功上线以来，已连续上线三期，每期线上报名学习两千人次左右，参与线上讨论、完成测试和考核超过百余人次，获得证书的十余人次。我们也有专门的老师在线答疑，与学习者无障碍沟通，充分体现了慕课交互性特点。线上配套教材《鸡尾酒调制技巧》经过多次修改和磨合，也将在2019年春季由高等教育出版社出版，满足鸡尾酒爱好者和初学者系统梳理理论知识脉络的需求。

《葡萄酒漫生活》慕课也已制作完成，与开放大学进行合作，预计2019年上线。配套教材正在编写过程中。

2.《跟我学调酒》慕课成为调酒师培训的主要阵地

近两年，随着国家取消了调酒师职业资格证书，很多培训机构也都停止了调酒师的技能培训课程，现存的一些培训收费也非常高昂，许多等待上岗人员和鸡尾酒爱好者无处求学，深感遗憾。自从《跟我学调酒》慕课上线以来，满足了大多数爱好者的需求，开阔了眼界，训练了技能，还获得结业证书，很多人也因此获得了就业机会。

3. 慕课学习开拓了学生的眼界

《跟我学调酒》慕课在“中国大学慕课网”上线以后，有很多大学生报名学习，在课程评价中，也都纷纷留言，认为这种专业课程应该更多的普及，让更多的人了解酒水知识，提升生活品位。

4.《跟我学调酒》慕课深入社区培训

我校社会培训深受学习者青睐，无论是中小学校，还是国家机关、企事业单位，还是临近社区……都纷纷组织人员参加调酒、咖啡、茶艺等课程的学习。但每一次培训，最多不超过3个小时，理论学习和实际操作的时间都非常有限，每次课程结束时，大家都觉得意犹未尽。现在，有了慕课，我们就推荐大家下载“中国大学慕课”App，搜索相关课程继续学习，既满足了学习者的需求，又最大限度地宣传了慕课这一新型的课程学习模式，提升了我校的知名度。

5. 积极参与各级各类比赛，成绩喜人

在调酒慕课不断推广的过程中，我还从中挑选了两节微课参加了各级各类比赛，获得了专家们的认可。其中《跟我学调酒》慕课中的“血腥玛丽鸡尾酒的调制”获得北京市西城区及国家级一等奖的好成绩;《葡萄酒漫生活》中的“巧用海马刀”2018 年 9 月获得北京市微课比赛一等奖，等等。

6. 慕课拓展教学模式、优化课堂教学

老师在教学过程中，利用慕课这一信息化教学资源，实现了“翻转课堂”的教学模式，提升了学生自主学习的能力，学生更多了一个可以随时提取视频观摩学习、掌握技能规范的工具。

旅游是一个综合的消费行为，直接和间接影响的行业多达 100 多个，旅游新业态的发展，可大大加快就业的步伐。该项目的开发与研究，为创新教育教学模式，培养出更多、更符合企业和社会需要的酒水服务优秀人才奠定了基础；为拓宽学习者就业创业渠道，提供了有力保障。

四、特色与经验

（一）教学模式创新

《跟我学调酒》慕课将由传统教学“从理论学习到实际操作”的模式，转变为“在实操展示过程中，逐层渗透相关理论知识”的形式。目前设置的十个学习单元，均由制作一款鸡尾酒入手、运用一种调制方法（由易到难）、提供一种类似调制手法的鸡尾酒配方，由配方中提到的酒品类型进行酒水知识介绍，便于学生体会酒文化。

《葡萄酒漫生活》慕课借助丰富的图片资源，通过视频讲解与演示的形式，使学习者了解葡萄酒品尝和鉴赏的相关知识，同时为教师实施翻转课堂教学提供了丰富的网络资源，便于学生课前自主学习。

（二）课程延展性和交互性明显

课程每个单元都有知识链接和拓展提升内容，开阔了学习者的眼界；每个单元学习完毕，还有在线单元测验，可以根据得分情况重复检测 3 次，取最好成绩保存，以备期末考评参考，同时及时发现问题，查漏补缺，实现学习者自我“对话”；课程上线开课，即有专业教师在线答疑，及时回复学生在线学习时的困惑；讨论互动环节，增强了学习者间的互动，为不断完善慕课设计提供了第一手材料。

（三）课程资源丰富、多样

所有授课内容均以动画和微视频的形式展现，一线教师亲自上阵，边演示边讲解，并辅以相关学习内容的PPT等学习资料，供学习者课后回顾与梳理；除了有一线专业教师授课外，还有酒吧经理在酒吧现场的视频讲授和花式调酒表演，精彩纷呈。

（四）基于《跟我学调酒》慕课的翻转课堂教学设计与应用

1. 课前准备

在课堂教学之前，根据教学内容与教学目标，教师布置慕课学习任务，比如“任务一　曼哈顿鸡尾酒的调制”中的曼哈顿鸡尾酒的典故与调制视频的观看，要求学生自学了解新知，重点掌握曼哈顿鸡尾酒的调制配方、方法。

2. 课堂实施过程

翻转课堂的实施可分为以下五个阶段：

第一，合作探究阶段。课堂上，教师组织学生分组合作探究，利用慕课平台学习过程中遇到的问题进行分析、探讨与记录，并发表自己的意见，共同探讨解决课前问题。

第二，个性化指导阶段。教师根据教学内容和学生观看视频、课前练习中提出的疑问，有针对性地展开答疑解惑，归纳值得注意的有价值问题作为课堂上教学指引，指导学生积极去探究问题答案。遵循学生个性差异，培养学生的独立思考能力、学习能力和沟通包容的能力。

第三，探索实践阶段。为了让学生更快地提升调酒技能，要多给予学生实际操作的机会。根据慕课学习视频内容，设计一些酒吧服务情景任务，让学生带着任务去操作，既能调动学生操作的积极性，又能让学生身临其境发现服务中可能遇到的问题，培养学生服务意识，提升语言沟通能力和随机应变能力。

第四，反馈评价阶段。评价要从小组自评开始，之后再互评，教师评价，评价以激励为主，重在鼓励学生积极的探索精神。反馈评价的最终目的是引导学生进行课后复习、练习与延伸。提高学生自学能力和自主解决问题的能力。

第五，总结和点拨阶段。总结以小组的形式进行，由小组分别派代表进行收获总结，并对遇到的问题以及问题的解决发表理解陈述，最后教师根据每个小组遇到的问题、见解、解决情况等进行难点与重点总结，集中点拨，使学生获得系统的知识体系。

3. 教学效果分析

调酒课程考核评价部分，主要由慕课测评成绩和课堂实际操作两部分的成绩构成。学生在完成《跟我学调酒》慕课任务测验和期末考核后，系统会给出测评成绩，这个成绩占学科期末成绩的 50%，另外的 50% 则由课堂实操成绩来支持。

考试结果显示，85~100 分、75~84 分、60~74 分的学生占比分别为 57%、33% 和 10%，优秀率提升了很多，而且杜绝了不及格的现象。这要归功于慕课与课堂教学的无缝连接。无论是线上理论测试，还是课上实操考核，学生都可以通过平时或考试前反复观看视频，强化记忆，巩固所学知识，从而获得理想的成绩。

研究结果显示，《跟我学调酒》慕课在调酒教学上让翻转课堂成为可能，学生利用课余时间提前学习，与教师、同伴在线上沟通互动，完成老师的预习任务，也可以针对所学内容提出疑问，在线讨论，等等。课上以学生活动为主，展示自主学习成果，通过自评、互评和教师点评完善学习内容，使课堂更加生动，内容更加充实，有效提升了学生自主学习的能力。在线学习与课堂实践相结合，让学生更全面地掌握专业课的知识和技能。

五、专家点评

本项目预期目标明确，研发过程科学扎实，效果明显。形成了《跟我学调酒》《葡萄酒漫生活》两门慕课，在“中国大学慕课”’成功上线，已有四千余人参与线上学习。通过项目实施，有力促进了项目团队创意设计和实践能力提升，提高了教学质量。本项目的效果证明了文旅部实施的“万名旅游英才计划”项目对培养旅游人才所起到的良好作用。

（点评人：董家彪，高级讲师、原广东省旅游职业技术学校校长）

所在单位：郑州旅游职业学院
项目负责人：刘翔
项目编号：WMYC20173062

河南非物质文化遗产旅游文创产品开发制作实习实训基地建设研究

一、项目概述

（一）项目背景

国务院早在2009年颁布的《关于加快发展旅游业的意见》和印发于2014年的《关于促进旅游业改革发展的若干意见》中，就将旅游业提升为战略性支柱产业的地位，随着旅游业近十年的蓬勃发展，旅游消费的多元化、普及化、常年化、创新化的时代已经到来。通过深入挖掘民族文化遗产和社会基础，积极寻求旅游业的内部发展动力，推动非遗文创产品成为特色旅游产品，满足旅游者的消费愿望，努力开拓消费市场，已成为旅游业大趋势。

在国家倡导文化自信的同时，非物质文化遗产的保护与开发也逐渐被人认识，更多的非遗传承人从幕后走向了台前，把非遗通过设计的力量转化成文创产品。与旅游有机结合，不但可以促进非物质文化遗产的保护及宣传，更能促进旅游消费的升级，达到双赢。在非遗文创产品开发方面，高校力量是不可忽视的，特别是职业院校的相关专业，国家也提出了非遗进校园、让青年一代认知非遗、让大学生找到民族文化归属感等思想方针。同时，非遗教育与职业院校结合更能体现国家所倡导的非遗保护体制的精神内核，使非遗项目与职业院校教学相结合，既可以发展非遗，保护非遗文化，更能够发挥职业院校特有的优势，培养技术传承人才。

（二）项目意义

非物质文化遗产作为一个国家、一个民族的精神性传承载体，在人类社会发展进程中起到重要的作用，是我国民族文化归属感和民族认同感的直接来源。河南非物质文化遗产的发展也是随着人们文化素养的提高、科学技术的发展、社会文明的进步和国际环境需要而发展的。现阶段正处于知识经济时代，旅游文创产品设计赋予了较深层次的文化内涵和较高的情感期待。正需要非物质文化遗产人才来坚固文化的阵地。此项目正是通过非遗文化与高校科研力量相结合建立实训室，最终达到传承、培养和发展的目的。

（三）预期目标

在 2006 年制定并实施的《河南省非物质文化遗产保护条例》中显示，河南已有联合国教科文组织“人类非物质文化遗产”代表作多项，国家级非物质文化遗产名录就达到了 95 项，不难看出河南是非遗大省，与此同时河南旅游资源丰富，发展潜力同样巨大。立足以河南非物质文化遗产资源为研究背景，开发制作出独具特色的河南非遗旅游文创产品是我们亟须思考的问题。本着这样一个原则，河南高校积极响应国务院提出的要“积极发展具有民族和地域特色的传统文化艺术”和“增强旅游文创产品在体现历史、区域、民俗特色文化内涵等方面的创意设计，注重和支持旅游文创产品发展，推进中国旅游文创产品品牌的建设”的号召，积极建设非遗文创实训室。目前省内比较有代表性的高校集中在郑州轻工业学院、中州大学以及郑州旅游职业学院三所大学。其中最具有代表性的高校是郑州旅游职业学院。

郑州旅游职业学院通过近几年的建设和发展，结合河南省“三改一抓以构建”和“六路并进”高等职业教育总体工作思路，学院把非遗大师工作室纳入发展规划，结合“教学、实训、培训、博物、展览、交流、研发、生产、销售、旅游、服务、创业”24 字目标，以达到“非遗”教育与高等职业教育良性统一，计划在未来三年内达到目标规划。积极开展课题研究与学术科研活动。以科研学术研究为导向，开展非遗讲座，积极参加各种教研活动和企业实践，做好技术引领和示范作用。不断完善文创产品实训室各项制度政策，优化工作室建设，使其在不断发展中自我完善，并根据实际情况与专业建设的发展调整教学方法方式，从而促进工作室与学院教学优化统一。

（四）项目执行情况

郑州旅游职业学院于 2016 年 7 月开始筹备非遗类专业（民族传统技艺）建设，教学方向为培养专业性非物质文化遗产保护与开发、继承与传承、文创产品设计与制作等方面的相关专业型人才。已开设有开封汴绣、泥塑、开封朱仙镇木版年画、陶艺、布艺以及剪纸等课程。同时，民传及相关专业与河南省内各个非遗项目大师以及传承人合作，把大师工作室开进学校引入课堂让大师在学校里授课收徒，已基本开启了文创产品开发制作实训室培养模式的创新。

目前已基本完成版画大师工作室和剪纸大师工作室的建设，并且以大师工作室为基地，在全学院开展艺术教育普及活动，让全院学生通过大师工作室这个媒介平台，以直接体验为主要方式，亲身感受河南省非物质文化遗产魅力，在专业教育以外提升学生的艺术审美和对祖国传统文化的认知能力。

二、项目内容

2002 年，“中国高校第一届非物质文化遗产教育教学研讨会”发布了“非物质文化遗产教育宣言”，明确了大学在非遗继承方面的使命：“大学应该当积极推广中国非物质文化向世界的传播和推广人类文化的交流。”当前的大学教育知识体系应体现当地非物质文化遗产的丰富性和文化价值，并提出实施措施。大学非物质文化遗产的继承教育应贯穿于学科的创新、课程与教材的改革。文件对高校教育改革提供了新的思路：一方面将非遗课程引入课堂，让大学生成为非遗的传播者、传承者、创新者，可以有效地提升非遗传承队伍的文化层次、创新活力；另一方面，非遗项目具有典型的地域特征，非遗课程可以打造出学科特色。同时，在旅游业促进方面，非遗牵手旅游业，公共打造文化旅游，以非遗为背景开发设计旅游文创产品及旅游纪念品也是大势所趋。

郑州旅游职业学院依托旅游和设计两大专业大力发展旅游文创产品的开发与制作专业。与其他高校的讲座式培训不同，郑州旅游职业学院直接把专业引进课堂，开设非遗类专业（民族传统技艺），是河南省首个开设相关专业的院校。

（一）第一阶段：调研

根据学院新出台的《中共郑州旅游职业学院委员会关于进一步促进学院开放办学的意见》开展“非物质文化遗产项目”调研活动，以及与国脉文化发展中心开展校企合作共建“非物质文化遗产传承教学创业基地”的可行性分析。同时，笔者从开封木版年画这项河南最具代表性的非遗项目进行分析。在木版年画文创产品的开发方面，河南省相关单位做的远不如保护那么好，经过笔者调研发现，在现阶段河南文创产品市场上只有不足三家民间公司在开发挖掘木版年画，品相较好的只有一家公司——豫游纪。

这家公司运用设计思维，深度挖掘开封木版年画的线条、色彩以及版式规律，用设计的方法进行再加工包装，让传统的木版年画变得更加时尚，更加符合当代年轻人的审美，从而增加销售量。难能可贵的是，这家公司在开发开封木版年画文创产品的过程中，虽然是再设计，但是没有脱离木版年画的本质，把木版年画的精髓体现得淋漓尽致，正所谓守正出奇本应如此。经笔者调研取得的数据研究得知，豫游纪已经在河南各大景区景点开设了几十家店铺，极大地宣传了河南非遗，同时也促进了河南旅游业的发展。现阶段文化旅游成为旅游业新趋势，游客伴手礼选择也更多从食品特产转为具有当地特色的旅游纪念品，所以，非遗代表当地最为传统的文化，是旅游纪念品的首选。最后，笔者把调研结果汇总后带入课堂，已分析了一届学生的教学数据，其他数据还这正在完善。

（二）第二阶段：筹备组织

由郑州旅院带头，在与国脉文化发展中心开展校企合作的基础上，院经贸系艺术设计专业教研团队组织筹备非物质文化遗产传承人技能大师工作室项目，制定“非物质文化遗产传承技能大师工作室”的建设规划和发展规划，按照不同技能分类，制定不同非物质文化传承人技能大师工作室的具体规章制度，同时结合我校旅游专业特长，请教旅游管理教师关于景区纪念品开发方面相关知识，与设计相结合报请学校教学管理部门及相关领导审批后通过。

（三）第三阶段：挂牌成立的准备

校企联合积极组织非物质文化遗产传承人技能大师工作室挂牌成立的筹备工作。正式设立“河南非物质文化遗产传承人技能大师工作室”，完成人员设置与分工，并起草其他的相关配套文件。学院以传承发展中原文化遗产为己任，推动我省文化资源丰富的优势向文化研发推广上转变，建构“中原传统文化对接现代产业特色”，提升郑州作为国家中心城市的文化产业创新引领作用，切实服务地方经济发展。并以此为契机，系统、深入地推进我校重点“文化创意专业群”建设，形成我校专业建设品牌特色，促进学生创新就业能力的提升。

郑州旅游职业学院在建设非遗文创产品制作实训室时充分利用学院的旅游类教育资源，同时依托设计专业进行教学，把设计和非遗完美的结合，蹚出了一条非遗文创产品制作实训室建设的新路子。同时，旅院坚持引进来和走出去两大原则，引进来即把非遗传承人和工艺美术大师引进来，开设大师工作室。走出去是指让学生走出校园，入驻大师创作基地，一对一跟随大师学习非遗技艺。这样的方法不断地充实实训室教学内容，使实训室建设得到全面的发展。

（四）第四阶段：工作正式启动

“河南非物质文化遗产传承人技能大师工作室挂牌仪式”，正式宣布人员任命，并部署后续具体工作。郑州旅游职业学院非遗文创产品开发制作实训室以学院艺术设计专业为教学班底，依托于原有实训室的基础上结合非遗专业特色和教学特点发展起来的。学院同时还拥有旅游类专业，设计和旅游相结合，优势资源互补，把旅游和文创产品开发有机地相结合，最终实现现在的规模与样式。

郑州旅院校内开设非遗类专业建设的同时，再与河南省内各个非遗项目大师以及传承人合作，把大师工作室开进学校引入课堂，让大师在学校里授课收徒，实现实训室培养模式的创新。

在实训室建设方面，学院依托艺术设计专业原有实训室进行非遗文创产品制作实训室建设。在硬件上申请了近八百万的资金进行实训室硬件设施建设以及补充，分步骤建立了版画大师工作室、剪纸大师工作室以及陶艺大师工作室三个大师工作实训室。同时还建立了泥塑制作实训室、布艺染织实训室以及文创产品开发制作综合实训室。

在师资方面，学院一方面依托系里设计专业教师进行基础教学和设计专业教学，一方面聘请各个非遗门类的传承人及大师进行项目专业授课，同时在辅助企业设计师和非遗文创开发一线技术人员进行外聘教师授课，专业师资方面形成了全覆盖，广角度，多层次的科学配比。郑州旅游职业学院在建设专业实训室的初期就确定了大师工作室与实训室共建、大师工作室是技能实训室的一部分的思路。把大师引进校园，引进课堂才是培养非遗与文创产品制作的正确思路。非遗大师在工作室里不但可以完成教学工作，同时还可以进行创作，以创作辅助教学，用教学引导创作，实现双赢。同时大师在高校还可实行收徒制，挑选学生进行培养，从而达到技能传承的作用，也解决了非遗技能后继无人的现状。

为什么说大师工作室开设在课堂中很重要，经过郑州旅游学院的实践和作者的后续研究，总结了以下几点：

首先，非遗文创大师工作室肩负着培养非物质文化遗产传承人的重要使命。在高校办学的背景下，学校要从相关专业的学生群体中挖掘技能型人才，并依靠大师的优势技能和其具备的传统文化资源，通过言传身教，日积月累逐渐熏陶，结合高校制定规范的人才培养模式，建立“大师技能工作室”教学平台，培养更多更优秀的非物质文化遗产传承再设计人才。

其次，当地的一些非遗文创技能工作室在本土非物质文化遗产的保护和传承中起着主导作用，但是随着时代的演变，许多本土传统文化即将消失。目前，大多非遗传承人在传承非遗技能和传统文化方面，主要是通过建立一些本专业的手工作坊或者简单的研发机构，这样就不能充分发挥非遗传承大师对非遗项目传承和保护。但是如果合理地利用高校丰富的教学和科研资源，就可以探索创造新的非遗文创形式和文创项目。从而在新的历史时期给予非物质文化遗产新的生命活力，实现非物质文化遗产的保护、传承和发展。

最后，在上述工作全部完成后，重要一步就是如何转化为生产力。与景区相结合，把设计落地，使工作室的研究学习成果应用在景区文创纪念品开发上，可以安排学生直接赴景区实习，在一线实习的同时了解景区文化以及运营模式。同时结合自己所学把设计与景区历史相结合，打造出集审美、文化于一体的文创产品。

（五）第五阶段：发展

“河南非物质文化遗产传承技能大师工作室”正式运营，建立以学院组织为平台，工作室为基础，政府支持为助力，全力推动市场运作的发展模式。在此模式下学院极力做到五个方面寻求发展。

一是努力建立一个较为完善的教学系统全面发力，以不同技能大师工作室制订相应合理的人才培养计划，根据实际情况创建二元教学模式，使学生在不同的专业学习阶段进行有针对性的教学实践，从而逐步熟练非遗技能。并根据市场变化和行业发展不断调整和完善人才培养计划，建立适当的教学评估体系，形成先进的教学管理模式。此外，我们还要遵循制度原则，建立规章制度、规范运作、培训计划、评估系统。把操作规范和奖惩方法建全后设置入系统里面实施，进一步构建出科学合理的非遗传承技能大师工作室教学系统。

二是要提供人员和设施，形成功能齐全，结构合理的教学实习场所。非遗大师工作室基本上是一个研究实践机构，使研究者在高校应有专门、固定的实践场地。只有硬件设施的完善，才能为其提供良好的实践和学生学习环境。同时，要给予相关人员适当的待遇和地位，增加他们的主动性和创新性，将灵感应用于不断的实践中，为他们技艺展示和教学提供良好的平台。最后，还应该配备专门的人员负责工作室的日常维护与管理、宣传与组织等工作。只有在人员和硬件配备合理完整的情况下，非遗大师工作室才能正常有效地工作，发挥其应有的功能。

三是要在教学人员队伍建设上下功夫，形成一支高素质的大型教师队伍。为了实现学校专业与工作室的可持续发展，必须以不同门类非遗工作室的特色建立相应的“双师型”教师团队。并且不断提高“双师型”教师队伍的专业素质，从而建立一支理论教学和技能教学并行的教师队伍。高校专业教师应向学生传授基本理论知识，使学生具有良好的理论素养，完善的知识结构和体系。同时，非遗大师将实践技能与经验传授给学生，使学生能够理论联系实际，真实地运用他们在实践中学到的知识，不断推动非物质文化遗产的传承和推广。

四是在课程建设过程中下功夫，使大学课程与非遗项目深度融合。为实现非遗工作室的教学功能，选择合适的教材，制订出相应的教学计划。在建设大师工作室的同时，高校应发挥自己的作用，为非遗文创项目设计相应的专业课程。课程将涵盖非遗项目的文化背景、内涵、技术过程和教学方法，以确保科学合理的教学。另外，还需要注重非遗技能大师的实践经验与高校教研团队的智慧，编写非遗项目的专业教材，突出非遗特点，深入融合非遗项目和大学课程建设，使其在教学中充分发挥应有的作用。

五是把工作室成果积极转化，结合景区特色，特别是河南地域特色比较鲜明的景区，依托河南本地深厚的历史文化积淀，让文创纪念品能够真正地反哺旅游业，促进文化的传承和交流，让游客在游玩的同时深深地感受到文化的魅力。近些年来，河南省政府一直在大力弘扬文化河南，致力于打好文化牌，这也是发展文化旅游的契机。比如少林寺景区，如何把佛教文化、武术文化以及少林特色开发成旅游产品，这就是本课题的最终目的所在。

大学与非遗传承人合作，使得高校在日常教育办学背景下，依托非遗大师，培养非遗传继承人，开展非遗产项目研发和创新，实现非物质遗产保护，继承，创新和发展。因此，建设大学大师工作实训室，要牢牢把握人才培养和项目创新两个要素，在教学体制、设施、教师、课程建设以及创新形式五个方面力求实现高校和传承人的深入合作，为非物质文化遗产的继承和发展注入了新的活力。

三、项目成果

郑州旅院非物质文化遗产旅游文创实习实训室从建立至今，已两年有余。通过非遗类（民族传统技艺）及相关专业人才培养方案的制订修改及完善，结合河南地域旅游文化和中国传统文化资源。已在多方面取得了丰硕的成果。教研团队依托实训室建设项目，发表学术论文多篇及课题多项，其中核心两篇，地厅级课题 3 项。签约国家级、省市级非遗传承人 14 人（图 1、图 2），培养艺术专业学生 200 余人次（图 3、图 4）。

图 1、图 2 非遗文创实训室实践活动——老艺人面对面

图 3 国脉文化发展中心主任李翔大师授课现场

图 4 国家级非物质文化遗产传承人（木版年画）任鹤林大师授课现场

全校范围内讲座 10 多场，培训学生 2000 多人次，学生设计制作旅游文创产品 1000 余件，校内外进行了大小规模数次展览（图 5、图 6），其中多件作品作为校礼赠送海峡两岸兄弟院校（图 7），受到省市领导、市民、校内师生一致好评。

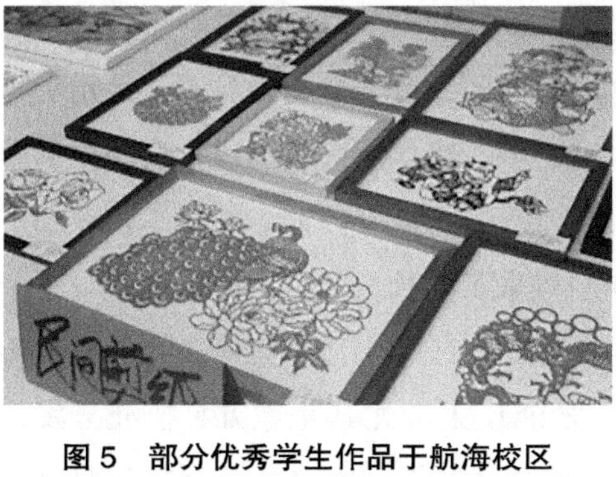

图 5 部分优秀学生作品于航海校区进行展览

图 6 部分优秀学生作品于郑州 CBD 国际会展中心进行展览

图 7　学生作品作为校礼赠送台湾餐旅大学（学院徐永清副院长参与校礼交换活动）

可以说，郑州旅院非遗产旅游文创大师实训室已在各个方面取得了可喜的成绩，这些发展成果正有力证明着郑旅已初步探索出了一条现代大学非遗传承发扬，中原地域旅游文化资源和现代工业产品设计相结合的高端人才培养发展道路。

四、特色与经验

文化唯有传承才具有生命力，才有可持续性。地方高校作为一个地区的文化中心，拥有天然的地缘优势，应密切校企合作大力融入当地的本土文化和旅游特色后，发挥其在非物质文化遗产传承中的主体作用。除了在国家相关政策的指引和支持下逐步开展相关的传承实践以外，更应该深入挖掘高校所具备的先天优势条件，将非物质文化遗产传承工作，有序地、科学地持续开展下去。

本课题项目以郑州旅游职业学院的大师实习实训工作室为主要案例，虽然不能完全代表整个河南非物质文化遗产旅游文创产品开发制作实习实训基地建设的研究，但其在近几年的实践过程中逐渐形成了以下特色：

（一）颇具地方特色文化旅游人才培养模式

融入地域旅游特色，加强传统文化传承，形成了具地方特色文化旅游人才培养模式，将地方的非遗文化融入到大学生的学习生活之中，建立他们对当地社会历史的感悟以及对地方非遗文化的认同，让大学生从自身独特的视觉诠释地方的非遗及旅游文化。通过这种特色人才培养模式的教育，使他们将来走向社会之后，由地方高校这个平台传播的非遗文化必将会注入新的活力，也只有在充分利用传承客体、大力开发传承渠道和深入细化传承管理模式的路径之下，才能让大学尤其是地方高校充分发挥对我国优秀文化的继承和发展作用，也才能够继续扩大我国优秀文化资源的影响力。

（二）密切校企合作，重视技能竞赛

开展市场调研，深入企业，了解企业生产的最新发展，学习生产过程中的新工艺和方法，并参与新产品的研发。坚持技能为主的办学理念，以竞赛为出发点，建立科学的技能培训体系和培训机制。在校企合作的前提下，为提高高技能人才培养、提高整体教学质量，学校不断调整完善人才培养方案，最终将技能竞赛与教学改革有效结合，提出了以赛促学，以赛促教，以赛促改的人才培养特色。

（三）开展职业培训，组建非遗技能大师协会

了解企业人才需求，针对企业所需人才，开办短期、中期业余或在职培训课程。培养符合地域文化知识型和旅游文创设计开发技能型人才，探索非遗产传承人技能大师工作室的社会化培训新模式。把全市非物质文化遗产手工艺技能方面的高技能人才聚在一起，通过培训、考核将其中的一些领衔人物吸收进大师工作室，组建非物质文化遗产技能大师协会，扩大工作室的社会活力。

河南非物质文化遗产旅游文创产品开发制作实习实训基地建设是通过获取河南非遗文化元素，融入地方旅游产业符号，结合高校平台资源的战略思路下，从高校培养高技能人才创建实习实训室为切入点，进行河南非遗文化的保护传承，融入地域旅游文化后深入河南旅游文创产品研发推广研究。为地域非遗旅游文创产品的研究、为传承保护地方非遗项目、为旅游文创产品开发制作实训室的创建提供了有价值的资料，使其具有实际意义的发展空间。为传播地方非遗文化价值和推广地域特色文明提供了新的视角。

五、专家意见

该项目研究者立足于河南非物质文化遗产资源，结合河南地区旅游发展的实际，致力于开发制作独具特色的区域非物质文创产品，并由此取得了一系列的成果。如成立非物质文化遗产传承人大师工作室，开展“文化创意专业群”建设，促进了学生创新创业能力的提高。研究者在河南旅游职业学院和当地政府的支持下，以工作室为基础，积极推动了“河南非物质文化遗产传承技能大师工作室”市场运作模式，让旅游与文化有机结合，取得了一系列的积极效应和很好的社会影响力。并且通过项目的开展，提升了教师专业化水平，开发了相关的课程，并通过文创产品成果的转化，为河南旅游做出了积极的贡献。

（点评人：谢苏，教授、湖北省旅游协会副会长、教育分会会长）

参考文献

[1] 联合国教科文组织 . 保护非物质文化遗产公约［Z］.2013.10.

[2] 钟蕾，李杨 . 文化创意与旅游产品设计［M］. 北京：中国建筑工业出版社，2015.

[3] 潘懋元 . 多学科观点的高等教育研究［M］. 上海：上海教育出版社，2001.

[4] 苑利，顾军 . 非物质文化遗产学［M］. 北京：高等教育出版社，2009.

[5] 许宪隆 . 民族文化发展与保护研究［M］. 北京：民族出版社，2007.

[6] 曹曼娇 . 旅游院校校企合作教育模式研究［D］. 辽宁师范大学硕士学位论文，2009.

[7] 程海峰 . 基于旅游市场供需现状的旅游人才培养探究［J］. 中国集体经济，2009（02）.

[8] 王守义 . 非物质文化遗产保护与地方高校的文化责任［J］. 文艺理论与批评，2010（1）.

[9] 郭芳 . 非物质文化遗产传承人才的学院培养模式探究［J］. 湖北函授大学学报，2013（12）.

[10] 高素艳 . 中国旅游商品行业的现状及对策研究［J］. 首都师范大学学报：自然科学版，2008（06）.

[11] 杨林 . 传承文化创新进取——“非物质文化遗产保护中的工艺美术教育”研讨会综述［J］. 美术观察，2009（10）.

所在单位：太原旅游职业学院
项目负责人：双建萍
项目编号：WMYC20173011

通用航空视野下的新型旅游形态的教材开发

一、项目概述

（一）项目背景

通用航空是指使用民用航空器从事公共航空运输以外的民用航空活动，包括从事工业、农业、林业、渔业和建筑业的作业飞行以及医疗卫生、抢险救灾、气象探测、海洋监测、科学实验、教育训练、文化体育等方面的飞行活动。通用航空业是以通用航空飞行活动为核心，涵盖通用航空器研发制造、市场运营、综合保障以及延伸服务等全产业链的战略性新型产业体系。通用航空的产业链长，对经济发展的影响大，可以在很大程度上加快经济的转变，支撑经济平稳健康的发展。

本项目所指的通用航空的外延边际，也即通用航空的延伸服务之一，是以通用航空器为载体，在旅游景区开展通用航空旅游的新业态。“旅游＋通用航空”的旅游新业态具有很强的关联性，对产业要素的组合化、融合化发展具有较强的推动力。其高度组合在山西旅游业发展过程中比较明显，主要体现在山西省文化旅游、工业旅游、乡村旅游等多种类型的旅游新业态的大发展。

1. 学科背景

项目负责人长期在教学一线担任与旅游业相关的交通运输专业的授课任务，具备在太原武宿国际机场顶岗实战的经验，在美国加州学习期间，深入了解了美国商业航空和通用航空的发展状况，具有扎实的旅游交通运输知识及实践技能。

2. 服务区域经济发展，促进高职教育教学

山西作为旅游经济的大省，在全省大力发展旅游市场的大背景下，将通用航空与旅游市场紧密结合，进行新的旅游产品的开发，以吸引更多的旅游体验者来山西旅游。将民航产业与旅游业进行融通，在教学的理念上，能够为全国民航类专业教育提供新的教育教学思路，为学生的就业提供新的岗位。

（二）项目意义

旅游市场提供的传统型的观光游览旅游产品，已经不能够满足所有旅游者的消费需求。因此，许多注重旅游者体验和参与的旅游新业态应运而生。

本项目研究的意义，在于给旅游企业绘制出旅游新业态形成的动力机制。企业为了在竞争中取胜，获得持续的生命力，产品经营者必然要在掌握市场需求特点的基础上对原有产品进行更新、改造。因此，将通用航空中有形的产品运用到旅游景区中，在满足旅客体验这个层面上拓展业务，使得企业经营业务范围在产业链向上无限延伸，不仅提高了企业的服务能力，获利能力和经营能力，同时也催生出了新型的旅游业态。

（三）预期目标

1. 建立“通航＋旅游”的新型旅游产品形态模式

梳理通用航空旅游的种类、开展条件、商业模式，以期为企业和政府的业务决策提供科学依据。

通过在民航企业、旅游企业、旅游景区的调研，建立以旅游企业为主体，开发低空项目新型旅游产品形态的新模式，以山西为试点，积极尝试开展空中游览业务。积极解决空域航线限制、政府噪声管制等因素，以形成可持续发展的模式。

2. 开发《新型通用航空旅游产品开发研究》校本教材

开发“通航＋”的校本教材，为广大的旅游类专业学生及景区相关岗位工作者提供知识智力支持。

（四）项目执行情况及成果

依据“双师型”教师培养项目申报书中预期的进展，该项目顺利完成了各阶段的任务，所完成的重点任务并取得的成果如下：

1. 解决通用航空旅游的现实条件

通用航空旅游作为新兴的特种旅游项目，如何在山西发展，需要从政策顶层设计，进行民航产业与旅游产业的协同，因此，怎样进行产品的创新、人才的培育、文化的构建是本项目需要解决的问题。

2. 如何推广实施通用航空旅游基地与旅游景区的深度融合

通过该项目的研究，一旦形成通用航空旅游基地与旅游景区的深度融合的示范地，就可充分发挥示范带动作用，形成可复制、可推广的经验做法，加快培育通用航空市场的发展。因此，拥有良好的客源市场支撑，发展多类型、多功能的低空旅游产品和线路，因地制宜，形成低空旅游环线或网络，是本项目解决的问题。

3. 编写了校本教材《新型通用航空旅游产品开发研究》

该校本教材在我院旅游大类专业学生中试行使用一个学期，教材中介绍了通用航空业的基础知识，同时与旅游景区业务知识及实践相互融通，使学生在学习过程中拓宽了知识面，同时拓宽了就业面。

二、项目内容

项目“通用航空视野下的新型旅游产品形态研究”在经过一年来的任务分解及实施后，通过对民航企业、旅游景区的调研，文献查阅等工作的展开，对调研的第一手资料进行了客观分析，对访谈及查阅的文献资料进行分析总结，将山西部分景区提出的通用航空视野下的新型旅游产品形态开发的初步成果进行总结。

（一）总结了前人对通用航空新型旅游产品形态的研究现状

前人对通用航空新型旅游产品形态的研究中，以国外通用航空旅游产品形态的研究居多，尤其是欧美发达国家，依托通用航空器大规模开展旅游活动，究其活力万象的原因，归功于通用航空运输网络发达，通用航空旅游体验项目丰富多彩。美国是航空强国，在航空器的制造业、民用航空和通用航空的发展中，有经验可以借鉴。美国的通用航空和商业航空一道组成其最安全、有效的航空运输系统，通用航空是航空运输的基础。在美国，航空服务几乎对每一个人便利、实用，航空公司和通用航空公司充分发挥各自独立却和谐的运输作用。通用航空主要活跃在大都市外，拥有 185 000 架商务、公务和个人飞机的通用航空企业，服务遍及美国的 18 000 个航空港。美国通用航空发展快速，主要原因是空中运输各种不同形式的变革、创新。20 世纪 70 年代美国的放松管制政策、航空器制造工业、通用航空机场的快速增长都促进了通用航空的快速发展。

美国低空旅游的典范代表是科罗拉多大峡谷，借助其独特的自然资源，在直升机低空旅游项目中遥居世界领先地位。其经营之道值得借鉴。

就国内研究现状来看，中国旅游业的产生和发展，至今已有三十多年历史，经历了最初的萌芽期、发展期再到成熟期。旅游产业的功能作用、形态特征等方面需要进行深刻改革：在产业功能上，旅游业的服务性功能日趋深化，生产性功能更加凸显；产业特征上，旅游产业从初级形态逐渐向高级形态转变，产业内部分化和产业外部融合趋势加强。为了推进旅游业高质飞速发展，实现我国从“旅游大国”到“旅游强国”的转变，产业的转型升级是旅游业发展的必然产物。

国内研究对低空旅游业发展的现状调查居多，大体可以总结为低空旅游发展的广度和深度不够、经营难度大、通用航空飞机和机场建设起步较晚，发展比较滞后、低空旅游的政策限制等。而对山西省的通用航空新型旅游产品形态开发的研究甚少。

（二）开展山西区域经济下通用航空新型旅游产品形态开发的企业访谈

访谈对象分别为山西省民航机场集团及山西云丘山景区、山西非凡之旅旅行社等。

在对山西省民航机场集团领导的访谈中，山西省民航机场管理局局长段新源、太原武宿国际机场地面勤务部主任刘永生对通用航空低空旅游项目的外部环境进行了深入分析，段局长指出，山西省政府发布的《山西省通用航空业发展规划（2018—2035年）》中明确说明，到2025年，山西省通用航空业经济规模将达百亿元以上，通用航空业成为综合改革转型中新的经济增长点。在5A级旅游景区和部分4A级景区，基本实现45分钟航程全覆盖。通用航空器达到200架以上，通用航空飞行量达到6万飞行小时以上。开辟3条以上低空旅游航线，规划建设4个以上通用航空产业集聚区。要实现这个目标，就要大力发展通用航空机场、通用航空器的制造业、通用航空公司。全面开展航空制造、维修、物流、运营、进出口和教育培训等通航业务；建设太原通用航空产业基地，积极发展飞机整机制造及相关产业；构建长治通用航空产业基地，构建山西东南部通用航空工业制造基地同时，要促成景区与通航公司的合作。要合作，就需要有政府政策方面的支持，而对于学院层面，就是要引领通用航空发展的方向，培养一大批通航应用型人才。

刘主任从通航机场的角度，深入分析山西把通用航空旅游的发展作为重点项目来做的必要性。山西省将通过改扩建等方式，完善太原、长治、大同、运城、吕梁、五台山、临汾机场等现有7个运输机场通用航空保障设施，并向社会全面开放。理顺体制机制，屯留沙家庄航校机场改造，空军灵丘机场改造，大同航校机场迁建，将太原、大同、长治3个航校机场全面向社会开放。采用政府主导、政府与企业合资合作、企业独资建设等方式，加快推进全省新建通用机场建设，近期新建永和、隰县、乡宁、侯马、静乐、原平、繁峙、代县、平遥、阳城、襄垣、阳高、左云、汾阳、运城、芮城等16个通用机场。争取在2025年底前建成不少于30个通用机场。

通用机场的兴建为通航旅游奠定了坚实的场地基础。在山西省要发展低空旅游项目，景区和通用航空公司的通力合作非常关键。这就需要教育机构提出政策性的建议，给政府提出可行性发展策略。当然，大力培育通航应用型人才是关键。

在对山西云丘山景区总经理武峰斌和山西非凡之旅金圣的访谈中，以“通用航空旅游在景区实践中的应用研究”为主题进行了深入探讨。

两位旅游业界的专家指出，学校教育机构在山西旅游教育研究中起着引领方向的作用。目前，旅游群体由观光型客人正在过渡到体验型客人。做低空旅游离不开生态文化、和谐文化，人与自然和谐共处、相互融合是关键。低空旅游在开发过程中，理论研究要超前，这是社会发展规律。

低空旅游扮演的角色是什么，有什么作用，需要用更多的案例来说服景区。山西低空旅游现状并不乐观。景区功利性强，如何能够吸引景区做低空旅游项目，是学校需要研究的课题。目前，国内旅游的主流是满足旅游者的体验。国外游客是在享受过程，不单纯是看名山大川，这就需要从对美的认知上去深入感知。因此，在旅游大类专业开设《新型通用航空旅游产品开发研究》是非常及时的。

低空旅游开发中，在文化旅游观念方面没有走在前面，是亟待研究的课题。低空旅游对旅游文化发展有什么帮助，只有课题落地，才能指引山西低空旅游中文化的发展。因此，旅游学院可率先提出科学性理论，指导旅游从业部门发展低空旅游，保护环境，带动经济的发展。把握中庸思想，考虑消费者本身的感受，让其愿意主动去消费。

针对山西旅游现状，如果产品内容开发不好，不推陈出新，则喜新厌旧。《又见平遥》人文生态成功，但在低空旅游文化方面，如何深入挖掘是问题。规划低空产品路线，旅游学院起教育引领作用，要做好认知、培养、应用，注重创新。

针对以上访谈内容，笔者对山西通用航空旅游产品开发中存在的问题进行了归纳总结，将亟待解决的问题用专门的章节在校本教材《新型通用航空旅游产品开发研究》中予以呈现。

通过企业访谈及分析总结，项目重点任务放在将旅游产业内部分化和产业外部融合的问题上，即将通用航空中的热气球、直升机观光旅游、滑翔机探险等活动，通过与景区协作，将通用航空器应用到旅游景区，满足消费者更加注重旅游过程中的体验性和参与性，满足不断追求刺激、新颖的旅游经历的需求。

（三）研发并编写了《新型通用航空旅游产品开发研究》校本教材

本教材将民用航空与旅游企业相结合，以通用航空器的开发和使用为载体，为旅游企业提供通用航空旅游项目分析，吸引更多的消费群体来山西旅游观光，体验直升机、滑翔机、热气球等通用航空器的新型观光形式。同时，以教材的使用为契机，通过学习教育，拓宽旅游大类专业学生的视野，让学生广泛了解民用航空的基础知识。校本教材将通用航空与旅游企业相融通，让学生了解航空业的发展，关注旅游企业的新型产品的发展变化。

本教材分五个章节，分别为通用航空概述、通用航空发展、通用航空机场、新型旅游产品的产生和发展、低空旅游在景区的开发和运行等。通用航空概述中主要让学生了解中外航空器发展史概况、通用航空器的分类和发展；通用航空的发展中，主要了解我国及国际通用航空的发展状况；通用航空机场中，主要对民用机场及通用航空机场有初步的认知；新型旅游产品的产生和发展中，主要关注旅游企业发展的新业态，熟悉通用航空引入旅游企业的条件；低空旅游在景区的开发和运行中，了解我国的通用航空旅游产品，熟悉低空旅游的运行优势及保障条件，深入了解山西低空旅游的发展趋势。

教材对通用航空器的分类及用途做了详细介绍，同时，通过调研，分析适合开发通用航空旅游的景区，阐述低空旅游所必需的运行与保障条件、对运营企业资质和能力的要求、起降场地、航空器、航路航线、专业人员的要求进行分析，介绍通用航空旅游的典型运营模式。本教材适合旅游大类的学生及旅游企业的员工使用。

三、项目成果

（一）构建了通用航空与旅游景区项目融通的新型产品开发项目

以通用航空器在旅游企业中的应用作为观察分析的落脚点，在理论上推进我省通用航空的发展，同时为旅游企业建立新视野，发展通用航空旅游产业。在与山西云丘山景区的合作过程中，本人为其提供开展低空旅游的理论支撑，为该景区筹备低空旅游项目出谋划策，在与景区管理人员的交流合作中，对景区的运行有了进一步的认知，对教学起到了促进的作用。

（二）将传统的旅游大类专业教学，延伸到通用航空领域

旅游类的学生对通用航空的概念及发展历史、应用等方面接触少。在旅游类专业教学中加入了《新型通用航空旅游产品开发研究》课程，让学生广泛地了解通用航空的概况及发展。同时为云丘山景区提供培训服务，让其员工更多地了解通用航空器在旅游业中的应用，不仅为该景区开展低空旅游项目做好人员储备工作，同时在教学过程中，与员工进行业务交流，在景区进行顶岗实践，为日后在学校教学中积累了丰富的景区岗位工作经验。

（三）拓宽了旅游类专业学生的就业面

旅游类专业的学生通过接触和学习低空旅游，在景区就业中获得了低空旅游的

就业岗位的机会，以此来拓宽旅游类专业学生的就业面。

（四）宣传山西的低空旅游产品，让更多游客来山西体验低空旅游项目

山西有一大批名山胜水与名城古镇、古建筑奇观，如五台山寺庙群、北岳恒山与悬空寺、北武当山、五老峰、蒲州古城与鹳雀楼、中镇霍山与广胜寺及大槐树、历山舜王坪和小浪底水库、万里长城的边墙古堡与云冈石窟、应县木塔、娘子关与大寨梯田等，这些宏伟壮丽的景观尤其适宜于人们低空鸟瞰式的空中观赏与游览。在项目实施过程中，带领学生在五台山、王莽岭与锡崖沟、黄河壶口瀑布、碛口古镇、雁门关与新旧广武城等景区极广泛宣传山西的旅游资源及未来的低空旅游项目，让更多的游客来山西体验低空旅游项目。

（五）完成了校本教材《新型通用航空旅游产品开发研究》的编写工作

国务院明确提出要加快培育通用航空消费市场，鼓励在适宜地区开展空中游览活动。在通航旅游成为行业主管部门与地方政府重点扶持发展产业的背景下，我国通航旅游产业将迎来大发展的历史机遇。

山西作为旅游经济的大省，在全省大力发展旅游市场。为了将低空旅游引入山西景区，为山西旅游经济助力，由此，校本教材《新型通用航空旅游产品开发研究》应运而生。通过将通用航空与旅游景区进行融合，试图进行新的旅游产品的开发，以吸引更多的旅游体验者来山西旅游。教材让广泛了解通用航空，关注旅游企业的发展变化，以此为契机，来拓宽旅游类专业学生的视野。

四、特色与经验

（一）项目特色

1. 为通用航空及旅游景区的合作提供理论依据

本项目为通用航空及旅游景区的合作提供理论依据。以山西平遥古城与北京首航直升机股份有限公司的融合为例，平遥古城在该项目的理论指导下，于 2017 年 9 月 19 日，其低空旅游项目起航。山西省省委常委、山西航空旅游集团、北京首航直升机股份有限公司以及山西省、晋中市、平遥县等各级领导对此次开航高度重视。在通航运营实践中证明，通用航空及旅游景区的融合是山西经济发展之路。

2. 对通用航空旅游的应用型人才的培养起到积极的作用

随着山西通用航空机场的兴建及通用航空企业的发展，出现了通用航空应用型技术技能人才短缺的情况。本教材的开发和使用，成为培育景区通航旅游技能人才的起点，随着教材的不断开发和课程设置的不断完善，将会有一大批通用航空旅游人才投身到通用航空旅游工作中去。

校本教材《新型通用航空旅游产品开发研究》的开发和使用，为旅游企业和通用航空学校的深度校企合作提供了思路，为旅游景区提供更多的教育支撑。

3. 提升山西旅游新形象

平遥古城直升机低空旅游项目，可以让全国更多游客了解直升机，接触全新的旅游方式——低空旅游；通过与平遥景区及当地政府的合作，可以将平遥地区周边的旅游景点、旅游交通关联起来，推动平遥乃至整个山西省旅游的发展。让更多的人群了解山西低空旅游项目，提升山西旅游的新形象。

（二）典型经验

1. 充分利用政策优势来开发课程

山西省政府发布《山西省通用航空业发展规划（2018—2035 年）》（以下简称《规划》）。《规划》指出，要将山西省建成我国“面向华北、服务全国、连接海外”的通航产业先行先试平台，助推全省产业结构调整与经济转型。《规划》提出，到 2030 年，将开辟 10 条以上空中旅游航线，完成覆盖全省域和向外延伸的低空旅游航线网络，成为国家级全域旅游示范省。

在低空旅游成为行业主管部门与地方政府重点扶持发展产业的背景下，我国低空旅游产业将迎来大发展的历史机遇，而对于人才的需求量也将增大。旅游院校开设《新型通用航空旅游产品开发研究》课程，是顺应我国及山西政策形势发展历史潮流的，该课程能够拓宽学生的视野，扩宽就业面，将旅游六要素中的“游”和“行”有机结合，为山西的通航旅游培养高质量的应用型人才。

2. 产业的融通是发展新型旅游产品的桥梁

鼓励与支持通航企业与旅游景区合作开发低空旅游产业，有效整合相关航空资源与旅游设施设备，科学设计与优化串联区域间各景点的低空航线，加强衔接与协同，提升产品吸引力与丰富度，形成低空旅游产业空间立体化格局。

2016 年《国务院办公厅关于促进通用航空业发展的指导意见》，提出到 2020 年，建成 500 个以上通用机场，明确指出：通用机场规划出旅游产业发展的空间，有利于促进航空业和旅游业融合发展，为低空旅游的开展提供更多的便利条件，低空旅游业将会迎来一个快速发展的美好时代。2017 年 7 月 18 日联合发布的《关于促进交通运输与旅游融合发展的若干意见》中指出，推动通用机场建设，鼓励重点旅游城市，符合条件的旅游产业区要开辟低空旅游航线，开发低空游览，开发低空旅游产品，建立低空旅游产业园、通航旅游小城镇及旅游营地。2018 年 1 月 1 日，

“新时代、新航程，从空中看北京——北京市城区首条常态化应急保障和低空旅游航线”正式开通，标志着应急保障和低空旅游进入常态化、大众化、多元化的新时代。

由此，大力发展山西通用航空和景区融合下的低空旅游，成为旅游产品新形态下的产物，也成为旅游景区发展中必不可少的一个项目。

五、专家点评

本项目选取旅游新业态做教材开发富有典型性和挑战性。项目研究如何将通用航空中的有形产品应用到旅游景区中去，在满足游客体验层面上使产业链向上延伸、从而实现“旅游+”的效应。在此基础上形成了《新型通用航空旅游产品开发研究》的校本教材。该成果为通用航空与旅游景区的合作提供了理论依据和实践路径，具有一定的推广价值。项目负责人具有较厚实的专业理论和实践功底，以科学的态度完成了项目任务。对专业教学及时对接旅游新业态，丰富教学内涵具有较好的借鉴意义。

（点评人：董家彪，高级讲师、原广东省旅游职业技术学校校长）

所在单位：广东省旅游职业技术学校
项目负责人：罗长春
项目编号：WMYC201730074

旅游中职教育实践教学教师素质能力提升

一、项目概述

1. 项目背景

职业教育教师素质能力是影响职业教育健康快速发展的关键要素。然而直到今日职业教育教师素质能力研究既没有理论基础深厚且有实证数据支持的职教教师资格标准或“职业描述”，也没有任何由职业学校教师发起的有关学习过程的质量和效果的实证研究。[①] 影响职业教育研究的因素主要有二：一是“教师培养知识掌握不够”。研究者既不能分析，也无法描述清楚教师的能力到底由哪些元素和知识构成以及如何把科学的、专业的、教育学和实践的不同知识与经验进行融合与在教学行动中应用。[②] 二是“研究方法运用不透彻”。对师资力量的进一步优化及教师地位的提高还存在着一些结构方面的挑战。[③]

职业学校教师培养和职业工作是职业教育研究的核心问题。为破解“教师培养是一个未被研究的问题”[④] 难题，项目将“教师的教育与研修应将教学实践的案例研究作为核心”[⑤] 作为突破口，基于主持单位工作基础开展项目建设。广东省旅游职业技术学校人才效益突出、社会美誉度高。坚持实施“岗学对接，四级递进”旅游人才培养模式，产教融合“六共模式”长效机制，成为旅游职业教育产教融合、内涵发展的典型。《中国旅游报》《中国教育报》等媒体先后多次报道学校办学成绩和经

---

① ［德］菲利克斯·劳耐尔，［澳］鲁珀特·麦克林.国际职业教育科学研究手册（上册）［M］.赵志群，徐国庆，庄榕霞等.北京：北京师范大学出版社，2014：300.

② 同上：303.

③ ［德］菲利普·葛洛曼，［德］菲利克斯·劳耐尔.国际视野下的职业教育师资培养［M］.石伟平.北京：外语教学与研究出版社，2011：12–13.

④ ［美］帕梅拉·格罗斯曼.专业化的教师是怎样炼成的［M］.李广平，何晓芳.北京：人民教育出版社，2012：4.

⑤ ［日］佐藤学.教师花传书：专家型教师的成长［M］.陈静静.上海：华东师范大学出版社，2016：47.

验。学校连续十多年入选广东最具竞争力十强职业院校。学校在人才培养工作中不断总结和反思的教育实践中，积累了丰富的经验与素材，成为区域性行业标杆。

2. 项目意义

现阶段我国现代旅游业快速发展，旅游从业人员队伍不断壮大。高素质旅游人才的培养取决于旅游职业教育质量的快速健康发展。作为旅游职业教育的重要实现形式——实践教学实施管理发展需要做到目标、过程的科学化、规范化。实践教学质量提升关键因素有两个：一是实践教学目标的科学化、合理化；二是从事实践教学工作的教师能围绕教学目标与教学任务有效开展工作。

项目旨在通过廓清旅游职业院校实践教学教师的类型、职责范畴，分析旅游职业院校实践教学教师应具备的素质能力结构以及素质能力提升机制，着眼于解决“实践教学效能不高”的实际问题，对于旅游职业教育教师素质能力培养工作提供参照与借鉴。

3. 预期目标

项目研究主要目标：一是在已有职业教育师资素质能力提升研究理论基础上，丰富教师培养工作研究的新路径、新方法；二是厘清旅游职业教育实践教学教师的类型与职责范畴；三是以实际工作为分析对象，基于旅游职业教育教学工作的实际情况，探索旅游中职教育师资素质能力提升的方法与路径。

项目研究成果:《旅游中职教育实践教学教师素质能力提升研究报告》《旅游实践教学教师专业素质能力提升路径分析》方面论文；形成旅游实践教学管理参考资料《旅游职业院校实践教学管理案例集萃》学材。

4. 项目执行情况

本项目将按照调研分析—提炼实践教师“典型工作任务”—借鉴最新职教师资研究成果理论—构建旅游中职教师“行动能力”培养体系—从实际工作中收集案例，建设“项目教学素材”。项目建设按要求、按流程有序实施，实现了项目建设预期目标，项目建设符合“旅游英才计划”双师教师培养项目主旨。

二、项目内容

（一）主要思路

本项目将按照调研分析—提炼实践教师“典型工作任务”—借鉴最新职教师资研究成果理论—构建旅游中职教师“行动能力”培养体系—从实际工作中收集案例，呈现为“项目教学素材”。

1. 调研分析

组成研究团队，依托“中国旅游中等职业教育七金联合体”“广东旅游职教集团”两大平台，基于项目建设单位——广东省旅游职业技术学校教育教学实际工作，采用“实践专家访谈会”“问卷调查”等形式，通过向实践教学教师、实习生以及企业管理人员开展不同的调研活动，从不同角度了解实践教学工作中存在的问题，为促进项目实施研究奠定了坚实基础；同时，组织建设单位实践教学教师提供基础性案例素材，开展经常研讨，形成实用性较强的“项目教学专题资料”。

2. 提炼实践教学教师“典型工作任务”

在广东省职教学会教学指导委员会的指导下，聘请专家作指导，多次研讨，开展实践教学教师“工作领域”“工作任务”和“职业能力”要素分析，最后由专家修改定稿，形成实践教学教师“工作领域”为10项、“工作任务”为69项、“职业能力”要素201项。

探索实践教学教师“知识向技能”转换的促进体系。研究团队在专家的指导下，认真研究实践教学教师所需要的“职业能力”子项目，吸取最新职业教育研究成果理论，采用“行动能力提升”策略，设计201个培训子项目对接“职业能力”要素。

3. 构建了旅游中职实践教学教师“行动能力”培养体系

本项目研究对旅游中等职业教育实践教学过程的各项因素、实践教学师资职业能力标准以及现阶段旅游中职实践教学教师发展情况等进行了具体分析，阐述了旅游中职实践教学师资成长需要具备的条件以及各项要素。采用“田野调查”和对旅游中等职业教育实践教学“实践专家”开展访谈等工作的方式，梳理了旅游中职教育实践教学教师的“工作领域”“典型工作任务”以及“职业能力”等要素，借用职业生涯模式、行动能力等最新研究理论成果为分析工具，构建了旅游中职实践教学教师“行动能力”培养体系。

4. 撰写校本教材

总结分析实践教学工作实际情况，梳理通过调研、访谈以及建设单位多年工作积累文件，确立纲要框架，以“方便实际工作”为出发点，编写校本教材。通过在实际工作中运用不断优化提升，对实践教学工作起到了很好的促进作用。

形成合理有效的校本教材后，便开始对旅游管理专业教学单位应用。先后将校本教材推荐给“中国旅游职业教育七金联合体”成员单位实践教学教师和其他兄弟院校的实践教学教师使用，尽管他们对本书的优化提出了建设性反馈意见，总体反响都很理想。

（二）研究框架

“前言”部分：阐述了研究缘起、范畴与路径、中职教育师资状态等内容。具体分析了“对实践教育意义理解不到位”“实践教学标准体系不完整”“实践教学计划与项目开发不科学”“实践教学活动安排不合理”“实践教学师资素质能力不达标”“实践教学效果评价机制不完善”等问题。指出了实践教学目标、实践教学实现途径、教师做好实践教学管理工作所应具备的条件（素质能力结构）以及实现实践教学管理教师素质能力提升的有效途径等问题尚处于探索阶段。

“旅游消费与旅游服务”部分：阐述了旅游者类型与动机、质量理论与旅游体验、旅游人才“行动能力”等内容。梳理了目前学界关于旅游者类型、不同类型旅游者动机类型的研究成果，指出了旅游服务对象的多样性与特殊性；基于服务质量理论分析了现代“服务”的主要特性。依托质量管理两个学派——北欧学派（格罗鲁斯和古梅松等）和北美学派（蔡特哈姆尔、帕罗苏洛曼和贝瑞）主要观点，结合旅游服务工作实际，分析了“服务质量度量”的基本方法；结合前人学术研究成果，分析了旅游人才“行动能力”的主要范畴，为旅游教育教学工作指明方向与目标。

“职业教育与实践教学”部分：阐述了职教人才培养目标、职教“知识与技能”学习、实践教学与问题情境与学徒制类型透析等内容。从宏观结构上分析了学术型人才、工程型人才、技术型人才和技能型人才等问题。阐述了“知识”的分类与知识学习的主要“实现形式”，主体“知识”向“技能”转化的实现。指出了实践教学与知识学习、技能习得的重要关系；梳理了传统学徒制基本形态，揭示了现代学徒制的实质与实现形式。

“职教教师‘工作领域’与行动能力”部分：阐述了职教教师的“工作领域”、职教教师的“知识领域”、职教教师培养方式等内容。通过借鉴与分析，具体分析了“中等职业教育教师岗位任务与能力”问题。从“知识 & 能力 & 素质”的内涵与关系分析入手，叙述了职业教育教师应掌握的知识与技能范畴。重点从教师“知识”到“行动能力”的转化过程入手，尝试性地提出实现路径。

“旅游中职教师‘行动能力’培养体系”部分：阐述了体系构建基本依据、旅游中职实践教学教师“工作领域”、基于“行动能力”的培训模型等内容。从职业教育教师职业描述、“能力取向”的课程式培训体系、教师职业生涯理念等视角，理清了旅游职业教育教师“行动能力”构建的理论依据。结合旅游职业教育实际，分析了“旅游中职实践教学教师岗位任务”问题。从实践教学教师“行动能力”基础和基于“行动能力”的旅游中职教师培训课程与管理两方面入手，构建了教师“行动能力”培养课程资源与采用学分制，建立“学习档案”，实践教师评价等工作机制模型。

最后是“参考文献”部分，梳理了目前国内外学术界关于旅游职业教育师资素质能力培养研究的主要成果与动向。呈现了目前教师培养分为职前师范教育、职后教师教育和校本教师培训三种模式。

（三）研究方法

（1）文献研究法。通过收集和梳理我国学界关于职业院校教师发展和实践教学师资培养等资料，了解有关问题的历史和现状，形成关于教师发展与实践教学师资的认识。了解教师发展与实践教学师资培养工作的全貌。

（2）调查法。有目的、有计划、有系统地搜集有关教师发展与实践教学师资培养现实或历史状况。对教育现象进行有计划的、周密的和系统的了解，通过分析、综合、比较、归纳形成规律知识。

（3）经验总结法。通过对教师发展与实践教学师资培养实践活动中的具体情况，进行系统化归纳与分析。

（4）描述性研究法。将已有的教师发展与实践教学师资培养工作现象、规律和理论通过理解和验证，叙述并解释。

（5）定性分析法。对教师发展与实践教学师资培养工作进行“质”的分析。运用归纳和演绎、分析与综合以及抽象与概括等方法，对获得的各种材料进行思维加工，认识本质、揭示规律。

（6）个案研究法。依托中国旅游中职教育七金联合体、广东旅游职教集团等合作平台开展个人调查、团体调查和问题调查。

（四）进度安排

该项目历经一年多时间完成。

1. *准备阶段*（2017.12—2018.3）

（1）文献资料搜集并分析：广泛搜集文献资料，提高有关教师发展与实践教学师资培养问题的研究资料、认识的全面性；（2）研究框架优化：反思并优化研究内容提纲，并形成较为合理的研究路径；（3）课题开题、专家论证：聘请专家，召开开题报告会。对于研究目标、研究内容、研究方法等问题进行科学论证。

2. 实施阶段（2018.4—2018.11）

（1）实务资料搜集并分析：依托中国旅游中职教育七金联合体、广东旅游职教集团等合作平台开展调研调查活动，获得有关教师发展与实践教学师资培养问题的实务性资料;（2）撰写：基于收集的资料，结合有关教师发展与实践教学师资培养问题的基本认识，根据研究框架体系撰写相关内容;（3）提交初稿并开展课题中期检查：根据要求提交研究报告初稿，并聘请专家开展课题研究中期检查工作;（4）根据课题中期检查结论梳理研究质量提升方法与主要工作：根据课题中期检查专家提出的相关意见，形成研究资料补充、研究报告框架修订、研究报告内容完善与优化等工作的思路与步骤;（5）再次资料补充与内容优化：根据二次搜集的资料与研究报告优化思路与步骤实施资料补充、研究框架微调、内容修改与优化等工作。

3. 总结阶段（2018.12—2019.1）

对项目研究的初步成果进行调整、补充完善优化；形成项目成果。

三、项目成果

项目组得到全国旅游行业指导委员会教育教学委员会、所在学校专家、教师的大力支持和帮助，组织了多次专门会议，多次探讨，提出修改意见。项目建设取得六方面成果：

（1）总结出实践教学教师“行动能力”培养体系建设的创新思路。总结实践教学教师专业素质能力体系建设思路，对未来实践教学教师的培养、专业能力提升培训水平建设具有指导意义。具体创新思路是：开展行业调研、组织“实践专家访谈会”、提炼“典型工作任务”、创设“职业能力”提升路径，开发旅游中职教育教师“行动能力”培养机制。同时对以往工作经验加以整理，优化提炼，形成实践教学教师培养项目教学课程资源。

（2）项目团队取得跨越式的成长。借助万名旅游英才计划项目平台，项目团队在教学、科研、社会活动中进步明显。项目成员中 2 人通过职称评定，获得高级职称，在教育教学思路、教科研、专业技能、学生管理等方面得到了进一步提升。项目组成员于 2017 年所参与的项目获评广东省教育教学成果奖（职业教育）特等奖；2018 年所参与的项目获评全国教育教学成果奖（职业教育）二等奖。参编的书籍《中等职业学校实践教学管理》成为广东省中职学校实践教学管理参考用书；参编的《学生手册》成为校本教材，指导学生成长成才指导用书；主编的《实习生手册》成为实习管理重要资料。项目成员长期担任导游，从业经验丰富，担任广东省旅游讲解人员考评员，在省内旅游行业影响力较大。项目组成员担任广东省酒店行业技能竞赛评委、技能鉴定专家，一方面对本项目研究工作提供了很大的帮助与支持，另一方面，极大地提升了所在单位在区域内、行业内的美誉度和影响力。指导学生参加2018年广东省属职业院校酒店服务与管理专业技能大赛，1名学生荣获一等奖、1名学生荣获二等奖。

（3）学生职业素质能力提升较快。通过“岗学对接、四级递进”人才培养模式的训练，学生专业知识、专业技能和综合素质提升较快。学生到实习岗位入职情况理想，“上手快”“与企业员工相处融洽”“工作完成情况质量优”，受到企业的充分肯定与高度评价。本年度学校统筹安排学生实习1576人，实习稳定率达到98.3%，实习待遇达到人均2000元以上，86名实习生因业绩突出在企业受到嘉奖、受到企业发给学校的表扬信48份。212人受邀参加“2018广州马拉松”服务接待与助威活动；32名学生参加“广州财富论坛”高规格接待活动。学生素质得到社会充分认可。

（4）接待香港同根同心交流团。共有17名学生加入了省旅校金牌导游讲解队，为校园参观提供讲解服务。在香港中小学同根同心交流团接待中，前后接待了20批合计873人次，专业的讲解、热情的服务，收到了广东省港澳接待办发来的表扬信。

（5）加强与行业企业合作的力度和广度。借助学校雄厚的校企合作工作基础，以及广东旅游职教集团的优势，本课题积极与广东省旅游企业合作，进一步优化职教集团成员结构，聚集理念与资源，提高校企合作的广度和深度。

（6）项目成果具有示范效应，辐射力较强。主持单位所在职教集团遴选为“全国职教集团50强”“全国校企合作50强单位”；参编书籍《中等职业学校实践教学管理》成为省内中职学校教学管理参考用书。省内职业学校订购数量较大，成为省内中职学校实践教学管理的参考书。学校成为全国旅游“全国中职学校校长培训基地”“酒店服务与管理专业师资培训基地”“全国酒店服务与管理专业‘双师型’青年骨干教师培训基地”。

四、特色与经验

（一）主要特色

本项目“旅游中职教育实践教学教师素质能力提升研究”，积极吸收职业教育学界最新研究理论成果，开阔视野、拓宽思路；认真开展行业调研与访谈工作，采用流行的“典型工作任务分析法”踏实开展研究，邀请教育专家做指导，形成研究成果，对旅游中职教育工作起到促进作用。

（1）通过“案例收集”“头脑风暴”等方式，编辑而成案例集。分为“学习态度与定位”“身心健康与调节”“社会适应与生活”“知识与技能习得”“生产生活损伤”“情感与交往关系”“职业操守与违法行为”“环境家庭影响”和“其他问题”等九个部分，切合学生实际，现实针对性强，对实际工作开展意义较大。

本研究项目是所在单位关于“校企合作事务”长期思考与研究内容范畴的一部分，由于长期的校企合作实践、不断地总结反思，校企合作、工学结合工作成绩突出，产生了良好的社会反响。

（2）研究单位所在职教集团遴选为“全国职教集团 50 强”，遴选为“全国校企合作 50 强单位”。2012 年所在单位牵头成立“广东旅游职教集团”，集团现有成员单位 112 家，组织构架设置科学合理，在促进旅游人才培养、教育教学创新发展方面，成果丰富，影响力较大。基于建设成果，及时提交申报资料，遴选为“全国职教集团 50 强”“校企合作 50 单位”。

（3）参编书籍《中等职业学校实践教学管理》成为省内中职学校教学管理参考用书。本项目主持人罗长春根据广东省职教学会的安排，应广东高教出版社的邀请，与省内中职名校（如中山沙溪理工学校、广州市商业学校、广州市医药学校等）资深教师分工合作编写实践教学论著《中等职业学校实践教学管理》，出版后省内职业学校订购数量较大，成为省内中职学校实践教学管理的参考书。

（4）所在单位学生综合素质能力得到用人单位的充分认可与广泛好评。所在单位根据“面向市场、面向旅游业”的发展理念，确立了“岗学对接、四级递进”人才培养模式，通过综合多元的实践锻炼，学生专业知识、专业技能以及综合素质提升较快，学生素质得到用人单位的认可。

（5）所在单位处于商业思维活跃、商品经济发达的千年商都广州，办学以来积极探索人才培养与市场需求接轨，积极探索校企合作的新思路、新途径和新方法，取得了良好的成绩，社会美誉度高，连续九年被评为广东省职业院校竞争力十强单位。有鉴于此，所在单位被遴选为“全国中职学校校长培训基地”“酒店服务与管理专业师资培训基地”“全国酒店服务与管理专业‘双师型’青年骨干教师培训基地”。

（二）突出经验

（1）“田野调查”是项目开展的前提条件。项目开展前，团队成员有计划、有步骤地赴行业、企业、旅游中职学校进行调研，了解实践教学工作实施具体情况，吸收建设性意见，找出问题，提升项目实施的针对性，探索构建实践教学教师“行动能力培养”机制。做法有依有据，具有典型意义，建议推广。

（2）获得行业企业多方支持。借助“广东旅游职教集团”发展平台，本课题积极与省内行业企业加强合作、与兄弟院校保持积极沟通与交流，提高合作的广度和深度，获得行业企业的全面支持。项目获得了广东省职教学会教育教学指导委员会专家的大力支持。

五、专家点评

本项目充分吸收现阶段国内外职业教育、旅游管理方面最新研究成果，选取影响旅游职业教育快速健康发展的关键因素——实践教学教师素质能力提升作为思考对象，具有较好的现实意义，项目研究与建设过程具有一定的挑战性。

项目实施采用：调研分析—提炼实践教师“典型工作任务”—借鉴最新职教师资研究成果理论—构建旅游中职教师“行动能力”培养体系的研究路径，分析了旅游中职实践教学教师“工作领域”、基于“行动能力”的培训模型等核心问题。从职业教育教师职业描述、“能力取向”的课程式培训体系、教师职业生涯理念等方面进行分析，结合旅游职业教育实际，从实践教学教师“行动能力”基础和培训课程与管理两方面入手，构建了教师“行动能力”培养课程资源与培训体系工作机制，具有较好的推广价值。项目负责人专业实践与教科研基础扎实，以科学的态度完成了项目任务，为推动职业教育实践教学研究具有一定贡献。

（点评人：董家彪，高级讲师、原广东省旅游职业技术学校校长）

所在单位：深圳职业技术学院
项目负责人：胡卫华
项目编号：WMYC201730075

社区旅游学院模式下“双师型”教师服务行业产业路径研究

一、项目概述

（一）项目背景

深圳职业技术学院旅游管理专业成立于2001年，借助18年的人才培养积累经验和深圳经济特区的地域优势，已形成了较强的专业技术优势和示范辐射效应。2016年本专业顺利通过广东省高职重点培育专业验收，同年成为广东省“珠江学者岗位”高职院校首个文科专业设岗专业。2017年入选全国职业院校旅游类专业示范点。大鹏新区在“十三五”期间将全力打造为国家级旅游业改革创新先行区、中国国际户外体验旅游目的地，成为深圳世界级滨海生态旅游度假增长极之一。为实现强强联合，优势互补，助力大鹏新区旅游产业发展，2017年6月，深圳职业技术学院与深圳市大鹏新区管委会签署合作协议，成立“大鹏新区社区旅游学院”，双方在师资、科研、服务社区劳动力转移、产业转型升级、职业技能培训、社区文化建设等方面展开全面深入合作，促进“产教学研深度融合、校政企社共谋发展”，实现专业产业对接和深度文化共建，共同建设国内第一所社区旅游学院和深圳第一家区校共建“特色社区学院”。

大鹏新区社区旅游学院成立一年多来，以旅游行业从业人员和社区居民素质提升为主线，通过组织培训班、提供技术服务等措施，促进大鹏新区旅游行业从业人员队伍数量、质量有较大提升，打造了一支与大鹏新区旅游业发展要求相适应的人才队伍。

（二）项目意义

2019年1月《国务院关于印发国家职业教育改革实施方案的通知》提出，高等职业学校要培养服务区域发展的高素质技术技能人才，重点服务企业特别是中小微企业的技术研发和产品升级，加强社区教育和终身学习服务。落实职业院校实施学历教育与培训并举的法定职责，按照育训结合、长短结合、内外结合的要求，面向在校学生和全体社会成员开展职业培训。自2019年开始，围绕现代农业、先进制造业、现代服务业、战略性新兴产业，推动职业院校在10个左右技术技能人才紧缺领域大力开展职业培训。

本项目的开展有助于丰富高职院校“政校行企四方联动”的实践案例和理论研究，也是全国旅游类专业示范点贯彻落实《国家职业教育改革实施方案》《“十三五”旅游人才发展规划纲要》的主动作为和担当。

（三）预期目标

一是探索国内高职院校紧密服务地方社会经济建设的新模式；二是为国内职业院校建设社区学院特别是校地合作背景下“双师型”教师服务行业产业路径研究积累经验。

（四）项目执行情况

1. 完善了深职院－大鹏新区社区旅游学院工作机制，学院逐步走上正轨

作为深职院－大鹏新区社区旅游学院项目负责人，本人一直在探索学院的运行机制和管理架构。作为一个全新的事物，学校没有现成的经验，因此还担负着为学校积累此类特色学院办学经验的任务。一年来，学校同类型的健康养老学院、西丽社区学院等特色学院成立前都多次和我沟通交流相关做法。2018年4月，社区旅游学院招聘了1名全职工作人员，驻点大鹏新区开展工作。

2018年大鹏新区社区旅游学院培训项目一共四期，前三期共完成大鹏新区本地社区居民和涉旅企业员工共85次课，共计404课时，累计培训2367人次。

2.“双师型”教师服务行业产业路径的研究与实践

理论源于实践且又指导实践，本人在项目进行过程中始终坚持一线调研，在调研中发现问题并寻求解决方案。一年来本人花了大量时间深入大鹏新区旅游行业一线，与旅游企业、社区居民、旅游志愿者开展访谈和交流，积累了丰富的一手资料，为大鹏所城旅游区创建4A级旅游景区、大鹏新区红色旅游资源开发与整合、西涌海滩灾后重建等工作提出了自己的见解。

图 1 大鹏所城旅游区调研

图 2 大鹏新区东江纵队红色旅游调研

图 3 大鹏较场尾旅游志愿者服务 U 站调研

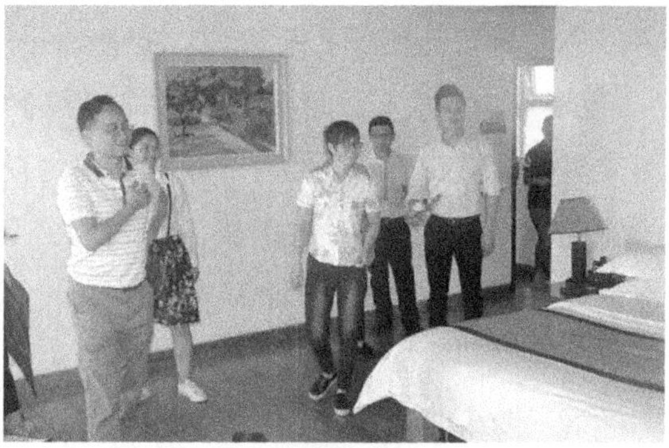

图 4 大鹏新区海滨度假酒店调研

二、项目内容

“双师型”教师作为高职院校的最重要的师资力量，是各项工作的主要推动者和高职院校社会服务能力的中坚力量。以大鹏新区社区旅游学院这一创新载体为平台，研究高职院校“双师型”教师服务地方旅游产业的路径。通过这种“在地化”的方式，了解行业和企业的真实需求，引导并联合企业、行业组织和社会机构广泛参与地方旅游产业服务。

（一）社区旅游学院教师服务地方旅游业发展的途径

与一般校企合作方式不同，区校合作能够发挥更大的影响力，能更有效整合多领域、跨学科的平台资源。在本项目中，本人既是社区旅游学院项目的统筹者，又是众多项目的一线执行者，综合能力得到了很大的提升。

1. 素质提升培训

结合行业和社区的需求，开发了各类旅游培训项目。如基础素质类：包括旅游文明礼仪、旅游英语交流、地方文化资源、地质科普、海洋文化等；政策法规类：旅游政策法规、全域旅游、安全教育、环境保护、垃圾分类等；服务技能类：讲解服务技能、景区服务技能、民宿（酒店）服务、景区营销推广、烹饪培训、户外知识培训等；生活服务类：插花、茶艺、面点制作、咖啡调制、红酒品鉴、护理急救等。

以2018年为例，第一期共开展六大课程模块的培训，包括大鹏本土知识类、旅游管理类、酒店管理类、民宿管理类、旅游扶贫、文化导赏员现场学习课程模块。大鹏新区社区旅游学院第一期培训班共32次课程，184课时，累计培训903人次。

第二期培训依托新区开展的“党建+旅游”工作，设置专题课程培训新区特色红色向导，开展了《新时代　新使命——习近平全面深化改革思想与深圳实践》《习近平四个全面与民族复兴的战略布局》《习近平新时代全面开放新格局——粤港澳大湾区实践探索》《大鹏所城与明清海防》《袁庚与改革开放事业》《当一名合格的党史教育解说员》《大鹏旅游与大鹏红色旅游》《大鹏新区红色革命历史》等18次课程，共88课时，累计完成培训351人次，并完成了《大鹏新区“党建+旅游”红色向导培训教材》。

第三期培训开展了旅游创新创业类、大鹏文化导赏员类、民宿管理类、旅游诚信联盟类、旅游扶贫共五个课程模块。共32次课程，152课时，累计培训1516人次。

旅游创新创业培训课程模块共开设小品牌大市场——深圳“耐思”餐饮成长经验分享、休闲水果饮品制作、酒水知识与调酒技术、咖啡文化与创意咖啡、插花技艺、工业旅游与日常生活——琥珀交易市场与麦轩食品六门课程。增强了新区社区居民创新创业意识，提升了实体创业的质量。

大鹏文化导赏员培训课程模块共开设大鹏红色革命文化、大鹏古城与海防文化、导赏员讲解技能提升、福田区公园之友植物导赏员经验现场学习等五门课程。学员通过参加大鹏文化导赏员培训课程，提升导赏员服务质量，提高导赏员水平，不断推动导赏员队伍健康发展。

民宿管理课程模块共开设深圳市民宿规范标准解读、公众号运营与互联网思维在民宿行业的应用、民宿管家培训实务、民宿生活美学与红酒品鉴、如何差异化打造酒店核心竞争力、深航酒店现场学习等八门课程。学员通过参加民宿管理课程，通过介绍深圳市民宿规范标准，提升大鹏民宿整体水平，按标准开展民宿经营活动，让大鹏民宿更加标准化、专业化。

旅游诚信联盟培训课程模块共开设旅游投诉处理技巧及旅游突发事件善后处

理、旅游消费维权典型案例分析、旅游调解创新与规范、旅游法解读、消费者权益保护法解读等九门课程，培训对象为新区旅游诚信联盟商家、新区旅游诚信联盟调解员。对学员法制观念的增强和综合素质的提高具有很大的帮助。

旅游扶贫培训课程（广西巴马）模块共开设乡村振兴与乡村旅游开发、乡舍民宿打造与旅游扶贫、挖掘市场需求提升中小旅行社经营水平、农家乐经营与管理等五门课程，培训对象为巴马县镇村干部及巴马旅游院校师生。

2018 年全年共计有 75 名学员获得深圳市急救中心颁发的《初级急救员》证书；110 人获得由深圳职业技术学院与大鹏新区文体旅游局、河源市源城区旅游局（广西巴马瑶族自治县旅游局）共同颁发的结业证书；20 人获得由深圳职业技术学院与大鹏新区文体旅游局共同颁发的“党建 + 旅游”红色向导培训班结业证书。

2. 产业发展咨询

为新区在全域旅游建设、特色小镇打造、A 级景区创建等方面提供技术支持和指导。如结合特色小镇的建设要求和国内旅游特色小镇建设经验，开展大鹏新区南澳墟镇产业发展方向研究；在西涌片区遭受“山竹”台风的严重破坏后，开展了西涌片区配套建设规划研究；对大鹏新区大鹏所城旅游区 4A 级旅游景区、玫瑰海岸、鹿嘴海洋生态文化旅游区等 3A 级旅游景区的创建工作提供技术帮扶，着力通过整合区域资源，完善功能设施，优化发展机制等措施，进一步提升了旅游知名度。

图 5 西涌片区台风灾后配套设施建设调研

图 6 邀请保继刚教授为大鹏新区领导干部授课

3. 项目实施指导

如社区旅游学院策划以“名师把脉大鹏旅游”为核心的“大鹏全域旅游大讲堂”系列讲座，首期特邀教育部长江学者特聘教授保继刚面向新区党政干部开展了“消费转型、粤港澳大湾区与大鹏滨海旅游发展”专题讲座；落实“工匠精神”要求，结合深圳市及大鹏新区有关技能人才积分入户的激励政策，筹划组织大鹏新区开展景区讲解员大赛，树立行业服务技能标杆，促进整体服务水平提升；组织编写《大鹏新区导游词》；依托深职院“广东省非遗研究基地”省级研究平台，与大鹏所城博物馆开展合作，开展新区非物质文化遗产的保护、传承和推广活动，强化非遗与旅游的融合互动。

4. 深化产教融合

如结合深职院旅游管理、酒店管理等专业教学环节的安排，在大鹏新区选择了鹿嘴山庄等景区设立实践教学基地；通过新区文体旅游局、旅游协会、民宿协会等机构的组织，连续两年安排大鹏新区旅游企业在深职院举办专场人才招聘会，缓解新区旅游企业人才需求；发挥深职院志愿者队伍优势，在国庆黄金周等旅游旺季为新区提供旅游志愿者服务，宣传文明旅游。

（二）社区旅游学院背景下教师自身的角色和职业认知

1. 高职院校“双师型”教师自身角色的认识

目前，存在高职院校“双师型”教师对社会服务角色认识不到位的问题，部分教师认为社会服务是附带的任务，缺少将社会服务与教学、科研联系起来，缺乏参与社会服务的主动性和能动性。其实，“双师型”教师不是“双证书”“双职称”的简单标签，而应成为高职院校、学生与行业发展、企业生产的重要纽带。

2. 增强高职院校“双师型”教师对职业教育、对自身的认同感

“高校教师提供社会服务的效率和效果在较大程度上依赖其自身对职业环境的感知程度、职业认同程度和期望收益，进而决定其在社会服务中的投入程度”。在一年多的社区旅游学院项目实践中，我充分感受到了这一点，在与行业和企业的紧密合作中锻炼了自我，也为学校争取到了许多拓展课题的机会，进一步增强了“双师型”教师的职业认同感，并对其他同事参与社会服务产生了较大的正向引导作用。

（三）社区旅游学院教师发展的保障体系

1. 政策制度层面给予社区旅游学院“双师型”教师职责合理定位

通过社区旅游学院的实践，使学校层面逐步重视“双师型”教师的发展，目前人事部门正在制定专业标准、专业制度、专业培训和专业待遇等政策，加强宏观管理，促进教师社会服务能力的提升。

2. 学校层面构筑“双师型”教师社会服务的机制和平台

随着职业教育发展不断深化，社会服务将成为衡量高职院校社会影响力的一个

重要指标。要营造一种良好的氛围，将教师参与行业企业技术应用、新产品开发、社会服务等作为专业技术职务（职称）评聘和工作绩效考核的重要内容。将社会服务纳入“双师”认证、职称评定等活动之中，解决老师们的后顾之忧。

三、项目成果

（一）探索了高职院校服务地方社会经济发展的一种新模式

大鹏新区社区旅游学院是高职院校服务地方特色产业的一种新探索。高职院校通过整合学校、政府、行业协会和企业的资源，为地方特色经济提供一揽子智力服务，同时立足社区发展，帮助居民就业创业，实现多方共赢。

（二）提升了社会服务能力，社会效益显著

学院自 2017 年 10 月开班一年多来，共计 25 个社区、90 多家旅游企业的社区居民和旅游从业人员参与了旅游基础技能培训课程、酒店管理与服务课程和民宿培训课程等多期课程包的培训，共计培训 3000 余人次。学员累计获得社区事务办理资格证书、急救员证书等各类资格证书 205 册。此举也成为深圳市大鹏新区创建国家旅游业改革创新先行区的一大亮点。主要合作单位、成立才两年的深圳市大鹏新区文体旅游局也获得了广东省旅游工作先进单位称号。

图 7 急救员证书、社区事务办理专项能力证书

（三）增强了高职教育认同感，自身能力提升

通过大鹏新区社区旅游学院项目的实践，使我更加增强了对高职教育认同感，自身能力得到提升，并且积累了行业发展的一线素材和案例，形成了“服务—教学—科研”的良性循环。基于本项目的研究，本人又继续申报了相关课题，特色产业学院“双师型”教师成长路径研究——以大鹏新区社区旅游学院为例入选深圳市教育科学规划2018年度立项课题。2018年本人横向课题到账经费155万元，居全校文科第一位。

（四）企业和社区反馈效果好

社区旅游学院项目受到了广大学员的好评，学员课程参与积极性高，为项目的持续开发打好了基础、增强了信心。

图8　学员参与课程学习后发的朋友圈信息

（五）引起了社会广泛关注

作为全国首家社区旅游学院，受到了南方日报、南方都市报、深圳特区报、深圳电视台、搜狐、腾讯、网易等各大媒体的报道和转载，并吸引来自江苏南京等多地考察团前来参观交流。本人多次接受报纸、电视媒体的采访。

社区旅游学院落户大鹏

该学院为全国首家社区旅游学院，由深职院和大鹏新区合作共建

【深圳商报讯】(记者 张妍 通讯员 项丽华) 昨日下午，大鹏新区管委会与深圳职业技术学院共建大鹏新区社区旅游学院战略合作框架协议举行签订仪式。新区党工委书记王京东，新区党工委副书记、管委会主任李勇，深职院党委书记陈秋明等出席。记者现场获悉，该学院为全国首家社区旅游学院，预计在7月正式挂牌运作。

据了解，大鹏新区是深圳最年轻的功能新区，山海旅游资源丰富，历史人文积淀深厚。成立之初，市委市政府就为新区制定了“世界级滨海生态旅游度假区”的发展定位，新区将旅游业与生物生命健康产业、海洋业作为“三大未来产业”。2016年初，深圳被确定为国家首批“全域旅游示范区”，新区被深圳确立为“全域旅游示范区试验区”。今年，新区又在积极创建国家旅游改革创新先行区。

新区成立以来，半岛旅游人次不断攀升，从2015年起年游客人次超过千万。随着旅游业迅猛发展，新区面临着交通等配套设施不足、旅游产品档次单一及旅游专业人才缺乏等瓶颈问题。

新区文体旅游局相关负责人透露，大鹏新区社区旅游学院已选址大鹏办事处鹏城社区。这个社区不仅有全市唯一的全国重点文物保护单位大鹏所城，还有近年新区人气最旺的较场尾民宿小镇，本身旅游资源非常丰富。

深职院管理学院旅游管理专业主任胡卫华表示，社区旅游学院与一般学校不同，它不是独立法人单位，为非营利机构。新区与深职院将在师资、科研、服务社区劳动力转移、产业转型升级、职业技能培训、社区文化建设等方面展开全面深入合作，实现专业产业对接和深度文化共建，共同打造国内“区校共建社区学院”的示范项目。“为了庆祝大鹏新区旅游学院的成立，让深职院学生更了解身边丰富的旅游资源，已举办十多届的深职院导游大赛今年将以‘大鹏新区’为主题，获奖导游词将可能集结成册，作为社区旅游学院教学之用。”

据战略合作框架协议，社区旅游学院主要功能分为四大部分：一是针对新区旅游从业人员和新区居民的旅游素质提升培训，培训包括旅游文明礼仪、旅游英语交流、深圳（大鹏）地方文化资源、地质科普、海洋文化等基础技能；旅游相关政策法规以及全域旅游、安全教育、环境保护、垃圾分类等；导游服务、景区服务、酒店服务、烹饪、户外灯服务技能。二是为新区发展全域旅游、特色小镇和创建A级景区等提供产业发展升级咨询。三是为项目实施提供技术指导，策划组织各类旅游论坛、旅游节庆活动，组织旅游技能竞赛和为新区提供旅游形象推广。四是新区与深职院共建旅游管理专业为主的实践基地，并为新区举办专场招聘会，吸引深职院优秀毕业生。

据悉，社区旅游学院将不局限于定点培训，同时结合移动服务，学院可以根据办事处、社区的需要量身定做相关课程包，送课上门。“我们还将引入景区讲解员等资格证培训和考核。”新区文体旅游局相关负责人表示，这些“含金量”较高的资格证可在入户时积分，以后不出新区就能考到。

全国首家社区旅游学院开班了

通讯员 梁向文 姚一鹤 吕嘉 文/图

10月26日下午，全国首家社区旅游学院——大鹏新区社区旅游学院正式开班授课，100多名学员聆听了由国家旅游局技术技能大师工作室项目负责人、广东省旅游协会导游分会副会长沈莉莉带来的第一课《如何做好旅游服务工作》。

大鹏新区社区旅游学院由新区管委会与深圳职业技术学院合作共建，实现强强联合，优势互补，共同打造国内首个“区校共建社区旅游学院”示范项目。深圳职业技术学院校长贾兴东、副校长唐晓鸣、大鹏新区管委会副主任刘峰等领导，新区各办事处、社区及新区旅游协会、民宿协会相关人员出席了揭牌暨开班仪式。

10月26日下午，全国首家社区旅游学院——大鹏新区社区旅游学院正式开班授课。

破解旅游人才瓶颈 打造国内首个“区校共建社区学院”

山海资源丰富的大鹏新区是深圳的“文化之根”“生态基石”，也是深圳市委市政府锐意打造的世界级滨海生态旅游度假区。新区成立5年多来，旅游人次和旅游收入实现了双翻番，2015年起年旅游人次突破千万。2016年初，深圳入选国家首批“全域旅游示范区”，并将新区定为试验区。今年，新区入选第二批国家级旅游业改革创新先行区，成为广东省唯一，更实现了新区旅游业“国字号”零的突破。

近年来，新区将旅游与生命健康、海洋生物布局为“三大未来产业”，大力发展，锐意创新。为加快建设国家“全域旅游示范区”试验区和积极创建国家旅游改革创新先行区，当前新区正快速推进星级酒店、主题乐园、景区升级改造，亟需推动旅游产品结构优化升级，以及掌握较全面旅游知识、熟悉旅游市场、具备旅游管理理论和操作技能的高素质旅游专业人才。

深职院创建于1993年，已培养8万余名全日制毕业生，毕业生就业率始终保持在96%以上。近年来，该校先后荣获多项荣誉称号，被誉为中国职业教育的“领头羊”。旅游管理专业是深职院的优势学科，2016年被批准设立珠江学者岗位，成为广东省高职院校文科专业第一个珠江学者设岗专业，2017年被遴选为全国职业院校旅游类专业示范点。

如何破解旅游人才瓶颈?6月2日，新区与深职院签订战略合作框架协议，合作共建大鹏新区旅游学院，利用深职院在旅游管理和服务领域的专业技术优势和示范辐射作用培育旅游专才，推动新区旅游业的全面发展。

贾兴东在揭牌暨开班仪式上表示，该校旅游管理专业近年来深化落实“政校行企四方联动、产学研用立体推进”的办学模式，取得了良好的效果，是广东省旅游教育培训工作先进单位和深圳旅游培训中心依托单位，在深圳乃至广东都具有较大的影响力。“今天大鹏新区社区旅游学院的揭牌，将正式开启深职院与大鹏新区全面、深层次合作的新篇章。学校将以大鹏新区社区旅游学院为开端，统筹学校的优势办学资源，全力做好智力支持、技术服务和人才培养工作，为大鹏新区社会经济发展助一臂之力。”

“这既是我们培育一支综合素质高、服务意识强、具有专业化水准和国际化视野的旅游人才队伍的迫切需要；也是我们深化‘全域旅游’建设，充分挖掘旅游社会资源、提升旅游业整体服务水平、营造良好的旅游环境、供给高品质旅游消费产品的迫切需要；更是我们落实共享发展理念，通过职业培训、就业指导、创业帮扶引导更多群众、社区居民参与到我们的建设发展事业中来，真正让发展成果惠及百姓、惠及民生的迫切需要。”刘峰说，大鹏社区旅游学院开班是贯彻落实十九大报告中提出的“优先发展教育事业，完善职业教育和培训体系，深化产教融合、校企合作”的具体举措之一。

首期设置四大类课程 可拿证书可推荐就业

在战略合作框架协议签约以来四个多月里，新区与深职院经过多次磋商制定了《2017年度大鹏新区社区旅游学院培训方案》，确定了社区旅游学院培训地点，建立了新区、办事处、社区、协会和学院之间常态化沟通联络工作机制，社区旅游学院各项工作稳步推进，并取得了阶段性进展。

社区旅游学院主要功能分为四大部分：一是为新区居民和旅游从业人员提供旅游素质提升培训、就业指导和创业帮扶，内容包括旅游文明礼仪、旅游英语交流、深圳（大鹏）地方文化资源、地质科普、海洋文化以及旅游相关政策法规等；二是为新区发展全域旅游、特色小镇和创建A级景区等提供产业发展升级咨询和专业意见；三是为新区旅游项目实施提供技术指导，策划组织各类旅游论坛、旅游节庆活动，组织旅游技能竞赛和为新区提供旅游形象推广；四是新区与深职院共建旅游管理专业为主的实践基地，并为新区举办专场招聘会，吸引深职院优秀毕业生。

“如何做好‘社区+旅游’的文章，对我们来说是一个全新探索。”新区文体旅游局相关负责人表示，国内还没有社区旅游学院的先例，所以在课程设置、运作模式等都需要“摸着石头过河”。该负责人透露，社区旅游学院的功能更像一个平台，不仅在这里能学课程、拿证书，更会推荐就业，形成闭环，也可以为行业协会和培训机构提供展示机会。

社区旅游学院首期将开办旅游基础技能培训、社区事务办理资格证书培训、景区讲解员资格培训、基层党建培训等4大类共24节课程，邀请到首批国家旅游局英才计划成员沈莉莉、旅游法律专家闫令波、全国优秀导游楚娥娥、泰坦云联合创始人吴晓文及国家旅游业青年专家、青年主讲学者胡卫华等一批旅游业界卓有名气的“大咖”。

“第一课正好切合全域旅游‘处处是景点，人人是导游’的理念。”首堂课讲师沈莉莉表示，开篇课主要目的是让每个人都有一个清晰概念：旅游业最重要的是服务，先要懂得礼仪、礼节，让大家掌握方法，同时贯彻终身学习理念。

“既然是社区旅游学院，那么我们主要对象是社区居民和新区本地旅游从业者，课程设置上必须充分考量学员自身情况。”胡卫华表示，课程设置具有“大鹏特色”，比如说如果学员全部需要考“导游证”，那么通过率肯定低，因此我们安排的是“地方考试”景点讲解员证。

课程结束后，考试合格的学员将获得新区文体旅游局与深职院相关部门共同颁发的课程结业证书。“证书的设置是考虑为学员将来应聘，也为企业招聘提供依据。”胡卫华表示，结合新区旅游企业的需求，社区旅游学院还将努力为新区旅游企业搭建高品质的人才招聘平台，实现企业与人才的精准对口，吸引集聚旅游产业紧缺专业人才。11月，新区将在深职院管理学院2018届管理类毕业生校园招聘会现场开辟大鹏新区招聘分场。

基层党建新举措 产业链上建联盟

据悉，大鹏新区社区旅游学院还有一大亮点，就是以社区旅游学院为平台，汇集政府、行业、社区、企业基层党组织力量，打造旅游发展基层党建联盟，着力强化政治引领，促进经济发展，普惠企业民生，搭建基层旅游党组织共同服务群众、服务产业的“组织平台”“智力平台”和“发展平台”，实现“旅游率先发力”。

这一举措突破了原来归属地管理的组织设置，以从业性质建立旅游党建联盟，以业务为核心捆绑点，汇集产业部门、市场主体、行业协会及社区基层组织力量，探索产业链上建立党组织；加强民宿党支部等新业态基层党组织的培育，开展新形势下基层党组织的培育、组建和发展模式的探索；制定联合党建工作机制，打破不同主体之间、领域之间的党建工作界限；以产业发展为导向，联合开展小组活动、支部活动及制度治党建设，共同构筑基层组织阵地。

同时，依托社区旅游学院这一教育平台，在基层组织扎实开展党性教育、思想教育和政治理论学习，不定期邀请党组织领导、专家上党课，增强联盟的政治自觉和政治水平，打造坚强战斗堡垒；将政治思想工作延伸至“两新组织”并团结广大优秀的党外人士，增强和扩大基层党组织的核心地位和群众基础，凝聚人心、汇聚力量，基层发力，巩固党的执政基础。

通过深化基层党组织的纵向联合和横向拓展，加强信息和资源互通，整合服务资源；强调问题导向，拓展服务内容，解决旅游资源保护、旅游产业发展、公共服务配套及经营服务意识上存在的问题；通过组织指导、教育培训、实习培养等方式创新服务载体，进一步打造“旅游创业基地”，切实解决居民就业、专业人才引进等问题，服务基层企业群众。

充分发挥各基层党组织的战斗堡垒作用，打造推动发展的“组织平台”；加强学院专业力量对产业的智力供给，打造旅游发展的“智力平台”；构建一个人人参与、共同推进的旅游业“发展平台”，打造旅游发展“红色引擎”。

社区旅游学院与孵化基地绑定 明年将送课上门

学员之一、深圳市鹏岛大乐园负责人李冠鹏表示，有机会参与这样的培训能够提升自己，希望有机会也让自己的员工来充电增值。

社区旅游学院不仅学费全免，全日班还包中餐，如果学员需要前往深职院进行考试，还会派出专车接送。如此好的待遇，第一期目前吸引了35名学员。“目前距离我们设定的50名学员的最高限，还有15个名额。”新区文体旅游局相关负责人透露，在新区3个办事处25个社区和旅游协会、民宿协会均设有报名通道，还有部分名额可通过“大鹏文旅通”微信公众号报名。“只要是年满16周岁、符合条件的新区常住居民都可以参加。”

据了解，目前，社区旅游学院场地正在装修当中，将与社区旅游人才孵化基地绑定在一起。

“明年社区旅游学院还将有更多亮点，除了继续邀请深职院老师授课外，还将邀请新区旅游协会、民宿协会的专业人员针对旅游业者开设更多有针对性的课程。同时，新区幅员广阔，我们还将主动针对一些有集中供课需求的社区，送课上门，将服务做得更加到位。”该负责人透露。

责编 陈光强 责校 黄建祥
美编 涂 赤 组版 卢秀春

图9 分别刊载于《深圳商报》20170603A07版和20171027A12版

图 10　深圳电视台采访学院学员 20180520

图 11　深圳电视台采访本人 20180530

四、特色与经验

（一）构建“技能培训—职业认证—就业推荐”的闭环型旅游人才培养模式

自 2017 年 10 月底正式开班以来，深职院发挥学科优势和平台整合能力，在大鹏新区社区旅游学院构建了“技能培训—职业认证—就业推荐”的闭环型旅游人才培养模式，支持社区居民就业创业，实现惠民富民。在课程安排中，贴近行业和社区居民实际需求，兼顾理论性和实操性。本人作为项目负责人，亲自主讲了多门课程，并多方联系师资和企业，为学员提供有价值的培训课程，插花、花式咖啡、调酒、水果饮品制作、糕点制作等课程深受学员欢迎。

图 12　广州南沙大酒店学习交流

图 13 咖啡、花艺实践课程

图 14 学习麦轩食品工业旅游、大亚湾核电站工业旅游

（二）打造“党建＋旅游”特色品牌项目

社区旅游学院主动配合新区开发大鹏“党建＋旅游”系列培训课程，传承红色基因，讲好大鹏故事。围绕东江纵队精神、大鹏所城海防文化主题，利用新区生态、海洋、旅游等资源丰富的优势，积极开发“红色＋生态”“红色＋海洋”“红色＋科技”等党员教育体验项目。编制特色精品党课、本土民俗文化剧本，组织东江纵队老战士、革命后代、社区党员、专家学者，面向游客、学生等进行宣讲和展演。本人牵头编写了《大鹏新区“党建＋旅游”培训教材》。

图 15　“党建 + 旅游”特色课程培养了一批红色向导

（三）创新旅游对口帮扶的做法

社区旅游学院主动配合大鹏新区对口帮扶工作，本人亲自带队并组织行业专家到河源源城、广西巴马开展旅游培训和现场调研，并指导当地开展旅游规划、A 级景区创建、乡村旅游提升等工作。

图 16　河源源城

图 17　广西巴马

（四）搭建学生成长成才的平台

社区旅游学院还为学生的成长成才搭建了平台，提供了课程实习、志愿服务等机会。2018 年国庆黄金周，本人指导深职院 17 级旅游管理专业黄世陆、陈曼丽等七名同学来到大鹏新区开展旅游志愿服务活动。同学们冒着高温分别在大鹏所城游客中心、所城内和较场尾民宿区开展了旅游信息咨询、旅游秩序维护和文明旅游宣传等活动，还利用晚上的时间与当地民宿创业的师兄师姐进行交流学习。两天时间里，同学们共接待旅游咨询 300 余人次，发放文明旅游宣传单 500 余张，展示了深职学子的文明形象和良好素质。

图 18　带队老师为大学生志愿者提前进行现场培训

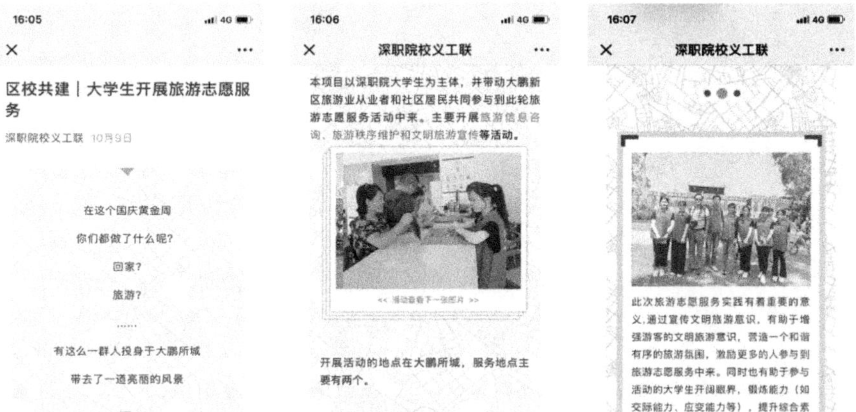

图 19　大学生志愿者在大鹏所城游客中心为游客提供信息咨询

五、专家点评

项目研究者根据高等职业院校要服务区域经济的发展，为行业企业培养更多更好的高素质、高技能旅游人才的要求，积极探索高职院校服务地方旅游经济的新模式——构建了大鹏新区社区旅游学院。并结合行业和社区的需求，开发了各种类型的旅游活动项目，开展了旅游职业培训；对社区相关旅游资源的开发与利用进行了产业发展咨询；对相关旅游文化项目进行了项目指导，深化了产教融合，服务了地方旅游经济，提升了高职院校教师“双师能力”的提高，产生了很好的社会效益和社会影响力。应该说该项目的实施是我们高职院校积极服务区域旅游经济的探索，值得我们借鉴与肯定。

（点评人：谢苏，教授、湖北省旅游协会副会长、教育分会会长）

所在单位：黑龙江旅游职业技术学院
项目负责人：邓英
项目编号：WMYC20173019

校企合作模式下的《宴会设计》实践课程建设

一、项目概述

（一）项目背景

“百业以餐饮为王”，餐饮业作为第三产业中的一个支柱行业，在我国经济发展与人民生活中发挥着重要的作用。宴会作为酒店餐饮企业的主营业务之一，它不仅能反映烹饪技艺水平，也能反映出企业服务管理水平，直接影响着企业的经济效益，因此宴会在酒店整体经营活动中有着举足轻重的作用。研究宴会发展的历史、现状及趋势，把握行业前沿的最新理念、新动态，把新技术、新方法及时融入宴会设计、服务和管理中，必将对酒店餐饮业的发展起到推动作用。

酒店餐饮业是一个要求实践性极强的行业，对从业人员的动手操作能力与团队协作能力的要求远远高于其他行业，这就对高职院校酒店管理专业的人才培养提出了要求。当前，实践教学是我国高职院校酒店专业较为重要的一环，许多院校的《宴会设计》课程都有自己的教学体系，但人才培养目标离企业工作岗位的实际需求还有一定的距离，实践教学任务的实施也存在一定的困难。根据这一情况，我院酒店管理专业在教学计划中增设了《宴会设计》实践课程，并把它作为酒店管理专业的核心课程，同时也是学生必修的岗位能力提升课程。为达到预期的教学目标，我院采取校企合作模式，在课程开发过程中通过深入酒店餐饮企业调查、座谈，了解宴会工作岗位、用人标准、工作内容、运作流程与标准，选取适用的内容融入《宴会设计》教学中，使学生对未来就业岗位有一个比较全面的认识，通过理论学习和实践教学，为学生职业素养的养成和职业能力的提升打下坚实的基础，为酒店餐饮企业培养高素质、高技能的专业人才。

（二）项目意义

为贯彻《国务院关于加快发展现代职业教育的决定》《国务院关于进一步促进

展览业改革发展的若干意见》有关精神，本项目的建设加强了专业核心课程的实践性和科学性，改革了教学方法和手段，提高了专业教师“双师”素质；本项目重视学生职业素质的培养，注重思维方式的训练，强化获取新知识能力的锻炼，兼顾创新能力的开发，使学生能把所学知识运用实际工作中，使学生的职业能力得到全面提升，真正培养出行业需要的宴会设计与服务的优质专业人才；本项目的实施对深化校企合作，实现资源共享、互补具有深远意义。同时也可以为酒店餐饮行业宴会服务提供具有参考意义的较为规范化、系统化的操作标准，具有很强的社会意义和推广价值。

（三）预期目标

《宴会设计》实践课程的建设，可以达到以下几个方面的预期目标：

1. 完善高职院校酒店管理专业的课程体系

《宴会设计》实践课程建设的预期目标是在充分调研和讨论的基础上，明确酒店餐饮行业宴会服务领域职业岗位的工作过程和工作内容，在国内同类院校率先完成《宴会设计》实践课程标准、课程设计方案、教学资源包和《宴会设计》实践课程教材的建设，将完善高职院校酒店管理专业教学体系，填补酒店专业课《宴会设计》实践课程建设的空白。

2. 打造高水平、高技能教师教学创新团队

团队教师深入企业，根据企业的实际用人标准，与行业专家共同开发建设《宴会设计》实践课程，并全程参与课程的建设和实施，既夯实了专业知识，又丰富了行业经历，并积累实践教学经验，也提升了教师的实践教学能力，使其成为既能在教学岗位传授专业知识的老师，又能在企业指导实践操作的师傅。

3. 培养学生成为高素质劳动者和技术技能人才

学生按照基于工作过程制定的宴会服务操作流程和规范完成实践教学，使学生在掌握宴会设计与服务技能的同时，提升职业素养，提高综合职业能力，满足学生职业生涯发展的需要，为未来职业生涯做准备，为行业企业培养具有竞争力的优质人才资源。

4. 为《宴会设计》网络化、信息化教学做准备

本项目建设完成后，将会进一步推进《宴会设计》信息化教学，以便与高职院校酒店管理专业和餐饮服务企业共同分享建设成果。

（四）项目执行情况

《宴会设计》实践课程的建设，明确每阶段主要工作任务和目标，严格把握时间结点，按期顺利完成课题研究，实施主要分为四个阶段：

第一阶段：2017 年 10 月—2017 年 11 月，组建团队，人员分工。深入企业，实地进行项目前期调研工作，搜集数据，归纳问题，为后续工作的开展做准备。

第二阶段：2017 年 12 月—2018 年 2 月，资料汇总，学情分析。进行数据统计与分析，对应企业岗位能力所需，分析学生的实际情况，确定教学目标，设计实践课程建设的内容，形成项目研究点的定位。

第三阶段：2018 年 3 月—2018 年 7 月，建设课程，组织实施。完成《宴会设计》课程教材初步建设；完成应用型实践课程标准、实践课程整体设计方案、学生设计的主题宴会设计案例库等内容；完成《宴会设计》实践课程教学资源包的建设，包括电子教案、PPT 课件、视频、习题库、常见问题及解决办法等。

第四阶段：2018 年 8 月—2018 年 10 月，汇总分析，总结成果。对课程教学结果进行汇总、分析，总结课程开发经验与不足，撰写项目总结报告。

二、项目内容

《宴会设计》实践课程的建设主要包括以下四个方面内容：

（一）组建团队，人员分工，开展企业调研

组建了以我院酒店管理专业专职教师为主，行业企业专家兼职教师为辅的课程建设团队，根据项目要求对团队成员进行任务分配，细化负责内容，进行了企业实地调研工作，走访哈尔滨香格里拉大酒店、哈尔滨万达嘉华酒店、哈尔滨松北皇冠假日酒店、哈尔滨麒麟华膳汇、哈尔滨盛世银河文化传播有限公司等企业，搜集数据、资料，为后续工作的开展做准备。

（二）资料汇总，学情分析，确定教学目标

课程建设团队根据调研材料，进行数据统计，量化分析，对应企业岗位能力需要，依据专业的特点和学生的实际情况制定教学目标，形成项目研究点的定位。

1. 学情分析：确立注重应用、实用、适用的指导思想

通常情况下，高职院校大部分的学生呈现出“学习主动性和探究性欠缺”，难以体会理论知识学习的乐趣，同时还展现出“思维活跃、点子多、参与意识强”的特点。因此，《宴会设计》课程在教学中确立了“理论与实践相结合、理论教学侧重知识应用，实践教学注重实用与适用”的指导思想。在课程教学设计中，注重知识的应用、实用与适用，激发学生的学习兴趣，促使学生积极自主地进行学习与实训。

2. 教学目标：培养适应行业企业需要的高素质、高技能人才

《宴会设计》实践课程作为一门操作性强、综合知识运用强的酒店管理专业课，在教学过程中，突出学生的主体地位，转变学生的学习方法，强调“实践”与“创新”，重视学生职业素质的养成，最终以培养学生宴会服务能力、创新能力和综合职业能力较强的高素质、高技能人才为教学目标。

（三）明确任务，组织实施，推进课程建设

1. 确定“紧贴行业、工学结合”的教学设计理念和思路

努力践行教育部高职教育要培养高素质技能型人才，落实立德树人根本任务的要求，贯彻高职教学过程职业性、开放性和实践性的精神。教学设计中以学生职业岗位能力需求为主体，以宴会设计的真实工作过程为参照，选取典型学习情境和工作任务，达到教学过程与工作过程基本一致。使学生在做任务探究实践的过程与将来的工作岗位流程是一致的，真正达到教学职业化，与行业接轨。

2. 制定“产教融合、育训结合”的课程教学标准

《宴会设计》实践课程教学标准制定遵循的基本原则是在保证掌握应知应会内容的前提下，注意与国家职业资格标准、全国职业技能大赛赛规、世界技能大赛技术标准相衔接，强调实用性和可操作性。紧密结合宴会服务岗位职业能力的需要，适当精简理论授课时间，增加实践教学，把握重点、解决难点，制定体现实践性、适用性的项目式课程教学标准，使教师教学方向更明确、更具针对性，与专业人才培养目标更具呼应性。

3. 完成“任务引领、情境实战”的教学内容改革

团队教师与企业专家一起，按照“以职业能力为主线，以典型工作任务为载体，以真实工作环境为依托，以完整的工作过程为行动体系”的总体设计要求，遵循以培养宴会服务能力、宴会创新能力和相关职业岗位能力为基本目标，设定了九项工作任务，并紧紧围绕典型工作任务完成的需要来选择和组织课程内容，突出工作任务与知识的联系，使学生掌握独立制订计划、独立实施计划和独立评估计划的学习和工作能力。

4. 采取“任务驱动、理实一体”的多种教学方法与手段

《宴会设计》课程的教学注重理论和实践相结合，根据教学需要，选取课堂理论教学、校内项目实训教学、校外岗位实践等教学方式，多角度、多方位开展课程教学。根据课程内容的具体特点，针对不同的学生、不同的学习情境，采用任务驱动、教学做一体化、情景模拟、案例教学等灵活多样的教学方法，从而形成教学方

法的多样化、理论实践一体化、实践教学和工作过程一体化，实践教学与培养岗位能力一体化的教学特点。灵活多样、多层次的教学方法与手段，使课程生动、形象、直观和易懂，激发学生自主学习和参与热情。

5. 设计“四级训练、逐级渐进”的实践教学环节

《宴会设计》课程的实践教学环节，通过开展课内技能实训、仿真实训、社会实践、顶岗实习四级训练；形成基本技能培养、专业能力培养、职业素质培养、职业能力培养四层渐进。其中，基本技能实训室为课程内实训，校内酒店实训基地开展模拟综合实训，参与社会实践、完成社会服务，最后酒店管理专业学生到高星级酒店实习基地顶岗实习，最终形成技能实训→仿真实训→社会实践→顶岗实习四级渐进的实践教学环节，重点考查学生对宴会设计相关知识的综合运用能力。

6. 建成“德技并举、全面考核”的评价体系

注重学生综合素质、综合能力的培养，改变传统的“一卷定乾坤”的考核模式，根据《宴会设计》实践课程特点，将宴会设计方案、主题宴会设计 PPT 介绍、宴会实施过程的阐述等内容纳入考核年内容，从而形成“过程考核与期末考核相结合”“阶段考核与作品考核相结合”“设计思路与技能操作相结合”“笔试与口试相结合”等多种考核方式，逐步建立起符合高职教育特点，覆盖知识、能力与素质全面考核评价体系。

7. 完成“理念先进、内容丰富”的系统化课程资源包建设

团队教师在项目研究过程中，及时将宴会服务的新理念、新技术、新方法融入课程中，共同完成《宴会设计》实践课程资源包的建设，包括课程标准、教学课件、电子教案、教学视频、习题库、案例库、图片库、宴会服务行业标准等内容，为学生自主学习和能力拓展提供可靠保障。

（四）项目完成，汇总分析，总结课程成果

项目研究完成后，项目组成员对《宴会设计》实践课程建设研究的策划准备、实施过程、完成情况进行了积累材料的收集、汇总、分析；交流经验和感想，总结课程开发经验与不足，形成课程研究成果汇编，撰写项目总结报告。

三、项目成果

《宴会设计》实践课程的建设工作历时一年多，在学院和哈尔滨香格里拉大酒店、哈尔滨松北皇冠假日酒店等企业的大力支持下，在项目组全体成员的努力下，团队顺利完成《宴会设计》实践课程建设的研究任务，项目成果显著，课程建设起到良好的推广示范效应，使学院的知名度和美誉度得到提升。

（一）圆满完成了课题研究预期任务

（1）完成课程资源包建设。其中包括《宴会设计》课程标准、电子教案、课程PPT、习题库、图片库、主题宴会设计实例赏析、主题宴会菜单设计实例、宴会服务常见问题及解决办法、宴会厅培训手册、宴会厅服务标准等学习资料。

（2）完成中、西餐主题宴会台面设计讲解、主题宴会设计方案讲解、宴会实际操作、宴会服务接待流程、调酒操作要点讲解等教学视频的制作。

（3）根据此项目取得的成果总结经验，撰写“主题宴会设计实践探索”论文，2018年4月在《科技创业家》杂志上发表。

（4）2018年8月，与华中科技大学出版社签订了以项目教学为主导的《宴会设计服务与管理实务》教材出版合同，预计2019年9月出版，现已完成课程目标、职业技能标准与课程内容分析表、课程标准的制定及部分章节的编写。

（二）打造了高水平、结构化、“双师型”教师教学团队

《宴会设计》课程的教师共计7人，是专、兼职结合的团队，专职教师4人具有相应的职业资格证书，有在企业工作或挂职锻炼的工作经验，并积极关注行业动态；兼职教师3人均来自于企业，是行业专家，具有丰富的专业知识和实践工作经验。在项目研究的过程中，构建了《宴会设计》实践课程的理论框架，夯实了理论知识；在实践任务实施的过程中，项目组成员全员参与，分工协作，通力配合，打造了一支具有较强凝聚力和创新意识的高技能教师教学团队。

（三）增强了学生的社会实践和职业综合能力

在实践教学活动中，参与实践教学的学生在指导教师的帮助下共完成以下具体任务：在黑龙江省艺术家沙龙，根据艺术家们个人的喜好、风格，完成了热烈、清新、较文化等六种不同主题场景的布置；根据活动人数的多少及用餐形式不同，完成八种台型和台面的设计与布置；根据用餐标准的不同制定了三种菜单，分别自助餐、半自助、各吃形式；根据活动的需要做了自助式酒水台和鸡尾酒台两种酒水台的布置；根据会议的特点准备了正式会议和座谈会式的两种会议布置；准备了以中国茶文化为主题的茶席。在哈尔滨万达嘉华酒店配合盛世银河礼仪公司完成了五场主题宴会的场景布置和宴会接待服务工作。参与实践教师和社会服务的学生们，通过此次实践活动拓展了自身的知识面，扩大了与社会的接触面，锻炼和提高了自己的能力，为今后的职业发展奠定了良好的基础。

（四）建立了丰富的宴会设计资源

《宴会设计》实践教学在2015、2016、2017三届学生中实施，根据教学内容提前给学生布置学习任务，查找与宴会相关的照片、宴会视频、宴会相关文字等资料，撰写完整的、可实施的主题宴会设计方案，并选出优秀设计方案进行展示。经过几届学生的不断探索、学习、积累，作品逐渐增多，内容更加丰富多彩，为参加职业技能大赛提供了更多的素材，为下届学生提供了学习的参考案例与范本。

（五）参加了多项技能大赛，成绩优异

《宴会设计》课程实践项目中有三项任务是主题台面设计、酒水服务、西餐服务，通过实践活动中不断的演练，积累了经验，为大赛提供了可借鉴的素材。2016年、2017年两名同学参加黑龙江省高职院校职业技能大赛暨国赛选拔赛（西餐宴会服务）项目获得一、二等奖；组织学生多次参加省级及国家级技能大赛，金、银牌等共获得40余项；2018年3月，学生在第45届世界技能大赛黑龙江省选拔赛中获得第一名，代表我省参加全国选拔赛，成绩优异。

（六）提升了学院的知名度和美誉度

项目启动以来，教师团队坚持贯彻我院“服务地方经济建设，培养新型实用人才”的办学宗旨，多批次组织学生到实习企业的宴会部进行实践，学生扎实的基本功、较强的服务能力得到哈尔滨香格里拉大酒店、哈尔滨松北皇冠假日酒店、哈尔滨盛世银河文化传播公司等企业的认可和好评，对企业服务质量和服务品位的提升起到了积极作用。特别我院24名同学参加了在外交部举办的黑龙江省推介会的冷餐宴会服务工作，得到了省政府的嘉奖，提升了学院的知名度和专业的影响力。

四、特色与经验

（一）特色

1. 完善了高职院校酒店管理专业教学体系

率先完成《宴会设计》实践课程资源包的建设，完善了高职院酒店管理专业的课程体系，填补了《宴会设计》实践课程建设的空白，具有良好的推广价值和示范效应。

2. 形成了“任务引领、情景实战”的课程特色

在教学实践中，以真实的工作任务引领教学，在真实的工作情境中实战，能够很好地把课堂学习的知识在实践中检验，又能把实践中得到的信息及时地反馈到教学当中，有效地实现了教学目标。由于本课程与日常生活联系紧密，贴近未来实际

工作岗位，学生参与学习实践的积极性高，课堂气氛活跃，教学效果良好。

3. 创立了一套“订制化的接待服务体系”

学生在实践教学任务完成后，制定了一套“订制化的接待服务体系”，包括主题说明、人员分配、任务分工、活动场景设计及布置、台型设计及布置、台面设计及布置、自助餐台设计及布置、酒水台设计及布置、茶席设计及布置、菜品的安排及菜单的设计、宴会服务流程、应急方案等内容，它为今后学生完成宴会设计、宴会服务等实践任务提供了参考。

4. 建立了大师工作室助力教学

在学院领导的大力支持下，龙旅酒店实训基地、酒店大师工作室启动并投入使用，增添了实践教学现代化的设备设施，为学生团队合作完成实践任务提供了实训空间，为课程的实践项目顺利进行提供了保障。酒店大师工作室负责人是《宴会设计》课程的主持、主讲教师，来自于企业，具有一线管理经验，是中国服务大师、中国宴会服务专家、国家职业技能鉴定裁判，在实践教学中，引入师徒制的传帮带学习机制，带领同学们进行校内实训、校外社会服务等项目，有效地助力课程建设，使学习、实践得以顺利地实施。

5. 创建了校企贯通的人才输送链

《宴会设计》实践课程通过走“校企深度融合”的特色专业办学模式，与哈尔滨江北皇冠假日酒店、哈尔滨香格里拉酒店等企业签订了实践教学就业协议，源源不断地为企业输送人才，解决了企业一线人才匮乏的大问题，为企业培养了大量的优秀人才，得到了用人单位的认可和欢迎，促进了地方经济的发展，社会反映良好。《宴会设计》课程参与实践的同学通过日常锻炼与积累，凭借自己较强的专业技能和良好的职业素养，在企业顶岗实习中脱颖而出，得到酒店的提拔重用。例如何群同学在哈尔滨皇冠假日酒店实习4个月就被提升为大堂吧主管，在酒店年会中，他个人被评为“优秀员工”，他所带领的团队被评为优秀服务团队。

（二）经验

（1）《宴会设计》实践课程的建设基础要把握好“两点”，即以行业标准为结合点、以工作过程系统化为基本点。

①以行业标准为结合点，教学内容强调其实用性和可操作性，适当精简理论授课时间，增加实践教学环节内容，充分反映就业岗位对课程的能力需求，紧密结合职业岗位能力建设的需要。

②以工作过程系统化为基本点，选取和排序课程内容，紧扣宴会设计与管理的

工作要素和工作流程，内容循序渐进，以“任务驱动、理实融合”为宗旨，注重学生实际工作能力的培养。

（2）《宴会设计》实践课程的建设能否顺利实施，要把握好“两个理念和两个机制”。

①引入现代学徒制理念，团队的负责人及主讲教师都是国家级评委，可以把行业、企业最前沿的理念、技术和方法第一时间传授给学生，师生共建课程。

②树立以学生为中心的教育教学理念，把培养学生职业能力和创新能力放在首位。精心策划教学活动，周密做好课前准备，按步骤进行校内模拟演练，按宴会设计方案在企业组织实施。鼓励学生独立设计、手工制作布置环境所需物品，锻炼了学生的动手能力和策划能力。

③坚持校企合作、紧密融合机制，有效利用社会资源，把同学们做的主题宴会设计方案拿到企业中实施，以此验证设计方案的合理性和适用性。

④融入大赛机制，研究国家职业技能大赛和世界技能大赛（宴会服务赛项）的考核内容和标准，融入教学，真正做到“以赛促学”“以赛促教”“以赛促训”，促进《宴会设计》课程的建设和完善。

五、专家点评

该项目的实施对加强本专业核心课程的实践性和科学性起到了良好的促进作用。项目预期目标明确，工作过程扎实，完成了《宴会设计》课程标准、课程资源包和教材建设，形成了“任务引领、情景实战”的课程特色和“以行业标准为结合点、以工作过程系统化为基点”的课程经验，具有较好的示范效应。

建议加强宴会设计的美学创意，并将教材高质量出版。

（点评人：董家彪，高级讲师、原广东省旅游职业技术学校校长）

所在单位：甘肃工业职业技术学院
项目负责人：董珍慧
项目编号：WMYC201730097

旅游新业态下的《乡村旅游开发与经营管理》校本课程开发

一、项目概述

（一）项目背景

乡村旅游作为一种新型的旅游形式，是目前农村经济增速的亮点之一，也是我国农村社会经济转型发展的最佳途径。乡村旅游的发展在给农民带来经济收益、扩大就业范围的同时，也对他们的素质提出了要求。即他们要成为具有科学文化素质、具备一定经营管理能力和专业服务技能，以农业生产、经营或服务为主要职业的新型职业农民。作为乡村旅游发展的中坚力量，新型职业农民的形成并非一蹴而就，而是需要科学合理的培育。乡村旅游人才的培养不仅是对现有农村从业人员的培训，更需要延伸至高等院校，让有志于乡村旅游发展的大学生在校期间就接受相关专业知识的学习和培养。随着旅游产业的发展，乡村旅游类校本课程的开发具有很强的必要性。

开发《乡村旅游开发与经营管理》校本课程，就是依托新业态旅游发展的大背景，结合学校特色和区域条件，从旅游行业长远发展进行审度，对学生情况进行具体分析，组织教师开发的课程。该校本课程的开发充分利用区域资源，选择贴近学生熟悉的生活材料，旨在丰富和完善旅游管理专业课程体系，更好地适应学校教育的实际需求，培养具有乡村旅游专业知识和技能的人才，满足乡村旅游对高素质服务与管理人才的需求。

（二）项目意义

通过校本课程的开发建设，构建课程内容体系、编写教材等，能有效促进教师的专业化发展，提高教师的课程开发能力；通过校本课程的开发和实施，进一步优化旅游人才培养模式，促进学生的发展，提高其专业素质和综合能力；通过产教融合，开展乡村旅游培训，逐步培养新型职业农民的专业技能，提升乡村旅游经营者的综合素养，最终达到优化教学，促进师生（学员）共同发展的目的。

（三）预期目标

该项目通过《乡村旅游开发与经营管理》校本课程开发建设，初步构建课程内容体系，制定课程教学大纲、安排教学计划、完成教案、实施教学策略、形成课程评价体系；编写对应的校本课程教材；深化产教融合，开展对外培训，为区域乡村旅游经营户的专业化经营与管理带来启发与借鉴。

（四）项目执行情况

该项目于2017年12月正式启动，2018年12月结项。在项目实施期间，通过组建项目团队，编写了校本课程教材，初步构建了校本课程内容体系，开展了乡村旅游培训工作等。通过项目成员的共同努力，项目顺利完成，达到了预期效果。

（1）开发《乡村旅游开发与经营管理》教材；

（2）构建校本课程《乡村旅游开发与经营管理》课程体系，制定课程教学大纲、安排教学计划、完成教案、实施教学策略、形成课程评价体系等；

（3）为区域乡村旅游经营户开展专业化培训6期近600人次。

二、项目内容

该项目主要围绕《乡村旅游开发与经营管理》校本课程，主要围绕构建课程内容体系，编写校本课程教材，安排课程教学计划，结合学科特点和教学实际探索行之有效的教学实施策略，开展乡村旅游等方面培训。

（一）构建校本课程内容体系

结合学生情况和对外培训需求，以教师和学生（学员）为主体，开展课程教学。明确了《乡村旅游开发与经营管理》校本课程开发的基本定位，确定了课程教学的具体目标，确定了《乡村旅游开发与经营管理》的课程内容体系、课程教学资源和考核评价体系等，从而形成课程教学大纲。

（二）建设校本课程教材

结合乡村旅游培训实践和专业课程体系要求，确定从乡村旅游概论、乡村旅游项目开发、乡村旅游设施建设、乡村旅游经营管理、乡村旅游商品开发、乡村旅游市场营销、乡村旅游从业人员等七个方面编写教材。教材将课程中的知识、内容转换为相对独立的七个模块，每个模块由若干个项目组成，每个模块都明确了学习目标，每个项目细化了知识目标和能力目标，包含了项目引入、工作任务、任务训练等，内容选取上充分考虑行业多岗位转换、迁移和继续学习的基本能力的提升，为读者职业生涯可持续发展奠定一定的基础。

在教材编写过程中，项目组充分利用区域资源，选择贴近学生熟悉的生活材料，旨在丰富和完善旅游管理专业课程体系，更好地适应学校教育的实际需求，充分体现“学习对生活有用的知识”这一教育初衷，培养具有乡村旅游专业知识和技能的人才，满足乡村旅游对高素质服务与管理人才的需求。

（三）安排课程教学计划

通过开展教学，制订课程教学计划，围绕课程实施要点，记录校本课程授课情况、课程的组织形式等，在课程开发过程中，树立档案意识，对校本课程开发中的所有资料搜集整理，并加以改进和推广。其次初步构建评价体系，主要包括对开发目标定位的评价，实施可行性评价，实施过程评价，实施效果评价等内容，探索实践考核方案，实施过程考核。

（四）探索课程教学策略

改变传统课堂教学形式，更注重学生自主实践活动的开展。在教学过程中，采取多媒体课堂教学与丰富多彩的课外教育相结合的形式进行教育教学实践，以案例分析、调研报告、小论文等多种形式收集作业强调校本课程教学的实践性。

（五）开展乡村旅游培训工作

在项目实施期间，团队成员主动融入和服务区域行业企业经济社会发展大局，积极响应乡村旅游振兴计划与旅游精准扶贫国家战略，开展乡村旅游培训、乡村旅游志愿服务活动等，结合校本课程开发实践逐步形成了一套较为全面和完整的乡村旅游培训知识体系，进而不断完善校本课程实践教学案例和课程内容体系。

1. 承担省委组织部贫困农村实用人才乡村旅游管理培训班培训工作

受天水师范学院委托，项目组成员承担省委组织部贫困第七次、第八次农村实用人才乡村旅游管理培训班的课程设计、部分理论课程和实践培训任务，累计培训学员200人次。培训内容主要包括乡村旅游品牌建设、体验导向的乡村旅游产品设计、基于互联网的乡村旅游线上销售、乡村旅游发展的困境与突围、特色乡村旅游开发——陕西马嵬驿民俗文化体验案例分析、农家乐经营与管理等方面。培训为推进专业产教融合、深化校企合作和创新创业教育，提升教师社会服务水平和文化传承创新能力，推动区域乡村旅游产业品质提升以及精准扶贫工作做出了贡献。

2. 成立天水市乡村旅游人才培训基地，承担2018年度麦积区乡村旅游产业人才培训项目

2018年，我院与天水市麦积区旅游局合作，承担麦积区乡村旅游产业人才培训项目，计划培训8期预计640名学员，我院负责培训班的课程设计、授课，学员住宿餐饮、交通、外出考察、日常管理、材料制作等所有事宜。截至2018年12月已成功举行4期近400多名学员的校内理论授课、实践基地现场教学等培训项目，取得良好的社会反响。

通过开展培训，项目组与乡村旅游经营者深入交流，走进乡村旅游发展地，实地走访调研，了解乡村旅游发展现状的同时，深入了解了乡村旅游发展的真正需求，在积累大量的实践教学案例的同时，使课堂教学更有的放矢，教学效果更突出。

三、项目成果

（一）完成了《乡村旅游开发与经营管理》教材编写

在教材编写过程中将课程中的知识、内容转换为相对独立的模块，主要包括乡村旅游概论、乡村旅游项目开发、乡村旅游设施建设、乡村旅游经营管理、乡村旅游商品开发、乡村旅游市场营销、乡村旅游从业人员等七个主题模块，每个模块由若干个项目组成，每个模块都明确了学习目标，每个项目细化了知识目标和能力目标，包含了项目引入、工作任务、任务训练等，内容选取上充分考虑行业多岗位转换、迁移和继续学习的基本能力的提升，为读者职业生涯可持续发展奠定一定的基础。

该教材体系和内容新颖，适用面广，既可以作为有关院校旅游类专业的特色课程教材，又可以作为农业部门、旅游部门等教育机构培训乡村旅游管理者和服务人员的教材，同时也可以作为旅游从业人员和广大旅游爱好者的普通读物。

（二）构建了校本课程《乡村旅游开发与经营管理》课程体系

在实际教学中结合学生情况和对外培训需求，以教师和学生（学员）为主体，开展课程教学。初步构建校本课程体系，制定课程教学大纲、安排教学计划、完成教案、实施教学策略、形成课程评价体系等。

（三）促进了教师的专业化发展和课程开发能力

校本课程的开发特别强调教师在课程开发中的“核心地位”，强调充分地赋权给教师，尊重教师的专业自主权，避免把教师视为课程的被动接受者和课程计划的被动执行者。同时对教师的发展提出了新的更高要求，教师由课程的“忠实”执行者，转变为课程的设计者、实施者和评价者。教师要完成这个角色的转换，就要具备课程意识和课程开发能力。这就要求教师不仅要加强课程理论的学习，而且要加强学科、专业知识和技能的学习，这个过程不仅有助于激发教师的激情，提高教师对课程建设的参与度和投入度，而且为教师提供了参与课程建设的机会，增强了教师与教师之间的相互学习与交流，促进了教师的专业成长，提高了教师在学校发展中的核心地位。

通过开发校本课程，增强教师参与教学改革和课程开发的意识和能力，改进教学方法，提高现代化教学设备的应用能力和教科研能力，特别是提高教科研能力。通过对课程开发实践的反思，逐渐积累课程开发的能力，促进自身的发展。总之，通过校本课程开发，提高了课程教学团队的课程开发能力和课程意识，促进了教师的专业化发展。

（四）提高了学生的专业素质和综合能力

通过校本课程的开发和实施，学生进一步明确职业生涯规划，使人才培养更加专业化。同时在教学过程中学生的主体地位得到凸显，课程教学更加重视学生的个性和创造性，学生的学习方式发生变化，学生学习生活中有趣、有用的知识，让理论能与实际相结合，培养学生灵活运用知识的能力。校本课程中的案例是鲜活、生动的，结合书本教材中逻辑严谨的知识体系，两者相得益彰，切实提高了学生对专业知识的学习兴趣，拓展了学生的专业视野。同时，校本课程的开发更专注于旅游管理大类中的乡村旅游人才的培养。

（五）培养了新型职业农民的专业技能和乡村旅游经营者的综合素养

通过校本课程的开发与实施，教师把更多的触角伸向行业经济建设的前沿，及时学习发展变化的新知识、新技术、新工艺和新方法，形成一套行之有效的教育教学和培育体系，通过开展乡村旅游主题培训，培养了新型职业农民的专业技能，提升了乡村旅游经营者的综合素养。

（六）积累了丰富的实践教学资源

项目团队成员多次参与省委组织部贫困地区农村实用人才乡村旅游管理培训班的主讲教师，承担麦积区乡村旅游产业人才培训工作，深入了解和熟知区域乡村旅游发展和经营者的情况，形成较为全面和完整的乡村旅游培训知识体系，通过开展实践教学和对外培训，为校本课程开发积累了丰富的实践教学资源。

四、特色与经验

本项目在实施过程中，通过校本课程开发、编写配套教材、开展乡村旅游培训等工作，取得了良好的教学效果及培训效果，得到了学生、学员以及行业企业的认可与肯定，形成了良好的社会效益和口碑。

（一）以教材编写带动课程开发

通过编写《乡村旅游开发与经营管理》教材，初步构建了校本课程内容体系、课程教学计划及课程评价体系等课程资源，以教材编写带动校本课程开发。该教材将课程中的知识、内容转换为相对独立的模块，每个模块由若干个项目组成，每个模块都明确了学习目标，每个项目细化了知识目标和能力目标，包含了项目引入、工作任务、任务训练等，内容选取上充分考虑行业多岗位转换、迁移和继续学习的基本能力的提升，为读者职业生涯可持续发展奠定一定的基础。

（二）适应旅游新业态，培养学生职业延伸能力

积极适应旅游新业态，在专业设置和人才培养过程中，突破传统旅游人才培养模式，不断开发和增加专项素质技能提升的人才培养模块（如乡村旅游管理人才培养），使学生能适应旅游新业态变化发展要求和趋势变化，成为具备职业延伸能力的旅游人才，以适应服务产业提升和转型升级的人才需求，在人才培养方面引领产业发展，在旅游+产业的大环境中发挥示范引领作用。乡村旅游作为一种新型的旅游形式，是目前农村经济增速的亮点之一，也是我国农村社会经济转型发展的最佳途径。培养具有乡村旅游专业知识和技能的人才，满足乡村旅游发展的需求。学院一方面积极开展对乡村旅游主题培训，提升现有农村从业人员素养，另一方面，适时调整人才培养课程体系，注重对有志于乡村旅游发展的大学生的专业知识学习和培养。

（三）积极践行产教融合，服务行业企业，主动服务乡村旅游振兴与旅游精准扶贫等国家战略

在项目实施期间，团队成员主动融入和服务区域行业企业经济社会发展大局，积极响应乡村旅游振兴计划与旅游精准扶贫国家战略，开展乡村旅游培训，培养了新型职业农民的专业技能，提升了乡村旅游经营者的综合素养，在区域乡村旅游发展与旅游精准扶贫工作中做出了突出贡献，形成了良好的社会效益和声誉。同时结合校本课程开发实践逐步形成了一套较为全面和完整的乡村旅游培训知识体系，不断完善了校本课程实践教学案例和课程内容体系。

（四）通过实践教学不断完善教材内容和课程体系

项目组成员通过开展课程教学和乡村旅游培训，不断丰富实践教学案例，不断完善教材编写内容和体系，同时将编写的教材运用于培训实践，在实践中检验教材的实用性和社会服务性。同时课程教学改变传统课堂教学形式，更注重学生（学员）自主实践活动的开展。以案例分析、调研报告、小论文、主题汇报等多种形式收集作业强调校本课程教学的实践性。

（五）优化人才培养体系，促进区域乡村旅游的发展

项目组通过校本课程《乡村旅游开发与经营管理》开发，编写相应教材，修订专业人才培养方案增设乡村旅游类课程等系列活动，让乡村旅游人才的培养从对现有农村从业人员的培训，延伸至高等院校，让有志于乡村旅游发展的大学生在校期间就接受相关专业知识的学习和培养，让更多的大学生群体关注、投入到乡村旅游的建设和发展中，在一定程度上促进了区域乡村旅游的发展。

五、专家点评

根据甘肃的地域特色，项目研究者为发展乡村旅游积极开发课程，构建了课程体系，完成了《乡村旅游开发与经营管理》校本教材的编写。并通过教材编写带动课程开发，优化了乡村旅游人才的培养模式，提高了学生相关职业技能与行业素质，促进了教师专业化发展与开发课程的能力的提高；项目研究者还通过产教融合开展了乡村旅游培训工作，提升乡村旅游经营者管理水平，为服务于地区旅游经济，振兴乡村旅游做出了积极的努力。该项目的研究成果对我们高职旅游职业教育该如何根据地域特点培养相关旅游人才有一定的借鉴意义。

（点评人：谢苏，教授、湖北省旅游协会副会长、教育分会会长）

所在单位：武汉城市职业学院
项目负责人：吴丽
项目编号：WMYC201730066

校企合作背景下“研学旅行”导游人才培养模式改革与创新研究

一、项目概述

1. 项目背景

（1）研学旅行导游人才极度匮乏

2016 年 11 月 30 日，教育部等 11 部门联合印发《关于推进中小学研学旅行的意见》，提出要将研学旅行纳入中小学教育教学计划。并明确指出“研学旅行”的定义，即是由教育部门和学校有计划地组织安排，通过集体旅行、集中食宿方式开展的研究型学习和旅行体验相结合的校外教育活动。随着国家相关职能部门对“研学旅行”日益重视和规范，今后“研学旅行”市场将从目前以“游”为主，辅以“校园参观”的旅游方式，转向依据区域特色和学生年龄特点和学科教学内容的需要，设计教育主题活动，在旅行中设置相应课程的“研学”为主。而旅行社现有导游人员，主要为旅游专业毕业生，缺乏教育教学理论知识，在涉及“研”和“学”的活动时，就很容易暴露其缺乏教育理论知识，缺乏组织教学活动的能力。“研学旅行”导游人才缺口巨大，研学导游人才培养迫在眉睫。

本项目合作企业之一武汉学知旅国际旅行社有限责任公司多年来一直与武汉市教育局合作，有十多年承办武汉市中小学夏令营的经验，并一直致力于在春秋游、夏令营等旅行平台上开展“研学旅行”。但通过多年实践后，武汉学知旅国际旅行社有限责任公司深刻地认识到，面对巨大的“研学旅行”新兴市场，目前面临最大的困难在于缺乏一支既懂旅游、又懂教育的导游队伍。

（2）研学旅行相关理论和实践研究方兴未艾

作为近几年才提出的概念，目前“研学旅行”导游人才培养能够被借鉴的经验不多，国内相关的研究基本处于起步阶段，主要研究都是基于国务院《关于促进旅游业改革发展的若干意见》。其他文件如《中小学学生赴境外研学旅行活动指南（试行）》《“蒲公英行动计划”》等，也多为概括性文字论述，并没有具体实施细则。关于“研学旅行”的相关文集，目前也只有教育部在2015年出版的《研学旅行——推进素质教育的新常态》等为数不多的专著，尚未形成体系。随着“研学旅行”被国家各级教育行政机构和社会各界的重视，尤其是国务院《关于促进旅游业改革发展的若干意见》中将“研学旅行”纳入中小学生日常德育、美育、体育教育范畴后，文化和旅游部（原国家旅游局）委托曾编制武汉市地方标准的武汉学知旅研学旅行服务有限公司（原武汉学知旅国际旅行社）承担标准起草工作。2016年12月，我国首部关于研学旅行服务的行业标准《研学旅行服务规范》正式发布。

2017年7月3日，我校“旅游英语专业现代学徒制试点”项目被教育部职业教育与成人教育司高职发展处审核为“第二批现代学徒制试点单位”重点建设项目。这些都为“研学旅行”导游人才培养模式改革与创新研究打下了坚实的基础。

2. 项目意义

本研究项目通过校企深度融合，实施现代学徒制等人才培养新模式，在旅游英语和英语教育等相关专业建设中，共同进行“研学旅行”导游人才培养研究，充分利用武汉城市职业学院的百年师范背景和雄厚的教育方面师资力量，发挥武汉学知旅国际旅行社有限责任公司多年来累积的丰富的“研学旅行”经验，在“研学旅行”导游人才培养模式改革与创新上取得一定的实质性进展，达到学校、企业和学生“三赢”的局面：即通过这种实践应用研究，武汉城市职业学院外语学院可以提升为社会服务，为企业服务的能力；武汉学知旅国际旅行社有限责任公司可以缓解“研学旅行”导游队伍短缺的现状；武汉城市职业学院旅游英语等相关专业学生能够扩大就业渠道，进一步提升就业品质，形成校企合作背景下“研学旅行”导游人才培养的有效模式，对省内外其他高职院校旅游相关专业人才培养工作也将具有极大的借鉴和推广意义。

3. 预期目标

武汉学知旅国际旅行社有限责任公司等有行业丰富实践经验企业全程共同参与本项目，研究重点是探索校企合作背景下的“研学旅行”导游人才培养模式创新及实践，具体包括：

- “研学旅行”导游专业“双师型”教师团队建设
- “研学旅行”导游，或“修学导师”职业资格标准研究
- “研学旅行”导游专业人才培养方案修订（以英语教育、旅游英语为例）
- “研学旅行”导游专业人才培养实践（典型案例）

● “研学旅行”导游（修学导师）培训课程资源建设

在以上工作中，本项目的研究难点包括：“研学旅行”导游，或“修学导师”职业资格标准研究，即修学导师应具备的职业素养和职业岗位能力构成。以及“研学旅行”导游（修学导师）培训课程建设，如“研学旅行”导游岗位职业素养和职业能力模块课程的开发及相关培训课程体系的完善。

4. 项目执行情况

本项目研究严格按照“调查筛选—项目论证—制订方案—实践研究—交流总结—申请结题”的程序进行。具体工作时间进度为：

2017 年 12 月—2018 年 3 月　完成“研学旅行”导游岗位调研，研制“研学旅行”导游职业资格标准；

2018 年 1 月—2018 年 9 月　校企共同修订“研学旅行”导游人才培养方案，选拔培训“研学旅行”导游专业“双师型”教学团队；

2018年6月—2018年12月　结合学生实践和实习情况，编写“研学导师”（“研学旅行”导游）人才培养实践教学课程方案；

2018 年 11 月—2018 年 12 月　全面实施新修订的培养方案完成“研学旅行”导游人才培养创新与实践工作报告。

表 1　本项目研究团队及分工

姓名	专业 技术职务、行政岗位	工作单位	项目中的分工
吴丽	英语导游、海外领队、国家二级心理咨询师、副教授、院长	武汉城市职业学院	项目负责人、实践教学体系建设及培训课程开发
张俊	海外领队、副教授、旅游教研室主任	武汉城市职业学院	负责“研学旅行”导游人才培养现代学徒制人才培养模式实践
章昀萱	高级礼仪培训师、讲师	武汉城市职业学院	负责修订旅游英语专业“研学旅行”导游人才培养方案，负责“研学旅行”导游人才培养实训课程教学研究
姜兰	高级翻译师、讲师、副院长	武汉城市职业学院	负责收集整理“研学旅行”导游人才培养“双师型”教师案例集培养案例
杨进	高级礼仪师、副教授、英语教育教研室主任	武汉城市职业学院	负责修订英语教育专业“研学旅行”导游人才培养方案
李玮珏	法学专业讲师、系办公室主任	武汉城市职业学院	负责项目运行文字宣传工作、实训课程教学研究
陈雪岚	高级导游、楚天技能名师、总经理	武汉学知旅国际旅行社有限责任公司	负责制定“研学旅行”导游职业资格标准及培训课程资源开发

二、项目内容

1. 树立标准意识，规范“研学旅行”导游内涵，制订职业资格标准

本项目首次提出“修学导师”（“研学旅行”导游）这一概念，对学校十三五规划期间适应武汉城市发展，培养地方亟须的研学旅行专门人才具有重要意义。武汉学知旅国际旅行社有限责任公司多年来一直与武汉市教育局合作，有十多年承办武汉市中小学夏令营的经验，并一直致力于在春秋游、夏令营等旅行平台上开展“研学旅行”。从2013年开始，项目合作企业就树立标准意识，在总结多年研学项目运作的基础上提出了“修学导师”的概念，即旅行社在未成年人服务领域，以关心、关爱和帮助孩子成长为使命，运用影响和引导的教育功能和作用，助力孩子身心健康成长的专业服务岗位，即“修学导师”。修学导师职业内涵有三点，具有以爱心为基础的教育理念，具备相应的工作资质，如导游证、教师资格证、心理咨询师证等；具有体验教育和心理辅导等专业技能和方法。在项目组主要成员陈雪岚总经理负责的我国首部关于研学旅行服务的行业标准《研学旅行服务规范》中，“研学导师 study tutor”岗位首次明确为在研学旅行过程中，具体制定或实施研学旅行教育方案，指导学生开展各类体验活动的专业人员。在此基础上，明确了导游从一位职场新人拟进入“研学导师”岗位工作，应具备如下标准：①有导游资格证，这既是行业管理的规范要求，也是修学导师的工作需要。修学导师应具备旅行生活知识，具备旅行服务知识，以帮助孩子通过旅行载体和过程，体验新的生活、认识新的事物、增强新的能力和获得新的知识。②有教师资格证，通过学习和了解做一位教师的基本知识和技能，适应做修学导师基本素养要求，获得“教师资格证书”是非常重要的“适岗”通道。③充分理解教育理念的基本内涵和相应要求，具有或培育“适岗”者的这种教育理念，有爱孩子并愿意自觉帮助孩子的职业精神。④充分理解各类教育服务产品的不同特点、特性，懂得不同教育服务产品和各种教育服务项目的相应工作要求，并基本具有相应专业能力。⑤具备不少于5项主要类型、不少于10种体验游戏的操作方法，能在产品服务过程中去运用这些体验游戏。⑥具备不少于10项学知企业研发的“研学旅行教育模块”和“夏令营教育模块”的应用方法。这些适岗标准的制定，对于后期出台的《武汉市中小学生研学旅行导师评定与服务规范（试行）》具有重要的参考意义。

2. 基于现代学徒制的校企合作“研学旅行”导游人才培养实践

项目组充分发挥企业在实践教学中的优势，充分利用我校被批准为国家教育部

第二批设立的现代学徒制试点基地的优势，以典型对象为例，结合现代学徒制培养模式，开展研学旅行导游人才培养实践，为开发出适合社会需求的富有特色的实践教学体系（课程实践项目、专业实习，企业锻炼、第二课堂等）奠定实证基础，丰富实践教学内容，提高职业教育人才培养的针对性和有效性。

武汉城市职业学院外语学院深刻领会和贯彻国务院《关于加快发展现代职业教育的决定》精神，坚持走产教整合、校企合作的职业化办学之路，近年来与国内著名企业、行业龙头企业建立了深度校企合作关系，开展了多层次、多渠道、多模式的校企合作人才培养培训合作，其校企合作的品牌、规模、深度和广度处于湖北省同类专业办学领先水平。旅游英语专业着力培养学生服务意识，熟悉导游服务流程与操作，提高导游服务能力。

2017 年 5 月开始至今，与武汉大学学知旅国际旅行社有限责任公司，武汉市黄鹤楼假日国际旅行社，湖北省中国旅行社有限责任公司合作，展开现代学徒制试点项目。

2010 年开始至今我院旅游英语专业同武汉大学旅行社有限责任公司展开合作，公司导游部经理、湖北省金牌导游谷音被聘为该专业企业导师；2012 年至今，公司总经理陈雪岚作为湖北省教育厅认可的“楚天技能名师”，受聘成为我院旅游英语专业导师，校企双方共同协商，成功开设《武汉市情与地接》《旅行社计调实务与操作》《导游人员资格证考试实训》《研学旅行导师实训》等课程。2013 年至今，武汉大学旅行社有限责任公司同我校校签署了订单培养合作协议，进一步夯实了导游服务人才的培养渠道，2013—2018 年，共接纳 120 人次进行顶岗实习，接纳近 10 人就业。我校于 2010 年 5 月与黄鹤楼假日国际旅行社签订合作协议，将黄鹤楼公园发展成为我院“旅游专业实践基地”，聘请导游部经理、湖北省金牌导游周嫒为专业导师，成功开设《景区导游服务与操作》《导游人员资格证考试实训》等课程。2010—2016 年，黄鹤楼假日国际旅行社有限责任公司共接纳 100 人次进行顶岗实习，接纳 5 人就业。我校于 2016 年 10 月与湖北省中国旅行社签订合作协议，聘请导游部经理、湖北省金牌导游、全国优秀导游员朱鸿俊为专业导师，成功开设《英文导游服务与操作》《导游人员资格证考试实训》等课程。

2018 年 5 月 19 日，我院旅游英语专业举行校企合作双选会，邀请武汉大学学知旅国际旅行社有限责任公司，武汉市黄鹤楼假日国际旅行社和湖北省中国旅行社进入校园选拔第一届现代学徒制学员。试点的主要内容包括：

（1）通过试点，构建比较完善的旅游英语人才培养现代学徒制的体系。厘清校企双方职责、分工，形成较为健全的校企双主体协同育人机制；

（2）加强制度建设，初步形成保障现代学徒制试点工作的制度体系。在准确定位旅游英语人才培养目标前提下，开发配套的课程体系，科学制订教学方案，形成与现代学徒制相适应的教学管理和运行机制；

（3）创新学校和企业联合招生、联合培养、一体化育人的长效机制，明确学生和学徒双重身份，夯实校企双主体育人机制。探索和形成学习与工作、教学与实践、学历证书与职业资格证书获取相适应的实现形式，初步形成特色；

（4）统筹利用好校内实训场所、公共实训中心和企业实习岗位等教学资源，基本建成适应现代学徒制运行的实训设施、数字化资源与信息化平台等共享资源平台。

（5）建设一支校企互聘、专兼结合的师资队伍，做好教师与师傅，师傅与教师的融合工作，建立保障现代学徒制试点工作落实的双导师制指导体系，明确工作职责和待遇，建立激励机制。

（6）逐步完善试点工作的保障机制，在组织领导、制度建设、经费来源、人才库建设等多方面开拓工作，改革创新，形成特色，形成辐射推广价值。

2018 年 6 月 20 日—12 月 10 日，我院旅游英语专业 25 位学生，在武汉大学学知旅国际旅行社有限责任公司、武汉市黄鹤楼假日国际旅行社拜师成功，成为第二届现代学徒制学员。武汉大学学知旅国际旅行社有限责任公司、黄鹤楼假日旅行社为学徒制学院制订详细的培养方案，实施企业教学和培养计划，构建了良好的校企双主体协同育人机制。经过 6 个月的培养，25 名学生从职业精神、服务意识、岗位职责、英语口语运用、实际操作等方面得到全面的提高和进步，为下一步培养夯实了行业基础，部分学生荣获“优秀实习生”称号，实习结束后，6 名学生自愿留下来，与旅行社达成就业意向。

我校的旅游英语专业现代学徒制试点工作，真正实现了校企深度融合，合作育人，合作就业，合作发展具有独特性和很高的推广价值。该模式能够结合专业特点和行业要求，以学习者内心需求为出发点，运用当前流行的职业教育校企合作双重培养模式，运用工学交替的教学原则，将理论与实践有效地融合在一起，遵循教学规律，循序渐进，让学生在学习的过程中，取得阶段性成果，有效地培养了他们的自信心和成就感，育人效果成倍数放大。如作为该项目的成果之一——外语学院旅游英语专业与武汉大学学知旅国际旅行社有限责任公司共同申报国家旅游局 2017 年旅游英才计划并成功立项。后期双方将在研学旅行修学导师人才培养模式创新与改革方面进行更进一步的合作。这些试点成果将丰富本次现代学徒制试点的内涵，促进人才培养质量的提高，助力现代职业教育的发展。

2018年旅游英语研学导师现代学徒制人才培养试点项目被列为武汉市重点绩效考核项目，相关改革成果在《中国教育报》12月12日第11版教育展台上进行了专题报道。

3. 开发“研学旅行”导游人才培训课程资源，完善实践教学体系

构建修学导师队伍是培育企业核心竞争力的重要工作，项目组通过校企合作共同开发“研学旅行”导游人才培训课程资源，完善实践教学体系，拓宽人才培养的口径，重点制订了《研学旅行导游实践》课程的方案，包含研学导师管理细则、导师岗位工作流程、教学范例、突发情况应急技巧与处理、城市及主要景点讲解资料及推荐的课后参考书籍及视频资料等部分的信息。

4. 注重将专业教育与“双创教育”深度融合，培养具备创业能力和创新品质的“研学旅行”的导游人才

《关于深化高等学校创新创业教育改革的实施意见》（国办发〔2015〕36号）等，对高等职业院校的创新创业教育提出了明确的目标和要求。《实施意见》中提出了“到2020年建立健全课堂教学、自主学习、结合实践、指导帮扶、文化引领融为一体的高校创新创业教育体系，人才培养质量显著提升，学生的创新精神、创业意识和创新创业能力明显增强，投身创业实践的学生显著增加”的目标。同时根据国家旅游局办公室关于组织实施2017年度“万名旅游英才计划”的通知（旅办发〔2016〕70号），国家旅游局将重点培养创新创业型英才项目，其中创新创业项目包括7个子项目，与高职培养层次和技能相关度高的主要有研学旅游课程开发，旅游线路设计开发、旅游纪念品设计开发、旅游企业管理创新、智慧旅游设计开发等。为了贯彻落实文件精神，深化高等职业院校专业教育与创新创业教育相融合的试点改革，提高人才培养质量，我校外语学院大胆创新，主动寻求与武汉大学学知旅的合作，共同实施专业教育与“双创教育”深度融合工程，培养具备创业能力和创新品质的“研学旅行”的导游人才。在项目组导师的指导下，旅游英语专业优秀学生桂丹丹同学结合在武汉大学学知旅从事一线研学导师的工作经验，创办了武汉市三个臭皮匠文化传播有限公司。公司成立以来，专注于青少年研学旅行和成长体验教育的专业研究与服务机构，主要为中小学生提供以成长体验教育为特色的国内外研学旅行、夏冬令营、社区托管、师训等业务，致力于成为国内研学旅行和素质教育的领军品牌。公司拥有专业的研学旅行课程开发团队，并与教育部重点研究基地·武汉大学中国儿童安全发展与保障研究所达成战略合作，开发有成长体验教育（涉及生存、运动、亲子、营养、社交、网络、海外等七大板块）、国学、非遗文化、军事、科技等系列产品。同时，公司在武汉、咸宁等地设有特色研学基地。公司研学产品主要分为五大体系，分别是红色传承、蓝色环保、绿色生态、古色古韵、黑色科技等。公司紧紧围绕武汉市“五色研学”理念，结合中小学生不同学龄段的教学特点以及身心成长特点，开发了六大主题课程，融入到72条精品研学线路之中，总课程内容达到144课时。在实际的研学旅行的实施中，她开发的研学课程得到了充分检验以及不断的优化，受到了学校、家长和学生们的好评和欢迎，并多次得到了长江日报、大楚网等多家媒体的持续报道。

三、项目成果

本项目主要完成了以下几项工作。

1.“研学旅行”导游专业人才培养“双师型”教师团队建设

通过本项目培养一批具备深厚的教育理论知识、丰富的旅游行业从业经验、独立的研学旅游产品开发设计能力，同时具备教师资格证、导游证、心理咨询师、高级礼仪培训师等的“双师型”教师团队。

2.“研学旅行”导游，或“修学导师”职业资格标准研究

“修学导师”是今年随着“研学热”应运而生的新兴职业，岗位缺口巨大，相关行业职业资格标准等缺失，导致了从业人员的水平层次参差不齐。本研究项目通过广泛的市场调研，结合专业研究制定“修学导师”职业资格标准。

3.旅游英语、英语教育专业（“研学旅行”导游方向）专业人才培养方案修订

以武汉城市职业学院外语学院旅游英语和英语教育专业人才培养方案为基础，结合企业岗位职业能力需求，校企共同制订“研学旅行”导游专业人才培养方案，并开展一个年级的实证研究，通过教学诊断与教学质量分析，修订完善“研学旅行”导游专业复合型实用人才培养方案。校企共同培养既了解中小学教育教学规律，掌握教育学、心理学、语言学等现代英语教育的基本理论和技能，同时又掌握涉外旅游业管理与服务所需的基本知识、基本技能，能够胜任“研学旅行”导游工作的人才。

4.基于现代学徒制的“研学旅行”导游专业人才培养实践（以典型对象为例）

充分发挥企业在实践教学中的优势，充分利用我校被批准为国家教育部第二批设立的现代学徒制试点基地的优势，以典型对象为例，结合现代学徒制培养模式，

开展研学旅行导游人才培养实践，开发出适合社会需求的富有特色的实践教学体系（课程实践项目、专业实习，企业锻炼、第二课堂等），奠定实证基础，丰富实践教学内容，提高职业教育人才培养的针对性和有效性。

通过一年左右时间，武汉城市职业学院外语学院与武汉学知旅国际旅行社有限责任公司共同合作，开展了“研学旅行”导游人才培养模式创新实践研究项目，项目的主要成果如下：

（1）研究总结报告：校企合作背景下的“研学旅行”导游人才培养模式创新及实践。

（2）旅游英语、英语教育（“研学旅行”导游方向）专业人才培养方案（课程大纲、实践教学体系）。

（3）公开发表论文及专著：校企合作背景下的“研学旅行”导游人才培养模式创新及实践《当代旅游》201710 ISSN：1671-7740 CN：23-1508/G。《最美的教育在路上》，武汉大学出版社，ISBN：978-7-307-18892-1。

（4）“研学旅行”导游（修学导师）职业资格标准修订建议及武汉市相关文件。

（5）“研学旅行”导游（修学导师）培训课程方案。

（6）现代学徒制人才培养典型案例、“双师型”教师队伍建设案例、优秀学生案例。

四、特色与经验

1. 项目特色

本项目研究是由学校和企业用人单位共同开展，能够借助双方丰富的教育教学经验和实践经验，开展应用研究，提出切实可行的“研学旅行”导游人才培养方案。

2. 创新点

本项目首次提出“研学导师”这一概念，对高职院校十三五规划期间主动适应城市建设发展，培养地方亟须的研学旅行专门人才具有重要意义。通过校企紧密合作，联合培养研学旅行导游人才，创新了高职院校人才培养模式。

3. 应用价值及推广

2013 年 2 月国务院办公厅印发了《国民旅游休闲纲要（2013—2020 年）》，提出“逐步推行中小学生研学旅行”的设想。2014 年 8 月国务院《关于促进旅游业改革发展的若干意见》更首次明确了“研学旅行”要纳入中小学生日常教育范畴。该意见还指出，“研学旅行”是贯彻《国家中长期教育改革规划和发展纲要》和十八大及十八届四中全会精神的重要举措；是培育和践行社会主义核心价值观的重要载体；是全面推进中小学素质教育的重要途径；是学校教育与校外教育相结合的重要组成部分。“研学导师”将成为新兴的热门职业。此次，武汉城市职业学院与武汉学知旅国际旅行社有限责任公司共同合作，开展“研学旅行”导游人才培养研究，充分利用双方的优势力量：一方面，借助于楚天技能名师——武汉学知旅国际旅行社有限责任公司总经理陈雪岚多年来从事“研学旅行”项目所积累的丰富资源和经验；另一方面，借助于武汉城市职业学院百年师范教育的背景，以及现有的教育根基扎实、教育教学管理经验丰富的师资队伍，可谓是强强合作，最终实现了学校、企业和学生“三赢”局面。项目组的教学改革成果成功立项入选湖北省创新发展行动计划，并多次在武汉市、湖北省研学旅行行业协会年会上做经验分享和交流。

五、专家点评

“研学旅行”日益盛行且得到国家相关部门的重视和支持。然而目前国内“研学旅行”的导游人才缺口巨大。在这样的背景下，该项目团队利用依托院校的百年师范背景，通过与有丰富经验的企业深度合作，推出“研学导师”概念，以现代学徒制等人才培养新模式，校企共同进行了“研学旅行”导游人才培养模式的探索，并在实践过程中达到了学校、企业和学生三方都较满意的效果，社会影响较为积极。

（点评人：王俞，北京第二外国语学院旅游科学学院副教授、副院长）

所在单位：沈阳市旅游学校
项目负责人：李君娜
项目编号：WMYC201730014

旅游专业学生识岗、跟岗、顶岗实习方案设计

一、项目概述

（一）项目背景

改革开放40年，是我国旅游业蓬勃发展的40年。旅游产品从最初的观光旅游发展到现在的度假旅游、专项旅游、特色旅游等，旅游业从传统旅游进入全民旅游、全域旅游时代。新时代的旅游业已经成为我国经济发展的战略性支柱产业。旅游业的发展壮大加剧了对高素质高技能的旅游人才的需求，中职学校的旅游专业肩负着为旅游业培养一线劳动技能型人才的重任。十八大以来，“产教融合、校企合作”已经成为职业教育的重点。十九大报告提出深化产教融合、校企合作。实践教学是校企“双主体”育人的重要教学环节，是旅游专业学生从课堂到岗位的过渡，是学生成为劳动技能人才的关键。而当前的实践教学却存在着学校管理松散、企业参与度不高、实习考核评价流于形式、学生散漫流动量大等问题。这些问题直接影响教学效果制约旅游专业人才培养质量。为了培养适应旅游业发展的高素质技术技能和管理服务人才，2016年教育部五部委印发《职业学校学生实习管理规定》将实践教学明确为识岗、跟岗、顶岗三种形式。依据《职业学校学生实习管理规定》结合当前实践教学现状，以沈阳市旅游学校旅游专业学生为例开展旅游专业学生识岗、跟岗、顶岗实习方案设计项目研究工作。

（二）项目意义

学校是学生发展的设计者和引导者，企业是学生发展的推动者和锻造者。首先，本项目从中职学校在旅游专业学生实习过程中过于粗放的放羊式管理入手，完善实习管理制度和健全评价体系，实现精细化管理，提高实习质量；其次，通过研究校企合作模式，调动企业参与的积极性，切实保障学校和企业协作育人；再次，本项目的研究有助于解决学校实习指导教师数量少、专业素质滞后的问题；最后，

本项目的研究解决旅游专业学生"岗学"不对接的问题，并且提升人才培养质量，促进学生岗位成才，实现人才供给侧改革，满足旅游企业转型升级需要。

（三）预期目标

（1）完善有关识岗、跟岗、顶岗实习的相关制度。

（2）创建学生实习多主体全方位评价体系。

（3）完善校企共用实践教学管理系统。

（4）撰写《旅游专业学生识岗、跟岗、顶岗实习方案设计》研究报告。

（5）形成有关旅游专业学生识岗、跟岗、顶岗实习方面的论文。

（四）项目执行情况

1. 研究过程

组建团队，制订计划。考虑到本项目工作需要，确定项目组成员主要以旅服专业组教师为主，邀请校领导、学校相关部门主任、行业企业专家、优秀毕业生共同开展项目研究。为确保项目的顺利实施，组长对全体组员进行任务分工、相关培训，负责组织协调。在项目负责人的带领下，设计《旅游专业学生识岗、跟岗、顶岗实习方案设计》的实施方案，制订实施计划等。

项目实施。项目组主要通过问卷和访谈法对学生、行业企业专家、授课教师、实习指导教师、优秀毕业生进行调研。主要以沈阳市旅游学校旅游专业学生为例，

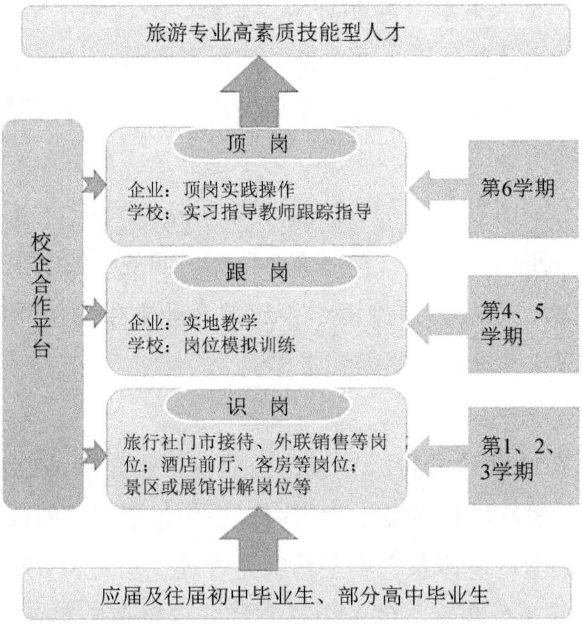

图1　旅游专业识岗、跟岗、顶岗实习安排流程

结合调研结果和旅游专业人才培养方案教学计划，以问题为导向提出设计方案，依据结构化学习特点把旅游专业学生的识岗、跟岗、顶岗实习安排在不同学期不同实训场所分段进行。

2. 完成预期目标

项目组成员协同合作完成预期目标。完善了旅游专业学生顶岗实习机制，创建学生实习多主体全方位评价体系。数字化校园平台中的实践教学管理软件系统已经得到逐步完善。

教师专业素质得到提升。专业组教师通过现场实习指导、参加行业企业的志愿者活动、指导学生参加行业企业大赛等各种活动，个人综合能力得到提升，真正成为具有“双师”素质的教师。杨洪彦老师入围2018年万名英才项目。谷月老师《瀑布旅游资源》获得辽宁省“理实一体化”优质课一等奖。项目组主要成员共同完成2017年度沈阳职业院校技能大赛导游服务赛项工作。项目组成员指导学生参加2018年度沈阳职业院校技能大赛包揽大赛前三名。项目负责人通过对本项目的深入研究，形成《旅游专业学生识岗、跟岗、顶岗实习方案》研究报告，撰写并发表该项目相关论文《2.5+0.5学制下中职旅服专业学生顶岗实习探究》。

二、项目内容

（一）准备阶段

得到本项目入选“双师型”教师培养项目通知后，以《“十三五”旅游人才发展规划纲要》《关于加快发展现代职业教育的决定》《职业院校管理水平提升行动计划（2015—2018年）》《职业学校学生实习管理规定》等文件为指导，基于校企合作、理论与实践相结合的指导思想，以项目需求为立足点，确定项目工作组成员为仲涛、梁悦秋、姜庆辉、马萍、李明浩、王阳兴、薛波、王玲、杨洪彦、单晶晶、张爱莹、殷乐、南易求、李仁仲、袁泉、刘莉等。成员中以专业组教师为主囊括校领导、学生处主任、校团委书记、实习指导处主任和行业企业专家、优秀毕业生。项目组成员确定后由组长对全体组员进行任务分工、相关业务培训、组织协调，以确保项目的顺利实施；在项目负责人的带领下，全组成员共同设计《旅游专业学生识岗、跟岗、顶岗实习方案设计》的实施方案，制订实施计划，开展项目研究工作。

（二）方案实施

1. 组织调研

项目组主要通过问卷和访谈法进行调研。一是通过对我校各年级旅游专业学生发放316份调查问卷，进行问卷调研，掌握旅游专业学生对专业了解以及对自己将来发展的认识；二是通过与沈阳张氏帅府达温阳、中国旅行社辽宁分社（总社）行政总监刘莉、优秀毕业生王博实等行业内专家进行访谈，洞悉企业对实习分阶段进行的态度、企业发展对未来员工的需求以及学校应重点强化学生的素质和能力等；三是直接和任课教师、实习指导教师面对面进行访谈，发现教师在授课过程中的瓶颈和难点等。

2. 方案设计

项目组主要以沈阳市旅游学校旅游专业学生（为方便管理，我校酒店专业和旅游专业教学计划是分开的，但在顶岗实习时两个专业的学生都可以选择酒店和旅行社等企业）为例，结合调研结果和学校的旅游专业人才培养方案实施性教学计划，以问题为导向提出实习设计方案，把旅游专业学生的识岗、跟岗、顶岗实习安排在不同学期不同实训场所分段进行。

通过旅游专业学生的识岗、跟岗、顶岗实习方案的设计深化校企合作模式、完善顶岗实习机制、促进校内外实习实训基地建设、健全评价体系、改革教学模式等，形成完善的学生识岗、跟岗、顶岗管理制度，尝试使用新媒体加强对实习学生实现动态管理和质量监控。切实提高职业学校人才培养质量，服务产业转型升级需要，不在旅游市场上处于被动局面。

3. 实施过程

识岗，是指学生入学后由职业学校组织到实习单位参观、观摩和体验，形成对实习单位和相关岗位初步认识的活动。项目组在旅游专业学生入学后依据实习方案设计先后组织学生到旅行社门店和总店（办公区）参观、到酒店观摩了解各岗位的职责、流程和所需能力；到景区（点）或展馆、博物馆进行观摩和体验导游和景区讲解员以及其他岗位的职责和所需知识技能。在识岗的过程中，学生能够意识到语言表达能力、沟通能力、团队合作能力、协调能力等是旅游从业人员必备能力，从而在课堂上能够有意识地改变自己，弥补不足。为了加强对岗位的深刻认知，项目组邀请优秀毕业生（企业专家）对学生的旅游相关知识点一一把脉定向，找出问题所在，以问题为导向有针对性地介绍旅游行业特点，前景以及就业岗位的主要技能要求，并答疑解惑增强学生信心。

跟岗，是指职业学校学生在不具备独立操作能力的情况下由学校组织到实习单位的相应岗位，跟随实习指导教师部分参与实际工作或者在校内实训基地进行模拟实景操练的活动。在这一阶段，学生对岗位有所认知，初步具备基本从业能力，需要在实际岗位上学习演练。在跟岗阶段我们发挥校内指导教师和校外指导教师共同示范引领作用，时校内实训基地成为实现学生理论与实践相融合的跟岗实习的主要场所。

在项目研究过程中，我们发现因为企业经营的特殊性和学校教学的计划性、持续性等原因到企业跟岗实践存在不确定性，为克服这种不确定性项目组成员充分利用校内实训场所提升学生实际操练水平是跟岗实践最简单最有效的方式。即校内跟岗实习主要由校内和校外实习指导教师共同指导在校内实训场地完成，在条件允许的情况下在企业进行短期跟岗实践。这样既能提升学生技能，满足顶岗需要，又能调动企业积极性和主动性，强化校企双主体育人效果。

实践活动提升学生专业技能。在项目研究过程中，学校领导及各部门主任给予项目组大力支持，各部门围绕提升学生的职业技能开展一系列“长知识，学技能”活动，确保学生所学和企业需要做到“岗学对接”。校导游社团开展“铭记历史牢记使命”爱国主义教育活动，项目组成员带领导游社团学生参观沈阳“二战”盟军战俘营旧址陈列馆、“九・一八”历史博物馆、沈阳审判日本战犯法庭旧址陈列馆等，聆听讲解员示范讲解并由学生模拟讲解；项目组教师带领部分旅游专业学生参加清昭陵和清福陵的志愿者讲解员队伍；2018 年学校开展职教周系列活动，导游社团成员引领来宾对学校各个点位进行介绍，沈阳日报等各大媒体都有详细报道。项目组通过组织校内导游大赛，选拔的优秀选手参加沈阳市中职导游技能大赛和全国旅游院校服务技能（导游服务）大赛，取得历次参赛以来得最好成绩。

本研究中，项目组成员依据结构化学习特点，尽可能采用任务驱动法进行现场教学。增加学生到旅行社、酒店、景区等进行以工作过程为主线的实地教学次数，完成理实一体化的学习。项目研究过程中，校内的实训课能够得到保证，由于条件限制，校外跟岗实训主要以专业教师＋导游社团为主。专业组教师带领导游社团成员三次到清昭陵、清福陵进行实践教学。在项目实施过程中，学生到企业跟岗实习初期不太稳定，校内指导教师通过朋友圈，空间、抖音、快手等新媒体密切关注学生动态。相关部门通过学生实践教学管理系统对学生进行监督精细管理。导游社团的学生和其他学生相比知识技能更能达到企业需求，把学到的知识和工作相结合，摒弃“学非所用，学而不用”的思想，切实提高自身职业素质，到企业实习能够很快独立承担工作。

在项目研究过程中，校企双主体育人是跟岗实践得以顺利实现的关键。“引企入教”解决了企业“为他人作嫁衣裳”的疑虑，与学校有合作的企业可以通过对跟岗实践的学生进行考核，优先为企业选拔优秀人才。如沈阳市故宫博物院、沈阳市张氏帅府博物馆、中国国旅、辽宁康辉国际旅行社、沈阳市海外国际旅行社、辽宁北国国际旅行社、沈阳友好旅行社等在跟岗实践方面给予了大力支持；康旅精英班、和平国旅班、皇朝万鑫班等冠名班的学生则直接到冠名企业进行跟岗实践。

顶岗是指学生经过跟岗实习初步具备实践岗位独立操作能力，到相应岗位在企业指导教师的指导下独立参与实际工作完成岗位学习的实习活动。项目研究过程中，我们主要采取“三三”制。即顶岗实习前，接受“三教育”。通过讲座、培训等形式，请企业管理专家、校内教师、往届优秀实习生等到校，进行包括安全教育、职业道德教育、素养教育在内的三方面教育。项目组袁泉老师多次组织中国国旅、沈阳国旅、辽宁虎跃旅行社等顶岗实习单位到学校进行教育宣讲。项目组教师针对学生讲解、仪容仪表、礼貌礼仪、自我介绍及应对提问技巧等进行集中培训，一对一指导。

顶岗实习中，接受“三管理”。即接受学校、实习单位和“双导师”（此处指企业实习指导教师和校内实习指导教师）的全方位管理，强化以促进学生岗位成才为目标的实习过程管理和考核评价，依据学校的学生实践教学管理系统制定跟踪管理办法，创建学校、顶岗实习生、家长、企业共同参与的管理机制。实习期间企业实习指导教师负责学生的企业课程学习和日常管理，学校实习指导教师定期到企业走访，了解学生实习情况并协助解决各种状况。学校通过校内实习指导教师和班主任了解学生顶岗情况并及时和家长反馈。校内实习指导教师主要是由项目组专业教师担任。他们通过新媒体对学生进行动态管理，监控实习质量。在和校内课程不冲突的情况下到企业与学生沟通交流，对其工作进行有效指导，同时也收集企业方面的反馈信息，学校依据反馈信息对顶岗实习进行适当调整。2018 年，专业组教师先后 30 余次到企业走访指导实习学生并和企业管理者进行交流。“双导师”是学生、企业和学校之间的桥梁，有利于实现当下的“理实一体化”教学。同时数字化校园平台的学生实践教学管理系统的使用有助于学校对实习生进行精细化管理。

顶岗实习后，完成“三总结”。即学生个人总结、单位实习总结、学校全面总结。来自于三方的总结保证学生在岗位上不断进步，顺应社会和旅游业发展。也有利于发现顶岗实习的问题并及时反馈解决问题，改革创新中职旅游专业人才培养模式。

4. 结项

通过一年的实践研究，项目组成员团结协作，积极开展各项工作并根据实际情况对方案做出调整，最终顺利完成该项目的实施计划，形成旅游专业学生识岗、跟岗、顶岗实习方案设计的各环节规章、制度等，规范了学校实习管理指导手册，创建实习多主体全方位评价体系，学生实践教学管理系统已经投入使用并日趋完善。在此期间，旅游专业不断发展壮大，成绩斐然。

三、项目成果

（一）完善实习管理机制

在项目研究过程中，项目组成员从实习管理不规范的问题入手逐步完善了旅游专业学生识岗、跟岗、顶岗实习的相关制度。主要有旅游专业学生顶岗实习管理制度；旅游专业学生跟岗、顶岗实习流程；旅游专业学生跟岗、顶岗实习成绩评定标准；旅游专业实习指导教师管理条例；旅游专业学生顶岗实习（实训）突发事件应急处置预案等。

（二）创建多主体全方位评价体系

为解决管理过于粗放的问题，项目组研究建立以学生为核心，学校、实习企业和家长为主兼顾社会口碑的多主体参与的全方位评价体系，对实习学生实行精细化管理。学生在识岗、跟岗、顶岗过程中接受“三方管理”及多方评价，通过学生实践教学管理系统，学校、企业对实习学生进行动态监督管理，学校与家长和企业保持沟通，通报学生实习状况，通过各部门及时向学生班主任、校内实习指导教师和理论课教师反馈，各位教师及时做出回应，对教学和实践进行改革。学校各位教师在利用新媒体对学生实习进行管理中发现问题第一时间反馈给学校主管部门，学校据此进一步和企业沟通探索，寻求持续有效的实习方案，遵循有重点、有计划的原则逐步推行。

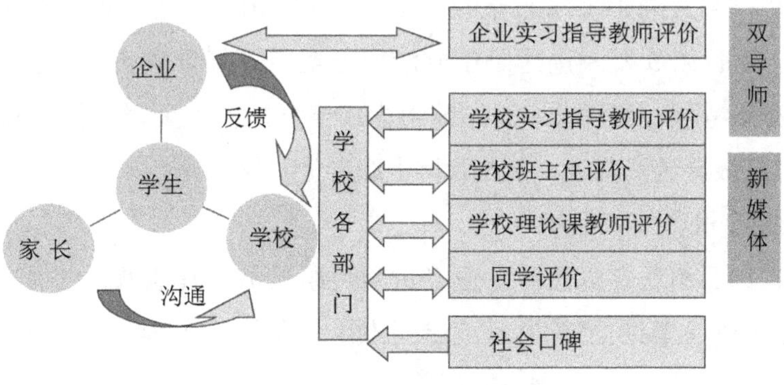

图 2 多主体全方位评价体系

（三）健全实践教学管理系统

本项目研究逐渐健全了我校的学生实践教学管理系统。该系统能够实现对顶岗实习学生的动态管理和实时监控，打破常规管理，既节约了实习管理成本，又使管理更加便捷高效。这一系统实现了我校对学生顶岗实习的网络化、现代化、科学化管理。

（四）校企融合，成绩显著

本项目研究期间，校内外实训基地得到充分利用，学生的综合素质得到提升，在顶岗实习和就业时得到企业认可。我校 50 家市内外顶岗实习基地 2017 年接收旅游专业学生顶岗实习 326 人，2018 年达到 418 人，增长率为 28%。2017 年的毕业生双选会上有 280 人与用人单位达成就业意向，在 2018 年的毕业生双选会上，45 家用人单位与 320 余人达成就业意向，增长率为 14%。总人数差别不大的情况下这两组数据说明我校旅游专业学生素质越来越被用人单位认可。

本项目研究期间，实践教学成果显著。在第十届全国旅游院校服务技能（导游服务）大赛中我校参赛的旅游专业学生获得团体一等奖。夏禹同学在 2018 年全国职业院校技能大赛酒店服务赛项（中职组）荣获一等奖，实现了东北地区本赛项金奖零的突破。2018 年沈阳市职业院校技能大赛导游服务赛项中，我校三名选手包揽该赛项前三名。2018 年辽中区“花大沈”杯全民导游员（讲解员）决赛中旅游专业五名学生被花大沈休闲养生度假区聘为特约兼职导游员。

本项目研究期间，我校共有 10 名教师入选 2018 年沈阳市旅游志愿者讲解员队伍，项目组成员马萍老师 2018 年入选“兴辽英才”教学名师；杨洪彦老师入围 2018 年万名英才项目；张爱莹、牛艳茹老师撰写的《沈阳故宫凤凰楼》入选第十届全国旅游院校服务技能（导游服务）大赛优秀导游词；梁悦秋、王玲等 9 名教师荣获优秀指导奖；谷月老师《瀑布旅游资源》获得 2018 年辽宁省“理实一体化”优质课一等奖。项目组 5 人入选沈阳市旅游服务类专业指导委员会委员；7 人被聘为辽宁省导游资格考试现场评委；2 人被聘为辽宁省旅游专业教师资格证考试现场评委；2 人取得高级导游资格证；2 人取得中级导游员资格证。

（五）砥砺奋进，铸就品牌

2017 年，项目组所在的旅游专业经过项目组成员和其他教师的共同努力被教育部遴选为“全国职业院校旅游类示范专业点”，这是辽宁省唯一入选的中职旅游服务与管理专业。

四、特色与经验

（一）“引企入教”，合作办学

为了激发企业参与职业教育的原动力，更好地为学生提供跟岗、顶岗实习岗位，我校与康平县旅游局和旅行社合作，开设康旅精英班；与辽宁和平国际旅行社和辽宁益嘉行国际旅行社合作，开设和平国旅班；与沈阳皇朝万鑫合作，开设皇朝万鑫班；与辽中旅游局、亿启来旅游发展有限公司建立密切合作。越来越多的旅游企业参与到学校的专业建设，订单班的逐年增加也充分证明我们的学生已得到企业的认可。冠名班和订单式培养模式，积极调动了企业的参与意识，为学生利用碎片时间进行跟岗实习提供便利条件。

（二）注重评价，助力成才

本项目研究中发现，来自社会各界对顶岗实习学生的评价更为客观全面。旅游专业学生在顶岗实习时面对的是消费者，他们的口碑直接影响旅游企业经营，间接影响校企合作深度。定期关注各种媒体中有关实习学生的评价，注重社会口碑有利于实现旅游人才的供给侧改革，促使学生岗位成才。

（三）服务社会，合作共赢

本项目研究期间，本着“上得了讲台，下得了企业”的原则，项目组成员积极参与各种社会服务工作。在为社会提供服务的过程中，教师的专业素质得到有效提升。2017 年我校旅游专业承办了全国中职学校导游专业骨干教师培训班和沈阳市职业院校导游服务专业技能大赛。学校还承办了 2017 年全国中高级导游人员资格考试和 2017 年全国导游资格考试（辽宁考区）外语加试。

学校与沈阳市旅游委、辽宁省导游协会、辽宁省旅游业商会等合作组织旅行社及酒店管理人员培训、在职导游人员系列公益培训。项目组教师 2017 年培训人数为 1366 人次，2018 年达到 2115 人次。

2018 年沈阳市旅游服务类专业教师“研训一体”培训在我校进行。项目组成员马萍老师也为学员做了专题讲座。

本项目研究期间，项目组成员仲涛、梁悦秋、马萍、李君娜、王玲等分别被聘为 2017 年和 2018 年沈阳市旅游服务（旅游）类专业教学指导委员会主任委员、委员和秘书长。

2017 年 12 月，辽宁省导游协会在我校宣布成立。学校成为辽宁省导游协会副会长单位。

2017年和2018年项目组共14人次担任全国导游资格考试辽宁考区现场考试评委工作。

（四）示范引领，携手共进

本研究打破了教师照本宣科的课堂教学方法，调动了教师参与实践教学的积极性，增强了学校旅游专业师资，扩大了专业影响力。学校旅游专业被评为辽宁省示范专业，入选“全国职业院校旅游类示范专业点”。2018年1月，大连市旅游中等职业技术专业学校旅游专业教师团队来我校开展专业交流活动；4月，锦州市教育局职教参观交流团来我校参观考察；11月，长春公关学校来我校考察交流。在2018年辽宁省改革发展示范校、辽宁省“对接产业”集群示范专业、沈阳市标志化学校三大项目验收中，专家组成员对旅游专业的识岗、跟岗、顶岗实习工作和项目建设给予了高度评价。

五、专家点评

本项目针对中职旅游学校学生在识岗、跟岗、顶岗实习的三个阶段存在的放羊式状况进行了系统的方案设计，形成了研究报告和十余项配套方案以及实习管理软件和论文等系列成果。本项目成果对改善中职生实践实现“结构化”学习目标具有积极的作用。项目组坚持问题和成果导向，针对性强，其成果具有较普遍的借鉴意义。建议要进一步聚焦实习教学环节，针对如何实现校企双主体育人提出更为科学的设计方案和实习教学体系。

（点评人：董家彪，高级讲师、原广东省旅游职业技术学校校长）

第三篇
研究型英才培养项目

所在单位：华南理工大学
项目负责人：唐金稳
项目指导教师：江金波（华南理工大学）、Allan Williams（英国萨里大学）
项目编号：WMYC20171018

区域旅游创新效率的空间差异及协调对策研究：以珠三角为例

一、项目概述

（一）项目背景

旅游业是创新驱动的产业，从托马斯·库克（Thomas Cook）创办包价旅游，到风靡全球的KFC、Disney等旅游品牌的发展，无不证明创新在旅游发展中的重要作用。但是，旅游企业是中小企业为主，规模有限、资源不足，其可持续发展对外部经济和政策环境具有较强依赖性，成长与发展面临着日益严峻的挑战。因此，旅游企业创新效率是当今旅游业发展的重点议题。

实践层面，国家开始出台相关利好政策，营造促进旅游企业的创新的良好氛围。国务院办公厅发布《关于促进全域旅游发展的指导意见》（国办发〔2018〕15号）中指出，“大力推进旅游领域大众创业、万众创新”，“培育和引进有竞争力的旅游骨干企业和大型旅游集团，促进规模化、品牌化、网络化经营。落实中小旅游企业扶持政策，引导其向专业、精品、特色、创新方向发展，形成以旅游骨干企业为龙头、大中小旅游企业协调发展的格局”。地方政府也纷纷出台促进旅游创新发展的各项政策，如《广东省促进全域旅游发展实施方案》中就强调了“充分发挥乡村旅游创客示范基地引领作用，支持旅游创新平台、创客空间、创新基地等旅游新型众创空间发展”。在国家相关政策的推动下，旅游创新发展进入了快速发展的阶段。

理论层面，旅游创新历来被视为有别于传统的工业创新，其创新内涵与机理也成为研究的热点问题。旅游创新效率是旅游创新研究的核心命题。旅游创新在空间上呈现出何种规律还有待探讨。因此，本研究将聚焦于全国旅游经济非常发达的地区——广东省珠三角，探究区域旅游创新效率的空间差异及协调。

（二）项目意义

1. 理论意义

推动创新地理学理论发展。传统的创新研究主要集中于企业，讨论创新对企业和经济发展的影响，很少涉及地理问题，与空间鲜有联系。但是，创新是一个由多维空间因子决定的复杂地理过程，与人文地理学传统范式密切相关。因此，研究区域旅游创新效率必将丰富传统人文地理以及旅游地理的学科内涵，从而在推动创新地理学理论发展方面具有重要的理论意义。

完善了旅游创新相关理论。旅游业是创新主导的产业，创新是旅游持续发展的原动力。但是与工业创新、技术创新相比，旅游创新的研究尚处在起步阶段，对旅游创新机制研究、旅游创新效率测评相对不足。本研究将深化区域旅游创新系统认识，构建研究旅游创新效率指标体系，并进行测量，从而归纳总结旅游创新的空间演变规律。研究区域旅游创新效率，将进一步丰富旅游创新理论研究。

深化了服务创新理论研究。目前，制造业中的技术创新效率研究成果较多，指标体系比较，对科学研究方法相对多样。但是，服务创新测量，尤其是旅游业创新测度研究相当缺乏。已有的旅游创新测度文献存在“技术偏见”，不能体现旅游活动中的创新度。旅游创新和制造业创新的差异主要是前者为非技术性创新。因此，本文将构建能够表征旅游活动创新的创新测量体系，这将深化了服务创新理论研究。

2. 实践意义

首先，有利于客观地认清中国区域旅游创新的实际情况。中国旅游业自改革开放以来取得举世瞩目的骄人成绩，出现了诸多新业态、新产品、新市场和新技术。但是，旅游创新活动是否资源最优化、效率最大化亟须深入探讨。旅游创新研究将会系统了解旅游产业创新发展实际水平以及提升空间。

其次，为转变旅游经济增长方式提供政策依据。当前中国旅游业正处于提质增效的转型期，创新将成为旅游经济新的增长点。总结旅游创新活动的一般规律，从产业创新发展角度探讨旅游资源合理配置、创新政策优化、创新效率提高等对策，为旅游经济增长方式的转变提供政策依据。

（三）预期目标

在国家文旅部的大力支持下，本项目获批后拟实现以下目标：

（1）完成高质量的学术论文 1 篇，以实践为基底，探索理论前沿；

（2）完成旅游规划项目 1 项，促进地方产业发展；

（3）支持旅游公益事业，提高旅游事业的社会参与度。

（四）项目执行情况

项目开展一年以来，按时按质的完成了拟订目标，产生了积极的学术效益、社会效益等，具体完成的内容如下：

1. 学术成果

首先，以区域旅游创新效率协调度为研究内容，项目研究了：

（1）珠江三角洲旅游创新的协调发展研究（已见刊）；

（2）区域旅游创新协调度的时空演变研究（论文终审阶段）。

其次，以旅游产业创新效率为研究对象，项目聚焦了：

（1）基于 DEA 指数的旅游装备制造企业生产效率测量（已见刊）；

（2）关于加快推进旅游装备制造业发展的实施意见（政府报告）；

（3）旅游企业网络关系和旅游创新（英文，最终审稿环节）。

2. 旅游服务

首先，主持地方旅游规划项目的开展和实施：

（1）广东省旅游装备制造业发展研究报告；

（2）广州市交通运输职业学校校园景观和文化空间提升概念性规划（2017—2026）；

（3）广州现代服务业结构优化与集聚集群集约发展研究。

其次，旅游扶贫和旅游培训等项目的开展：

（1）孟连傣族拉祜族佤族自治县旅游发展总体规划（2016—2025）；

（2）广东省导游考评委资格考试评委，对旅游从业人员能力进行测评考核；

（3）起草省旅游装备制造业文件《关于加快推进旅游装备制造业发展的实施意见》。

再次，编写旅游学术专著：

积极参与著作《旅游策划原理与实务》撰写，执笔旅游市场营销的组合策划、旅游品牌策划等内容，该书已经由重庆大学出版社出版发行。

二、项目内容

（一）科学论证旅游协调创新发展机理

本项目以广东省旅游产业为研究对象，科学地解释了广东省旅游产业数年领先全国的原因——创新驱动旅游发展的引擎效应。围绕旅游创新发展这一主题，本项目运用经济地理学的相关理论解释了旅游创新发展的经济学现象。

1. 珠江三角洲旅游创新的协调发展研究

以珠江三角洲九城市为研究对象，借用区域创新二象对偶评价模型，构建区域旅游创新评价指标体系，测算区域旅游创新综合发展水平以及协调发展水平。通过对区域旅游创新的综合发展水平、协调水平进行评价，发现珠三角九市旅游创新发展呈现U型的不协调发展态势。其中广州、中山的旅游创新能力较强，但是协调度不高；深圳的旅游创新能力较强，协调度较高；其他6城市的旅游创新综合水平较低，协调度较高。

2. 广东省区域旅游创新协调度的时空演变研究

本研究采用系统学理论，构建区域旅游创新评价指标体系，将区域旅游创新系统分为创新能力系统和创新效率系统，采用离差算法，对广东省2005—2006年、2010—2011年、2015—2016年3个节点数据进行测算以分析各地市旅游子系统的创新协调水平，从而揭示区域旅游创新协调能力的“时间上波动、空间上差异”的时空特征。对广东省四大创新变化型城市分类后，研究发现：旅游创新系统是自我调整和优化的系统；该系统能力子系统和效率子系统协调共生；系统协调值的时空变化符合“中心—边缘”的空间衰减规律和经济周期变化规律。

（二）提出促进旅游协调创新发展的对策

继续加大旅游创新投入，提升旅游创新产出。首先，不断完善旅游创新环境，大力营造旅游创新氛围，尤其是旅游创新协调能力一直较低的粤西与粤北地区（吴士健等，2018），应确保创新型旅游人才和旅游创新经费投入，以珠三角旅游创新群为标杆，努力打造旅游创新学习型区域（Hassink等，2012）；其次，着力提升旅游业创新产出能力，以旅游创新促进区域经济增长。旅游创新产出离不开旅游知识生产与转化，这需要各市培养创新性旅游人才，既包括创新理论研究的学者专家型人才，也需要一批扎根于旅游创新实践一线的“旅游工匠”。

不断提高旅游创新效率，促使系统自身协调发展。努力提高旅游业中科技转化效率和转化水平，推动区域旅游创新子系统的协调发展，从而提升创新对区域旅游及区域经济的促进作用。此外，产业创新效率离不开产业集聚与知识溢出，因此，需要建立永久性旅游产业集群的知识交换机制，营造密集知识循环和知识创造的重要空间与场域（朱贻文等，2017）。

缩小地区差异，打造具有地区特色的旅游创新格局。珠三角地区需要继续提升原创力，立足创新系统的空间临近性，构建企业家关系网络，加强产业集群对区域旅游创新的带动作用（吴士健等，2017），增强区域城市群经济辐射作用，扩展旅游产业的国际影响力。粤西城市可以采用模仿创新，借鉴省内外如惠州、青岛等典型的滨海旅游城市，在模仿与吸收基础上，结合区域实际进行创新；粤东采取合作创新模式，拓宽区域系统内部旅游产业和其他产业的合作，加强与珠三角地区的区域资源整合，促使旅游业跳跃式发展。粤北地区结合自身优质资源，差异化发展，培育壮大区域特色的旅游新经济和新产品，遵循破坏性创新轨迹。

加强区域合作，促使区域创新系统不断完善。协同创新的过程，是区域间增长传递的实现过程。为加速旅游创新扩散和溢出，应充分发挥空间邻近性对旅游创新的促进作用（胡杨等，2017），发挥粤港澳大湾区城市群中香港、澳门对珠三角地区旅游创新辐射作用，加强广州、深圳与其他城市之间的合作创新，构建跨区域旅游创新网络，推动区域间共同设计旅游发展新议题、互联互通旅游创新要素，构建区域旅游创新共同体。

（三）密切加强国内与国际交流合作

规划中心积极开展国际交流合作，其项目负责人与团队成员先后受邀参观世界旅游组织，学习旅游规划的国际经验。由于项目负责人在旅游规划方面的卓越贡献，其已经获得了国际古遗产遗迹协会（ICOMOS）会员资格。此外，项目负责人在国家教育部以及所在单位华南理工大学的资助下前往英国萨里大学（旅游专业全球排名前五），与全球旅游创新研究顶级专家 Allan Williams 教授合作，并在国内江金波教授带领下与萨里大学在人才培养、学术合作全面开展进行学术交流，并取得了诸多成果，如，以该项目为依托的研究已经获得了英国牛顿基金（Newton Fund）资助。此外，项目负责人还积极参加国际旅游规划学术研讨会，加强国际交流合作，学习国外先进经验与技术，拓宽国际视野，为本人所在单位开拓国际市场奠定良好基础。

（四）积极推动旅游产业发展

除了学术研究的不断积累以外，项目负责人还积极地将旅游理论研究服务于地方产业发展，将科研成果产业化。项目立项以来，本人已经成功参与了多项旅游规划与咨询活动，如：创意设计、旅游扶贫、旅游服务和旅游公益等活动。

严格按照立项要求，积极推进地方旅游规划项目的实施开展。在项目规划设计方面，不断创新，追求新意，其中，承接的规划项目有《广州市交通运输职业学校校园景观和文化空间提升概念性规划（2017—2026）》，该规划主要解决了校园文化塑造、校园旅游开发等难题，创意进行了景观空间生产与再造。此外，申请人还领衔团队承接了《广东省旅游装备制造业发展研究报告》等项目，该项目是全国首个对旅游装备制造业的市场精准把脉与产业空间布局规划，由于该产业是新兴产业，其难度较大，但是项目出色完成并得到了省旅游局的高度评价；除了旅游业，本中心还致力于包括旅游业的地方服务产业的规划发展，如《广州现代服务业结构优化与集聚集群集约发展研究》。旅游扶贫方面，积极响应国家“旅游扶贫”“开展边境旅游”等号召，积极主动地对口支援云南省普洱市孟连县经济发展，推动各项公益旅游以及扶贫旅游项目的开展，帮助孟连县制订《孟连傣族拉祜族佤族自治县旅游发展总体规划（2016—2025）》，并指导规划中专项项目的开展。将常年担任旅游景区、旅游规划公司等旅游企业的决策咨询专家，目前承担的行业服务工作有：起草广东省旅游装备制造业政府文件《关于加快推进旅游装备制造业发展的实施意见》，积极参与到国家导游考试的考评委工作（2016年度），对导游从业人员的技能与素质进行严格考核与指导。项目负责人还积极举办各种公益讲座，指导地方旅游产业发展及旅游规划的开展实践，其中有：受山西省旅游局邀请给山西省中高级导游研修班以及山西省旅游师资素质提升班讲授《解析导游体制改革》，受清远市旅游局邀请的给市旅游局机关人员传授的《旅游市场营销专题讲座》，以及在广东水利水电职业技术学院举办的《如何做一个成功的旅游人》等讲座，这些公益讲座在行业中引起了强烈的反响。

图1　规划实践成果图（部分）

总之，在国家与地方相关部门的大力支持下，在所在单位的全程指导下，过去的两年中，本人的“区域旅游创新效率的空间差异及协调对策研究：以珠三角为例”项目已经取得了骄人的成绩，一定程度上促进旅游科学理论研究，并带动了广东省旅游业的提质增效，推进旅游业供给侧改革，规范旅游市场，提升旅游质量，拓展和延伸旅游功能，推动旅游业转型升级，以科学的旅游规划促进旅游发展与扶贫开发、农村发展、生态保护、全域旅游发展等方面发挥着巨大作用，本人将总结过去经验以及不足之处，在积极传播先进经验的同时，不断提升业务水平和科研能力，今后将继续为广东省的旅游产业发展添砖加瓦。

三、项目成果

（一）学术效益

鉴于项目的依托单位是国内旅游专业较强的著名985高校——华南理工大学，在学校的大力支持下，在导师的精心指导下，本人不断地从实践中汲取养分，并在学术上寻找新的命题。企业实践有力推动了学术繁荣与学科发展。项目主持人已经刊发学术论文3篇，在审2篇，其中，学术论文《基于DEA–Malmquist指数的旅游装备制造企业生产效率测量——以9家旅游装备制造业上市公司为例》刊发在《企业经济》，其也是规划项目《广东省旅游装备制造业发展研究报告》的重要成果之一。学术论文《珠江三角洲旅游创新的协调发展研究：二象对偶理论的视角》获得了首届“珠江流域旅游发展”高峰论文征文活动一等奖。积极参与著作《旅游策划原理与实务》撰写，执笔旅游市场营销的组合策划、旅游品牌策划等内容，该书已经由重庆大学出版社出版发行，社会反响较好。此外，申请人积极拓宽国际合作渠道，为华南理工大学和萨里大学学术交流牵线搭桥，并将国内先进的实践经验介绍给国际学者。

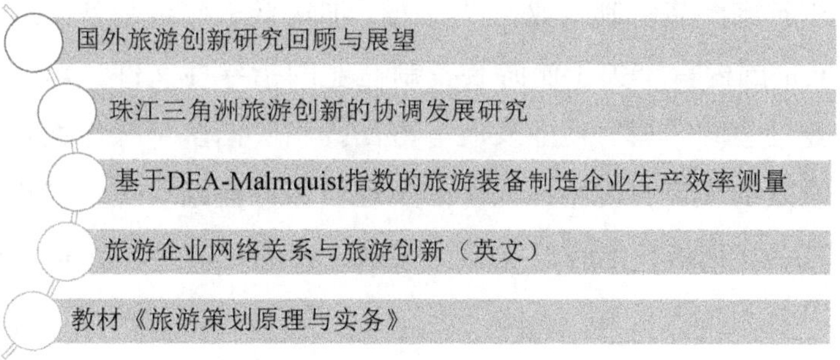

图2　部分学术成果摘选

（二）经济效益

项目的开展一直以服务地方产业发展为己任，所承担的规划项目多方面地推动了地方旅游业的快速发展，给地方旅游产业发展进行把脉，提出战略。

规划并指导实践，这将直接促进了地方产业结构的优化升级，如《广东省旅游装备制造业发展研究报告》《广州现代服务业结构优化与集聚集群集约发展研究》等，其中旅游装备制造业的研究是国内的首个研究项目，对产业经济增长有着重大作用；此外，《广州市交通运输职业学校校园景观和文化空间提升概念性规划（2017—2026）》作为一个创意设计规划提升了学校的文化景观，并推动了学校的招生规模扩大，以及学校的到访人次。此外，项目负责人多次担任旅游景区、旅游企业的发展顾问，在目的地形象塑造、景区优化、企业发展发挥着巨大作用。

（三）社会效益

社会效益主要体现在人才培养、旅游扶贫等方面。其中，针对旅游规划人才、旅游管理人才、旅游一线从业人员匮乏的现状，在规划之余，一直把旅游人才培养作为工作重心，已经为行业发展输送了大量的旅游精英人士，并给大中专院校多次授课，提升了学生的专业技能。此外，积极响应国家旅游局“旅游扶贫”发展战略，多次带队前往云南边境小城孟连傣族拉祜族佤族自治县指导旅游发展，并义务为该县量身订制了旅游发展总体规划的设计，得到了地方政府的高度评价。因此，以规划促旅游发展，以旅游发展带动地方经济发展的思路在实践中发挥了很明显的经济外部效应。对经济欠发达地区的规划设计也增强了当地居民的幸福感知，以及少数民族的民族认同与文化传承。

（四）政策效益

本人作为多家机构的核心成员，如：中国自然协会、中国古遗迹保护协会等，也是地方政府的智力支撑，在地方经济发展的政策制定上也发挥了重要作用，其中，起草了广东省旅游装备制造业文件《关于加快推进旅游装备制造业发展的实施意见》，该意见是国内首个关于旅游装备制造业的指导性文件，影响深远，在地方旅游装备制造业的空间布局、产业发展等方面提出了诸多可操作性建议。此外，参与地方服务业发展的决策咨询中，如《广州现代服务业结构优化与集聚集群集约发展研究》，协调旅游业和其他服务业结构关系，使得地方经济保持可持续性的竞争优势。

四、特色与经验

本项目所依托单位的是坐落在旅游资源极其丰富的羊城国际著名高等学府——华南理工大学，其学科种类齐全，科研能力很强，该校以工见长，理工结合，管、经、文、法等多学科协调发展的综合性研究型大学。轻工技术与工程、食品科学与工程、城乡规划学、材料科学与工程、建筑学、化学工程与技术、风景园林学等学科整体水平进入全国前十位，这些优势学科为区域旅游规划的开展提供了必要的技术与手段。在这样的背景下，本项目的实施也积累了诸多可以推广的典型经验，主要如下。

（一）理论引导实践：依托前沿理论、聚集国际智慧、发挥学术效应

华南理工大学旅游发展与规划设计中心坚持“理论先行，学术反哺行业”经营理念。在教授、博士生导师、博士、硕士等旅游精英人士的共同参与下，该项目启动以来的相关学术成果累累：已经获奖数项，在国际、国内期刊上发表学术论文数篇。其中，项目主持人的牵头已经刊发文章3篇，在审2篇，并参与出版学术专著《旅游策划原理与实务》，学术论文《珠江三角洲旅游创新的协调发展研究：二象对偶理论的视角》获得了首届“珠江流域旅游发展”高峰论文征文活动一等奖，等等。这些诸多的学术成果为规划研究提供了理论指导，使规划项目具有一定的前瞻性与操作性。同时，借鉴国外先进做法与理论，吸纳国际旅游规划专家与人才，在进行地方旅游规划设计时注入更多的国际元素，并积极地吸引国际游客。利用理论指导实践以及拓宽国际合作渠道等方法已经成为规划项目质量提升的双驱元素，这一大胆的尝试和突破迅速得到同行的认可，开始逐渐成为旅游规划行业的可借鉴经验。

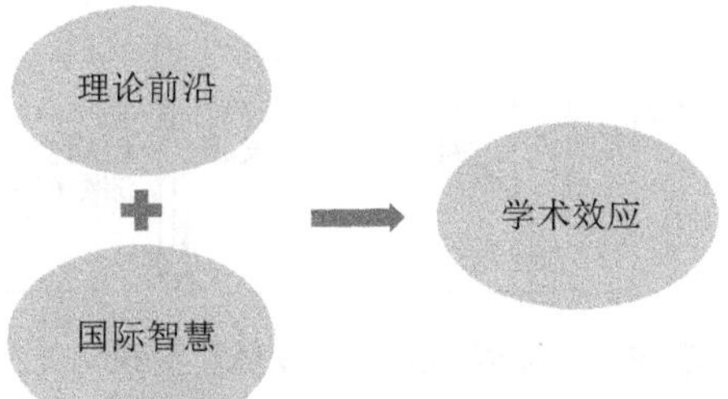

图3　理论引导实践示意

（二）学术支撑产业：产学研密切结合

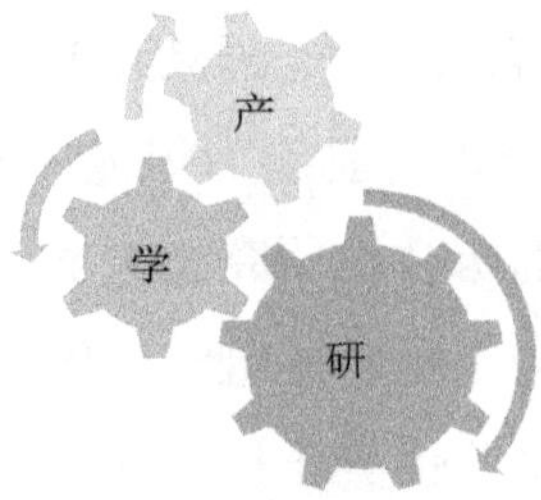

图4　产学研结合图

旅游研究不是纯粹的纸上谈兵、闭门造车，更多的是地方旅游产业与学术界对话的空间。我们坚持在产学研相结合下进行旅游规划实践，进行资源整合，服务地方产业，也促进教学研究。所谓的产学研即产业、学校、科研机构等相互配合，发挥各自优势，形成强大的研究、开发、生产一体化的先进系统并在运行过程中体现出综合优势。产，即企业的市场经济，是指在市场经济的前提下旅游公司寻找更加适合企业发展的合作方式，以科研机构、高校的人才、研究成果输出作为旅游企业发展的原动力；学，即高校人才的培养计划，也就是本中心的人才培养能更加适应社会企业的需求，以高素质的专业人才来完成对行业内的转型需求；研，就是科研机构的科学技术研究，借助社会企业的良好平台及资源，科研机构在技术上的开发的同时完成对研究方向的规划，以单纯的技术型研究机构转型成技术、方向性兼顾的研究结构，同时规划成果将推动旅游企业以及行业的整体发展。本项目的产学研的特色体现以下三大版块：

版块1，以“旅游创新协调发展”为主题的从产业→理论1→理论2的链式轨迹将研究层层推进。

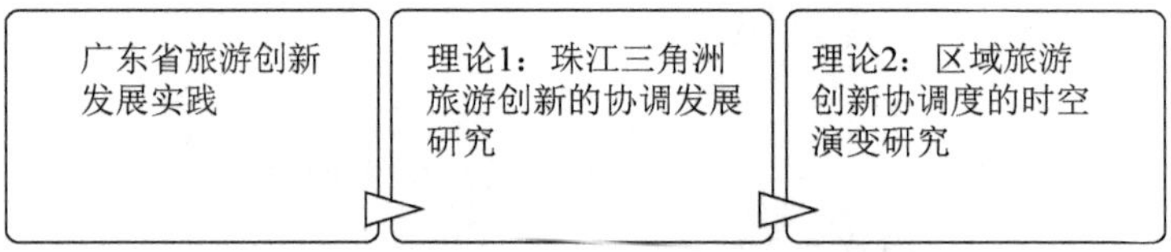

图5　“旅游创新协调发展”主题研究

版块2，以“旅游装备制造业”为主题的从产业→理论→政策的螺旋式研究路径。

图 6　“旅游装备制造业”主题研究

版块 3，以“广东旅游产业发展”为主题，而以旅游规划、旅游研究、旅游服务等为主要内容的网络式轨迹展开研究。

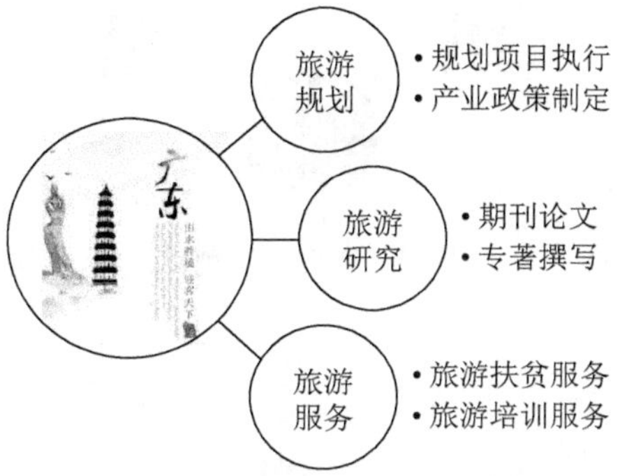

图 7　“广东旅游产业发展”主题研究

（三）创新驱动发展：政策创新、技术创新、人才创新

项目的实践坚持创新驱动发展，创新提升质量，主要体现在政策创新、技术创新和人才创新三个方面。其中，政策创新是指严格遵守国家以及地方旅游局的旅游发展政策，以规划完善管理，加强学术交流；技术创新，我们中心成员不断提升规划能力，采用各种现代化的智能手段进行旅游规划设计，也运用地理遥感技术、大数据技术等现代化的方法进行旅游市场的规划分析，并不断找到学术命题。人才创新，主要体现在联合全球著名萨里大学一起培养旅游规划专业人才，并充分发挥人才在地方旅游产业发展的积极作用。

图 8　创新驱动发展

（四）研究方法：案例剖析、现场观摩、多方交流

研究方法上不断创新，主要集中在案例剖析、现场观摩和多方交流。在寻找研究命题时，我们将大量研究国外的典型案例，从案例中提取学术灵感和研究价值。我们还多次到旅游目的地、景区、企业等旅游实践的现场进行调研与学习，与同行互动获得研究的学术命题。并参加一些国内的学术会议、行业会议，拓展学术研究的专家顾问的社会网络，并将研究的成果以及研究中问题与多方专家交流，并不断改进与创新。

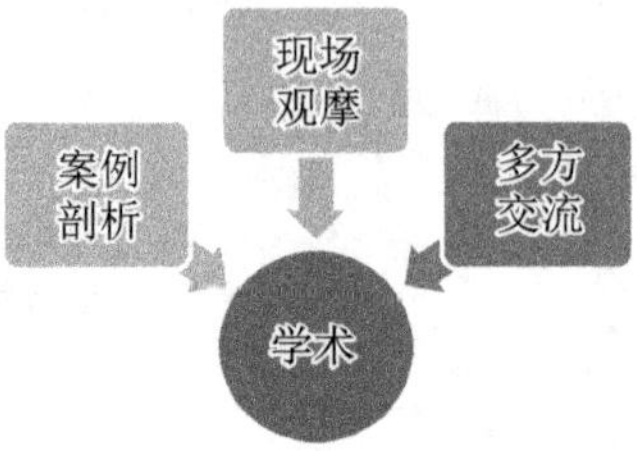

图9　研究方法创新

五、专家点评

该研究项目选题为："区域旅游创新效率的空间差异及协调对策研究：以珠三角为例"，选题具有较好的理论价值和现实指导意义。该作者已经在《地理研究》《旅游科学》《经济地理》《企业经济》《旅游地理（外刊）》等国内外顶级学术期刊上投稿学术论文5篇，其中已刊2篇，录用待刊1篇，进入终审2篇。从其已发表的论文看来，唐同学的研究问题相对聚焦，能从现象中发现问题，具有较好的现实指导意义，且论文论证到位，论据翔实，方法较为科学，内部逻辑性强，说明该作者具备很好的独立科研能力，已很好地完成了其所申请的课题任务。

（点评人：林德荣，厦门大学管理学院教授、旅游与酒店管理系系主任）

所在单位：湖南师范大学
项目负责人：谭华云
项目指导教师：许春晓
项目编号：WMYC20171026

“候鸟型”旅游驱动乡村绅士化发展机制研究：以巴马为例

一、项目概述

（一）项目背景

全球范围的生活方式流动与迁移现象在规模、范围和强度方面显著增加，代表了一种新的生活方式和流动现象[①]。我国康养型乡村持续吸引城市中产阶层为主的康养人群前来开展“候鸟型”旅游与长居生活[②]。我国正在步入美好生活与舒适人居环境营造的新时代，乡村振兴战略下，乡村地域的“流动中的美好生活”与城乡要素双向流动下的乡村发展成为时代命题。“候鸟人”在迁入地乡村自发集聚，其将旅游与生活相融合的空间实践生产出嵌入式的、流动的、“共趣”亚文化圈的社会生活空间，乡村人口结构、住宅结构条件、经济生产方式、景观环境与文化治理方式悄然转型，代表了乡村绅士化发展的新类型。

（二）项目意义

1. 理论意义

（1）借鉴舒适移民概念对“候鸟型”旅游现象进行概念界定，研究舒适移民日常“美好生活”空间实践，是对生活方式 / 休闲消费导向的流动性理论研究的补充。

（2）确定舒适移民型乡村绅士化发展的表征维度，构建舒适移民型乡村绅士化发展指数（Amenity migration based rural gentrification Index，AMB–RGI），对舒适

① Cohen S.A，Duncan T，Thulemark M. Lifestyle mobilities：The crossroads of travel，leisure and migration［J］. Mobilities，2015，10（1）：155–172.

② Kou L，Xu H，Hannam K. Understanding seasonal mobilities，health and wellbeing to Sanya，China［J］. Social Science & Medicine，2017，177（3）：87–99.

移民型乡村绅士化的时空格局和形成机制进行研究，能契合实际地为全球生活方式流动背景下的乡村绅士化发展的规律揭示提供中国语境的案例支撑。

2. 实践价值

（1）阐析舒适移民群体特征类型、聚居生活空间分布和日常生活特征，能为迁入地发展舒适移民经济提供数据支撑与决策支持。

（2）案例区是舒适移民（“候鸟人”）集聚区，也是国际养生旅游目的地、全国全域旅游示范区和国家级旅游扶贫示范区，发展舒适移民经济，对产业融合发展、旅游扶贫和乡村转型发展具有典型示范意义。案例区长寿乡村是我国舒适移民型乡村绅士化的缩影，对其乡村绅士化发展的细致深入研究，可为我国乡村转型发展与乡村人地关系的健康可持续发展提供案例启示与决策参考。

（三）项目目标

1. 预期目标与目标执行

通过对广西巴马盘阳河流域这一典型区域的扎根研究，力求达到三个目标：①构建舒适移民型乡村绅士化研究理论框架；②探索舒适移民型乡村绅士化发展的时空格局；③洞察分析舒适移民型乡村绅士化发展的影响效应及其调控路径。

为完成项目预期目标，研究团队做了扎实的实地调研和大量的文献分析，①通过扎根理论研究方法构建出舒适移民型乡村绅士化研究理论框架；②确定舒适移民型乡村绅士化发展的表征维度，构建舒适移民型乡村绅士化发展指数（Amenity migration based rural gentrification Index，AMB-RGI），详细阐释舒适移民型乡村绅士化发展的时空格局；③通过田野调查评估舒适移民型乡村绅士化发展的影响效应，提出相应的调控理念与路径选择。

2. 代表性成果

（1）论文1：谭华云，许春晓 . 舒适移民驱动的乡村绅士化发展特征与机理分析——以巴马盘阳河流域长寿乡村为例［J］. 经济地理，2019，39（01）：207-214+232.（中文核心期刊，CSSCI 来源期刊）

（2）论文2：谭华云，许春晓 . 巴马盘阳河流域季节性移民社区类型与形成机理［J］. 人文地理，2018，33（05）：46-54.（中文核心期刊，CSSCI 来源期刊）

二、项目内容

巴马县是我国最为典型的长寿之乡，也是“候鸟人”旅游生活 / 长居现象（舒适移民）最为突出的县域之一。综合文献梳理、政策引领和产业实践，课题选取广西巴马县盘阳河流域为案例区，在研究准备、综合调研与系统分析、全面总结的三个研究阶段中注重问题导向。项目基于实用主义研究范式，以扎根理论方法指导数据搜集与研究分析，基于文献综述，明晰“候鸟人旅游”和乡村绅士化的概念，综合运用微观地域调查法、文献分析法、构建指标测度法和 Arc-GIS 核密度分析法来获取和分析多种来源的数据资料。从时空发展与人地关系的综合视角，以“人”的生活（舒适移民特征类型、日常生活与生活空间实践）—“地”的变迁（舒适移民型乡村绅士化发展的时空特征）—“人地”互动关系（舒适移民型乡村绅士化发展的形成机制与效应调控）为研究主线，形成“三条主线、六项内容”的“候鸟型”旅游驱动的乡村绅士化的解释性框架，形成六个有机互补、有力支撑、自成系统的子研究。

（一）研究准备阶段（2017 年 7—12 月）：文献梳理与调研

1. 研究方式

基于对巴马盘阳河流域“候鸟人”旅游现象的学术兴趣，通过非参与式观察、开放性访谈、文献梳理进行概念内涵界定，并确定研究主题。

2. 研究内容

（1）辨析并界定概念：舒适移民与乡村绅士化

系统梳理“候鸟人”主体类型、生活实践、对迁入地的影响，把握乡村绅士化发展的背景脉络、表征维度、机理与影响效应的理论研究前沿与动态。确定以季节性移民（时空视角）和舒适移民（人—地视角）为概念术语展开“候鸟人”旅游研究。

舒适移民内涵与条件：①居停形式，以 1 个月以上的季节性旅游（1~6 月）或长居迁移（6 个月以上），表现为“候鸟式”的季节性旅游和“蒲公英”式的植根型长居（半年以上，向永久居住转化）；②迁移主体，迁移旨在寻求舒适生活环境和更好生活方式，包括纯粹休闲消费的舒适移民（amenity migration），也包括经济资源主要依靠来源地，在迁入地从事经济活动的舒适导向移民（amenity-led migration）；③住所性质，依附于目的地的某种住所（拥有产权或一个月以上的较长期租赁）。

乡村绅士化内涵与条件界定：①绅士（gentrifiers），以中层阶层为主流人群，也包含艺术家、退休移民、舒适移民、生活方式移民、休闲消费移民、旅游移民和本地精英多样化的社会群体。②绅士化的乡村社会空间。乡村社会空间的变化过程缘起于较高社会阶层直接侵入或间接置换较低社会阶层的社会生活空间。

（2）研究问题：舒适移民如何引致乡村社会生活空间变迁

基于对舒适移民现象的学术兴趣与对案例区舒适移民（“候鸟人”）现象的长期关注，本文采用扎根理论方法进行资料的搜集与分析，对舒适移民迁入地的主要生活群体（舒适移民与东道主）与相关利益行动者（地方政府、开发经营商）最为关注的三个子问题进行理论思索：

子问题1：谁是舒适移民，舒适移民在哪生活，舒适移民怎样生活？

子问题2：巴马盘阳河流域从本地人居住的长寿乡村到舒适移民与本地人共享的健康美好生活空间，经历了什么过程，各个村屯社会生活空间出现了什么变化？

子问题3：舒适迁移为什么会引致乡村社会生活空间变迁，对当地的影响效应好/不好吗？怎么应对？

基于此，本文提出“舒适移民如何引致乡村社会生活空间变迁”这一学术问题。西方舒适移民/生活方式移民/“永久游客”驱动的乡村绅士化发展的研究成果[①②]给予本项目很好的启发。西方研究表明乡村绅士化并不是一个均质的、无差别的现象。我国乡村绅士化尚处于发展的初级阶段，大都市城郊文化创意产业驱动的绅士化现象[③]和梯田遗产旅游过程中的哈尼族人自主稻作创业引致的自我绅士化[④]引起了学术关注。当前我国康养导向的舒适移民在乡村的季节性旅游和长居生活的流动现象日趋增多，驱动乡村社会空间转型发展，是乡村绅士化的衍生类型，代表了我国语境下的乡村绅士化发展的新趋势。本文采用舒适移民术语对此类迁移现象进行研究，以绅士化（gentrification）理论对舒适移民引致的乡村社会空间变迁这一学术问题做出理论解释。

（二）综合调研与系统分析阶段（2018年1—9月）：数据搜集分析与理论形成

1. 研究方式

以扎根理论方法指导数据搜集与研究分析，综合运用微观地域调查法、文献分析法、构建指标测度法和Arc-GIS核密度分析法来获取和分析多种来源的数据资料。

① González P A. Heritage and rural gentrification in Spain：the case of Santiago Millas［J］.International Journal of Heritage Studies，2017，23（2）：125-140.

② Hines J D. Rural gentrification as permanent tourism：the creation of the “New” West Archipelago as postindustrial cultural space［J］. Environment and Planning D：Society and Space，2010，28（3）：509-525.

③ 张娟，王茂军. 乡村绅士化进程中旅游型村落生活空间重塑特征研究——以北京爨底下村为例［J］. 人文地理，2017（2）：137-144.

④ Chan J H，Iankova K，Zhang Y，et al. The role of self-gentrification in sustainable tourism：Indigenous entrepreneurship at Honghe Hani Rice Terraces World Heritage Site，China［J］. Journal of Sustainable Tourism，2016，24（8-9）：1262-1279.

从时空发展与人地关系的综合视角，以“人”的生活（舒适移民特征类型、日常生活与生活空间实践）—“地”的变迁（舒适移民型乡村绅士化发展的时空特征）—“人地”互动关系（舒适移民型乡村绅士化发展的形成机制与效应调控）为研究主线，形成“三条主线、六项内容”的“候鸟型”旅游驱动的乡村绅士化的解释性框架，形成六个有机互补、有力支撑、自成系统的子研究：

2. 研究内容

（1）“人”的特征类型

巴马盘阳河流域的舒适移民以退休人群为主，在职业、教育、财富上具有中产阶层特征，迁移旨在过健康美好生活，表现为季节性旅游和长居生活，呈现出从“旅游”向“生活”过渡的特征。舒适移民类型分化为季节性旅游者、健康移民、生活方式型企业主移民和度假移民。

（2）“人”的生活

阐释“候鸟人”居住、饮食、购物、休闲、医疗保健、社交、公益等日常活动特征；“候鸟人”在迁入地自发集聚，其日常生活具有近居住地和向康养景区的空间特征。“候鸟人”聚居生活空间类型分化为原生型长寿屯落、商业生活街区、田园度假村和高端养生小区，呈现出从嵌入、融入东道主生活空间向“候鸟人”飞地过渡的发展趋势。

（3）“地”变迁的过程特征

乡村人口阶层、住宅类型与结构、经济产业结构，景观设施、人文治理的重构与转向共同表征舒适移民型乡村绅士化发展。通过梳理舒适移民型乡村绅士化发展过程的背景与脉络，展演出绅士化发展的动态化和多元化趋势，映射出绅士化从散点分布向团块扩张的空间特征。萌芽阶段，形成了自下而上的发展路径，生产出散点状的绅士化的乡村社会生活空间。成长阶段，形成自下而上和自上而下的发展路径，扩张出散点状与团块状并置的绅士化的乡村社会生活空间。发展阶段，自上而下的发展路径占主导地位，形塑出较为集聚的绅士化的乡村社会生活空间。

（4）“地”变迁的空间分异

构建舒适移民型乡村绅士化水平评价体系，以舒适移民聚居生活空间（自然村/街区/小区）为单元，对巴马盘阳河流域舒适型移民型乡村绅士化发展水平进行测度与汇总分析，发现舒适型移民型乡村绅士化水平具有明显的聚居生活空间类型和微观地理区位的分异特征，并呈现出集聚化和非均质发展的空间特征。

（5）人地互动机制

构建舒适移民型乡村绅士化水平评价体系，以舒适移民聚居生活空间（自然村/街区/小区）为单元，对巴马盘阳河流域舒适型移民型乡村绅士化发展水平进行测度与汇总分析，发现舒适型移民型乡村绅士化水平具有明显的聚居生活空间类型和微观地理区位的分异特征，并呈现出集聚化和非均质发展的空间特征。

（6）人地互动效应及调控

舒适移民型乡村绅士化的影响效应具有综合性，积极效应包括乡村“租金差”得以实现，常住人口的增长，经济复兴，社区福祉增进，重焕生机；负面效应包括“癌症村”负面形象、环境退化、生活空间冲突和长寿文化的“去地方化”。应秉持“统筹发展、共生共荣、主客共治、环境关照”的理念，采取因地制宜、因势利导的调控策略来引导舒适移民健康美好生活实践和乡村社会空间的和谐发展。

（三）全面总结阶段（2018 年 10—12 月）：全面总结与理论成果发表

1. 研究方式

全面总结，发表理论研究成果，撰写研究报告，做好结题工作。

2. 研究内容

梳理阶段性理论研究，发表学术论文。

三、项目成果

（一）理论成果

项目研究取得了较为丰富的阶段性理论成果（学术论文 3 篇，其中 2 篇为双核心期刊）与最终成果（研究报告 1 篇）。

1. 完成的阶段性成果：学术论文 3 篇

论文 1：谭华云，许春晓 . 舒适移民驱动的乡村绅士化发展特征与机理分析——以巴马盘阳河流域长寿乡村为例［J］. 经济地理，2019，39（01）：207-214+232.（中文核心期刊，CSSCI 来源期刊）

论文 2：谭华云，许春晓 . 巴马盘阳河流域季节性移民社区类型与形成机理［J］. 人文地理，2018，33（05）：46-54.（中文核心期刊，CSSCI 来源期刊）

论文 3：谭华云，韦肖雄 . 社群理论视角下的养老旅游地生活空间研究——以广西巴马盘阳河流域长寿乡村为例［J］. 河池学院学报，2018，38（04）：57-62.

2. 完成的最终成果：研究报告 1 篇

研究报告：《巴马盘阳河流域“候鸟型”旅游引致的乡村绅士化发展研究》，2

万字。

（二）重点

（1）对案例区多个村屯的“候鸟型”旅游的访谈资料进行编码，分析“候鸟型”旅游 / 舒适移民引致乡村绅士化发展的维度，分析乡村绅士化发展阶段历程；

（2）构建舒适移民型乡村绅士化发展指数（Amenity migration based rural gentrification Index，AMB-RGI），测算案例 19 个舒适移民聚居生活空间单元的乡村绅士化发展水平（RGI），分析舒适移民型乡村绅士化发展的空间分异特征与规律；

（3）分析舒适移民型乡村绅士化发展的形成机理、影响效应及调控策略。

（三）难点

（1）科学构建舒适移民型乡村绅士化发展指数（Amenity migration based rural gentrification Index，AMB-RGI）体系。

（2）从理论层面揭示舒适移民型乡村绅士化发展作用机制；

（3）舒适移民型乡村绅士化发展效应调控思路与策略。

（四）创新点

（1）探索了舒适移民型乡村绅士化水平测度方法：构建舒适移民型乡村绅士化发展指标体系（AMB-RGI），评析案例区 AMB-RGI 水平与空间格局。测度方法提升了乡村绅士化水平测度的全面性和有效性，能促进乡村绅士化的比较研究。

（2）丰实生活方式流动背景下乡村绅士化发展的机理解释：从推拉机制、供需机制以及利益相关者行动层面对舒适移民型乡村绅士化进行机制解释，为全球休闲消费导向流动下的乡村绅士化发展规律揭示提供中国语境的案例支撑。

（3）完善了舒适移民和乡村绅士化研究的微观地域系统性：突破微观地理尺度的“点”模式研究，对连片村域的舒适移民型乡村绅士化现象的时空格局展开深入细致的研究，完善了微观地理尺度的舒适移民和绅士化研究的地域系统性。

四、特色与经验

（一）视角综合，内容翔实

从时空发展与人地关系的综合视角，以“人”的生活（舒适移民特征类型、日常生活与生活空间实践）—“地”的变迁（舒适移民型乡村绅士化发展的时空特征）—“人地”互动关系（舒适移民型乡村绅士化发展的形成机制与效应调控）为研究主线，形成“三条主线、六项内容”的“候鸟型”旅游驱动的乡村绅士化的解释性框架，形成六个有机互补、有力支撑、自成系统的子研究。

主体内容框架

问题	研究主线	研究内容
子问题1：谁是舒适移民，舒适移民在哪生活，舒适移民怎样生活？	人的生活	舒适移民主体类型
		舒适移民日常生活与聚居生活空间
子问题2：舒适迁移给巴马长寿乡村社会生活空间带来了什么变化？	地的变迁	舒适移民型乡村绅士化的阶段特征
		舒适移民型乡村绅士化的空间格局
子问题3：舒适移民为什么会驱动乡村社会生活空间变化，影响效应好/不好吗？怎么应对？	人地互动	舒适移民型乡村绅士化机制
		舒适移民型乡村绅士化效应调控

（二）注重实用，方法综合

基于实用主义研究范式，采取思辨与实证结合、质性研究为主、量化分析为辅的研究风格，以扎根理论方法指导数据的搜集与分析，综合田野调查法、文献分析法、ArcGIS空间分析法获取和分析多种来源的一二手数据，对6个子内容进行研究。方法的使用贴合研究内容，力图使研究结论更具科学性，从而更好地指导实践。

（三）保持开放，勇于探索

保持开放心态，论文撰写过程中得到南京农业大学郭文博士、中山大学梁增贤博士、中科院地理研究所王甫园博士的指导和建议。在2018年中国地理编辑出版年会《经济地理》分会场汇报《舒适移民驱动的巴马乡村绅士化发展特征与机理研究》，得到南京大学张京详教授和《经济地理》主编魏晓副主编的指导与点评。

（四）不足与展望

1. 舒适移民型乡村绅士化发展有待更长的历时性分析

案例区的舒适移民型乡村绅士化还未走过一个完整的绅士化历程，充满了不确定性。研究结论有待对同一案例地更长时期的历时性观察和更多案例区、更大范围的实证分析来进行理论反思和实践检验。

2. 舒适移民型乡村绅士化的空间格局分析有待深入

对舒适移民型乡村绅士化发展的空间格局分析局限于类型、地理区位、核密度估计和热点分析，未来需要优化空间分析的研究设计，提升空间格局分析的科学性。

3. 舒适移民型乡村绅士化发展影响因素有待精确剥离

巴马盘阳河流域是长寿养生旅游地，其发展过程、表征和形成机制自然受到旅游因素影响，未来需要对旅游绅士化和舒适移民型乡村绅士化现象展开客观而辩证的深入研究。

五、专家点评

成果以巴马为例，基于人—地—人地互动视角，揭示了“舒适型移民”这类特殊的旅游现象背后的特征、演化及其对乡村绅士化的影响机制，丰富了旅游移民研究的理论内涵，也是乡村绅士化理论研究的有益补充，可指导同类型乡村旅游地的可持续发展。

项目之所以能在短期内取得可观的研究成果，与主持人前期的研究积累、理论积淀，以及项目执行过程中扎实的调研工作和认真的态度息息相关。

（点评人：王华，暨南大学管理学院教授）

所在单位：安徽师范大学
项目负责人：张海洲
项目指导教师：陆林
项目编号：WMYC20171015

莫干山民宿的空间性和地方性

一、项目概述

（一）项目背景

民宿是利用当地闲置资源，主人参与接待，为游客提供体验当地自然、文化与生产生活方式的小型住宿设施。民宿是当前我国众多旅游地转型升级的重要新业态，是旅游驱动乡村新型城镇化发展的重要空间载体，是后现代休闲旅游背景下的重要产品形式。作为乡村旅游转型升级的新型业态和空间利用方式，民宿在现实实践发展中不断凸显出辐射带动多元的综合性效益：盘活空间存量资产、丰富旅游产品供给、活化乡村社区、保护传承传统文化、吸引原住民返乡创业、提升村集体产业发展、推动生态保护、促进城乡协调。民宿正在成为我国部分地区旅游供给侧结构性改革的重要板块和乡村振兴、农耕再造、农旅融合、城乡统筹发展的重要载体。

但民宿热的现象背后也存在着冷思考，病毒式扩增的大陆民宿发展面临的诸多现实挑战。面对这一新生事物，政府、业界和学界都出现了不同程度的困惑，如何引导民宿的科学可持续发展以发挥更好更大的经济、社会和文化效应成为了业界和政府关心的重要科学问题。尽管目前学界对民宿的研究成果数量呈现出指数式增长，呈现出研究视角陈旧化、研究问题边缘化和碎片化、研究路径俗套化或祛理论化的问题特征。民宿理论研究一定程度上脱离了民宿发展的客观实践，亟须学者切实根植中国的民宿田野，从揭示民宿的基本发展特征规律和实践发展过程中出现的关键科学问题着手系统化建构符合我国民宿发展实际和能够精准指导民宿发展实践的基础理论体系。

（二）项目意义

当前我国民宿的科学研究严重滞后于实践，民宿具有复杂且独特的属性特征，众多业主存在着经营管理的困扰，旅游地行政管理部门对于民宿业的管理仍处于探索阶段。本研究分别选取我国台湾地区的民宿研究文献库、大陆地区“途家网”民宿网络社区和环莫干山民宿集聚区作为研究田野，分别从文献的理论归纳与研究展望、网络文本的扎根理论分析以及典型案例区发展过程的实证分析全面构建我国民宿发展的知识理论。系统构建了我国台湾地区民宿研究知识体系，并提出未来大陆地区民宿研究的框架与命题体系；揭示了民宿空间不同维度的文化特征和空间生产规律，建构出能够阐释我国本土发展特色的民宿空间生产理论；从地理学空间的视角诠释莫干山模式的发展过程，为我国山岳型景区和乡村旅游的民宿产业选址和民宿集聚区发展规划、优化与开发提供一定理论基础。本项目尝试阐释民宿发展中“人—地—空间”所涌现出的实践特征和发生机制，对于民宿旅游与民宿产业可持续发展具有一定启示与借鉴意义。

（三）预期目标

在省级以上期刊发表关于民宿的空间性与地方性的学术论文或研究报告1~2篇。

（四）项目执行情况

目前本项目已经完成了三篇学术论文：

论文《台湾地区民宿研究特点分析——兼论中国大陆民宿研究框架》已在《旅游学刊》2019年第1期发表；

论文《环莫干山民宿的时空分布与成因》已被《地理研究》录用待刊；

论文《新时代我国民宿的空间生产——基于网络博客文本的扎根理论分析》已投稿《旅游学刊》，外审中。

二、项目内容

本项目的执行过程主要涉及案例地实地考察和网络田野调查，分为四个阶段：

1. 第一阶段 2016.9—2017.9

目的：检索国内外民宿研究文献，系统梳理台湾地区民宿研究知识体系，提出大陆地区民宿研究框架，撰写相关综述论文；

内容：文献获取：分别以“B&B（Bed and Breakfast）”“Homestay”“guesthouse”和“home sharing”为主题或关键词在Science Direct、Web of Science和Google Scholar数据库检索民宿研究外文文献。通过TAO（Taiwan Academic Online）、TWS

（Taiwan Scholar Journal Database）、Airiti Liraray 和 NDLTD 台湾博硕士论文知识价值系统 4 大数据库分别在篇名、关键字和摘要中输入“民宿”进行联合检索获得我国台湾地区民宿研究的各类文献。以“民宿”“农家乐”“客栈”和“家庭旅馆”为关键词在中国知网（CNKI）检索获得我国大陆地区民宿研究的相关文献。

文献计量与可视化分析：人工筛除非学术论文、内容关联较小的研究论文以及重复性文献（同作者、相同主题的学位论文、期刊论文和会议论文仅保留期刊论文）。利用关键字共词分析法对文献关键字进行分析，揭示民宿研究核心主题之间关系。首先对文献的关键字进行整理，去除研究方法类和案例类关键字，仅保留研究主题类关键字，然后对“一意多词”和“表述差异”的词汇进行合并转译，再利用 Rost Content Mining 6.0 对关键字样本进行高频词分析，最后通过 Ucinet 社会网络分析软件对高频关键字进行共词分析并进行可视化。

文献内容分析与知识体系构建：在计量分析基础上，对台湾地区民宿研究文献进行内容分析，构建台湾民宿知识体系：台湾民宿研究主要从民宿本体发展、利益相关者以及特色研究专题三个维度形成了台湾民宿的特色研究体系。其中，民宿本体发展涉及民宿的理论发展和实践发展，关注民宿的概念内涵特征、发展过程与规律以及民宿内外空间的互动等议题；利益相关者重点关注台湾当局、民宿经营者（业主）和消费者（旅游者）三类群体，涉及当局治理行为、业主经营行为、消费者消费行为等主题；特色研究专题在主题和内容上与前者有所交叉，但研究成果数量较多，充分体现民宿的独特特征。综合分析，台湾民宿研究重点涵盖 7 大热点领域，分别是民宿的核心吸引物、消费行为规律、管理模式、经营策略、规划设计、政策举措和发展效应。

2. **第二阶段** 2016.12—2017.9

目的：挖掘“途家网”民宿网络文本，进行扎根理论分析，撰写民宿空间生产的文化地理学论文。

途家社区是途家公司在线运营的网络社区，集中了大量途家的相关用户发布的与民宿等产品相关的博文，博主涉及途家平台、专业写手（专栏作家）、业主以及住客四类，文本的主题和对象民宿多样。因此本研究选取途家社区的博客网络文本作为民宿空间分析的初始资料具有一定的典型性和代表性。

内容：通过大量阅读博客文本后，进行理论性抽样。于 2016 年 12 月 1 日在途家社区（https：//travel.tujia.com/）进行样本采集，以理论饱和为原则，经过反复阅读和比较分析，最终确定 40 篇博客文本作为本研究的样本，包括 67 226 字的文字文本和1109张照片，其中文字文本包括评论342条。

对获取的民宿博客文本的扎根理论分析：（1）开放编码，首先在不带有任何主观预设与偏见的前提下，研究者反复阅读和整理分析初始资料，并对文字和图片按次序逐句逐张地进行概念化，为尽可能避免研究者个人偏见和定见，概念化过程多选择使用资料原有表达和要素进行初始概念命名。剔除掉与民宿空间生产关联性较小、重复频次小于三次以及存在矛盾的初始概念，合并意义重复交叠的初始概念，进一步对初始概念进行范畴化，最终形成初始范畴87个。（2）主轴编码，进一步反复比较初始范畴的现象、内容以及范畴之间的相互关系，基于列斐伏尔空间生产理论的视角对空间实践和内容表意相近的概念进行逻辑归纳，充分考虑学者对于空间生产理论的空间维度研究成果，最终将87个初始概念聚敛为5个主范畴和16个副范畴。（3）选择编码，根据开放比编码和主轴编码的分析结果，进一步援引列斐伏尔空间生产理论、布尔迪厄社会实践理论和海德格尔的诗性空间理论等空间哲学理论，从时间—空间两个维度再次对提炼的主副范畴和原始资料进行反复比较分析，不断尝试对空间生产理论与民宿空间实践进行匹配，揭示出主副范畴以及其他范畴的潜在哲学逻辑，最终以民宿空间生产为主范畴的核心关系建构出民宿空间生产概念模型。

饱和度检验：于2017年5月再次从途家社区随机采集最新的5篇民宿博客文本，结合之前预留的5篇博客文本对所构建概念模型进行理论饱和度检验。结果显示在已得到5个主范畴和16个副范畴范围内均未发现新的重要概念和关系，主范畴之间也没有发现新的关系。由此可认为本研究构建的理论模型是饱和的。

3. 第三阶段 2017.6—2018.6

目的：三次莫干山实地调研，获取莫干山民宿发展的各类田野资料，建立莫干山民宿网络资料库，了解莫干山民宿发展过程、现状与特征。

内容：莫干山民宿旅游发展资料：从德清政府网（http：//www.deqing.gov.cn）、莫干山景区官网（http：//www.mogan-mountain.com）、德清新闻网（http：//dqnews.zjol.com.cn）、搜狐旅游（http：//travel.sohu.com）、浙江在线（http：//www.zjol.com.cn）、央视网（http：//tv.cctv.com）、中国日报网（http：//www.chinadaily.com.cn）等新闻媒体网站获取莫干山民宿旅游发展相关的各类新闻报道资料，包括政府工作报告、新闻文字稿件、新闻视频等，建立莫干山民宿发展资料库。

莫干山空间数据资料：莫干山镇区块进行配准和矢量化处理（北京1954大地坐标系投影），底图的分层信息包括莫干山镇行政区划层（面图层）、省—县—乡三级道路交通干线层（线图层）和水域层（面图层）。行政村数据分为自然属性数据和社会属性数据。其中莫干山全镇的 DEM 数据由地理空间数据云网站（http：//www.gscloud.cn）下载获得，各行政村的人口数量、国土面积、基准地价等信息来自浙江政务服务网（湖州市德清县莫干山镇），居民点信息来自莫干山镇土地利用总体规划（2006—2020），各村的旅游资源数据来自莫干山镇微信旅游公众号提供的信息。实地调研一手资料：

（1）第一次实地调研（2017.1.15—2017.1.16），为期 2 日。

参与式体验莫干山民宿，熟悉莫干山全域民宿分布情况；对后坞、仙潭、劳岭等民宿集聚区进行实地观察，与民宿业主和社区居民进行开放式访谈；从德清县图书馆、莫干山镇政府获取民宿发展各类书籍、档案、资料等。

（2）第二次实地调研（2017.4.3—2017.4.7），为期 5 日。

参与团队莫干山民宿旅游地形象课题研究的实地调查，对莫干山景区旅游者和民宿住客进行民宿形象的问卷调查与开放式访谈，并补充民宿产业集群的相关资料。

（3）第三次实地调研（2017.12.27—2017.12.30），为期 4 日。

对莫干山镇 18 个行政村的部分民宿进行入户调查，与德清县旅游委员会工作人员、莫干山镇政府工作人员以及民宿业主进行本结构式访谈，进一步补充更新莫干山民宿产业发展的相关资料。

4. 第四阶段 2018.7—2018.10

目的：莫干山民宿空间数据整理、计算与 ArcGIS 空间分析，莫干山民宿时空演化论文撰写；

内容：数据空间化处理：环莫干山民宿数据来自于莫干山镇旅游办公室在 2017 年底完成的莫干山全镇（不包含莫干山景区）民宿统计数据，共计各类民宿 691 家，数据信息包含民宿名称、地址、开业时间、业主与联系方式等。通过携程网、去哪儿网等网络搜索以及电话访谈的形式完善民宿的精准地址、规模、客房房价等数据内容，并筛选掉严重缺乏数据的民宿后共 685 家。进一步通过 Google Earth 对每个民宿地址信息进行空间化处理，确定各民宿的（X，Y）大地坐标。

数据分级处理：本研究选用房价作为民宿等级分类的标准，根据《2017 年民宿短租发展报告》和《浙江民宿蓝皮书 2017》提供的数据、对莫干山地区 16 家精品民宿的平日房价（非周末和法定节假日）进行跟踪以及通过与莫干山民宿行业专家（包括德清旅游局、莫干山镇政府、民宿协会、民宿业主等）进行交流协商，确定民宿三个等级的单位房价区间：低档民宿（0~400 元 / 间 · 晚）、中档民宿（401~1100 元 / 间 · 晚）、高档民宿（1101 元 / 间 · 晚及以上）。

研究方法体系构建：基于研究区域的尺度和空间数据的属性特征，为精准有效地揭示出环莫干地区民宿的空间分布格局、集聚特征以及演化规律，在借鉴已有相关研究的基础上，构建本研究的分析方法体系。包括：平均最近邻距离分析（Nearest Neighbor Analysis，NNA）；标准差椭圆（Standard Deviational Ellipse，SDE）；核密度估计法（Kernel Density Estimation，KDE）；缓冲区分析（Buffer Analysis）和地理探测器（Geodetector）。

民宿选址理论推导与空间决定因素确立：通过对国内外酒店接待业选址与时空分布的相关研究进行系统梳理，基于行政村域作为基本空间单位的微观视角，重点关注民宿、乡村旅馆以及乡村旅游小企业的要素特征，进一步结合莫干山民宿业主的实地访谈信息以及与行业专家的咨询信息，最终确定从自然因素、社会因素、区位因素、景观因素以及民宿发展基础五个维度 13 个具体指标定量分析环莫干山民宿空间决定性因素。

三、项目成果

（一）我国台湾地区民宿研究知识体系

从民宿本体发展、利益相关者以及特色专题三个维度可将中国台湾民宿研究划分为 7 大热点领域，包括民宿的核心吸引物、消费行为规律、管理模式、经营策略、规划设计、政策措施和发展效应。

（二）我国大陆地区民宿未来研究框架

根据中国台湾地区民宿的实践发展经验和研究知识的系统梳理，结合大陆民宿实际发展过程提出未来研究议题：①全球民宿发展特点、经验与规律总结；②民宿现象透视的当代中国社会特征与时代隐喻；③民宿资源、模式匹配与区域发展效应；④民宿发展的时空差异与科学配置；⑤民宿目的地的社会结构演化与关系治理；⑥信息化时代民宿主体行为与经营管理。

（三）新时代我国民宿的文化地理特征

通过以中国最大的民宿网络社区“途家网”为研究田野获取网络博客的文本数据，尝试从民宿空间为研究切口和分析范式探索民宿发展规律。通过对文本的自下而上的扎根理论分析，以列斐伏尔空间生产理论作为研究基础，并借助布尔迪厄、福柯、海德格尔等人的场域、异质空间、诗性空间等经典空间哲学论阐释，揭示了中国民宿空间不同维度的时空特征和空间生产规律，建构了能够阐释本土发展特色的一般性民宿空间生产理论。研究表明：精英化的主人与部落化的群体是民宿空间生产的主体，空间实践涉及物质空间和活动空间两个空间维度，其中物质空间是功能—景观—文化的蒙太奇，活动空间是一种民宿性的生产关系，民宿空间表征是民宿空间的非经济资本化过程与类家生活空间的建构。空间实践—空间表征的生产过程中存在“主体—空间”的民宿场域内循环。民宿表征的空间是一个亲历性的诗性空间，整个民宿空间生产是主体嵌入的“空间实践—空间表征—表征空间”三维空间循环往复，螺旋式上升的过程。民宿的空间生产充分呼应了海氏“诗意安居”的人与空间生存—文化哲学关系，是我国新时代背景下社会实践发展过程中重要的“筑·居·思”空间实验。

（四）环莫干山民宿集聚区的空间演化规律

2011—2017年环莫干山民宿呈现出逐年增长的态势，空间分布范围不断扩大，空间发展方向出现较大变化，逐渐趋向镇域均衡性发展。目前已经在莫干山景区毗邻村域形成以“后坞—仙潭—燎原—劳岭—兰树坑”为中心的环莫干山面状核心集聚区和边缘村域多点集聚的民宿空间发展结构。不同档次民宿数量的时空发展趋势具有一定差异。环莫干山民宿的空间过程由集聚到强烈集聚，不同档次民宿的集聚程度均呈现出快速提升的趋势。空间发展过程中，位于后坞、仙潭、劳岭和兰树坑四个行政村的早期民宿集聚点扩散效应显著。空间集聚过程与核心景区、交通干线和居民点密切相关，其中83.80%的民宿位于环莫干山5km的区域范围内，圈层分布上基本符合地理学距离衰减规律；88.0%的民宿位于道路0.5km的缓冲范围内，不同等级的民宿都呈现出较强的交通依赖性；78.98%的民宿位于居民点，其中民宿等级越高，对于居民点的空间依赖性越小。

（五）山岳地区民宿选址特点与影响因素

景观因素、发展基础、社会因素和区位因素都是环莫干山民宿格局异质性的重要决定因素。不同等级民宿的空间决定因素差异性显著，其中高档民宿受到社会因素、景观因素和自然因素影响，但影响力较小；中档民宿与民宿整体情况最为接近，主要受到景观因素、社会因素、民宿发展基础和区位因素影响，影响力显著；低档民宿主要受到景观因素、民宿发展基础和社会因素影响，影响力显著。影响因素维度对于民宿的交互作用等级包括双因子增强型和非线性增强型两种。基本呈现出“自然—景观—交通—社会多因素综合交互影响民宿集聚空间发展”和“自然地理景观（physical landscape）主导高档民宿、产业景观（industry landscape）主导中档民宿、社会景观（social landscape）主导低档民宿”的山区民宿空间发展规律。

四、特色与经验

（一）“文献—网络—实证”的多案例综合分析

本项目以我国大陆民宿这一新兴事物为基础，沿着“what（是什么）”“how（如何）”以及“why（为什么）”的思路尝试新事物的内涵特征，以期为学界和业界提供民宿研究与实践的基础性理论，针对不同科学问题，本项目分别选择了不同的研究数据和案例田野，对于民宿是什么的回答中，尝试对概念舶来的台湾地区的各类民宿研究以及民宿发展实践过程进行系统的回顾与梳理，建立台湾地区民宿知识体系，并对比海峡两岸实践与研究差异，提出大陆民宿研究的概念性框架与议题。针对海峡两岸的民宿差异以及大陆地区对于民宿旅游文化和消费空间的在地化重构，项目选择从“途家网”网络社区抓取全国尺度上不同类型的民宿文本资料，通过扎根理论的方法建构大陆民宿的文化内涵与空间生产特征。而对于单体案例地的民宿空间发展规律，项目则选择关注目前大陆地区民宿发展最具典型性的环莫干山地区，从案例地获取客观的民宿空间数据进行不同尺度和层次的空间分析，揭示出民宿空间选址的规律特征。

（二）多学科理论交叉、多元方法集成

本项目的三项成果分别使用了三种学科的研究范式以及多种研究方法，对于台湾民宿的文献梳理上，既选择了 UCINET 和 Gephi 软件辅助文献计量与可视化分析，也利用了归纳实证主义思想通过内容分析总结台湾民宿研究的特点与热点；对于民宿的空间生产研究中，则以文化地理学和文化哲学为基础，通过对实践中的网络博客文本的自下而上的扎根理论分析，以列斐伏尔空间生产理论作为研究基础，并借助布尔迪厄、福柯、海德格尔等人的场域、异质空间、诗性空间等经典空间哲学论阐释，揭示了中国民宿空间不同维度的时空特征和空间生产规律，建构了能够阐释本土发展特色的一般性民宿空间生产理论。对于环莫干山民宿时空演化与成因的研究中，则以实证主义地理学的研究范式为基础，通过官方统计资料和实地调研获取环莫干山民宿空间发展数据，构建了 ArcGIS 和地理探测器结合的民宿空间过程分析方法，基于目的地的微观尺度系统地探讨环莫干山民宿时空分布特征和成因。

（三）理论与实践并重

本项目的实施过程紧密围绕理论与实践并重的原则，充分考虑与论证每项研究的理论意义与实践价值，在台湾地区民宿文献梳理过程中，同时对台湾地区的民宿

发展实践过程进行了系统分析，对已有研究的实践意义进行系统梳理与分析，而在民宿空间生产和民宿空间演化的论文研究中，更是从经典理论进行推导，从客观实践进行扎根，对已有理论进行对话，充分考虑研究的理论与实践融合。

五、专家点评

成果抓住当前民宿研究的热点问题，系统梳理我国台湾地区民宿文献研究，提出了我国大陆民宿研究的框架和六大研究领域，总结出了我国大陆民宿空间及空间生产的规律，具有较好的理论和现实意义。

作为硕士研究生，能在短期内取得较为丰硕的研究成果，离不开主持人扎实的调研工作、较高的学术悟性和积极参与学术交流，也离不开导师的悉心指导。

（点评人：王华，暨南大学管理学院教授）

所在单位：上海财经大学
项目负责人：任明丽
项目指导教师：何建民
项目编号：WMYC20171089

退休对中国老年旅游消费的影响研究

一、项目概述

（一）项目背景

全球人口老龄化进程不断加快，我国的现状也不容乐观，2010年第六次人口普查数据显示，我国50岁以上人口已达到总人口的25.32%，55岁以上的也达到了19.2%，因此如何做好老龄化工作，提高老年人的生活质量，成为社会各界关注的焦点。旅游活动因其对参与者生活质量的提高及增强参与者的生活幸福感而被称为"幸福"产业（中国旅游报，2016年11月29日），同时近年来中国经济总量的快速发展，使得有能力进行旅游消费的老年人总量也呈逐年上升趋势。在世界范围内，老年旅游市场因为其总量的可持续性及完美地规避了时间约束而成为业界与学界关注的焦点。在政府层面，国务院办公厅于2013年印发的《国民旅游休闲纲要》及2016年印发的《关于进一步扩大旅游文化体育健康养老培训等领域消费的意见》中均将培育和加快旅游市场的发展以应对老龄化时代的到来作为主要议程。

（二）项目意义

退休作为一个外显性及社会性的标准，成为对个体是否进入"生命周期"老年阶段的判断工具，对于退休之后个体及家庭的消费行为是否发生改变的研究主要起源于20世纪80年代，根据生命周期理论和持久收入假说，理性消费者能够平滑一生的消费及其边际效应，可预期到的冲击（比如正常退休）将不会影响最优消费路径，但当时有学者从美国家庭数据中观察到退休后消费突然下降的现象，此后对英国、日本和意大利等国的观察也确认了这一点，故此这一悖论被称为"退休—消费之谜"。此后大量的学术研究集中于这一现象，并给出了众多解释，但这些研究关注的消费重点在与工作相关的家庭支出、家庭非耐用品消费的支出、家庭的食品支出及文化娱乐支出等方面，很少有研究者关注旅游消费在退休之后的变化。

另一方面，旅游消费因为其消费特征的特殊性而与一般消费品的研究还有一定差别。首先旅游活动受到闲暇时间和收入的双重约束，闲暇增多和收入提高都是产生旅游动机的必要条件，退休之后的老年人则可能面对闲暇和收入的双重变化，此时的旅游消费将怎样变化，是一个尚未解开的谜题；其次旅游活动还受到健康状况的客观约束，退休之后是否因为健康状况的变化而影响旅游消费，也是一个尚未进行识别的命题，故此退休对旅游消费的影响因为无法用已有的研究成果来进行推测而成为有待研究的命题。只有将这个问题搞清楚了，才可在现实中为老年旅游市场的预测、老年旅游产业的开发提供理论上的支撑，本课题的研究价值也在于此！

（三）预期目标

本项目预期研究以下几个方面的内容：

（1）退休后老年人的旅游消费是否发生变化，如果变化是怎样的变化？

（2）退休对旅游消费影响的机制研究。

机制分析主要包括以下三部分内容：

①闲暇时间在退休对老年家庭旅游消费影响中的作用；

③经济状况（收入或资产等）在退休对老年家庭旅游消费影响中的作用；

③健康状况在退休对老年家庭旅游消费影响中发挥的作用。

（四）项目执行情况

目前已经完成了研究内容的主体部分，分别写成了3篇论文，其中一篇已发表，一篇处于编辑部外审环节，一篇仍在修改。主要完成情况如下：

（1）任明丽，孙琦 . 退休与家庭旅游消费：经济状况与闲暇时间的调节作用 . 外审中 .

（2）任明丽，李群绩，何建民 . 身体状况还是积极心态？关于中国老年家庭出游限制因素的经验分析［J］. 旅游学刊，2018，（5）：26–43.

（3）任明丽，何建民 . 健康状况对老年家庭旅游消费的影响：关于退休作用的异质性分析 . 修改中 .

二、项目内容

根据项目的研究目标和具体的研究内容，本项目采用分阶段、分层次的方式对项目进行了系统研究，具体的执行过程如下：

（一）退休对老年家庭旅游消费的影响

为了完成此部分内容，本项目首先构建了退休对老年家庭旅游消费影响因果效应的估计模型，而后对估计中所用到的数据进行清理，选取关键变量或代理变量，对估计模型进行实证分析，此部分内容是研究的关键，详细介绍如下：

1. 研究方法及模型构建

通过断点回归的方法研究退休对老年人消费的因果关系，构建了断点回归的计量模型，选取了模型的变量及代理变量，主要模型如下：

$$Y_i = \alpha + \tau D_i + \beta Z_i + \varepsilon_i \qquad \text{公式 1}$$

其中 Y_i 表示家庭旅游消费，τ 衡量了 D_i（退休）对 Y_i 的影响，即二者之间的因果关系。但由于我国退休中存在事实上的提前退休、延迟退休等情况，退休的概率只是在断点处发生了一个跳跃，并不是从 0 到 1 的完全改变，故采用FRD进行估计，FRD 的原理如公式 2 所示。

$$P(D_i = 1 \mid x_i) = \begin{cases} Age_1(x_i) & \text{if} \quad x_i \geqslant 60 \\ Age_0(x_i) & \text{if} \quad x_i < 60 \end{cases}，\text{其中 } Age_1(x_{0i}) \neq Age_0(x_{0i}) \qquad \text{公式 2}$$

公式 2 表示随着年龄在 60 岁阈值两边的变化，退休的概率成为年龄的函数，当年龄大于阈值时，进入处理组的观测个体是一个概率值，在本文中直观感觉事实退休的概率在 60 岁之后会增大，人数会增多，而在下文的研究中也证明了直觉的准确性，表现出 $Age_1(x_i) > Age_0(x_i)$，也就是说当 $x_i \geqslant 60$ 时，观测变量被处理的概率会增大。

主要的估计方法采用两阶段最小二乘法进行估计，估计模型如下：

第一阶段估计：$D_i = \alpha_0 + \alpha_1 T_i + \sum_{j=1}^{k} \delta_j (Age_i - 60)^j + \sigma Z + \epsilon_i$ 　　公式 3

第二阶段估计：$y_i = \mu_0 + \pi D_i + \sum_{j=1}^{k} \beta_j (Age_i - 60)^j + \gamma Z + \varepsilon_i$ 　　公式 4

则将第一阶段代入第二阶段的模糊断点回归的缩减（Reduced form）形式为：

$$y_i = \sigma_0 + \alpha_1 \pi D_i + \sum_{j=1}^{k} \theta_j (Age_i - 60)^j + \vartheta Z + \varepsilon_i \qquad \text{公式 5}$$

其中 $\sigma_0 = \mu_0 + \alpha_0\pi$，$\vartheta = \gamma + \sigma\pi$，$\theta_j = \beta_j + \delta_j\pi$。令 $\tau_{FRD} = \alpha_1\pi$，则 τ_{FRD} 表示了欲估计的因果效应。y_i 表示家庭旅游消费，D_i 表示退休（$D_i = 1$ 时表示退休），Z 是一组控制变量。

2. 数据的整理

本文主要使用中国健康与养老追踪调查（China Health and Retirement Longitudinal Study，CHARLS）数据进行估计，数据的选取如下：

CHARLS 数据问卷中有对受访者是否退休进行明确提问的问题，具体为“您是否已经退休（或退职）”“您办的是正常退休、提前退休还是先内退然后办正式退休或将来再办正式退休”，同时问卷中退休被定义为：从政府部门、企业、事业单位、非营利组织（具有事业单位性质的）中退休，但不包括领取农业养老保险的“退休”，家户农业劳动者不经历该定义下的退休过程。因此，本文所研究样本中的个体需同时包含两个特征：一是具有在政府部门、企业或事业单位中工作的经历且从此类部门中退休或仍在工作的个体；二是估计采用的样本主要为男性样本，由于本文选取的因变量是家庭旅游消费，而退休是个体行为，为了实现对应，本文参照前人的研究成果（李宏彬等），选取家庭中男性在调查年属于退休或工作状态的个体为样本主要组成部分，另一部分为男性样本的配偶（无论其是否退休均进入样本中）；三是样本中的“家庭”主要为核心家庭，即由夫妻二人、夫妻二人及不具备经济能力的孩子、单独一人户（丧偶或未婚等）所构成，选择此类家庭的目的是为了排除孩子是家庭旅游消费的主要承担者的情况。另外由于 50 岁为女性的法定退休年龄，本研究中包括了男性的配偶，便于证伪检验，本研究将 45 岁作为最低年龄标准。

由于对满足以上三个特征的样本进行筛选，损失掉了大量的样本，因此本文选取 2011 年、2013 年及 2015 年共 3 次调研的数据进入样本中，形成一个混合横截面数据（pooled cross sections data），以此方法扩大样本量。

3. 变量的选取

（1）因变量：因变量“年家庭旅游消费”，此处所指的“年家庭旅游消费”为从调查执行的月份开始向后倒推一年，如 2015 年 7 月进行的调查，其“过去一年”则为 2014 年 8 月—2015 年 7 月。

（2）自变量：自变量为家庭中男性是否退休，退休为 1，未退休为 0。此时的退休为事实上的退休，若家庭中的男性还存在着返聘、延迟退休等现象，则为未退休状态，记为 D_i。

（3）工具变量：选取是否达到 60 岁为工具变量，达到记为 1，否则记为 0。即工具变量的最终表现形式是一个年龄虚拟变量，记为 T_i。

（4）控制变量：控制变量主要包括个体特征、家庭特征两个部分。其中个体特征包括个体年龄的高阶多项式（呈现的形式是年龄距）；个人的总资产，个人总资产主要包括调研节点时个体所具有的银行存款、股票、债券、基金等；个体的受教育水平，主要为小学及以下、初中、高中、大学及以上（包括大专）；婚姻状况包括已婚、单身（包括丧偶）（其中已婚 =1）；个体的健康状况，主要由自评健康度量，自评健康在调研问卷中采用两种自评健康状况评价量表，在调查时以随机形式出现，本文采用同样程度答案赋值相同、不同的答案重新赋值的方法进行了处理，处理后赋值情况为“极好 =6”“很好 =5”“好 =4”“一般 =3”“不好 =2”“很不好 =1”；家庭特征则主要为家庭总收入，家庭总收入主要包括家庭农业收入（包括农作物收入、畜牧及水产收入、畜牧及水产的副产品收入）、家庭办企业收入、家庭其他成员的收入等的总和。

4. 研究的结论

研究得出男性户主的退休会导致家庭旅游消费的下降，且下降的幅度较大，在做了一系列稳健性检验的情况之下，表明此下降是稳健的，退休与家庭旅游消费的下降具有因果关系。

主要效应检验之后，本项目分两个部分对主效应发挥作用的机制进行分析，具体内容见以下两个部分。

（二）经济状况与闲暇时间约束下的影响机制分析

早期的旅游经济行为研究中认为旅游是一种耗时的、从而时间成本较高的经济活动，与其他经济活动相比，旅游活动表现出了典型的“时间—收入”双重约束下的经济活动特征。Bull 在其构建的旅游者效用函数模型中认为旅游效用是旅游产品特性的函数，但其受可支配收入及闲暇时间的约束，即在偏好既定的情况下，能否成行最终取决于个体的经济条件和时间条件。也有研究表明旅游消费支出是旅游者经济条件、人口特征和行为特征共同作用的结果，尤其是家庭对收入的预期显著影响着家庭的旅游消费。而收入对消费的影响是异质的，表现出收入水平与旅游需求弹性的关系呈现为不同收入区间的需求弹性不同的特征。

考虑到退休时，退休是生命周期的一个重要节点，对于老年人来说退休意味着“一生中最长的假期”，以及在总的个人计划框架内规制休闲的时间。国外研究显示，当老年人退休之后，他们将要去干的最主要的事情是旅行。但是老年人退休后面临着照料家庭的问题，在我国，0~3 岁的儿童，由儿童的“爷字辈”为主要照料者的家庭占比为 31.7%，也就是说老年人在退休后可能肩负着隔代照料的责任，这可能挤出了老年人的旅游甚至是休闲的时间。在美国所做的一项调查中显示家庭照料所导致的负面影响中最主要的影响是损失了休闲的时间（NFCA，1998），导致的直接后果是休闲旅游经历的损失。

基于以上的分析，本项目试图从经济状况及休闲时间两条路径来对老年人退休后家庭旅游消费减少的机制进行分析，但现有文献仅仅研究收入与家庭旅游消费的关系，还未有将家庭状况条件进行细分，从而单独研究资产等因素对家庭旅游消费的影响，故此本项目将家庭经济状况条件细分之后选取一定的代理变量来研究退休与家庭经济条件中各代理变量的交互作用对家庭旅游消费的影响。另一方面，对于闲暇时间的研究，由于退休之后对家庭的照料而产生了对家庭休闲时间的挤出效应，又由于我国的照料主要来自于隔代照料“孙子辈”，因此本项目选取隔代照料子女小孩的时间作为闲暇时间被挤出效应的代理变量，以此来看闲暇时间被挤出的条件下，退休对家庭旅游消费的影响。

（三）健康状况在退休对家庭旅游消费影响中所发挥的作用

由于目前尚未有健康状况对家庭旅游的作用进行较为深入分析的研究，故本项目先从健康状况对家庭旅游的影响入手进行分析，通过probit、一阶差分（FD）、随机效应（RE）、变量替换（CV）等多种计量方法进行主效应估计及稳健性检验，研究结果表明：身体状况会限制以家庭为单位的老年人的出游参与，但仅仅是在以走路能力、爬楼梯能力等为代表的基本日常活动能力出现困难时，老年人出游参与的概率会降低；大多数慢性病对老年人出游参与的影响不显著，但血脂异常变量对城市老年人的出游参与产生了显著影响，而对农村居民的影响并不显著。与身体状况相比，心理状况的稳定影响着老年人的出游参与概率，且无城乡差异，表现出无论是个体还是家庭，心态越积极乐观，对未来越充满期待，出游参与的概率则越大的特征。

而后本项目重点分析了将老年人分为退休群体与未退休群体时，健康状况对家庭旅游消费的影响是怎样的。估计结果显示：健康状况的不同变量在退休老年人与未退休老年人的旅游行为及家庭旅游消费中发挥着不同的作用。

三、项目成果

（一）研究结论

随着个体在60岁之后退休，家庭旅游支出发生了明显跳跃，将年龄作为退休的工具变量（Instrumental variable，IV）的第二阶段回归显示，若采用全样本（年龄范围为45岁~75岁）进行估计，其中实际参与回归估计的样本（以男性退休为主要的估计样本）为567个，此时男性退休稳定的影响着家庭的旅游消费。同时由图1可看出当考虑群体效应时，家庭旅游消费在退休前后的群体里基本保持较为平稳的趋势，这进一步说明退休会使得家庭旅游消费突然变化，而在退休前后老年旅游者的偏好具有稳定性与一致性。

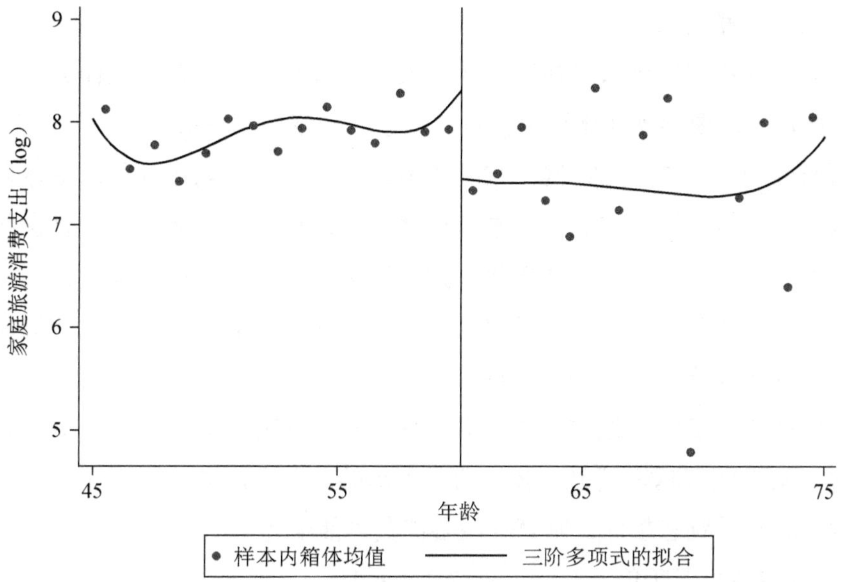

图 1　退休对家庭旅游消费的影响

（二）机制分析结论

1. 从家庭经济状况角度进行的机制分析

研究结果显示：当加入经济状况变量与退休的交互项时，退休对家庭旅游消费的影响表现出了因交互项的不同而结论不同的特点。当加入住房状况与退休的交互作用时，退休对家庭旅游消费的影响仍然为负向，但影响系数与 RD 估计的结果相比略有下降，更有意思的是此时交互项对家庭旅游消费的影响也是显著的，且影响系数为正，这说明家庭旅游消费在有全部产权房、有部分产权房及无房一族中表现出异质性的特征，房子的产权调节着退休对家庭旅游消费的影响关系。已有的研究成果表明自有住房显著地提升了家庭旅游消费支出，家庭获得住房产权时间与旅游消费呈现“U”型关系，且在微观机制上住房主要是以财富效应实现其对家庭旅游消费的影响。

2. 从闲暇时间角度进行的机制分析

对于给子女带小孩的老年群体来说，当男性户主退休后，家庭的旅游消费有小幅度的上升，且退休对家庭旅游消费的增长影响显著，同时户主及其配偶给子女带小孩的时间也影响着家庭的旅游消费支出，具体表现为带小孩的时间越长，则家庭旅游消费的支出越多，具体为给子女带小孩时间每增加一天（按 24 小时计算），则家庭的旅游消费增长约 3.5%。

3. 从健康的角度进行机制分析

此部分研究不同健康状况在影响老年人旅游行为上是否存在退休群体与未退休群体的异质性。主要表现在旅游出行行为的差异和旅游消费能力的差异两个方面。

此项研究的主要结论是：健康状况的不同变量在退休老年人与未退休老年人的旅游行为中发挥着不同的作用，其中精神状态变量在未退休老年人是否参与旅游活动中发挥着重要作用，而在退休老年人的旅游活动参与中发挥的作用并不显著；走路能力在未退休老年人的旅游活动参与中发挥的作用显著，在退休老年群体中，是否能够爬楼梯则表现出影响的显著性。对家庭旅游消费的进一步分析显示：精神状态变量稳定的影响着家庭旅游消费，但这种影响存在着差异性，对于退休且旅游的群体来说，精神状态越好其家庭旅游消费支出的额度会越高，而对于未退休的旅游群体来说，其精神状态越好，则家庭旅游消费可能会越低。

（三）研究成果及价值

基于本项目所做的研究已经撰写了三篇论文，主要的成果介绍如下。

1. 退休会影响旅游消费吗？来自断点回归的经验分析

其中一篇为《退休会影响旅游消费吗？来自断点回归的经验分析》，此论文在撰写完之后进过了几次修改，目前处于编辑部外审状态，为了能够集思广益，使论文的质量更进一步，曾将该论文投到第18届经济学年会，被女经济学者专场录取，论文在经济学年会上做了汇报，论文在研究方法、研究角度上获得了与会专家的肯定，同时专家对研究结果的解释部分给出了宝贵的意见。论文的研究成果及其价值主要为：

一是退休使得老年家庭旅游消费产生了跳跃，退休后家庭旅游消费呈明显下降趋势，且在退休前及退休后，家庭旅游消费在不同年龄的群体中均表现出一定的稳定性，说明退休事件在老年人非日常消费（或称为“冲动性”消费、失范性消费）中起着重要的作用。

二是对退休影响老年家庭旅游消费的机制的分析结果表明：对所住房屋拥有的产权情况调节着退休对家庭旅游消费的影响关系。

三是对影响旅游消费的另一个约束条件——闲暇时间在退休对家庭旅游消费影响中所发挥的作用进行分析表明：给子女带小孩的老年群体退休后，其家庭旅游消费不降反增，这其中可能存在为了弥补休闲时间被“挤出”而产生的“补偿”性心理，通过“失范性”消费补偿老年生活被儿孙占用的心理失衡，但这种“补偿”心理也存在着性别的差异。

本文的政策价值主要表现在：再次印证了“老有所居”是老年人福利提升的基本保障，若想提升老年人的福利水平，使得老年人具有自主的产权住房是关键。

2. 身体状况还是积极心态？关于中国老年家庭出游限制因素的经验分析

另一项研究主要是研究健康对旅游消费的影响，其主要成果发表在旅游学刊上，并获得了2017旅游学刊年会优秀论文奖，获得了与会专家的肯定，论文主要信息如下：

任明丽，李群绩，何建民．身体状况还是积极心态？关于中国老年家庭出游限制因素的经验分析［J］．旅游学刊，2018（5）：26-43.

3. 健康状况对老年家庭旅游的影响：关于退休作用的异质性分析

第三项研究是在前两项研究的基础上，就健康状况对家庭旅游消费在退休群体与未退休群体中发挥作用的差异进行分析，目前已完成数据的分析及主要结论的阐述，还需要再进行论文的不断完善，计划完成后投稿北京第二外国语学校举办的“青年旅游学者论坛”，以听取专家的意见，完成后续的修改工作。

该论文的价值体现在对目前的老年群体做了区分，研究出了不同的健康状况在不同群体中发挥的作用是不同的，这对旅游企业的生产实践、营销实践具有指导作用。

四、特色与经验

（一）成果特色

本项目成果具有的特色主要概括为成果的研究角度较为新颖、成果的研究方法较为恰当及从不同方面对研究问题进行了系列的分析三个方面：

1. 研究角度新颖

本研究从经济学一个主流的研究命题：“消费的退休之谜”入手，但并未延续前人仅仅关注消费和退休之间关系的视角，而是从旅游学中老年旅游者的视角入手，重点分析了退休对老年旅游消费的影响，尤其是即分析了退休对旅游消费影响的一般机制：休闲时间的限制及经济状况的限制，又分析了健康在退休旅游者与未退休旅游者旅游消费中发挥的作用，这是目前研究者们尚未关注的角度。

2. 研究方法恰当

因为我国的强制退休制度使得退休成为个人行为的外生变量，故本研究在主效应研究时采用了断点估计（RDD）的方法，清晰地构造出一个随机实验，有效地估计出退休对家庭旅游消费影响的因果效应，方法较为恰当。在其他机制分析时，研究根据所获数据的不同特点采用了不同的估计方法对问题的主效应及稳健性进行检验，使得研究结果具有信服力。

3. 研究成果成系列

本项目围绕研究的主要问题进行了一系列研究，从时间约束、经济状况约束、健康的影响等不同的角度展开研究，实现了对一个问题的多角度研究，虽然可能研究的角度仍然不够全面，这也成为后续继续研究的契机。

（二）研究方法

本项目主要采用了微观实证的方法，具体为采用了断点回归（RDD）、probit估计、随机效应估计（RE）、一阶差分（FD）、最小二乘估计（OLS）等多种估计方法。

（三）研究经验

通过本项目的研究，研究者锻炼了自己的研究能力，积累了研究经验，尤其是研究成果撰写好之后，通过参与《旅游学刊》年会及“第18届经济学年会”等方式，在论文的汇报中获得了论文改进最有效的信息，同时积累了汇报成果的能力。主要的研究经验可以概括为：勤思考、多动笔、敢交流、认真修改。

（四）研究不足

本研究的主要不足也是研究未来想要继续进行的部分，即：当健康作为调节或中介变量时，退休是怎样影响旅游消费的。将此部分做出，将对健康在老年人旅游消费中发挥的作用有一个较为清晰的估计。此外本研究计划在后续的研究中对典型样本进行访谈或补充调研，从而能够在研究结果的解释力上做到更加精确和深入。

五、专家点评

该课题所形成的研究成果，在一定程度上增进了人们对中国老年退休群体旅游消费的人口统计学特征。这些认识是具体的和统计意义上的，还没有上升到理论认识的程度，即没有理论一般性的概括。本文在研究方法的应用以及在科学研究的规范性方面，遵循了实证研究的基本规则。论文具有一定的实践认知价值。

（点评人：谢彦君，海南大学旅游学院教授）

所在单位：中央民族大学 / 聊城大学
项目负责人：刘建峰
项目指导教师：张瑛
项目编号：WMYC20171067

中国开展太平洋岛国旅游外交的战略意义及有效途径研究

一、项目概述

（一）项目背景

随着全球化运动的深入发展，越来越多的非国家行为主体参与到国际外交事务中，外交活动呈现出主体的多元化和参与方式的多样化。新时代，在实施共建“一带一路”倡议，构建人类命运共同体的时代背景下，旅游业在进一步满足人民日益增长的美好生活需要的同时，其外交含蕴也呈现出强大的生命力和广阔的发展空间。出境游人数的迅速增长推动了“客源外交”战略的稳步实施；国际旅游合作成为国家及地区政治经贸合作论坛的重要议题；“旅游年”制度成为中国特色大国外交的重要主题。同时，旅游流形塑的“流动空间”引发了多种文化的交流交融，赋予了旅游外交新的可能性和必要性。2016 年国务院出台的《“十三五”旅游业发展规划》提出“我国旅游外交格局开始形成，新时期要全面实施旅游外交战略”。①2018 年，国家旅游局在全国旅游工作会议上提出“以构建人类命运共同体为指引，大力开展主动旅游外交”。②

近年来，中国同太平洋岛国的政治和经贸关系进入了快速发展的新时期。继 2014 年国家主席习近平同 8 个建交的太平洋岛国领导人在斐济楠迪集体会晤之后，2018 年 11 月，习近平再次同建交的太平洋岛国领导人在巴布亚新几内亚莫尔兹比港举行了集体会晤，并发表了《让中国同太平洋岛国关系扬帆再启航》的署名文

① 国务院 .“十三五”旅游业发展规划 . 2016-12-07.
② 李金早 . 2018 年全国旅游工作会议工作报告 . 2018-01-08.

章。中国与太平洋岛国已成为相互尊重、共同发展的战略伙伴，同时也是推动构建新型国际关系和人类命运共同体的重要伙伴。旅游业是关乎太平洋岛国国民经济发展的支柱产业。中国对太平洋岛国旅游外交一方面可以促进旅游投资与贸易的发展，加强经济联系；另一方面又可以加强双方的人文交流和民心相通，树立国家形象的正向认同，服务于我国整体的外交布局。

（二）项目意义

1. 服务当前中国国家战略发展的需要

太平洋岛国的地缘政治和发展环境已经发生了深刻变革，地缘战略竞争和新太平洋地区主义的崛起成为影响该地区秩序的重要力量。太平洋岛国是中国海上丝绸之路的自然延伸，对我国21世纪海上丝绸之路的建设、太平洋地区海上通道的安全具有重要的战略意义。旅游业是多数太平洋岛国的支柱产业，中国旅游业经过四十年的发展已取得显著成绩，中国发展太平洋岛国旅游外交，不仅有利于向世界旅游产业治理贡献中国智慧，推广中国旅游扶贫、旅游生态文明建设、旅游集团管理经验，树立起国际旅游强国形象，同时，也对我国实现海洋强国目标，具有现实和潜在的战略价值。

2. 促进我国国际旅游发展研究的发展

旅游业是全球化背景下发展势头最强劲和最具外向性的产业之一。近年来，中国旅游业开始走向国际化布局，中国旅游界需要更加开阔的国际化眼界，积累更多的国际化经验，探索更加科学有效的国际化战略，以增强中国旅游业的全球竞争力。国际旅游问题研究将会成为中国旅游研究的热点和重点。我国国际旅游问题研究需要加强研究领域的拓展延伸、探索多元化的研究主题，完善我国国际旅游研究的知识体系。本课题以太平洋岛国为例，注重旅游外交的实证研究，同时加强国际旅游问题研究中基础理论、技术方法、研究尺度方面的探索，有利于推动我国国际旅游问题的研究。

（三）预期目标

本研究重点关注中国发展太平洋岛国旅游外交的战略问题，试图在梳理中国旅游发展经验的基础上，根据太平洋岛国政治、经济及社会发展的结构特点，系统地分析中国发展太平洋岛国旅游外交所面临的机遇和挑战，探索中国旅游发展理念走出去的战略方案，并促进中国与太平洋岛国政治经济的合作与共赢。

（四）项目执行情况

本课题已完成原定研究计划，主要代表性成果如下：

1. 学术论文（4 篇）

（1）张瑛，刘建峰 . 新时代大国特色外交视野下旅游外交研究 . 思想战线，2018（3）.（中文核心 CSSCI）

（2）刘建峰，王桂玉 . 基于知识图谱的国内太平洋岛国研究趋势展望 . 国际观察，2019（1）.（中文核心 CSSCI）

（3）刘建峰，王桂玉，李巧巧 . 中国对太平洋岛国的旅游外交：现实基础、目标定位及路径选择 . 太平洋岛国研究，2018（1）.

（4）刘建峰，刘晶 . 中国与斐济旅游外交研究 . 太平洋岛国研究，2018（2）.

2. 著作（3 部）

（1）刘建峰，王桂玉 . 太平洋岛国旅游之美拉尼西亚 . 社会科学文献出版社，2018.

（2）刘建峰，王桂玉 . 太平洋岛国旅游之波利尼西亚 . 社会科学文献出版社，2018.

（3）刘建峰，王桂玉 . 太平洋岛国旅游之密克罗尼西亚 . 社会科学文献出版社，2018.

二、项目内容

本课题研究主要分三个研究层次，分别是理论与现实基础研究、路径与对策研究，理论与模式建构，通过三个阶段依次开展，具体如下。

（一）第一阶段：理论与现实基础研究

1. 旅游外交基础理论研究

旅游外交基础理论研究重点基于中国旅游业的发展历程和特点、国际旅游合作和旅游外交相关理论研究而展开。旅游外交一词最早出现在著名外交家杨公素先生的《回忆“文革”时期的旅游外交》（1994）一文中，但当时语境下的“旅游外交”仅仅是“外交附属”或是“外交手段”。梅毅（2006）认为“广义上的旅游外交应当包括一切旅游对外活动，既有战略层面上的意动，也有实践层面上的行动。”[①]2015 年旅游外交被提出之后，旅游学界的相关研究工作也迅速展开。王兴斌（2015）认为：旅游外交既包括中外国家间旅游官方机构的交往，又包括中外游客、旅游企业、行业组织与机构之间的交往；既包括中外文化交流，又包括中外旅

① 梅毅 . 旅游外交与中国和平发展 . 武汉大学博士学位论文，2006.

游经营、服务和投资等经济交流。[①]郑岩（2015）认为旅游外交具有一定的非正式性和很强的民间色彩，可以界定为基于国与国之间游客互动而产生的一种外交行为。[②]作为一种外交形式，旅游外交具有"旅游"和"外交"的双重特性，基于这种认识，本研究将旅游外交界定为：旅游外交是地方旅游当局或旅游企业在国家权威授意下，为了旅游业发展和国家对外政策，通过旅游流与其他国家行为主体建立关系的制度和过程。具体来说，具有以下四个本质特征：一是外交主体的合法性。外交活动是拥有独立主权国家的对外行为，未经主权者授权或者委托的旅游对外活动都不是旅游外交。二是外交主体的互利共赢性。旅游外交要在致力于维护国家外交利益、实现国家的对外战略的同时，致力于寻求多样化的国际利益，提升旅游业的国际竞争力。三是外交内容的非主权性。与国家传统外交相比，旅游外交所处理的事务强调非主权性，在涉及主权事务上必须获得中央政府的授权许可，严格在主权国家政策范围内开展活动。四是外交形式的多样性和灵活性。以旅游吸引物鉴赏，游客的人文交流为核心的旅游外交活动的形式多种多样，如旅游谈判、旅游条约缔结、国际旅游组织运行等，这些形式也与传统外交一样，需要在一定的制度框架内开展，须严格贯彻一系列国际法、国际制度和外交惯例，避免违反他国法律，尤其是干预他国的内政。本研究还构建旅游外交四维研究矩阵，即专业维度、公共维度、政策维度和批判维度，并明确了不同维度研究重点和合作与共生关系。

2. 太平洋岛国旅游业发展研究

太平洋岛国旅游业发展研究主要通过田野调查、聊城大学援教团队、孔子学院对太平洋岛国的自然和人文旅游资源、旅游业的发展现状展开调查。课题组最早于2016年开始介入太平洋岛国旅游业的发展研究，最初主要依托互联网数据对太平洋岛国的旅游资源开展初步调查，之后分别于2017年12月—2018年3月、2018年7月—8月对斐济、萨摩亚、汤加等国展开了田野考察。期间，聊城大学在太平洋岛国的援教团队和孔子学院为研究团队搜集了宝贵的一手资料。现已出版《太平洋岛国旅游之美拉尼西亚》《太平洋岛国旅游之波利尼西亚》和《太平洋岛国旅游之密克罗尼西亚》。本套丛书是国内第一套全面系统介绍太平洋岛国旅游的丛书。本项研究融学术性和实用性于一体，为太平洋岛国旅游外交研究奠定基础。对研究者而言，本研究为学者们开展太平洋岛国国际旅游合作、旅游外交研究奠定了良好的基

① 王兴斌．让"旅游外交"成一大亮点．中国旅游报，2015-05-25.

② 郑岩．旅游外交：国家外交新领域新亮点．中国旅游报，2015-07-23.

础。对于游客、旅游企业、政府部门而言，本研究的成果也是资料翔实的指南，是公众了解太平洋岛国的重要参考资料。

（二）第二个阶段：路径与对策研究

“路径与对策研究”包括中国发展太平洋岛国旅游外交的构想和有效路径。本阶段研究对中国发展太平洋岛国旅游的动力机制和现实基础进行了系统分析，提出以下路径:（1）对接特色大国外交战略，拓宽旅游外交维度。中国特色大国外交具有地域和领域驱动的特点，旅游外交与中国特色大国外交思想契合，在国家对太平洋岛国外交布局中具有重要的战略意义。当前，太平洋岛国中仍有6个国家与台湾保持所谓的“邦交”关系，而且在坚持“一个中国”的问题上，部分岛国立场不坚定，在中国与台湾之间频繁转换阵营。太平洋岛国旅游外交与国家外交战略对接机制如下：第一，建立旅游部长级会晤机制。第二，推进城市间的旅游合作机制。（2）强化国际旅游组织地位，建立横向制度化联系。国际旅游组织为中国与太平洋岛国政府、旅游企业及非政府组织之间开展旅游对外合作提供了平台，在实施旅游外交战略上扮演着重要角色。南太平洋旅游组织在太平洋地区具有广泛代表性和影响力。2004年，中国加入南太平洋旅游组织，成为第一个本地区外的大国成员。在南太平洋旅游组织的框架下，中国与太平洋岛国旅游合作进程不断推进。中国应借助国际旅游组织提供的平台，充分发挥在组织中的建设性作用，为开展旅游外交工作打下坚实的现实基础。（3）稳步推进客源外交战略，增强旅游业话语权。中国旅游客源的经济优势使国家外交更具开放性。中国旅游客源流向备受国际社会的关注，成为各国争抢的全球旅游资源，对我国开放旅游签证、实施免签的国家逐年增多。旅游客源是我国对太平洋岛国旅游外交的重要资本，但在推进太平洋地区客源外交的过程中，还存在着签证、交通等方面的问题，阻碍国家间的旅游交流，需建立客源外交战略的保障机制。第一，签署ADS签证协议。第二，助力太平洋岛国旅游推广力度。第三，建设“空中丝绸之路”。（4）加强旅游保障体系援助，改善岛国旅游环境。太平洋岛国旅游基础设施建设条件较差，难以满足旅游业的发展需求。中国对太平洋岛国提供的援助中不附加任何政治条件，深受太平洋岛国人们欢迎。首先，继续加强旅游交通设施援助。其次，助推太平洋岛国旅游法治建设。最后，完善旅游公共服务体系。（5）深化拓展旅游年常态化，实现旅游高层互动。旅游年被列入国家外交议程以来，一直备受关注，现已成为我国实施旅游外交战略的重要载体。当前，我国旅游年活动暂未触及到太平洋岛国地区，加快太平洋岛国地区旅游年活动常态化，有利于加强旅游高层对话，为岛国旅游业发展提供新契机。

因此，中国应从以下几个方面入手：首先，遴选太平洋岛国旅游年举办国家。其次，合理规划旅游年活动议程。最后，构建旅游合作机制。中国应积极以旅游年为平台加强与太平洋岛国旅游高层的交流，推动旅游合作机制的构建。（6）积极引导旅游业走出去，推动旅游合作共荣。太平洋岛国旅游开发能力有限，其旅游基础设施建设和旅游资源开发有较大投资空间。目前，已有百余家大中型旅游企业在太平洋岛国开展旅游合作业务。中国企业在太平洋岛国仍有较大的发展空间，政府应积极引导，并规避企业可能面临的挑战和风险。

（三）第三阶段：模式与理论建构研究

本阶段正在开展，将聚焦中国开展太平洋岛国旅游外交的关键成功因素，尝试在前面现状问题、路径与对策等研究的基础上，结合我国现实的海洋战略需求，提炼针对太平洋岛国的国际旅游发展战略，采用关键成功因素法，找出实现国际旅游发展目标所需的关键信息集合，确定影响国际旅游事业发展的关键因素。在理论上回应当前旅游外交在理论研究上的薄弱环节。

三、项目成果

1. 学术论文（4篇）

（1）张瑛，刘建峰.新时代大国特色外交视野下旅游外交研究.思想战线，2018（3）。

内容简介：本文在回顾旅游外交的发展历程与研究现状的基础上，界定了旅游外交的内涵、特征和外延，并区分旅游外交与传统外交、公共外交、民间外交、文化外交等概念的不同特征。依托建构主义国际关系理论，构建旅游外交四维研究矩阵，即专业维度、公共维度、政策维度和批判维度，并明确不同维度的研究重点，促进旅游外交研究的发展。

（2）刘建峰，王桂玉.基于知识图谱的国内太平洋岛国研究趋势展望.国际观察，2019（1）.

内容简介：本文借助知识图谱分析了国内太平洋岛国的研究文献，呈现了我国太平洋岛国研究在一定时期的发展趋势与动向。研究发现：国内太平洋岛国研究经历了缓慢发展阶段、波动上升阶段和快速发展时期。现阶段核心作者群的集聚程度较高，且较为重视太平洋岛国的应用性研究，基础性研究工作较为薄弱，跨区域和跨学科的合作研究有待加强。太平洋岛国国际关系研究获得国内学者的普遍关注。大国外交与太平洋岛国的政治格局、国际公共产品在太平洋岛国的治理问题、中国与太平洋岛国之间的合作、中国对太平洋岛国的援助、中国参与太平洋岛国海洋治理、中国大陆与台湾地区在太平洋岛国的政治博弈等正在成为持续发酵的研究议题。

（3）刘建峰，王桂玉，李巧巧．中国对太平洋岛国的旅游外交：现实基础、目标定位及路径选择．太平洋岛国研究，2018（1）．社会科学文献出版社。

内容简介：旅游业是太平洋岛国和地区的支柱产业，在实施共建“一带一路”倡议和人类命运共同体的时代背景下，中国开展太平洋岛国旅游外交具有重要的战略意义。文章在系统阐述旅游外交内涵及研究现状的前提下，详细分析了中国开展太平洋岛国旅游外交的现实基础，提出了旅游外交发展的目标定位，即服务于中国特色大国外交、促进国家间互利共赢、促进民心相通和文化交流以及贯彻“以人为本”理念。基于此，文章提出中国可以从完善旅游合作政策、推进区域旅游组织建设、加强旅游安全体系建设、推动旅游基础设施和服务设施建设、加快旅游中心城市建设等方面开展同太平洋岛国的旅游外交关系。

（4）刘建峰，刘晶．中国与斐济旅游外交研究．太平洋岛国研究，2018（2）．社会科学文献出版社。

内容简介：随着国际旅游合作进程的快速发展，中国积极搭建多双边旅游合作平台，深化与目的地国家的旅游合作，旅游援助项目稳步推进，使旅游事业的外交含蕴逐渐显现出来。旅游业是斐济的支柱产业，随着中国与斐济国际旅游合作进程的顺利推进，旅游外交将在中国与斐济的外交关系中发挥重要的作用。研究发现：强化南太平洋旅游组织地位、积极利用旅游客源拓宽人文交流、旅游援助改善岛国的旅游环境、举办常态化的旅游年活动、鼓励旅游企业走进斐济将有利于中国与斐济旅游外交关系的发展，不断丰富中国特色大国外交的内涵。

2. 著作（3 部）

“太平洋岛国旅游”系列丛书（全三卷），社会科学文献出版社，2018 年 6 月。

内容简介：本套丛书共包括《太平洋岛国旅游之美拉尼西亚》《太平洋岛国旅游之波利尼西亚》《太平洋岛国旅游之密克罗尼西亚》三卷，用 70 余万字为中国游客全面系统介绍了 16 个太平洋岛国和地区的自然与人文旅游资源，内容翔实，致力于吸引中国游客走向太平洋岛国，推动双方的旅游经贸往来和外交关系的发展。

四、特色与经验

（一）项目本身及取得成果的特色

1. 重视国际旅游问题，紧密服务于国家的宏观战略

太平洋岛国是“21世纪海上丝绸之路”南线的自然延伸，不仅扼守亚洲到美洲的太平洋运输线，还占领着北半球到南半球的国际海运航线，是中国拓展南南合作的重点示范区域之一，具有重要的外交战略意义。旅游业是多数太平洋岛国的支柱产业，中国已成为世界第一大出境旅游客源国，出境游客的规模和消费能力不断提升，对于太平洋岛国旅游业的发展意义重大。中国对太平洋岛国旅游外交一方面可以促进旅游投资与贸易的发展，加强经济联系；另一方面又可以加强双方的人文交流和民心相通，树立国家形象的正向认同，服务于我国整体的外交布局。本项研究主要基于中国对太平洋岛国旅游外交的动力机制，从中国与太平洋岛国旅游外交的现实基础出发，探索中国对太平洋岛国旅游外交的有效路径，致力于为中国开展“一带一路”沿线国家的旅游外交提供思路和借鉴。

2. 重视冷门理论的研究工作，旅游外交研究不容忽视

我国旅游外交理论研究仍然属于冷门研究，系统的理论研究成果稀少而珍贵，滞后于国家旅游外交战略的实施。通过系统的研究工作发现市场驱动的全球化有力推动了国际旅游业的进程，国家间旅游业逐渐构建起制度化的横向联系，但是这种横向的制度化联系并不都属于旅游外交，比如，旅游业行为主体以自身利益的超越国境的旅游活动。因此，旅游外交至少应具有两个要素：第一，旅游行业必须作为权威行为主体而行动。第二，旅游外交活动必须着眼于公共利益。这种公共利益可以是发挥旅游业的辐射带动作用，也可以是维护国家外交利益。基于此视角，旅游外交动力主要源自公共利益的需求，那么旅游外交的研究工作就有了一定的理论价值诉求。

3.“总结中国经验，讲好中国故事”是本研究的宗旨

太平洋岛国旅游资源丰富，但尚未成为中国游客出境游的热门目的地。太平洋岛国的旅游外交将会以更为灵活的方式促进我国同太平洋岛国的政治及经贸合作，树立国家形象的正向传播。中国旅游业发展历程已近40年，已形成较为成熟的中国经验，这对于太平洋岛国旅游业的发展意义重大。总结中国经验，讲好中国故事是未来中国国际旅游问题研究的核心议题。本项研究是中国视角审视太平洋岛国旅游业的发展，并提出中国与太平洋岛国旅游外交发展的新思路，这将为我国在太平

洋发展中赢得有利的国际环境。

（二）项目的研究方法和经验

1. 依托良好的学科平台

本项目研究过程中获得教育部国别和区域研究基地——聊城大学太平洋岛国研究中心的大力支持，主要包括提供翔实的文献资源，资助赴萨摩亚、汤加、斐济等太平洋岛国田野考察以及“太平洋岛国”旅游丛书的出版等。聊城大学太平洋岛国研究中心是国内第一个独立建制的太平洋岛国研究机构，拥有国内最全的太平洋岛国文献资料数据库和太平洋岛国研究平台。这为项目的研究工作提供了重要的智力支持。

2. 注重田野调查、深度访谈和对比分析法

针对目前国内太平洋岛国的实证研究的薄弱环节，课题组依托现有的学科平台，深入太平洋岛国，通过扎实的田野调查和深度访谈（或焦点访谈），将获得的资料与既有文献进行相互印证，增强研究的深度和准确性。此外，本课题使用比较研究法对比分析不同岛国的历史发展进程、区域发展理念和发展战略，寻找太平洋岛国区域发展的共通性和特殊性。通过区域横向对比，阐释太平洋岛国旅游发展的独特之处及其对今日太平洋岛国发展的深远影响，其中重点梳理太平洋岛国旅游发展政策和运作模式。

（三）存在的问题与不足

本课题研究计划中拟结合专家调查、太平洋岛国的深度调研，采用关键成功因素法（CSF）和层次分析法（AHP）探索影响太平洋岛国发展理念和发展战略的关键因素集合，以及中国旅游方案与太平洋岛国发展战略对接的关键成功因素。但限于研究时限和精力，尚无充分展开。这将是课题组接下来的重点工作。

五、专家点评

本课题的相关成果比较丰富，与课题的研究宗旨密切相关，具有较突出的对策价值，对我国外交战略的完善以及寻求多样化的外交战略支点具有较为突出的意义。课题在占有资料、分析数据、形成研究结论方面，遵从科学逻辑，使得研究成果具有比较坚实的事实和逻辑基础。

（点评人：谢彦君，海南大学旅游学院教授）

所在单位：南京大学
项目负责人：仇梦嫄
项目指导教师：张捷
项目编号：WMYC20171009

主客感知视角下城市公园安静空间自然声景观的恢复性效应研究

一、项目概述

（一）项目背景

1. 理论背景

自然声景观是城市公园自然地理环境的基本属性之一，但以往关于城市公园的研究更多关注视觉景观的审美偏好与规划设计，自然声景观作为一个系统的资源序列仍没有被充分理解。环境心理学相关理论指出环境的恢复效应不仅体现在绿色、有序的视觉景观方面，静谧、自然和富有变化的声景观同样可以满足外来游客逃离日常生活、放松身心的核心旅游动机，为本项目以声景观为切入点分析城市公园安静空间对健康促进作用提供了新的视角。

2. 现实背景

高速的城市扩张使人口、资源与环境的矛盾愈演愈烈，由此引发的社会公众身心健康问题已成为制约我国全面建成小康社会的重要难题。城市公园安静空间的突出特征是其集聚了城市中最优质的自然声景观元素。在全域旅游大发展的背景下，自然声景观作为“主客共享”的“有益健康的资源”（salutogenic resources），有助于社会公众缓解压力、改善情绪、治愈疾病、提升精神状态，具有积极的身心恢复效应。

（二）项目意义

1. 理论意义

本项目以城市公园安静空间作为空间样本，运用多学科融合的研究范式，从居民和游客双向视角出发分析自然声景观的恢复效应，探索和提炼城市公园安静空间自然声景观的基本规律，契合了景观研究由可视化（visualization）向多维感官化（multi-sensing）转向的趋势，有助于突破传统“视觉思维”的局限，构建新型的景观研究范式，为准确把握安静空间与公众恢复性体验之间的复杂人地关系提供理论参考。

2. 现实意义

自然声景观作为城市安静空间的重要吸引物资源，对社会公众的舒适性感受和恢复性体验发挥着显著的影响，也因此承载着不容忽视的社会责任。对安静空间自然声景观恢复效应的研究，是促进城市公园内涵式发展，推动旅游城市转型升级的重要依据，本研究着眼于全域旅游背景下构建“主客共享旅游目的地”的发展目标，从居民和游客双向视角分析自然声景观的恢复效应，总结和提炼城市公园安静空间的优化路径，具有较强的示范意义和实践价值。

（三）预期目标

城市公园安静空间的自然声景观是满足游客和居民最具普遍意义的美好生活需要的重要资源，本项目针对当前自然声景观研究的薄弱环节和亟须解决的科学问题，结合申请人的工作基础，以南京钟山风景区为例，系统开展主客感知视角下城市安静空间自然声景观恢复效应的研究，拟完成以下研究目标：

（1）基于人地关系的理论框架，界定城市公园安静空间的内涵与外延，在此基础上，科学解析安静空间中自然声景观的物理属性与社会属性，探索将声景观从城市公园视觉环境中有效剥离的测量方法，从认识论上确定声景观在安静空间中存在的意义与价值。

（2）依据注意力恢复理论构建城市公园安静空间自然声景观恢复效应的概念模型，量化表达自然声景观对游客和居民身心健康的积极恢复效应，解析自然声景观恢复效应的主客感知差异，进而揭示符合中国旅游地情境并具有普适价值和推广意义的自然声景观恢复效应作用机制，为城市公园安静空间优化提供理论依据。

（四）项目执行情况

本项目以钟山风景区为例，针对外来游客和本地居民两类不同群体，系统探索城市安静空间自然声景观知觉维度的分析与测度，并在此基础上进行自然声景观恢复效应的基本理论构建，剖析城市公园自然声景观恢复效应的作用机制与可持续发展路径。负责人按照项目申请书中所设定的研究内容和研究目标，遵循研究计划的进度安排，在一年的研究期内进行了系统的研究探索，较好地按照研究进度完成了预期研究目标，并在本项目的支持下，发表 1 篇 SSCI 期刊论文；完成了 1 篇博士论文并获得了博士学位；于澳大利亚和中国分别进行了两次国际会议的交流。

二、项目内容

1. 项目批准起第 1~3 月：文献综述，调研准备

● 概念界定：通过文献梳理和理论演绎，对自然声景观、安静空间、恢复性效应、生活质量等基本概念进行科学界定。安静空间并不是完全没有任何声音的环境场所，而是指以丰富的自然声为主，有效屏蔽了人工噪声，可以使人们远离日常生活压力，在精神上和身体上得到放松的相对静谧的环境氛围；声景观在国际标准化组织（ISO）的定义中是指“个体、群体或社区所感知的在给定场景下的声环境”。

● 文献综述：利用系统性综述（systematic review）方法，对自然声景观恢复效应的相关研究进行综述，并且完成了一篇综述性论文的写作（Restoration from nature：a review）。该篇论文首先通过对 Elsevier 和 Web of Science 数据库中检索到的 1666 篇论文进行可视化分析，以揭示多学科融合视角下自然环境恢复效应研究的基本框架。在此基础上，聚焦于专门研究声景观恢复效应的 29 篇论文，从案例地选择、调查对象、研究方法、理论基础和研究发现等方面进行系统性综述，探寻当前关于声景观恢复性研究的国际前沿成果和研究缺口，为本项目奠定理论基础。

● 研究设计：在文献综述和理论演绎的基础上，提出城市安静空间自然声景观恢复性效应的理论假设，以明确研究问题、研究方法和研究设计。具体研究思路如图 1 所示。

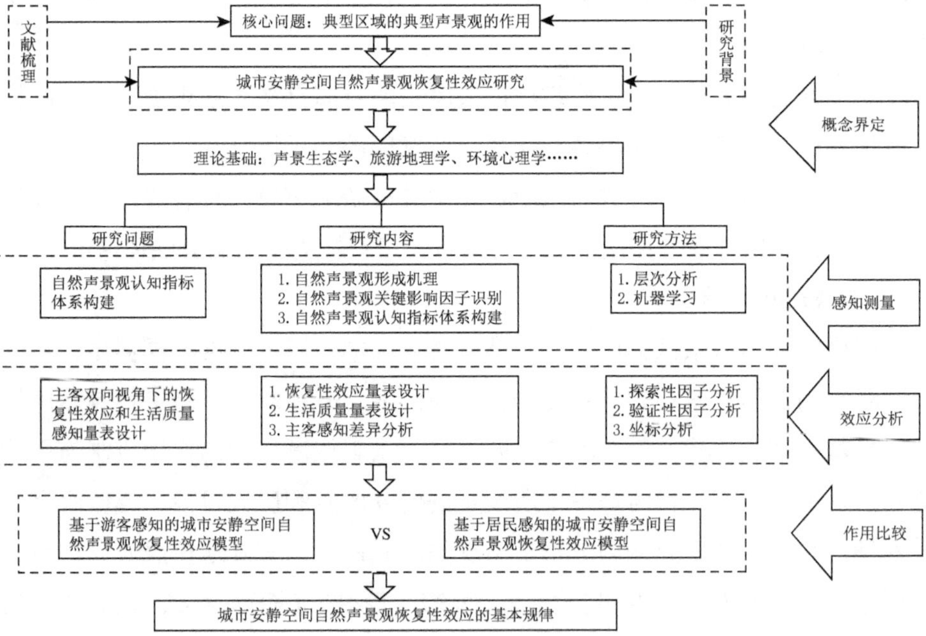

图 1　本项目研究框架

2. 项目批准起第 4~8 月：案例地调研与实证分析

● 自然声景观量表开发：声景观强调主体对其的感知和理解，具有瞬时性、偶发性和边界模糊性等特征，难以完全通过客观物理测量全面解析其属性特征，因此结合钟山风景区旅游资源普查情况，开发自然声景观测度量表，以量化揭示主观和抽象的自然声景观的水平。遵循 Churchill Jr（1979）的经典论文及后续量表开发实践所归纳的设计程序，对案例地自然声景观感知质量量表进行了设计（如图 2 所示），最终形成了由“听觉情感”和“声音特征”两个知觉维度所构成的共 9 个测量指标。

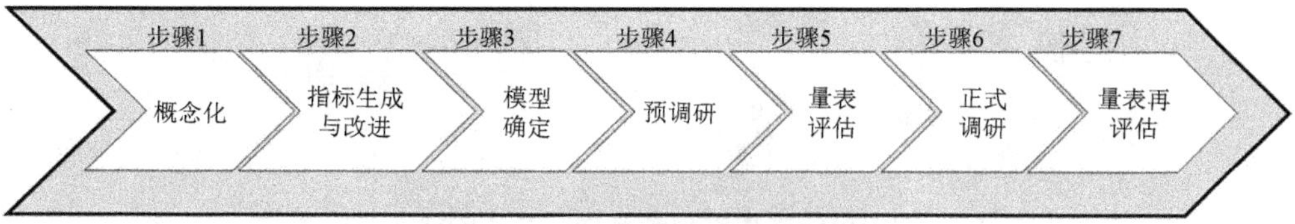

图 2　自然声景观量表开发程序

用户生成内容（User–Generated Content，UCG）指由公众而不是付费的专业人员创造和发表的互联网信息。基于用户生成内容的量表设计方法将旅游者的思想和利益纳入到研究所考虑的范畴中，在旅游研究中已经被广泛应用，尤其是针对本项目所涉及的自然声景观感知质量这一相对空白领域的新量表开发具有重要的作用，可以深入挖掘案例地自然声景观的测量指标，完善量表结构。将所获取的“百度旅游”和“猫途鹰”网站上旅游者对“南京紫金山”条目的在线评论文本作为内容分析的原始资料，针对与声景观相关的网络评论内容，分别利用 Rost Content Mining 6 内容挖掘软件，通过提取高频词汇、绘制语义网络图等程序，进一步挖掘测量指标。由图 3 可以比较直观地明晰案例地网络评论中关于自然声景观属性特征的描述：与声景观相关的网络评论高频词以“声音”为核心，旅游者的感知评价与文献梳理出的声景观属性特征基本一致，而“安静度”（如安静、幽静、寂静等）和“联想性”（如回忆、冥想）是以往文献综述中所没有出现的新增测量指标。

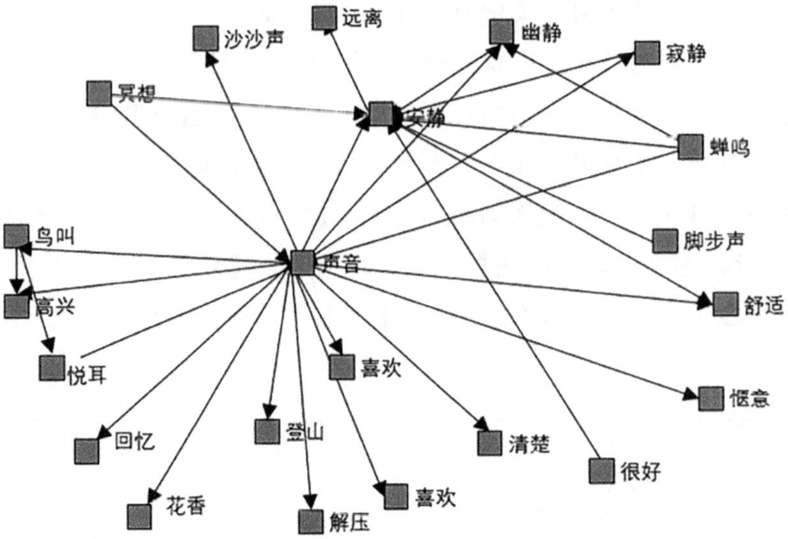

图 3　钟山风景区自然声景观网络文本的语义网络图

● 城市公园安静空间自然声景观恢复效应概念模型构建:“恢复”(Restoration)是指人们重新获得在适应外界环境过程中被损耗的生理、心理和社会能力。自然声景观感知质量对公众身心健康的恢复具有重要的影响作用。Watts 和 Pheasant(2015)指出,逃离现实生活中的噪声环境,寻求安静自然的休憩空间是人们前往国家公园休闲和旅游的首要驱动因素。美国国家公园管理局的一项研究表明,72% 的旅游者认为通过降低人工噪声的分贝,可以保护景区的自然环境,获得恢复性旅游体验(Mace, Bell, & Loomis, 2004)。Ulrich(2002)利用视频实验法比较了自然声景观与人工声景观对人类恢复性体验的影响程度,尽管自然声景观的声压级明显高于人工声,但以自然声景观为主的环境仍然具有较高的身心恢复效应,而低分贝的人工声对缓解心理压力的作用并不明显。Qiu 等(2018)通过对声景观和视觉景观在旅游者体验不同阶段作用的比较发现,声景观对旅游者情绪体验的刺激速度更快,影响程度更深,由此可知,声景观的主观情感属性在恢复性体验中也应具有极其重要的意义。Miller(2008)认为,声景观之所以能够产生影响环境的恢复性体验,原因并不在于声景观本身的声学或类型特征,而是由于声景观可以引发许多积极的情感体验。Pheasant, Horoshenkov 和 Watts(2010)通过实证研究进一步揭示了声景观的情绪特征与恢复性体验的关系,他们指出,环境中各种令旅游者内心愉悦而又平静的声音要素可以构建一种静谧感,而静谧感可以帮助旅游者从压力环境中得到恢复,放松心情,在整个恢复性体验的过程中发挥着关键作用。基于此,本研究提出以下理论假设：

H1：自然声景观的声音特征对游客和居民的身心恢复具有显著的影响作用。

H2：自然声景观的听觉情感对游客和居民的身心恢复具有显著的影响作用。

据此构建起城市公园安静空间自然声景观恢复效应的概念模型（图 4）：

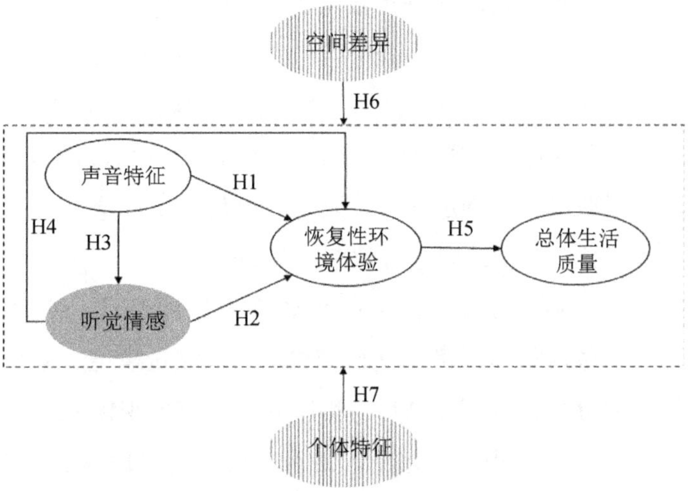

注：声景观感知为中介变量；个体特征和空间差异为调节变量

图 4　城市公园安静空间自然声景观恢复效应的概念模型

Kaplan（1995）将恢复性环境的体验特征划分为远离（escape）、迷人（fascination）、延展性（extent）和兼容性（compatibility）四个维度。Hartig 等（1997）在此基础上首次构建了“感知恢复性量表”（perceived restorativeness scale，PRS），与 Kaplan 提出的恢复性环境体验的四个维度具有一致性。尽管目前关于恢复性体验的量表多种多样，测量指标的数量、量表内部结构形态各不相同，但都是建立在 Kaplan 所提出的恢复性体验四个组成成分的基础上，虽然各个量表在结构上存在一定的变化，但无一例外都包含了这四个维度。综合考虑，本研究仍以 Kaplan 最初所提出的恢复性体验的四个维度为基础，使用 Hartig 等所构建的“感知恢复性量表简化版”（PRS–12）对自然声景观的恢复效应进行测量。量表共有 12 个题项组成，采用 5 点李克特量表评分，分数越高，代表恢复效应越强烈。

● 样本选取与问卷调查：问卷调研时间为 2018 年 5 月 15—19 日，共发放 1000 份问卷，回收有效问卷 737 份。问卷调查是通过制定与研究目标紧密相关的结构化问题量表，邀请受访者对各项问题进行回答从而收集研究数据的方法。问卷调查是旅游研究中常用的数据收集方法，在案例地所进行的实地问卷调查，可以获取受访者关于案例地态度最直接及时的一手数据，借助调查问卷，研究者可以对研究问题进行比较准确和具体的测定。问卷调查的内容包括自然声景观感知、恢复效应评价等共21个测量指标，以及受访者人口结构特征的调查问项。对测量指标的评价均采用5分制李克特量表，“1”表示非常不同意，“2”表示不同意，“3”表示一般，“4”表示同意，“5”表示非常同意。调查小组由5人组成，包括1名旅游专业博士研究生、2名旅游专业硕士研究生和2名本科生。以案例所在地18岁以上的国内旅游者和居民作为研究对象，调研小组成员遵循便利抽样的原则，从每10个已经游览过至少一处景点的旅游者中选择1人作为受访者，10人间隔可以有效提升数据的可靠性，防止大部分数据都要源于某一特定群体。调研小组共发放问卷1000份，共回收899份问卷，其中有效问卷763份，问卷有效率为76.3%。

● 分析处理数据：利用SPSS和PLS-SEM定量分析工具，依据文献综述阶段所构建的声景观恢复效应概念模型，进行结构模型、测量模型、路径系数、中介效应、调节效应等多种分析，以探究城市安静空间自然声景观恢复效应的作用机制和主客感知差异。在自然声景观的作用下，游客和居民均可以获得具有“迷人”“远离”“延展性”和“兼容性”的恢复体验，有效弥补了以往对声景观作用重视不足的研究缺失。同时，游客和居民的个体特征差异和声景观的空间分异规律对安静空间自然声景观恢复效应均具有显著的调节效应，导致了主客恢复性体验的感知差异。

首先，声景观的属性特征对恢复性体验具有重要的影响作用（图5）。声景观以音量、节奏、旋律等表现形式，通过身体的听觉通道传递富有情感内涵的内容信息，全面作用于旅游者的恢复性体验，并间接地影响着旅游者对总体生活质量的评价。这一观点也呼应了Payne（2013）的研究，证明了声景观的声音质量和听觉情感是创造恢复性体验的关键要素，未来关于城市公园安静空间的研究，应当将研究视野拓展到更广泛的非视觉景观要素中来。

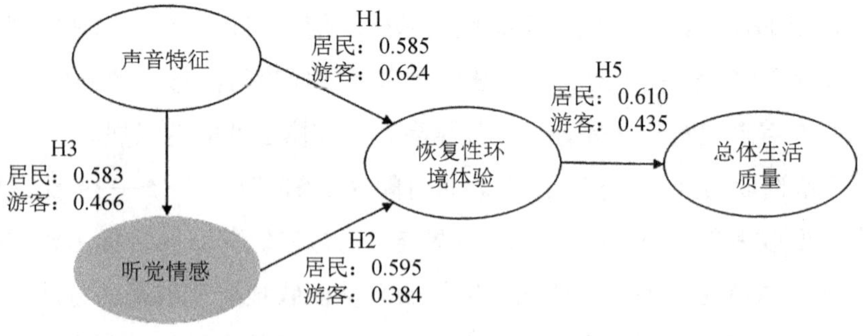

图5　自然声景观恢复效应作用结果

其次，城市公园安静空间自然声景观对居民和游客的恢复效应具有显著差异（图6）。外来游客的心理压力水平一般高于本地居民，其通过城市公园安静空间的自然声景观获取身心恢复的路径突出表现为游客充分利用声景观的“声音特征”营造静谧的环境氛围，满足其远离日常生活、寻求新奇体验的旅游动机，进而提升生活质量满意度；本地居民对城市公园安静空间自然声景观的体验则突出表现为一个循序渐进的过程，“声音特征”对居民的感官刺激引导其去探究声景观所蕴含的深层“听觉情感”，其恢复性体验最突出的特征维度是“延展性”，主要指景观要素之间相互协调并与整体环境相一致，从而继续影响人与环境交互的心理体验，可以减少居民心理的不安全感，吸引居民对优质自然声景观“着迷”，使定向注意得到休息，并产生“远离”日常生活，逃逸现实的感觉，达到人地和谐的“兼容性”状态，恢复被损耗的身心健康。

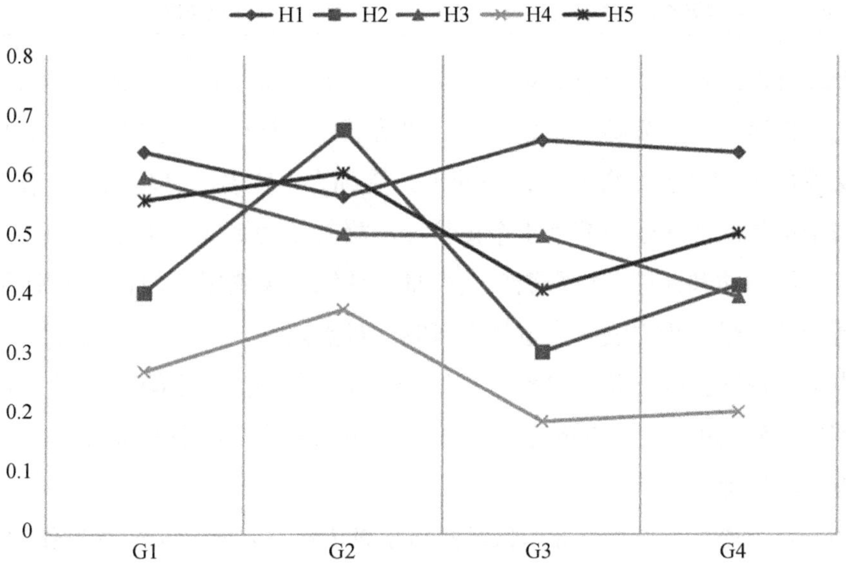

图6　游客群组与居民群组路径系数比较

3. 项目批准起第9~12月：撰写与发表论文

系列论文和总结报告：依据前期调研和数据分析的结果，完成一篇英文论文Exploring Tourists' soundscape emotion and its impact on sustainable tourism development的写作和投稿，目前该论文已经被SSCI期刊Asia Pacific Journal of Tourism Research录用和发表（DOI：https：//doi.org/10.1080/10941665.2018.1494614）。同时，以本项目的研究发现为主要内容，完成博士毕业论文《旅游者身心恢复空间中声景观与

视觉景观共同作用研究》。最终，完成本项目的总结报告，提交国家文化与旅游部进行审核结题。

三、项目成果

表 1　项目成果清单

编号	成果	类型
1	Qiu, M, Zhang, J, & Zheng, C.（2018）. Exploring tourists' soundscape emotion and its impact on sustainable tourism development. Asia Pacific Journal of Tourism Research，23（9），862–879.	期刊论文
2	仇梦嫄：旅游者身心恢复空间中声景观与视觉景观的共同作用研究［D］. 南京大学，2018.	博士论文（2018 年 11 月通过答辩，12 月授予学位）
3	The Annual Conference of The Council for Australasian Tourism and Hospitality Education（2018）	会议交流
4	流动性、身心健康与旅游国际学术会议	会议交流

1. SSCI 论文 Exploring tourists' soundscape emotion and its impact on sustainable tourism

本文以自然声景观为切入点分析游客的情感体验与行为，构建声景观感知指标体系是文章的关键内容。自然声景观的感知受到人、声音、环境的综合作用影响，对其认知指标体系的构建也需基于个体特征、旅游活动、地方属性、人地互动四个维度进行系统归纳和梳理，对影响自然声景观认知的关键因素的科学识别更需要借助更为复杂的定量分析方法，这也是本研究的难点之一。通过建立城市公园安静空间自然声景观认知指标体系，以探索自然声景观及典型安静空间的特征，丰富了声景观基础理论研究的范畴，突破了旅游地理“视觉思维”的研究范式，拓展了旅游研究的内涵和外延。

2. 博士毕业论文《旅游者身心恢复空间中声景观与视觉景观的共同作用研究》

声景观研究的目标之一是了解在给定环境中，声景观是如何影响使用者的心理和行为的，因此，本项目的落脚点在于探索城市安静空间自然声景观的恢复性作用机制。探寻自然声景观感知—安静空间体验—恢复性效应—生活质量的关系路径，并利用定量与定向相结合的方法对其假设进行检验，是本项目的重点和难点之一。本文的特色之处在于从主客双重视角剖析自然声景观在城市公园安静空间的恢复性效应，从而可以全面认知自然声景观对特定空间中公众心理恢复的实施路径。因此，在量表设计、案例地选择、调研样本选取、数据分析方法等方面，同时兼顾当地居民和外来游客的行为特征和心理结构，构建了具有普适价值和推广意义的城市公园安静空间自然声景观恢复机制模型。

3. 澳大利亚 CAUTHE 会议交流 Tourist pro–environmental behavior at world heritage sites：the moderating role of soundscape

突出介绍了中国旅游情境下自然声景观的积极作用，指出在中国源远流长的听觉文化传统下，自然声景观的听觉情感对社会公众行为意向影响机制的独特性，获得了与会者的热烈讨论。

4. 中山大学“流动性、身心健康与旅游国际学术会议”

作了题为 Restoration from nature：a review 的汇报，系统综述了当前关于声景观恢复性研究的国际前沿成果和研究缺口。该篇论文以投稿 *Tourism Geographies* 的 special issue“tourism，mobilities and health”，目前处于外审阶段。

四、特色与经验

（一）成果特色与总结

1. 理论特色与经验总结

本研究基于理论分析与实证检验，论证了声景观在安静空间中存在的必要性和重要性，开发出声景观恢复效应评价量表，探索了将声景观从整体环境中有效剥离的方法和规范，拓展了旅游地理学多维感觉景观研究的新范式。将中国语境下自然声景观对旅游者的身心恢复进行了系统分析，弥补了传统西方视角下研究内容的缺失，为从人地关系的视角探究自然环境身心恢复性提供了理论借鉴和规范思路。在今后研究中，将把研究视角拓展到更丰富的多维感觉景观类型中，逐步增加更多实证案例地检验安静空间自然声景观的作用机制，并将安静空间自然声景观的历时性与流动性研究纳入到分析框架中，从时间—空间的角度发挥地理学在恢复性研究中的分析优势。本项目利用多学科交叉的方法有利于强化旅游地理学对社会问题的解释力度，促进旅游地理学以更加合理的和有效的方式参与社会问题的管治，有助于增加地理学在改善民众生活福祉问题上的话语权。

2. 实践特色与经验总结

本项目对安静空间声景观属性特征与恢复效应的实证分析为声景观优化提供了具体可操作的指导依据。无论是居民还是游客，都更侧重于通过多样化的“听觉情感”作用于恢复效应的四个维度。因此，在进行声景观设计时，在进行声景观设计时，具有丰富听觉情感的声景观要素是实践关注的焦点，应当重视不同类型声景观要素所蕴含的愉悦、平静、联想、舒适的内涵意义的整合，通过前景音、背景音和信号音的有效组织，营造出一个由开端、发展、高潮和尾声组成的完整声音故事，将听觉情感配合旅游者的空间移动过程有序展开，使旅游者获得身心的修整与放松。

中国具有源远流长的听觉文化传统，在中国已成为世界第一大旅游出境国的前提下，对于那些以中国为主要客源国的目的地国家，改变视觉思维主导的开发模式，重视中国听觉文化的独特性，借助自古典园林时代便已经出现的朴素声景观设计思想，遵循“虽为人作，宛如天开”的造园理念，重点将自然界的万籁之声利用借景、对景、添景等手法融入到旅游规划中，强化自然声景观所传达的安静幽谧的情感意境，才有可能真正成为令中国游客满意的旅游目的地。本项目将安静空间自然声景观作为养生理疗景观进行开发，契合了“商养学闲情奇”新旅游六要素的发展趋势，可以促进旅游目的地的可持续发展，为满足公众美好生活的需要开辟实践路径。

（二）研究不足与展望

安静空间中的多维感官景观形式有待进一步丰富：城市公园安静空间的感觉景观系统不仅包括视觉景观和声景观要素，还包括各种感官形式多样，意义主题深刻的味觉景观、嗅觉景观和触觉景观等。本研究仅以具有典型意义的声景观为切入点分析了恢复效应的作用机制，对其他类型的感觉景观要素并未深入涉及。而未来的研究中，应当结合旅游环境的特征，探索更丰富全面的感觉景观系统在安静空间中的互动关系，形成全新的景观研究范式，更加综合地剖析目的地景观的知觉维度。

具有恢复效应的旅游目的地环境有待进一步拓展：各种自然遗产地、野生保护区、国家公园等均属于以自然旅游资源为核心吸引物的旅游目的地，属于潜在的安静空间，但本研究仅以恢复性效应最显著的城市公园为例，设计并检验了声景观感知质量量表。未来研究也可进一步考虑验证声景观感知质量量表在不同环境中的信效度，并借此建立声景观恢复效应评价的基线标准，形成安静空间声景观资源谱系。

五、专家点评

本项目主要研究成果是：

第一，论证了声景观在安静空间中存在的必要性和重要性，开发出声景观恢复效应评价量表，探索了将声景观从整体环境中有效剥离的方法，拓展了旅游地理学多维感觉景观研究的新范式。

第二，为声景观优化提供了指导依据，要重视不同类型声景观要素蕴含的愉悦、平静、联想、舒适的意义，通过前景音、背景音和信号音的有效组织，营造出一个由开端、发展、高潮和尾声组成的完整声音故事，使旅游者获得身心的修整与放松。

（点评人：何建民，上海财经大学商学院教授）

所在单位：南京大学
项目负责人：江进德
项目指导教师：张捷
项目编号：WMYC20171028

乡村旅游地声景观的游客感知评价以及行为反应研究

一、项目概述

（一）项目背景

随着大众旅游时代的到来，旅游已经成为人们重要的生活方式，同时单一的视觉景观体验已经不能满足当下游客的旅游需求，多感官、全方位的综合景观体验已成为旅游体验趋势。声音景观（即声景观）是个体所感知、理解的声环境，依靠听觉系统获取的景观体验。在旅游过程中，尽管视觉体验占主要地位，但听觉体验也同样不可或缺。听觉是仅次于视觉在获取信息、感知空间并影响个体行为的重要知觉途径。通过听觉系统获得的声音体验已成为景区旅游体验的重要构成部分，某些特色化的声音（如山水声、方言、传统戏曲声等）甚至已经成为旅游地的核心吸引力（物）。然而，目前旅游体验的学术研究更多的是将旅游与视觉、观光或凝视相关联，忽略了对声音的关注。现在越来越多的学者已经意识到了这一研究缺陷，在一篇名为“Listening and Tourism Studies”的文章中，Waitt & Duffy 明确呼吁旅游研究应当给景区里的声音更多关注。

鉴于声景观在旅游体验研究中的重要性作用以及旅游体验研究对声景观的忽略，本研究注重分析游客在乡村旅游地的外界声环境的刺激下，游客对声环境的感知评价及针对不同声刺激的行为反应。

（二）项目意义

本研究将声景观纳入到旅游地理学研究的主流视野，以新的视角构建旅游体验研究框架，为旅游地理学理论与方法的发展做出一些贡献；同时将来自环境心理学及行为地理学的理论和方法放在声景观体验的背景下加以结合和深化，有助于丰富旅游地理学和行为地理学的研究范畴。从游客的主观评价及行为响应视角拓展旅游声景观的研究视野，同时为景区声景观体验的提升与设计、游客行为的优化与引导提供科学依据。具体研究意义可以表现为：

（1）唤起学术研究对旅游声景要素的关注。从理论研究的层面来看，旅游学者对声景等其他感官层面的研究尚不到位，基于视觉要素进行的研究分析，一直是旅游研究的核心和主体。旅游研究导致的对其他感官旅游研究的忽视，已经逐渐引起学者的反思与关注。鉴于旅游系统中声音及声景的重要性不断被旅游实践证实，传统旅游研究对声景研究的普遍忽略。旅游研究需要从实践发展和理论研究的双重需求出发，对旅游系统中的声音及声景给予更多的关注。

（2）基于“听觉”感知的旅游体验研究是一个新的研究视角。以往的旅游研究中，视觉景观一直是学术界关注的内容，忽略了特定的声音要素在乡村旅游竞争力和旅游体验中的作用，在多感官系统共同作用的乡村旅游感知体验过程中，学术研究不应当拘泥于单一的“视觉景观”层面，“听觉景观”层面的研究应受到重视。

（3）探索声景环境下游客的行为规律，指导乡村旅游实践。实地观察和实测游客在一系列乡村旅游声环境中的行为表现；探索乡村声环境与人行为间的规律及关系，使声景研究在行为现象学中有所拓展。通过有意识的声景产品的设计及布局，提高游客的乡村旅游体验。

（三）预期目标

测度游客对声景观的行为响应，探讨声景观行为响应的影响机制。

（四）项目执行情况及代表性成果

项目按照原定的研究路线、研究内容进行，完成了既定的研究目标和研究任务。研究取得较好的成果，在 Current Issues in Tourism 上发表结项论文，论文题目为 Natural soundscapes in nature-based tourism：leisure participation and perceived constraints（论文链接：https：//doi.org/10.1080/13683500.2018.1540559）。

二、项目内容

（一）研究内容的执行情况

本研究的初衷是探讨游客对景区的自然声景观的是否存在一定的行为响应，并且试图解释这种行为响应的影响因素。通过一年的研究，发表了一篇研究性的论文，论文题目为 Natural soundscapes in nature-based tourism：leisure participation and perceived constraints，发表在 Current Issues in Tourism，较好地完成了本项目的研究工作。在该论文中提出声景观体验下的游客行为响应（休闲参与），证明了游客对声景观体验存在一定的响应过程，回应了本研究设计之初的研究想法。同时文中还探讨了限制游客休闲参与的限制性因素，剖析游客在景区自然声景观体验过程中对声景观休闲参与行为所存在的障碍性因素，解释了该类行为响应所面临的影响因素。同时该论文的发表证明了最初研究设想受到了学界的认可以及论证了该设想的合理性和科学性。因此，通过该文章分析回应了最初的研究设想，完成了最初设定的研究内容。

（二）研究目标的执行情况

通过一年的项目建设，主持人在不同的场合包括在南京大学的学术交流、桂林青年旅游论坛以及 2018 年旅游学会年会等多种学术会议上做过声景观的学术报告，吸引了大量的学者的关注和兴趣；同时发表有关声景观的研究论文，其中一篇 SSCI 是在本项目的资助下完成的。因此通过学术交流和学术期刊的形式唤起学术研究旅游声景观及对声景观要素的关注。

在实践上，通过本项目的研究提出声景观旅游体验中的游客休闲参与行为，并通过实证研究得出游客对声景观的休闲参与行为能够有效地提升游客对旅游目的地的忠诚度。因而，在实践层面提出了可以通过加强游客对声景观的休闲参与行为来提高对景区的旅游忠诚度的一些措施。同时研究指出了游客对自然声景观休闲参与所感受到的限制性因素，通过对限制性因素的剖析，为提高游客对声景观的休闲参与行为制定策略措施提供了考虑的方向。

（三）研究思路、研究路线等的执行情况

通过一年的研究工作，基本按照原有的研究思路开展项目的研究工作。从游客对声景观刺激的感知入手分析游客对声景观的行为过程。通过实地调研和观察设计了游客对声景观行为响应的研究变量，并通过研究成果中解决了游客对声景观刺激的感知、行为响应的过程分析及其影响因素。研究工作基本按照原有的设计思路和路线开展，由于时间和经费等问题的限制有部分研究工作并没有得到很好的开展，但是原设计书中的主要的思想和思路在发表的文章中得到了很好的体现。部分未完成的工作虽然没有发表成果，但是对该问题本人也有了基本的研究思考为后续的研究提供了很好的研究思路和借鉴。

（四）研究执行过程中的特色做法

在项目的实施过程中，为保证项目组成员之间的分工和协作，共同完成项目的研究工作，首先应当明确团队的总体研究目标和重点，将不同的研究个体凝聚为声景观研究的大家庭，保证研究工作的顺利、整体、协调地推进；同时应当保持不同个体的研究个性，充分尊重不同研究个体的研究兴趣、爱好以及研究专长，最大限度地发挥不同研究个体的研究优势。因此，搭建一个目标明确、团结协作、分工合理、积极踊跃的声景观研究团队对于项目的研究及科研工作的开展具有重要意义。

在研究论文和报告的撰写过程中，不断地吸纳以往研究文献的精华，不断研读以往的研究成果从而发现论文的优势之处，弥补或充实我们的研究成果。很多文章可能需要多次的、反复的阅读，才可能让你领会文献中的精华并同时产生新的研究思路。因此，反复的、多次的阅读同一篇文献对于科研工作具有重大的帮助。

在研究过程中（包括数据的处理和论证过程中），要经常和以往的相关文献进行对话，要找到这些研究之间的异同之处。通过不断地和以往研究文献的比对和对话才能很快地推动研究的进展并发现本研究的创新点和研究缺陷。

三、项目成果

通过一年的研究，发表了一篇研究性的论文。论文题目为 Natural soundscapes in nature-based tourism：leisure participation and perceived constraints，发表在 Current Issues in Tourism。在该论文中提出声景观体验下的游客行为响应（休闲参与），证明了游客对声景观体验存在一定的响应过程，通过该文章分析回应了最初的研究设想，完成了最初设定的研究内容。

为声景观的拓展研究奠定了研究基础，成功申请高级别的项目。在项目的实施过程中，通过不断地探索、梳理，不断地慎思、求问等过程，项目组成员不断迸发关于声景观研究的新的研究思想并在原有问题的基础上不断挖掘有关声景观的新科学问题。在本项目的启发下，主持人以此项目为基础获得一项省人文社科重点基金（地方声景观的游客感知评价及影响机制研究）并希望继续关注声景观的研究，以期望获得更高级别的基金资助，同时推动声景观研究的进一步深化发展。

本项目通过集体的分工协作，组建了关于声景观研究的小团队。在团队的共同合作之下，项目组奔赴九寨沟、鼓浪屿等地进行实地的调查研究，搜集资料和数据，为项目的完成提供了数据支持。在论文的撰写过程中，大家互相讨论，集思广益，最终完成了一篇研究论文，攻克了项目最初设定的研究难题。

构建了声景观研究的文献、资料等数据库，为声景观的持续研究奠定基础。在本课题的实施过程中以及结合导师的国家自然基金，主持人已经大量收集了国内外最近的研究成果，并通过梳理构建了声景观研究的文献数据库，为后续的研究提供了文献支持；同时主持人在这一年里分别在无锡、厦门、九寨沟等地进行过自然声景观的研究调研，收集了大量关于声景观研究话题的研究数据，构建声景观研究数据库。

四、特色与经验

（一）项目本身的特色

以往的旅游研究中，视觉景观一直是学术界关注的内容，忽略了特定的声音要素在乡村旅游竞争力和旅游体验中的作用，在多感官系统共同作用的乡村旅游感知体验过程中，学术研究不应当拘泥于单一的“视觉景观”层面，“听觉景观”层面的研究应受到重视。因此，本项目突破目前旅游研究以“视觉景观”为主，忽略“声音景观”的研究不足，将声景观纳入到旅游地理研究的主流视野，在以凝视为主导的特殊活动情境下，关注听觉景观的个体响应研究，弥补传统旅游凝视理论中只重视视觉景观研究的不足。

（二）研究成果的特色

通过对本项目的研究，从游客对声景观刺激的感知入手分析游客对声景观的行为过程。通过实地调研和观察设计了游客对声景观行为响应的研究变量，并通过研究成果中解决了游客对声景观刺激的感知、行为响应的过程分析及其影响因素。在发表的研究论文中提出声景观体验下的游客行为响应（休闲参与），证明了游客对声景观体验存在一定的响应过程，回应了本研究设计之初的研究想法。同时文中还探讨了限制游客休闲参与的限制性因素，剖析游客在景区自然声景观体验过程中对声景观休闲参与行为所存在的障碍性因素，解释了该类行为响应所面临的影响因素。

本研究将声景观纳入到旅游地理学研究的主流视野，以新的视角构建旅游体验研究框架，为旅游地理学理论与方法的发展做出一些贡献；同时将来自环境心理学及行为地理学的理论和方法放在声景观体验的背景下加以结合和深化，有助于丰富旅游地理学和行为地理学的研究范畴。从游客的主观评价及行为响应视角拓展旅游声景观的研究视野，同时为景区声景观体验的提升与设计、游客行为的优化与引导提供科学依据。

（三）研究经验及问题不足

在研究过程中总结出几个重要的经验可供未来研究的借鉴：

（1）团队建设上：某一个项目的完成并不是一个人的工作，而是志同道合的一群人共同协作创新的结晶。因此在未来的研究过程中要注重团队的建设，利用团队成员的集体智慧，发挥团队成员的科研积极性。

（2）研究方案上：不论是项目初期的申请，还是论文框架的最初构思，都不应当过分拘泥于原有的思路和设想。当发现原有思路不适宜研究的时候，要学会及时放弃原有思路并重新审视科学问题，在充分论证的基础上构建新的研究思路框架以期更好地解决和完善原有问题的研究。所以不要轻易放弃既定研究方案，同时也应当学会及时变通和审视。

（3）文献的搜集上：不同学科、不同背景的学者从不同的角度在进行声景观的研究，所以有关声景观的研究文献是很多的。因此学会筛选对自己研究有利的文献进行深度阅读，典型的做法是，可以将自己的研究话题聚集到一个点，逐步深挖相关的研究文献。文献搜索的范围不宜过大而应聚集，在聚集同一话题的情况下很容易发现以往研究中的不足，从而找到自己研究的出发点。

（4）成果推广上：写出了研究成果要注重成果的推广，增强研究成果的关注度。要经常参加一些学术会议，在不同场合下对自己的研究成果进行汇报以增加研究成果的阅读量和接受的广度。另外可以通过一些网络宣传媒介比如微信朋友圈、微信群等多种形式宣传自己的研究成果。

（5）数据的处理上：数据的处理讲究技巧，并且需要耐心。当数据处理过程中遇到障碍等问题后不要过于焦急，很多数据需要你细心地剥离、提取才有可能得到很好的拟合效果。因此在数据的处理过程中，要静心、耐心和细心。

五、专家点评

声景观的研究既是新型研究领域，也是目前对游客产生吸金力的主要依托，申请人根据评审专家的修改意见认真做了研究梳理，继续将社会科学的研究论题进行了梳理和改造，基本上达到了研究任务的要求。

（点评人：周玲强，浙江大学管理学院教授、旅游与酒店管理学系系主任）

所在单位：安徽师范大学
项目负责人：李龙
项目指导教师：杨效忠
项目编号：WMYC20171019

大别山旅游廊道扶贫创新机制研究

——以大别山旅游扶贫快速通道为例

一、项目概述

（一）项目背景

大别山区是国家14个集中连片特困地区之一，涵盖3省36个县，是脱贫攻坚的主战场和前沿阵地。其中六安市作为全国著名的革命老区，所辖7个县区中有霍邱县、金寨县、舒城县、裕安区为国家级贫困县区，金安区、叶集区为省级贫困县区，其中霍邱县和金寨县同时属于大别山连片特困县。国务院扶贫办和（原）国家旅游局启动2015年贫困村旅游扶贫试点工作，在全国共选取560个建档立卡贫困村开展试点工作，习近平总书记2016年考察安徽金寨，强调扶贫工作的方式和方法。同时，中央在六安市启动了大别山旅游扶贫快速通道建设，打造旅游扶贫新的路径。大旅游扶贫快速通道把合武高速公路与济广高速公路之间的旅游景点以标准的二级公路连接起来，游客进入大别山腹地各景区的时间大大缩短。大别山区生态旅游资源得天独厚、红色旅游资源丰富、历史文化旅游名扬海内外，旅游开发潜力大，目前大别山旅游扶贫快速通道的综合效益已经显现。

（二）项目意义

课题研究引入旅游廊道建设理念，借鉴国内外旅游廊道发展经验，研究大别山旅游廊道扶贫创新，具有一定的理论意义和实践价值。

理论意义：尝试建构旅游廊道扶贫的理论体系，厘清旅游廊道建设与旅游精准扶贫的关系，借鉴国内外相关的研究理论和方法，可以丰富旅游扶贫研究的理论方法体系，拓宽旅游扶贫的研究范畴。

应用价值：归纳总结国内外旅游廊道建设经验和旅游精准扶贫经验，对大别山旅游扶贫快速通道进行实地调研，研究成果不仅可以作为政府制定旅游政策的依据，同时也可以为旅游扶贫提供新的案例。

（三）预期目标

构建旅游廊道研究的理论方法体系，总结国内外旅游廊道建设和国内外旅游精准扶贫的经典案例；完成调研报告 2 篇："大别山旅游扶贫廊道域内旅游资源调查"和"大别山旅游廊道域内旅游扶贫现状调查"；撰写 1 篇研究相关学术论文，并进行发表；完成课题研究报告"大别山旅游廊道扶贫创新机制研究——以大别山旅游扶贫快速通道为例"。

（四）项目执行情况

按照项目申报书中项目预期成果为 2 篇调查报告，1 篇研究论文，以及 1 篇研究报告；已按计划完成调查报告 2 篇，研究报告 1 篇，研究论文 8 篇，其中 3 篇已发表，5 篇论文投稿中；研究成果获"安徽省 2018 年重大旅游课题研究论文"优秀奖 1 篇，并入选"安徽省重大旅游课题研究论文集（2018）"；入选"2018 年中国地理学会旅游地理专业委员会学术年会"宣讲论文 / 年会论文集论文 1 篇，入选"安徽省城镇化建设发展研究中心高峰论坛"暨"新型城镇化道路与中国城乡变革"学术研讨会宣讲论文 / 年会论文集论文 1 篇；获"安徽省旅游院校联盟"年会论文三等奖 1 篇。

（1）李龙，杨效忠．大别山国家风景道视觉景观评价［J］．皖西学院学报，2018（5）：148–151+156.

（2）李龙，杨效忠．旅游廊道扶贫：大别山旅游扶贫模式创新研究［J］．安徽农业大学学报（社会科学版），2018，27（5）：29–33+79.

（3）李龙，杨效忠，鄢方卫．中国入境旅游目的地的时空地域格局分异研究［J］．资源开发与市场，2019，35（1）：112–116.

二、项目内容

（一）项目执行过程

按照项目申报书研究进度，2018 年 4 月—2018 年 6 月对大别山旅游扶贫快速通道周边旅游资源和游域内旅游精准扶贫现状进行实地调查，分析旅游廊道建设对旅游扶贫的影响，形成调研报告"大别山扶贫廊道域内旅游资源调查"和"大别山旅游廊道域内旅游扶贫现状调查"。根据前期制定的调研计划，项目负责人带领小组成员一行5人于2018年4月27日——5月2日进行了预调研，依据预调研了解情况和问卷设计、发放过程中出现的问题，项目负责人组织举办了三次小型团体座谈会议讨论修改问卷细节问题和访谈提纲，并邀请业内专家指导修正，形成了更为合理的调研方案，修正了问卷量表。

由于研究小组成员先后参与并完成了“大别山旅游扶贫快速通道（国家风景道）游客服务设施规划和重点旅游项目策划”“大别山风景道金寨段综合提升详细设计”，对于研究区域较为熟悉，同时考虑到行政区划的完整性和案例地的典型性，通过召集小组会议并与金寨县旅游委、霍山县旅游局负责领导沟通后，甄选出旅游扶贫快速通道沿线斑竹园镇斑竹园街道村、天堂寨镇前畈村、天堂寨镇后畈村、天堂寨镇马石村、天堂寨镇渔潭村、燕子河镇大峡谷村、上土市镇陡沙河村、上土市镇铜锣寨村、太阳乡船舱村、太阳乡金竹坪村、磨子潭镇龙井冲村、磨子潭镇宋家河村共12个村以及天堂寨风景区（AAAAA级）、燕子河镇大峡谷景区（AAAA级）、铜锣寨景区（AAAA级）共3个景区作为调研案例地，涉及金寨县、霍山县2个县区、6个乡镇。

课题小组成员于2018年7月8日—7月18日对案例地进行为期11天的问卷调查和深度访谈，共走访贫困农户、社区居民等不同利益主体样本家庭194户（加上访谈政府部门工作人员、景区管理者和经营者等，调研走访200多家），深度访谈117人次，累计访谈用时超过100小时。其中，天堂寨前畈村河东中心村庄、天堂寨渔潭村、燕子河大峡谷村、磨子潭宋家河村分别由村领导或者乡镇分管领导带领进行入户调查，问卷有效率较高；由于调研期间斑竹园街道村、马石村、渔潭村、大峡谷村、宋家河村正在进行换届选举，根据村里的实际情况以及样本的同质性特点，适量减少了问卷发放量，辅以访谈完成所需信息。

（二）项目成果成效

本项目是在导师团队主持的横向规划项目“大别山旅游扶贫快速通道（国家风景道）游客服务设施规划和重点旅游项目策划”“大别山风景道金寨段综合提升详细设计”等基础上进行的学术探讨。项目负责人于2017年7月在大别山区进行了为期近半个月的规划项目调研，对大别山区较为熟悉。项目获批后，项目负责人带领小组成员分别于2018年4月27日—5月2日进行了为期6天的预调研，于2018年7月8日—7月18日进行了为期11天的深度调研，扎根大别山旅游扶贫快速通道沿线12个村镇，走访调研200多家贫困农户、农家乐经营者等不同利益主体，深度访谈117人次，累计访谈用时超过100h，获取了研究的一手数据资料和二手信息。

通过对问卷量表资料、访谈资料、政府官方文件资料等进行分析，完成了：

（1）调查报告 2 篇："大别山扶贫廊道域内旅游资源调查""大别山旅游廊道域内旅游扶贫现状调查"；

（2）研究报告 1 篇："大别山旅游廊道扶贫创新机制研究"；

（3）发表论文 3 篇："大别山国家风景道视觉景观评价""旅游廊道扶贫：大别山旅游扶贫模式创新研究""中国入境旅游目的地的时空地域格局分异研究"；

（4）投稿中论文 5 篇："旅游廊道：概念体系、发展历程与研究进展""廊道型乡村旅游地农户生计资本评价与空间格局特征""乡村社区居民对旅游廊道建设的感知态度及其空间差异""安徽大别山片区旅游经济空间分异研究""大别山旅游廊道资源环境评价体系构建"；

（5）"旅游廊道扶贫：安徽省大别山旅游扶贫廊道建设研究"获"安徽省 2018 年重大旅游课题研究论文"优秀奖，并入选"安徽省重大旅游课题研究论文集（2018）"；

（6）"廊道型乡村旅游地农户生计资本评价与空间格局特征"入选"2018 年中国地理学会旅游地理专业委员会学术年会"宣讲论文 / 年会论文集论文，入选"安徽省城镇化建设发展研究中心高峰论坛"暨"新型城镇化道路与中国城乡变革"学术研讨会宣讲论文 / 年会论文集论文。

（三）项目研究主要观点

（1）理论研究上，通过对国内外大量文献的查阅和研读，逐渐形成了有关旅游廊道概念体系的理论框架。认为：广义的旅游廊道包括旅游开发型廊道、遗产保护型廊道、景观生态型廊道等各种可以用来旅游或者游憩的廊道；狭义的旅游廊道专指旅游开发型廊道，即主要为满足旅游者体验为宗旨的线型空间。提出：一个完整的旅游廊道系统包括交通道（行车道等）、路侧、视域带、游径、辐射带、点状旅游资源、面状旅游资源等要素构成。其中，交通道（行车道等）、路侧主要实现旅游者、交通工具的空间流动功能；视域带即位于旅游交通道上目所能及的范围，是能够吸引旅游者到访的核心旅游景观资源；游径是能够吸引旅游者到访的游览路径，也是旅游廊道设计的关键环节；辐射带主要是旅游廊道的外围地带，可进入性和旅游资源品质等要素决定了旅游廊道对辐射带的影响力。视域带、游径共同构成了旅游廊道的游域范围，游域内既有点状旅游资源、面状旅游资源，又有各种生产、生活要素，如何将游域内旅游吸引物进行串联、营造旅游者游憩体验空间以及实现旅游产业要素集聚是旅游廊道规划设计和研究的重要内容。

（2）实践探索上，通过对大别山旅游扶贫快速通道的实地调研及对社区居民的深度访谈、问卷调查等方式，认为大别山旅游扶贫快速通道建成运行以来，沿线生产生活条件及环境设施得到较为明显的改善，但也存在需要改进的地方。

①天堂寨景区与沿线乡镇、合界高速公路、商景高速公路、沪汉蓉高铁和高速公路实现贯通，缩短了行车路程，提高了游客旅行的快捷性和舒适度，同时也方便了村民出行。旅游扶贫快速通道连通了霍山县白马尖和佛子岭、金寨县天堂寨、舒城县万佛湖三大旅游区，改变了六安市旅游景区空间格局。

②串联沿线旅游资源景点，旅游线路质量提升，部分历史遗迹也得以保护和有效利用。沿线的衡山王墓、千笠寺、长岭乡天完国遗址、四望山古城堡等历史文化古迹已经开始受到地方政府部门和社会各界的关注；调研期间，天堂寨镇正在筹办天贶节，地方传统非物质文化遗产也得到有效传承和保护利用。

③带动乡村旅游发展进入快车道，增加了地方村民的收入。特别是以天堂寨景区和白马尖景区为核心的村庄，部分村民开始返乡创业。截至2018年上半年，旅游扶贫快速通道沿线霍山段6个乡镇已发展农家乐219户，直接从业人员1020人；发展霍山石斛、茶叶等旅游商品经营户573家，直接从业人员1623人；旅游扶贫快速通道沿线金寨段共创建品牌农家小院257家，带动1414人就业，人均增收1.79万元。

典型做法：金寨县制订了“3115”脱贫攻坚计划，“3”是指实现“人脱贫、村出列、县摘帽”这3个脱贫攻坚目标，“11”是指实施精准脱贫10大举措（特色农业脱贫、光伏脱贫、百村千户旅游脱贫、异地搬迁脱贫、电商脱贫、就业脱贫、教育脱贫、健康脱贫、生态保护脱贫、社保兜底脱贫）、推进脱贫攻坚10大工程（农村道路畅通工程、水利建设工程、农村电网改造升级工程、危房改造和人居环境提升工程、村集体经济增收工程、农村信息化建设工程、乡风文明提升工程、强基固本工程、金融扶贫工程、社会帮扶工程），“5”是指强化5项保障措施（强化工作责任、强化任务落实、强化资金和项目监管、强化改革支撑、强化考核奖惩）。在“3115”计划的基础上，根据贫困人口的问题，2018年又推出十个一工程（发展“一亩田园”、开发“一个岗位”、管好“一座电站”、共享“一股红利”、开展“一项培训”、用好“一笔资金”、投放“一单保险”、提供“一份健康”、保障“一路畅通”、弘扬“一种精神”）。

认为需要：①整合旅游资源，创意旅游产品设计，实现差异化旅游开发，完善旅游公共服务体系和配套设施建设，提升旅游品牌知名度和影响力，打造“大别山旅游景观走廊”品牌体系。

②提升旅游扶贫的社区参与意识，引导贫困农户转变观念，切实改变等靠要的思想，提升进取意识；加大教育投入和社区文化建设，为农户参与旅游提供社区培训等途径，以提升农户的旅游经营能力和服务能力，以利于提高村民的集体意识、参与感、获得感。

③完善旅游扶贫的监督机制和评价机制。通过多个途径进行旅游扶贫公示，提升村民对旅游扶贫政策的了解程度，建立信息传递机制；健全政府工作人员与贫困农户的交流沟通机制、处理好旅游开发建设过程中旅游企业、社区居民、贫困农户、基层政府等不同利益主体间的关系。“兼听则明，偏信则暗”，第三方评估需听取各方的意见，将综合评价与动态评估相结合，建立可以纠偏的评价机制。

三、项目成果

（一）主要成果介绍

1.《大别山国家风景道视觉景观评价》

采用专家打分法对大别山国家风景道的视觉景观和沿途旅游资源质量进行评价打分，从观赏性、奇特性、多样性、完整性、科普性等指标来看，大别山国家风景道的视觉景观评价较高，风景道沿途旅游资源质量也较高。但大别山国家风景道在发展过程中也存在着旅游资源整合力度不够、旅游公共服务体系尚不完善、旅游景观缺乏创意设计、旅游品牌知名度和影响力不足等问题。

2.《旅游廊道扶贫：大别山旅游扶贫模式创新研究》

大别山旅游扶贫快速通道是国家进行旅游扶贫的重要依托，扶贫通道游域内旅游资源禀赋较好，认为大别山旅游廊道将实现旅游、交通、扶贫、景观、生态等多重功能的聚合，形成一种新型旅游功能区，应以大别山文化为魂，以生物多样性为基因，形成廊道型旅游综合体，建设完善旅游廊道体系。

3.《乡村社区居民对旅游廊道建设的感知态度及其空间差异》

通过对大别山国家风景道沿线 12 个乡村社区农户、旅游经营者、政府管理人员等进行深度访谈和问卷调查，发现：①样本社区居民对大别山国家风景廊道建设总体呈现出积极正面的认知态度，对廊道建设改善了公共服务设施认可度较高，对廊道建设后促使当地物价上涨等变量分歧较大，对廊道建设前后乡村景观建设、公共服务设施建设、旅游开发模式、旅游开发受益主体等要素变化感知差异较为明显。②整体来看，12 个样本社区居民对大别山国家风景廊道建设带来的正向经济环境因子、正向文化因子、正向公共服务因子认可度较高，且分歧较小；不赞同负向社区行为因子，且分歧较小；对负向社会因子感知分歧较大。③乡村社区以及社区居民的异质性，导致对旅游廊道建设感知存在明显的空间差异。正向经济环境感知金竹坪村最高，斑竹园街道村最低；正向文化感知龙井冲村最高，渔潭村最低；负向社区行为感知大峡谷村最高，斑竹园街道村最低；负向社会感知前畈村最高，斑竹园街道村最低；12个样本村对旅游廊道建设带来的公共服务设施变化感知态度均较为积极。④社区居民对大别山旅游廊道建设的感知态度空间差异会受到社区交通和区位条件、旅游发展阶段（或业态的成熟度）、旅游受益主体或社区参与（收益分配）情况、政府的政策支持程度、旅游服务设施的完善程度、核心景区的辐射带动作用等因素的影响。

（二）重点、难点及创新性

研究重点：旅游廊道研究的理论方法体系、经典案例；大别山旅游扶贫快速通道资源环境评价以及旅游扶贫调查评价；乡村社区居民对旅游廊道建设的感知态度。

研究难点：由于研究区域跨度大，调研组织较为困难，因此对旅游扶贫的调查评价、对旅游廊道的感知态度调查均为研究的难点。

创新性：旅游廊道作为一种线型空间，是适应全域旅游发展的一种新型旅游吸引物，是一个较为新颖的研究选题。研究提出了旅游廊道的概念体系，从地理空间的角度研究旅游廊道社区感知的空间差异，有一定的创新。

四、特色与经验

（一）项目研究特色

中国贫困落后地区往往交通条件差而资源禀赋好，通过交通廊道的建设，促进与带动沿线资源的开发与利用，实现生态价值置换，是一种新的扶贫思路与模式。因此，项目研究引入旅游廊道的理念研究旅游扶贫，选取大别山旅游扶贫快速通道作为研究案例，研究视角和研究案例均具有一定的特色。

（二）项目研究方法和经验

项目研究从经济学、管理学、地理学、社会学等多学科视角出发，选取研究样本大别山旅游廊道内12个村镇进行实地调研和资料搜集，采用量化分析与质性分析相结合的方法，进行有效的课题研究和论证。运用科学知识图谱分析工具，对研究文献进行可视化分析；采用参与式农村评估（PRA）、深度访谈等方法，对案例地社区居民、贫困农户、扶贫工作人员等不同主体展开跟踪调研。依据预调研情况和问卷设计、发放过程中出现的问题，小组成员组织举办了三次小型团体座谈会议讨论修改问卷细节问题和访谈提纲。为了减小当地方言造成的误差，聘请了当地 5 名大学本科生经培训后参与调研。正式调研之前分别与金寨县旅游委、霍山县旅游局以及斑竹园镇、天堂寨镇、燕子河镇、上土市镇、太阳乡、磨子潭镇 6 个乡镇政府负责人取得了联系，沟通并修订了调研计划细节。正式调研于 2018 年 7 月 8 日——7 月 18 日开展，对案例地进行了为期 11 天的问卷调查和深度访谈，其中入户访谈时间人均 30 分钟以上，调查对象主要是斑竹园街道村、天堂寨前畈村、后畈村、马石村、渔潭村、燕子河大峡谷村、上土市陡沙河村、铜锣寨村、太阳乡船舱村、金竹坪村、磨子潭龙井冲村、宋家河村等地村民和扶贫工作人员。

（三）存在的问题与不足

由于研究区域跨度大以及研究经费的限制，调研组织较为困难，本次调研样本量相对较小，如果大幅增加样本量，可能会与研究结论有一定的出入。没有对乡村社区居民旅游感知态度的人口统计学影响因素展开分析，也没有将大别山旅游扶贫廊道与其他类型旅游地社区居民感知态度进行比较分析，这些都是需要后期深化研究的重点内容。

五、专家点评

课题以“大别山旅游廊道扶贫”为核心主题和主线，以理论与实践的重要问题为导向，分析大别山旅游廊道资源产业与扶贫现状、旅游扶贫廊道建设的社区参与态度及空间差异、旅游扶贫廊道建设对农户生计的影响等相关议题。研究采用参与式农户调查法（PRA）对社区居民进行深入访谈以及问卷调查获取研究资料数据，并根据研究议题设计调研方案和问卷量表。研究从旅游开发的宏观角度，提出了大别山旅游扶贫快速通道需要以大别山文化为魂，以生物多样性为基因，借助旅游创意化、旅游艺术化、旅游体验化、旅游动漫化，实现“四化合一”，形成廊道型旅游综合体的观点，并从廊道设计、产品开发、区域协作等方面提出建设完善旅游廊道目的地体系的相关建议。研究者对研究结论的讨论与分析比较不足。

（点评人：郑向敏，华侨大学旅游学院教授）

所在单位：海南大学
项目负责人：王强
项目指导教师：鄢慧丽
项目编号：WMYC20171024

国家级贫困县旅游扶贫经济效率测度与时空演变分析

一、项目概述

（一）项目背景

1. 海南省少数民族地区急需开展扶贫工作

海南省是一个多民族省份，全省 19 个市县中有 4 个地级市、5 个县级市、4 个县、6 个自治县，其中少数民族地区包括琼中、保亭、白沙、昌江、乐东、陵水 6 个自治县和三亚、五指山、东方 3 个享受民族自治政策的市。海南省国家级贫困县（包括五指山市、临高县、白沙县、保亭县、琼中县）主要分布在少数民族地区，且海

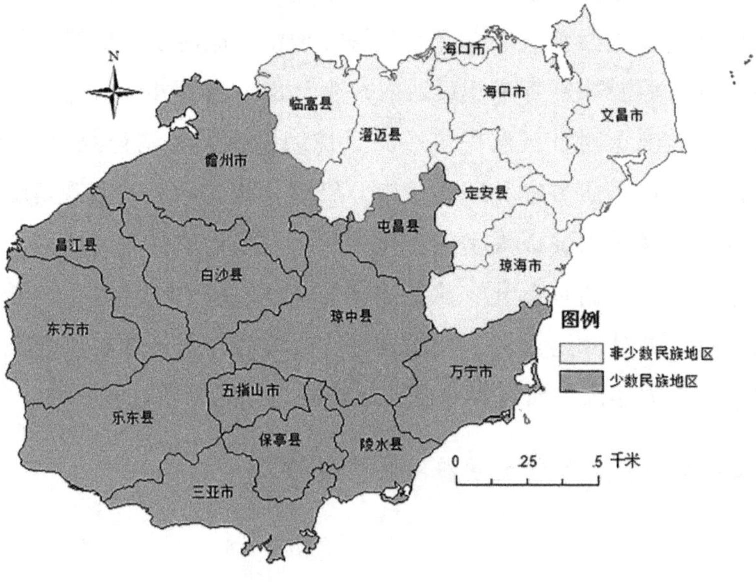

图 1　海南省少数民族分布情况

南省少数民族贫困人口占海南省贫困人口的64.23%。近年来，海南省少数民族贫困地区在国家的帮扶政策下自力更生，发展工业和农业，同时加大发展教育的力度，社会经济环境不断好转，文化教育事业也得到了很好的发展。但是由于资源贫瘠，相比于海南省其他地区，海南省少数民族贫困地区的社会经济发展缓慢，发展水平落后，不利于贫困县未来的发展，也不利区域协调发展目标的实现。为了帮助少数民族贫困地区居民脱贫致富，推动区域经济发展，缩小这些地区与省内其他市县的收入差距，必须开展扶贫攻坚。

2. 通过发展旅游提升贫困县经济水平是扶贫攻坚的理性选择

农村贫困人口脱贫，是全面建成小康社会最突出的短板。为补齐这块短板，党的十八届五中全会提出，到2020年，我国现行标准下农村贫困人口实现脱贫，贫困县全部摘帽，解决区域性整体贫困。整体而言，贫困地区往往资源稀缺、交通闭塞、产业薄弱、人员素质较低，缺乏可以发展的产业基础，资源比较贫瘠，但与此同时，贫困地区旅游资源丰富，这也使得贫困区凭借旅游产业的发展带动经济增长进而实现脱贫成为可能。因此，旅游扶贫经济效率及时空演变特征的研究具有很强的实用性。首先，决策指导作用。对我国农村贫困地区脱贫具有一定的实践指导意义，为政府相关主管部门开展旅游扶贫工作提供了参考依据。其次，经济发展意义。探究这一主题，最基本的实践意义体现在通过评价现阶段国家级贫困县的旅游产业是否发挥了其对经济发展的全部杠杆作用，即旅游产业是否充分发挥自身长处，把优势变成经济实力，创造经济收入，推动贫困地区产业联动发展，使得国家级贫困县各利益相关者有足够的信息和渠道来带动当地经济发展，使得当地居民摆脱贫困，实现共同富裕。再者，社会意义广泛。旅游扶贫关联性强，与社会、经济、文化、生态等诸多方面都相关。作为一个庞大的系统工程，旅游扶贫不单单对贫困地区的贫困人口脱贫致富十分重要，而且可以缩小城乡差距，具有广泛的社会意义。本课题选取的研究对象是国家级贫困县，对其进行良好的理论构建和政策建议可以有更深远的示范效应。

（二）预期意义

1. 理论意义

纵观旅游扶贫的研究成果，大多集中在旅游扶贫的概念、模式、战略、感知、效应等问题的研究，而对旅游扶贫效率及其时空演变规律研究的文章鲜为少见。精准扶贫是全面实现小康社会的重要战略举措，而扶贫效率是检验扶贫手段是否成功的重要保证。基于此，本课题将通过构建衡量少数民族地区旅游扶贫的投入产出指标体系，评价其投入产出效率，研究旅游经济对少数民族地区的收益带动效应，并且依据投入产出效率差异对少数民族贫困人口进行划分，明确差异所在。同时，为使旅游扶贫效率达到最优，精准旅游扶贫机制构建迫在眉睫。通过实施精准化的旅游扶贫措施，准确瞄准真正意义上的扶贫对象，分类施策，因人、因地、因类型选择扶助措施，创造性地提出邻里激励机制，是对区域内旅游精准扶贫研究的一次有益尝试。将扶贫效率和精准有机结合，丰富和扩充了当前旅游扶贫和精准扶贫的理论。

2. 实践意义

当前我国精准扶贫到了最为关键的时刻，如何充分发挥不同的精准扶贫手段，实现 2020 年脱贫摘帽，从而全面实现小康社会的战略目标，是当前需要重点解决的课题。因此探索不同的精准扶贫路径并评价这些扶贫路径的效率十分关键，意义重大。

旅游扶贫是精准扶贫的主要路径，在旅游以各种各样的方式助力扶贫的同时，扶贫同样也不断让旅游的发展空间变得更为宽广。在我国贫困地区与旅游资源的分布有着极高的重合性，海南省少数民族贫困地区也不例外。数据显示：我国有超过 70% 以上的优质资源分布在老少边穷等贫困地区；在全国 820 多个国家级贫困县中，与落后的经济发展和闭塞的地理区位相对应的是，大部分都拥有着品级极佳的旅游资源。

扶贫政策的落地，为当地旅游发展改善了基础条件，提供了发展和保护生态环境的经济支持，同时也为实现这些地区脱贫提供了现实的可能。基于此背景，本文以海南省少数民族地区为研究对象，实证分析旅游扶贫的效率和质量。从而为提升旅游扶贫的应用价值及针对不同特征的贫困地区，有效地探索旅游发展模式，及时脱贫提供有价值的策略和建议。

（三）预期目标

贫困问题关系到社会稳定、民生福祉，是世界各国必须直面的棘手问题，中国也不例外。“十二五”时期数据显示，通过发展旅游业，使全国 10% 以上贫困人口脱贫，脱贫人数达 1000 万人以上，取得阶段性成效。精准扶贫是全面实现小康社会的重要战略举措，而扶贫效率是检验扶贫手段是否成功的重要保证。基于此，本课题在结合国家政策和海南省少数民族地区旅游发展现状的基础上，运用三阶段 DEA 模型，从区域层面动态定量分析海南省少数民族地区旅游扶贫效率，还原少数民族地区旅游扶贫随时间的演变过程，运用 ArcGIS10.0 对其时空演变特征进行可视化处理，研究其空间格局分异特征，从而检验旅游扶贫效果是否达到了预期目标，以期为精准指导海南省少数民族地区科学制定扶贫政策、探索创新型的旅游扶贫模式实施精准扶贫提供依据。

（四）项目完成情况及代表性成果

在国家旅游局万名英才项目的资助下，本人对海南省及海南省少数民族地区的旅游扶贫状况进行了实地调研，对其旅游扶贫的真实状况进行了了解。目前，海南省的旅游扶贫质量参差不齐，有的市县建立了自己的发展模式，而有些市县对其没有产生足够的重视，使得旅游扶贫成效甚少。通过对海南省旅游扶贫效率分析可知，三亚市、万宁市、琼海市、文昌市、海口市、澄迈县和儋州市旅游扶贫纯技术效率一直保持有效状态，但三亚市综合效率的降低受到规模效率的制约，万宁市、琼海市、文昌市、海口市、澄迈县和儋州市综合效率的提高主要归于规模效率的驱动，其余市县旅游扶贫综合效率的提高主要在于规模效率增长幅度大于纯技术效率降低幅度。

在国家旅游局万名英才项目的资助下，本人开展了相关的研究。发表论文3篇，其中两篇是CSSCI期刊，一篇是北京核心。目前，见刊的论文有一篇，发表于《中国软科学》，另外两篇是录用待刊。考虑到项目验收的周期为一年，以及数据获取的周期性，我主要研究区域为海南省及海南省少数民族地区，对其旅游扶贫效率进行测度，并对其时空差异进行分析。从项目的申请到项目的立项，以及最后论文的撰写与发表，我都是严格按照自己的进度安排执行的。论文数量已经达到了撰写项目时的要求，项目已经如期完成。

二、项目内容

此部分内容的撰写，主要围绕《中国软科学》期刊论文《海南省少数民族地区旅游扶贫效率测度与时空演化分析》中的主要研究内容进行阐述。

（一）海南省少数民族地区旅游扶贫效率测度

（1）在选定三阶段DEA模型的基础上，针对其研究流程所涉及的指标进行研究设计，包括研究对象的确定和指标体系的建立。DEA模型最终测算出来的结果是否具有现实意义，是否有效都取决于选择的测量指标是否科学合理，是否具有代表性。一般情况下，选取DEA模型的指标有三个方面的要求。第一是科学性：投入要素与产出要素之间必须有因果联系，且评价指标体系与各县市的旅游扶贫效率之间必须有内在的逻辑关系。第二是可靠性：指标本身的来源必须是第一手调查资料、可靠的期刊或者官方统计资料，而且必须使用专业术语。第三是数据量化：指标可以追溯源头，有实际的档案数据可以查验，并且数据可以量化。通过文献搜集，初步设定的指标体系如表1所示。

表1　投入—产出指标体系

一级指标	二级指标	三级指标	单位
投入指标	人均旅游综合收入	X_1	元
	人均接待游客量	X_2	人
产出指标	历年脱贫人数	Y_1	人
	贫困人口收入	Y_2	元
环境变量	出游便利度	公路网密度	km/平方公里
	政府支持	第三产业投资/固定资产投资	%

对于产出指标而言，贫困是描述居民生活状态的词汇，于是选取了历年脱贫人数。旅游扶贫反映旅游产业对经济欠发达地区居民经济收入及生活状态的改善程度，贫困人口的收入可以直接反映当地旅游扶贫的效果，因此选择贫困人口收入作为产出指标。因此，产出指标体由贫困人口收入和历年脱贫人数构成。

投入指标用于衡量旅游业自身发展状况，旅游综合收入可以反映海南省旅游业发展成效及对相关产业的带动效应，而接待游客数量可以说明当地旅游吸引力和接待能力，考虑到指标间的匹配度，本文选取人均旅游综合收入和人均接待游客量作为投入指标。

环境变量选取是否恰当，将决定三阶段DEA模型中不可控制变量的剔除。基于此，通过研究国家出台的旅游扶贫相关政策，确立本研究的环境变量为出游便利度和政府支持。其中，出游便利度直接决定游客是否会选择该地区作为出游的目的地，本研究选取公路网络密度（由各市县公路里程及铁路里程相加之后除以各市县面积）作为出游便利度的衡量指标。海南省经济欠发达地区依靠发展旅游脱贫是在当地政府主导下，通过特定的帮扶政策改善当地旅游业发展状况，旅游业投资能够反映该地区对旅游业发展重视程度，由于旅游业投资指标难以直接获得，为此本文选取第三产业投资与固定资产投资的比值作为当地政府对扶贫地区旅游业发展影响的变量。本文选取投入产出指标共计4个，DMU数量为9，满足DEA模型中DMU数量应为指标总数两倍以上的条件。

（2）通过DEAP2.1软件对海南省少数民族地区旅游扶贫效率及其动态演化进行测度，并对其结果进行相关分析（包括综合效率分析、纯技术效率分析和规模效率分析）。首先运用第一阶段传统DEA模型，对2010—2017年海南省旅游扶贫效率（综合效率、纯技术效率和规模效率）进行测算；其次运用第二阶段相似SFA模型探寻影响效率测算真实性的干扰因素；接着将剔除干扰因素的数据再次导入DEA模型，对旅游扶贫效率进行测算，使测算结果更能客观反映海南省旅游扶贫效率水平。

（二）海南省少数民族地区旅游扶贫效率时空演变特征分析

（1）本课题以海南省少数民族地区（包括五指山市、东方市、三亚市、琼中自治县、保亭自治县、陵水自治县、昌江自治县、乐东自治县、白沙自治县）为研究样本，借助Google Earth对贫困地区所在的地理坐标进行提取，再利用ArcGIS10.0将这些贫困地区以点状要素可视化地标注在海南省地图上，得到海南省少数民族地区的空间分布图（见图1）。并将上述旅游扶贫效率的测度结果导入到ArcGIS10.0中，以便用于下一阶段的分析。

（2）运用ArcGIS10.0空间分析工具和SPSS20.0软件对2010—2017年海南省少数民族地区旅游扶贫效率的时空差异从三个方面进行分析：基于产出角度的时空演化分析、基于效率角度的时空演化分析（综合效率时空演化分析、规模效率时空演化分析、纯技术效率时空演化分析）及旅游扶贫效率类型分布。

（3）基于上述海南省少数民族地区旅游扶贫效率的时空差异分析，总结归纳出海南省少数民族地区旅游扶贫效率的典型特征及动态变化情况，并提出针对性的政策建议。

本研究运用三阶段DEA模型对海南省少数民族地区旅游扶贫的综合效率、规模效率和纯技术效率进行分析，剔除环境因素和随机因素的干扰，测算结果能更准确地反映少数民族地区旅游扶贫的成效。

通过对海南省少数民族地区旅游扶贫效率及其时空演化特征的分析，得出如下结论：①剔除干扰因素之后，各市县旅游扶贫综合效率及其分解效率变动显著，说明干扰因素对旅游扶贫效率影响显著，且规模效率是决定综合效率的关键因素。② 2010—2016年海南省旅游扶贫综合效率不断提升，在其分解效率中，纯技术效率较高，但呈现下降趋势，规模效率次之，呈现波动上升趋势，且大部分市县规模报酬在调整后处于递增状态，通过增加要素投入可以提高旅游扶贫综合效率。③对剔除干扰因素的旅游扶贫效率进行时空演化分析可知，海南省少数民族地区旅游扶贫综合效率与规模效率空间分布较为相似，空间格局由“南北高中间低”的格局演变为“北高南低”的格局，而纯技术效率格局与前两者差距较大。此外，纯技术效率2010年与2016年相比，空间分布差距也较大。④从旅游扶贫效率类型分布来看，处于“高—高”型的市县主要是儋州市、万宁市、东方市和昌江县，这些市县旅游扶贫效率较高，发展较为成熟，防止发展陷入停滞期，需要加速旅游扶贫项目转型升级；而处于“低—低”型的市县为保亭县、白沙县和五指山市，其旅游扶贫项目处于建设期，旅游业技术利用水平及市场规模均有很大提升空间。

因旅游扶贫具有扶贫力度大、受益群体众多等特点，故其迅速成为连片特困区、少数民族地区脱贫致富的途径之一。通过上述分析可知，旅游扶贫带来了海南省少数民族地区居民生活水平的提升及当地经济的发展，但旅游扶贫效率有待提升。基于上述旅游扶贫效率时空演变分析，结合不同市县类型，本文提出以下建议：①扩大旅游扶贫投资渠道，提升村民参与度。旅游扶贫不能仅仅依靠政府投资与支持，应积极探索和发展多方位建设。旅游扶贫项目实施初期由政府主导推进，在此期间，少数民族地区应抓住国家关于脱贫致富的一系列倾斜政策的机遇，吸引大量民间企业投资。考虑到少数民族地区旅游扶贫项目的持续发展，要鼓励当地村民积极参与到旅游扶贫项目中，同时为了最大限度地让村民在旅游扶贫项目中获益，尽可能将旅游各要素产品落地化生产。②提升规模效率，有效组合资源。通过上述分析可知，综合效率主要受规模效率的影响与制约。因此，要注重提升各市县旅游扶贫的规模效率，实现各项经济要素的有效利用，进而提升旅游扶贫综合效率。其一，地方政府要为投资者创造良好的投资环境，吸引各类要素的投入，合理配置旅游资源；其二，积极打造标志性的旅游产业集团，发展独具个性的旅游产业品牌，不断提高旅游产业的规模化、集约化水平。

三、项目成果

上述已对项目的主要研究成果进行了详细的阐述，此部分笔者主要对项目执行过程中的重点与难点、项目可能的创新性进行介绍。

（一）项目成果重点及难点

（1）国内外利用数据包络分析模型（DEA）的研究主要集中在酒店、旅行社和旅游交通等领域效率评价方面，但对于旅游扶贫经济效率测度的研究鲜为少见。因此，本课题将DEA模型引入到旅游扶贫经济效率的测算中，是一种尝试性创新。在进行海南省少数民族贫困地区旅游扶贫经济效率测度时，指标的选取需要谨慎筛选（模型构建）。

（2）本课题将运用ArcGIS空间分析方法，对2010—2016年三个时间节点海南省少数民族贫困地区旅游扶贫的综合效率、技术效率、规模效率的时空演变特征进行分析，并探究海南省少数民族贫困地区旅游扶贫经济效率时空差异的影响因素，最终提出改善建议（多维度解读）。

（二）项目成果创新性

1. *研究视角创新*

国内外旅游扶贫的研究经历了由宏观到微观、由概念到内涵、由战略到效益、由研究对象到扶贫模式，而对旅游扶贫效率的研究成果比较少，且对旅游扶贫效率时空演变分析的成果更少。而且研究方法比较单一，主要以定性研究方法为主，较少涉及定量研究方法。鉴于此，本课题立足于海南省少数民族地区，利用三阶段DEA模型对海南省少数民族地区旅游扶贫效率进行测度，并运用空间分析法对旅游扶贫效率时空演化及其影响因素进行分析，不仅丰富了旅游扶贫的理论成果，也具有一定的理论水平和学术价值。

2. *研究方法创新*

国内外利用数据包络分析模型（DEA）的研究主要集中在酒店、旅行社和旅游交通等领域效率评价方面，但对于旅游扶贫效率测度的研究鲜为少见。此外，近几年出现的相关领域效率测算的成果以传统DEA模型为主，测算的结果受干扰因素的影响，不能反映真实效率。与传统DEA模型相比，三阶段DEA模型将传统DEA模型与相似SFA模型相结合，剔除环境因素和随机因素的干扰，使测算结果更能真实地反映决策单元（DMU）的实际效率水平。本课题将三阶段DEA模型引入到旅游扶贫效率的测度中，是一种尝试性创新，因此在三阶段DEA模型中涉及的各种流程，尤其是投入产出指标体系的构建需要谨慎处理。然而这种创新尝试并不是没有依据的，本课题针对三阶段DEA模型测度的旅游扶贫效率所做的分析，都是依据三阶段DEA模型的选题所做分析，尤其是利用三阶段DEA模型分析旅游产业效率的研究成果给本课题提供了很好的借鉴与帮助。而且，在分析旅游扶贫效率的基础上，进行时空演变分析的成果更少。本课题将运用ArcGIS10.0，对海南省少数民族地区旅游扶贫效率的典型特征及动态变化情况进行分析，使得最终呈现的结果更加直观明了。

四、特色与经验

关于典型经验及项目特色，笔者主要以发表在《中国软科学》和《地理研究》期刊上的论文为例进行说明，使其更加翔实具体。

运用DEA模型研究旅游及相关领域效率的文献很多，例如在本人发表于《中国软科学》所引用的相关文献：[1]王凯，易静，肖燕，等.中国旅游产业集聚与产业效率的关系研究[J].人文地理，2016，31（2）：120-127.[2]安庆贤，陈晓红，余亚飞，等.基于DEA的两阶段系统中间产品公平设定研究[J].管理科学学报，2017，20（1）：32-40.[3]杨春梅，赵宝福.中国著名旅游城市旅游业的效率研究[J].旅游科学，2014，28（1）：65-75.

上述文献的研究方法从传统DEA模型到二阶段DEA模型，甚至是三阶段DEA模型，使旅游及相关领域效率测算更加客观与真实。目前运用DEA模型进行旅游扶贫效率测度的国内文献较少，在中国知网搜索“旅游扶贫效率”关键词，仅有10篇左右，其中核心期刊以上的论文更是寥寥无几：[1]龙祖坤，杜倩文，周婷.武陵山区旅游扶贫效率的时间演进与空间分异[J].经济地理，2015，35（10）：210-217.[2]黄渊基.连片特困地区旅游扶贫效率评价及时空分异——以武陵山湖南片区20个县（市、区）为例[J].经济地理，2017，37（11）：229-235.还有一篇是分析旅游扶贫生态效率的文献：李会琴，杨树旺，侯林春，等.农户参与视角的旅游扶贫生态效率研究——基于陕西省延安市4村89户的调研[J].陕西师范大学学报（自科版），2017，45（4）：98-104.这些高质量论文运用的是传统DEA模型进行分析的，并未使用更为精确测度的三阶段DEA模型。综上称述，笔者认为本论文是具有一定的创新意义。

自开展扶贫工作以来，我国7亿多贫困人口实现脱贫，取得阶段性成效。国家通过出台相关的文件，鼓励将旅游作为贫困地区脱贫致富、缩小城乡收入差距的手段。而海南省工业、高精技术产业薄弱，但其旅游资源富集、环境优质。“十二五”期间，海南省通过旅游扶贫，使当地贫困人口从82.9万人减少到47.7万人。基于此，本文以海南省为例，在确定指标体系的基础上，首先运用第一阶段传统DEA模型，对2010—2016年海南省旅游扶贫效率（综合效率、纯技术效率和规模效率）进行测算；其次运用第二阶段相似SFA模型探寻影响效率测算真实性的干扰因素；接着将剔除干扰因素的数据再次导入DEA模型，对旅游扶贫效率进行测算，使测算结果更能客观反映海南省旅游扶贫效率水平；最后运用ArcGIS10.0对其时空差异特征进行分析，并提出相应的建议，借此为海南省旅游扶贫项目高效持续发展提供有益借鉴。

总体来说，本研究的典型之处有两点，其一，将三阶段DEA模型引入到旅游扶贫效率的测算中；其二，旅游扶贫效率测算的投入—产出指标体系的构建。尤其是产出指标如何能够精确体现旅游扶贫的成效尤为关键。笔者在两篇论文中构建的指标体系是不同的：

在《中国软科学》期刊中的指标体系如下：

一级指标	二级指标	三级指标	单位
投入指标	人均旅游综合收入	X_1	元
	人均接待游客量	X_2	人
产出指标	农村居民人均纯收入	Y_1	元
环境变量	出游便利度	公路网络密度	km/ 平方公里
	政府支持	第三产业投资占固定资产投资的比重	%

此处的产出指标仅有农村居民人均纯收入。目前国家政策中强调的精准扶贫、精准脱贫，主要针对的是农村居民，不涵盖城市居民。因此，产出指标选取能够反映农村居民经济收入及生活状态改善程度的农村居民人均纯收入作为衡量指标（这也是当时《中国软科学》编辑部肯定的地方）。

在《地理研究》期刊中的指标体系如下：

一级指标	二级指标	三级指标	单位
投入指标	人均旅游综合收入	X_1	元
	人均接待游客量	X_2	人
产出指标	城镇居民人均可支配收入 *85%	Y_1	元
	人均 GDP*77%	Y_2	元
	农民人均纯收入 *89%	Y_3	元
环境变量	出游便利度	公路网络密度	km/ 平方公里
	政府支持	第三产业投资占固定资产投资的比重	%

此处的产出指标是城镇居民人均可支配收入、人均 GDP、农民人均纯收入。产出指标是说明旅游扶贫对少数民族地区居民经济收入及生活状态的改善程度，于是选取城镇居民人均可支配收入、农民人均纯收入与人均 GDP 作为衡量指标。对于海南省少数民族地区而言，旅游业发展一定会对上述三个指标产生影响。但上述三个指标的产出并不完全来自旅游业，无法反映旅游业产出占比。鉴于此，本研究以选取的 12 个市县为调研对象，采用入户访谈、抽样调查的方式，于 2017 年 11 月 12 日至 22 日，对当地 200 名贫困居民围绕开展旅游扶贫以来，对当地经济发展及居民生活水平带来的影响展开访谈，获得有价值的一手访谈资料近百份，在此基础上，设计调查问卷，于 2017 年 12 月 11 日至 22 日，向城镇贫困居民和农村贫困居民分

别发放350份问卷，回收问卷672份，其中有效问卷623份，有效率为92.71%。通过对问卷数据分析可知，其中城镇贫困居民认为约85%的人均可支配收入来源于旅游业扶贫项目，69%的人均GDP属于旅游业扶贫项目；农村贫困居民认为约89%的人均纯收入来源于旅游扶贫项目，83%的人均GDP属于旅游业扶贫项目。综上可知，本文将通过统计年鉴获取的城镇居民人均可支配收入的85%剥离出来，用于表示旅游扶贫对城镇居民人均支配收入的占比；与此同时，将农民人均纯收入和人均GDP分别按照89%和77%进行剥离。

五、专家点评

申请人在接受评审专家意见的基础上，按照“以理论与实践的重要问题与成果为导向，尽可能地聚焦主题、主线，提炼、充实与完善论文”的要求，将剔除干扰因素的数据再次导入DEA模型，对旅游扶贫效率进行测算，使测算结果更能客观反映海南省旅游扶贫效率水平，撰写了新的研究论文《基于社会网络分析法的少数民族村寨旅游扶贫利益相关者研究——以琼中什寒村为例》，将研究做到了深化。

（点评人：周玲强，浙江大学管理学院教授、旅游与酒店管理学系系主任）

所在单位：海南大学
项目负责人：曹李梅
项目指导教师：曲颖
项目编号：WMYC20171082

我国优秀旅游目的地口号核心设计模式及区域尺度异同研究

一、项目概述

（一）项目背景

“口号”是当前市场需求和竞争形势下旅游地进行品牌化营销变革的首要利器，在整体品牌打造中发挥“四两拨千斤”的精妙功效。口号设计的失当将意味着由此统筹的旅游地整合营销传播巨大开支的浪费。我国各旅游目的地广泛认同旅游口号作为强有力的市场营销武器在旅游形象建设和旅游形象营销中的重要作用。因此，我国各省、市和景区纷纷以高额奖金向全国征集和推出旅游口号。据统计，仅在2013年就有超过430个城市向社会有奖征集旅游口号。一些旅游目的地口号产生了正向作用，如山东省打造的“好客山东”名片，不仅拉开了旅游目的地通过旅游口号打造品牌的序幕，而且其品牌价值已达170亿。同时，也有一些旅游口号的设计失当，导致旅游目的地整合营销传播的巨额营销资金和一致性品牌形象的双重巨大损失。从营销的意义上讲，旅游口号、旅游目的地营销组织（Destination Management Organizations，DMO）和旅游者之间存在着重要的相互联系。口号是目的地形象的浓缩和直接展示手段，有助于提升旅游者形象感知，影响其旅游决策。此外，DMO也可以通过“有意识地谋划”旅游口号来塑造形象认同，激发旅游欲望。因此，作为旅游者抢夺战中的“战斗号角”，本研究根据现有旅游口号的内涵和特点构建了旅游口号的设计模式并定义了偏离层级。具体要解决的问题如下：一个“理想”的旅游口号的核心设计模式是什么？不同区域尺度的旅游口号设计模式有什么异同？在此基础上如何利用旅游口号设计规则去评价不同地域尺度的旅游口号的偏离程度和偏离分布差异？这成为我国旅游目的地口号研究中迫切需要深入探究的问题。两项研究被设计用来实施上述研究目的。

（二）项目意义

（1）创新性地从多特点、多学科整合视角开展系统性旅游口号研究；

（2）为不同地域尺度旅游目的地口号设计提供有益参考，避免旅游口号设计的盲目性；

（3）从旅游目的地口号视角推进了旅游目的地品牌化研究；

（4）为其他旅游口号设计模式构建和创新提供理论依据和实证支持；

（5）对构建旅游口号设计规则、解决沟通障碍和塑造品牌形象具有重要指导意义。

（三）预期目标

1. 研究一的预期目标

（1）构建基于多学科整合视角的我国旅游口号设计的分析框架，从中提炼我国旅游口号的核心设计模式；

（2）实证比较不同地域尺度设计模式异同，并根据分析结果提出我国旅游口号的系统化设计要求。

2. 研究二的预期目标

（1）指导旅游口号设计规则的框架构建；

（2）应用此设计规则，开展不同地域尺度旅游口号的偏离程度和偏离分布的比较分析，评析旅游者与DMO之间的认知偏差现状。

（四）项目执行情况

1. 项目计划成果

本项目预计成果形式为公开发表学术论文（国内CSSCI刊物1篇）。

2. 成果完成情况

本项目最终成果形式为公开发表学术论文2篇，其中1篇发表于北京大学核心期刊、CSSCI扩展版来源期刊，1篇发表于北京大学核心期刊、CSSCI来源期刊。

序号	类别	期刊名称	期刊级别	影响因子	作者排序	论文名称	发表时间
1	学术论文	管理现代化	北大核心期刊、CSSCI扩展版期刊	1.090	第一	旅游口号设计的核心模式与尺度差异	2018年3月
2	学术论文	人文地理	北大核心期刊、CSSCI来源期刊	2.443	第一	旅游口号设计框架构建及其偏离分析	2018年10月

3. 项目进度说明

序号	阶段	类型	计划完成时间	内容
1	前期准备阶段	提前完成	2017.9—2017.12	课题选择、查阅资料、可行性分析、研究方案设计和项目申报等内容
2	分析框架构建阶段	提前完成	2018.1—2018.2	旅游口号收集、文献收集、分析框架构建等内容
3	研究设计和统计阶段	提前完成	2018.2—2018.5	旅游口号编码处理、数据统计和分析等内容
4	论文完成和项目结项阶段	按时完成	2018.5—2018.8	研究结论分析、论文撰写、论文修改、论文定稿并发表和项目结项等内容

二、项目内容

本项目主要研究内容包括构建基于多学科整合视角的我国旅游口号设计的分析框架、提炼我国旅游口号的核心设计模式、实证比较不同区域尺度设计模式异同以及不同地域尺度的旅游口号的偏离程度和偏离分布差异，根据分析结果提出我国旅游口号的系统化设计要求和揭示旅游口号的认知偏差现状。首先，为了解强势旅游口号的核心设计模式以及不同区域尺度的旅游口号设计模式异同，以发挥旅游口号在旅游形象建设和旅游形象营销中的重要作用，研究1在文献回顾基础上创新性地从旅游学、语言学、营销学、消费者心理学和语义学等整合视角，运用文献回顾法、归纳法、内容分析法等方法，对各省、优秀旅游城市和5A级旅游景区等不同区域尺度的旅游口号进行实证分析。根据旅游口号的多特征和多学科原理互动的视角构建我国旅游口号设计的整合分析框架，从1133条旅游口号中提炼其核心设计模式和地域尺度差异性，并从“说什么”和“怎么说”的综合角度提出我国旅游口号系统化提升要求。其次，研究2立足于“衰减器”作用机理，探索受众对旅游口号的注意力衰减机理，在研究1的基础上构建10条旅游口号设计规则框架。同时，根据旅游口号评价指标与设计规则的分歧倾向比例来定义偏离级次，实证分析不同地域尺度的旅游口号的偏离程度和偏离分布差异，评析旅游者与DMO之间的认知偏差现状。

在突破具体研究内容时，采用以下技术路线解决。

（1）在构建基于多学科整合视角的我国旅游口号设计的分析框架方面，主要是在全面认识和分析旅游口号相关理论及详细梳理旅游口号相关文献的基础上，通过文献回顾、实例分析、对专家、业界人士和旅游者的深度访谈及自行补充创新性地构建基于旅游学、语言学、营销学、消费者心理学和语义学等整合视角的我国旅游口号设计分析框架，为进一步的实证研究奠定基础。本文从整合视角构建旅游口号设计的分析框架，一级指标共六个，包括字词选用、句法表达、韵律节奏、目的地联系、销售主张和语义诉求，涵盖宏观、微观语言学、营销学、消费者行为学等多学科的原理应用，二级指标共26个。

（2）在提炼我国旅游口号的核心设计模式方面，首先通过网络搜索各目的地旅游政务网、旅游资讯网站或旅游发展委员会网站、官方旅游宣传片、央视广告片、旅游宣传手册、官方认证微博和CNKI数据库内相关内容搜集大样本的优秀旅游目的地口号，以分析我国旅游口号的基本分布特征，并利用本项目构建的分析框架从字词选用、句法表达、语音设计、目的地识别、独特销售主张和语义诉求六个维度提炼核心设计模式。最后，结合理论规范研究和实证研究的结果，针对研究发现的核心设计模式，综合多学科理论和以往研究结论提出补充和调整建议。本文归纳各个维度所占比例最高的指标，提炼出我国优秀旅游目的地口号的核心设计模式。在字词选用上，旅游口号倾向以全中文形式呈现，选用具体名词和行动类动词，以6~8个字的短型口号为主且不含晦涩字词。在句法表达上，明显倾向以陈述语气、对称结构和短语形式进行表达，并广泛使用修辞手法。在韵律节奏上，大多为“偶音步+偶音步结构”的4字对称，整句话平仄相间，尾字平声，但不要求韵脚整齐。在目的地识别上，大多以供给导向型的旅游口号为主，涵盖地理信息和目的地名称，并且目的地名称大多位于结尾位置。在独特销售主张上，大多含有价值命题和利益承诺，价值命题数量大多为两个，但不关注独特性。在语义诉求上，大多为渲染呼吁型语言风格，倾向表达认知性语义内涵和中性情感。

（3）在实证比较不同区域尺度设计模式异同方面，利用本项目构建的分析框架比较省级行政区域、中国优秀旅游城市和中国5A级旅游景区三个不同区域尺度的旅游口号在字词选用、句法表达、语音设计、目的地识别、独特销售主张和语义诉求六个维度的异同，得出不同区域尺度设计模式的差异性并阐明差异性成因。进一步，对各地域尺度口号设计特点的成因分析如下：①省域旅游口号倾向夸张手法，可能因为地域尺度越大越倾向用抽象性词语概括丰富的旅游资源。另外，省域口号更多地使用嵌字手法来突出目的地名称，可能是由于省名比城市名和景区名具有更高的公众熟悉度；②省域和城市旅游口号多采用对举结构，反映出大尺度目的地需要汉语“趋偶求双”的表述美感和庄重性，而景区口号操作上更灵活、外在赋予使命较少，多使用单句结构；③城市、景区与省域旅游口号对目的地名称摆放位置的偏好差异与国外关于目的地名称位置平衡的结论形成鲜明对比。这可能与中英文语法习惯不同有关；④在独特销售主张方面，省域、城市和景区的表达分别倾向于2个共有属性、2个独特的重点属性和1个独特的重点属性。这可能因为地域尺度越大，旨在强调的资源属性越多、口号与其他目的地趋同的概率越大；⑤三类旅游口号语言风格倾向不同，分别为平实文艺型、豪放激情型和渲染呼吁型。这可能与旅游口号创作理念是否重视双向交流有关；⑥省级旅游口号具有积极情感倾向，这可能因为其受到更明显的政府干预，而政府口号大多具有积极倾向。

（4）在旅游口号设计的系统化提升方面，根据研究结果我国旅游口号的核心设计模式符合先前学者给出的部分设计建议，但仍有较大的系统提升空间。因此，从“说什么”和“怎么说”两个方面入手，提出我国旅游口号的系统化设计要求。首先，“说什么”应基于受众的心理认知规律，表达更多有价值的内容。一是要强化目的地识别：要求在适当位置涵盖目的地的缩略名称和地理信息，从游客需求导向的角度塑造品牌本体内涵，促进“口号—目的地”的内在联结性。二是要传递独特销售主张：要求口号含有价值命题和利益承诺，并且其主打独特性价值命题不超过两个。其次，“怎么说”应基于受众的视觉需求、听觉需求和情感需求，设计上独具匠心、不落俗套，且上口韵律和注重情感沟通。一是字词选用：要沿用当前口号设计在此方面的优点，做到短而精，多用实词，不含晦涩词且全中文呈现。二是句法表达：要求多使用单句短语结构和疑问句、祈使句等信息反馈句，广泛使用修辞，模拟与顾客双向沟通的情境。三是韵律节奏：要求句内平仄相间，句末平声，韵脚整齐，促进口号的识别和记忆。四是语义诉求：要求多使用渲染呼吁型语言风格、传递情感性语义内涵和积极情感倾向，通过丰富的积极联想培育“目的地—顾客”关系。

（5）在厘清注意力衰减模型作用机理方面，面对信息的大爆炸，大脑的“有限性”本能地建立起一种防卫系统，具体包括五个环节：信息输入、感觉登记、衰减控制器、知觉分析器和短时记忆，衰减器位于所有环节的“咽喉要道”。基于旅游口号的物理属性（长度等）、语言属性（语音、语法、修辞、语用等）和意义属性（对个体有意义的部分）等特征整合，“衰减器”发生衰减作用。同时，所有信息都可通过“衰减器”，它们将经由注意程度不同的通道进入高级分析水平。不同信息在高级分析水平具有不同的兴奋阈限，超过阈限强度的信息才能被识别。当发生衰减的信息与个体倾向一致时，劣势信息仍能激活某些阈限较低的单元，进而得到识别。这一点也很好地揭示了同一个旅游口号对不同旅游消费者产生不同作用效果的原因。

伴随个体倾向作用，神经系统中的神经元对诸如文字长度和韵脚整齐等涵盖物理属性、语言属性和意义属性的旅游口号特征做出反应，信息由衰减强度不同的通道输送至高级分析水平。具体包括两个作用阶段：①特征抽取阶段（前注意阶段）。注意系统从刺激中抽取特征，是一种自动化的、平行的过程。通过对旅游口号进行指向性搜索后抽取独立的特征，形成“特征集合”。②口号衰减阶段（整体知觉阶段）。这是一种非自动化的处理过程。此阶段将彼此独立的、原始的特征进行关联，形成某一旅游口号的表征。旅游者头脑中对不同特征的任意整合可构成无数条旅游口号，形成“口号集合”。

（6）在旅游口号偏离分析测算方面，通过与相应的十个评价指标的比较，实现对我国优秀旅游目的地的口号进行偏离程度和偏离分布的差异性分析。在偏离程度测算中，假设 P_i 表示在某一评价指标中最符合设计规则的标准选项所占的比例，D_i 表示在某一指标上的偏离程度，则有 $D_i = 100\% - P_i$ 。在偏离程度的测算基础上进行偏离分布分析，根据旅游口号评价指标与设计规则的分歧倾向的比例定义偏离级次，包括弱偏离级（$0.1\% < D_i \leqslant 20.0\%$ < 较弱偏离级（$20.0\% < D_i \leqslant 40.0\%$）< 一般偏离级（$40.0\% < D_i \leqslant 60.0\%$）< 较强偏离级（$60.0\% < D_i \leqslant 80.0\%$）< 强偏离级（$80.0\% < D_i \leqslant 100.0\%$）。对弱偏离级赋值为 –2，较弱偏离级赋值为 –1……强偏离级赋值为 2。假设 Fi 表示某一指标（D_i）对应的偏离级次的值，T_i 表示不同地域尺度的总偏离程度，则有 $T_i = \sum^{n}_{i=1} F_i$。

三、项目成果

本项目成果的影响作用体现在以下两方面。

1. 为不同区域尺度旅游目的地口号设计提供有益参考，避免旅游口号设计的盲目性

旅游口号作为品牌关键要素，相较于名称和标志具有信息表达能力强和动态更替难度小的特点，是传递品牌形象和刺激购买行为的重要手段。强势品牌往往依托于强势的旅游口号在激烈竞争中争得一席之地，如国外著名的“我爱纽约”和国内闻名的“桂林山水甲天下”的旅游口号对目的地形象的强化作用。然而，这种普遍涉及的实践重要性却未转化为充分的学术关注，针对旅游口号本身的系统性研究还相当缺乏。有限的旅游口号设计文献中大多从单一化研究视角入手，忽略了旅游口号多学科交叉的特性，无法揭示综合应用多重创意的旅游口号的设计规律。基于以上背景，本项目在文献回顾基础上创新性地从旅游学、语言学、营销学、消费者心理学和语义学等整合视角对各省、优秀旅游城市和5A级旅游景区等不同区域尺度的旅游口号进行实证分析，为我国旅游营销人员更准确、深入地了解省级行政区域、中国优秀旅游城市和中国5A级旅游景区三个不同区域尺度的旅游口号设计模型，把握其沟通规律。因绝大多数旅游地口号都融合了多种设计特征，探究这种特征的联动沟通机理要比严格实验环境控制下单独探究每项设计特点的效应更具现实意义。

2. 从旅游目的地口号视角推进了旅游目的地品牌化研究，为其他旅游口号设计模式构建和创新提供理论依据和实证支持

旅游地进行“品牌化”营销变革的全球性浪潮。旅游市场竞争日趋残酷、旅游目的地功能属性日益同质以及旅游消费者行为的日渐理性，使得旅游目的地品牌化成为区域营销学界和业界最热门话题之一。“口号”是旅游地“品牌化”发挥其黏结、统合传统营销组合要素功效的首要利器，口号设计水平与目的地营销绩效有密切关系。口号设计特征的不同操纵技术（如组合方式、强弱变化、效应优先性等）能引发潜在游客的不同信息处理模式和处理结果，旅游地品牌口号的创意思路应源于口号如何对目标游客进行沟通、说服的作用机理。然而，当前国内外能用于实际指导旅游地品牌口号评价的研究却很少。有限的相关研究也都没能从口号的整合设计特点角度来深入认识。因此，本项目创新性地从多特点、多学科整合视角开展系统性旅游口号研究，着眼于旅游口号设计中多特征和多学科原理互动的视角，基于口号整体分析框架的开发，对涵盖我国省域、城市、景区的1133个旅游口号进行实证分析。对口号核心设计模式的提炼及地域尺度的比较便于发现优势、特性和不足，以更好地统筹把握口号“说什么”和“怎么说”的问题。

3. 探索了衰减器的内部作用过程

经过本文的积极探索发现，衰减器的内部作用过程包括两个阶段：（1）特征抽取阶段。注意系统从刺激中抽取独立特征，形成“特征集合”。（2）口号衰减阶段。彼此独立的、原始的特征开始关联，形成“口号集合”。不同的旅游口号将分别进入集中性注意或者非集中性注意通道。衰减器理论为我们探索旅游口号的心理加工过程提供了三点重要启示：第一，个人倾向作用不可忽视；第二，受众注意力有限；第三，注意力受物理属性、语言属性和意义属性的影响。基于衰减器对旅游口号的阶段性衰减过程，提出旅游口号应遵循字词简单性、声调协调性、音节对称性、修辞多样性、地名涵盖性、价值聚焦性、字数简短性、利益独特性、韵脚整齐性和信息互动性等10条设计规则。另外，从总偏离程度上看，各地域尺度旅游口号的相对差异明显。省域旅游口号的总偏离程度最强，其次是景域旅游口号，最后是我国旅游口号和市域旅游口号。省域和市域旅游口号在利益独特性、韵脚整齐性和信息互动性上表现出较强或强偏离，景域旅游口号在字数简短性、韵脚整齐性和信息互动性上表现出较强或强偏离。从偏离分布上看，我国旅游口号在字词简单性、声调协调性上存在弱偏离，在音节对称性、修辞多样性、地名涵盖性和价值聚焦性上存在较弱偏离，在字数简短性上存在一般偏离，在利益独特性上存在较强偏离，在韵脚整齐性和信息互动性上存在强偏离。具体来看，偏离分布具有地域尺度差异。省域旅游口号和市域旅游口号与我国旅游口号的偏离分布具有一定的趋同性，景域旅游口号的差异性最为明显。三个地域尺度旅游口号在字词简单性、声调协调性、信息互动性表现出高度的趋同性，在价值聚焦性和利益独特性两个方面表现出高度显著差异性。

四、特色与经验

作为品牌本体要素和目的地诱导形象的关键“启发”工具，几乎每个目的地都在使用口号，突显了口号研究的理论价值和实践意义。然而，针对旅游目的地口号设计的专门研究却很有限。就作者的接触范围，目前尚无学者基于对我国旅游口号的全面分析提出口号的系统化设计要求。此项目的典型经验主要是从项目的创新点视角展开，体现在以下两个方面：

1.选题创新

国外旅游口号研究从旅游目的地品牌定位和形象建设两大范畴展开，主要以测量和分析旅游口号有效性为研究目标，对旅游口号设计模式涉猎甚少。国内旅游口号研究则是20世纪末作为旅游形象设计的一个分支发展起来的，集中于旅游口号的设计原则、分类研究和评价标准等内容，针对旅游口号设计模式的系统性研究相当有限。有限的国内外研究多从单一学科（如语言学）或设计特点（如比喻修辞法、模糊性）的视角入手，旨在评析口号整体作用机制中的某一特定部分。然而，旅游口号的设计越发显示出囊括多重设计特点和应用多学科原理的倾向，单一视角的研究或评价难免有失偏颇，有可能导致“一叶障目”的结果。而到了21世纪，几乎每个目的地都在使用旅游口号，这一现实背景迫切要求对旅游口号设计的相关内容进行理论和实证研究。因此，本项目选定旅游口号设计及其偏差这一颇具学术价值和现实意义的前沿领域展开研究。

2. 视角创新

有限的旅游口号设计研究中，其基本思路有两类：第一类旨在研究“说什么”，即从某一旅游目的地的旅游资源、游客感知或区域竞争者状况角度出发，设计具体旅游口号；第二类旨在研究“怎么说”，即从口号结构、语言特征或独特销售主张中的某一视角对多个旅游目的地口号展开统计分析，得出旅游口号的一系列特征。然而，第一类研究仅从某一旅游目的地出发，无法推广至不同区域尺度旅游口号设计；第二类研究仅从单一化视角出发忽略了旅游口号的多学科交叉特性。因此，研究1在文献回顾基础上从语言学、营销学和语义学等整合视角提出了一个旅游口号设计的分析框架，探讨旅游口号的核心设计模式以及区域尺度异同比较，以便全方位的回答“说什么”和“怎么说”的问题。在此基础上，研究2借鉴“衰减器模型”积极探索旅游者头脑中的内部筛选机制的“黑匣子”，以构建能拟合旅游者心理需求和目的地形象塑造的旅游口号设计规则框架。

五、专家点评

本项目研究成果主要表现在以下两方面：

第一，构建我国旅游口号设计的整合分析框架，并从“说什么”和“怎么说”的综合角度提出我国旅游口号系统化提升的要求。

第二，依据认知心理学的衰减器原理，构建了旅游口号设计规则，并根据旅游口号评价指标与设计规则的分歧倾向比例来定义偏离级次，实证分析不同地域尺度的旅游口号的偏离程度和偏离分布差异。对我国不同地区尺度的旅游目的地设计符合游客接受规律的有效旅游口号具有参考意义。

（点评人：何建民，上海财经大学商学院教授）